Umweltorientiertes betriebliches Rechnungswesen

von
Prof. Dr. Armin Müller

3., vollständig überarbeitete und erweiterte Auflage

Oldenbourg Verlag München

Bibliografische Information der Deutschen Nationalbibliothek

Die Deutsche Nationalbibliothek verzeichnet diese Publikation in der Deutschen
Nationalbibliografie; detaillierte bibliografische Daten sind im Internet über
<http://dnb.d-nb.de> abrufbar.

© 2010 Oldenbourg Wissenschaftsverlag GmbH
Rosenheimer Straße 145, D-81671 München
Telefon: (089) 45051-0
oldenbourg.de

Lektorat: Wirtschafts- und Sozialwissenschaften, wiso@oldenbourg.de
Herstellung: Anna Grosser
Coverentwurf: Kochan & Partner, München
Coverbild: iStockphoto.de
Gedruckt auf säure- und chlorfreiem Papier
Gesamtherstellung: Grafik + Druck GmbH, München

ISBN 978-3-486-59668-7

Inhaltsverzeichnis

Abbildungsverzeichnis

Vorwort zur 3. Auflage

Seit der Veröffentlichung der 2. Auflage dieses Buches sind nun mittlerweile 15 Jahre vergangen – das Thema Umweltschutz war bis vor wenigen Jahren in seiner Bedeutung stark abgerutscht in der öffentlichen Meinung. Mittlerweile hat sich die Überzeugung, dass Umweltschutz und damit auch betriebliches Umweltmanagement für eine nachhaltige Entwicklung in der Zukunft unverzichtbar sind, wieder verfestigt. Dies gilt sogar in der derzeitigen Finanz- und Wirtschaftskrise. Berechtes Beispiel dazu liefert gerade die in dieser Hinsicht oft gescholtene Automobilindustrie – der Trend zu kleineren spritsparenden Autos mit weniger CO_2-Austoß wird auch nach Ablauf der Abwrackprämie ungebrochen weitergehen.

In der 3. Auflage dieses Buches wird der Blickwinkel insofern erweitert, als auf die Notwendigkeit eines nachhaltigen Wirtschaftens immer wieder verwiesen wird. „Die beiden größten Probleme unserer Zeit – die Überwindung der Armut in den Entwicklungsländern und die Bekämpfung des Klimawandels – sind unauflöslich miteinander verbunden".[1] Dies spiegelt sich auch in diversen Instrumenten eines umweltorientierten betrieblichen Rechnungswesens wider, wie z.B. bei der Produktlinienanalyse oder dem Balanced-Scorecard-Konzept. Insoweit ist die Neuauflage erweitert worden, indem vor allem „moderne" Controlling-Konzepte und-Instrumente mit aufgenommen wurden; Neben dem bereits erwähnten Balanced Scorecard-Konzept soll an dieser Stelle die Flusskostenrechnung genannt werden. Bei der bereits in der Zweitauflage dargelegten Ökobilanzierung ist die Verbindung zu internationalen Normen aus der DIN ISO-140... – Familie und der EMAS II herausgestellt worden.

Diese Neuauflage wäre nicht möglich geworden, ohne die saubere und fleißige Schreibarbeit von Fr. Marina Miehlich, Studentin an der HAW Ingolstadt, Schwerpunkt Controlling – dafür nochmals meinen herzlichen Dank. Für die Unterstützung von Seiten des Oldenbourg Verlages möchte ich mich besonders bei Herrn Dr. Schechler und Frau Voit bedanken.

Für kritische Anregungen wäre ich der Leserschaft dieses Buches sehr dankbar.

Ingolstadt, im Herbst 2009

Armin Müller

---

[1]   Stern, Der Global Deal, S. 19

Abkürzungsverzeichnis

a.a.O.	am angegebenen Ort
Abb.	Abbildung
Abs.	Absatz
Aek	Äquivalenzkoeffizient
Anm.	Anmerkung
Aufl.	Auflage
Bd	Band
BFuP	Betriebswirtschaftliche Forschung und Praxis (Zeitschrift)
BSB	Biologischer Sauerstoffbedarf
BUND	Bund für Umweltschutz und Naturschutz Deutschland
BUS	eidgenössisches Bundesamt für Umweltschutz
BUWAL	Bundesamt für Umweltschutz, Wald und Landschaft (Schweiz)
BWL	Betriebswirtschaftslehre
bzw.	beziehungsweise
ca.	circa
CSB	chemischer Sauerstoffbedarf
DB	Der Betrieb (Zeitschrift)
dgl.	dergleichen
d.h.	das heißt
EFQM	European Foundation of Quality Management
EG	Europäische Gemeinschaft
EMAS	European Management and Audit Scheme
etc.	et cetera
e.V.	eingetragener Verein
EWG	Europäische Wirtschaftsgemeinschaft
f.	folgende (Seite)
ff.	folgende (Seiten)
GuV	Gewinn- und Verlustrechnung
HGB	Handelsgesetzbuch
Hrsg.	Herausgeber
i.d.R.	in der Regel

i.e.S.	im engeren Sinne
IÖW	Institut für Ökologische Wirtschaftsforschung
ISO	International Organization for Standardization
Kap.	Kapitel
m.E.	meines Erachtens
MAK	maximale Arbeitsplatzkonzentration
Masch.	Maschinen
MIK	maximale Immissionskonzentration
Nr.	Nummer
p.a.	per annum
ROI	return on investment
SE	Schadstoffeinheiten
SEEA	System of Integrated Environmental and Economic Accounting
SNA	System of National Accounts
SWOT	Strength Weaknesses Opportunities Threats
TFA	Technologiefolgenabschätzung
Tz.	Teilziffer
u.a.	unter anderem
u.ä.	und ähnliches
UBA	Umwelt-Bundesamt
UVP	Umweltverträglichkeitsprüfung
UIS	Umwelt-Informationssystem
UVS	Umweltverträglichkeitsstudie
UWF	Umwelt-Wirtschafts-Forum
VDI-Z	Vereinigung Deutscher Ingenieure - Zeitschrift
VÖW	Vereinigung für Ökologische Wirtschaftsforschung e.V.
WiSt	Wirtschaftswissenschaftliches Studium (Zeitschrift)
WWZ	Wirtschaftswissenschaftliches Zentrum (der Universität Basel)
z.B.	zum Beispiel
ZfB	Zeitschrift für Betriebswirtschaft
zfbf	Schmalenbachs Zeitschrift für betriebswirtschaftliche Forschung
zfo	Zeitschrift für Führung + Organisation
ZfU	Zeitschrift für Umweltpolitik und Umweltrecht
ZfP	(Marketing) Zeitschrift Forschung und Praxis

1 Unternehmen und natürliche Umwelt

1.1 Die Bedeutung des Umweltschutzes für Unternehmen

Wie das renommierte Wuppertal Institut für Klima, Umwelt, Energie in seiner 2008 veröffentlichten Studie herausgearbeitet hat, besteht das lebensbedrohliche ökologische Verhängnis darin, dass der Mensch die Natur im Übermaß einerseits als Bergwerk und andererseits als Müllhalde (aus-)nutzt.[1] „Klimachaos und Ölkrise, Nahrungsknappheit und Wassermangel, weitgehend verursacht von gerade einmal 25 Prozent der Weltbevölkerung, werden sich zuspitzen bis zu Katastrophen, wenn die anderen 75 Prozent in ihrem Wunsch nach Gerechtigkeit den gleichen Wohlstand anstreben".[2] Für viele Bürgerinnen und Bürger wie auch Verbände sowie Experten heißt die globale Herausforderung für das 21. Jahrhundert folgerichtig nachhaltige Entwicklung.[3]

Der bekannte Soziologe Ulrich Beck beschreibt in seinem Buch „Weltrisikogesellschaft" mehrere globale Risiken, „vom Terror bis zum Klimawandel" – für ihn existiert jedoch keine größere Bedrohung des westlichen Lebensstils und der Lebensqualität als die Kombination von Klimawandel, Umweltzerstörung, mangelnder Energie- und Wasserversorgung und daran sich entzündenden möglichen Kriegen.[4] Damit soll auch verdeutlicht werden, dass ökologische Krisen letztendlich nicht von sozialen Verwerfungen und Krisen bis hin zu terroristischen Anschlägen und kriegerischen Auseinandersetzungen getrennt werden können. Seit etwa 20 Jahren steht dementsprechend nicht mehr allein der Umweltschutz im Mittelpunkt des Interesses, sondern es soll ebenso eine sozial gerechte und ökonomisch tragfähige Entwicklung im 21. Jahrhundert erreicht werden.

Diese Forderung nach einer nachhaltigen Entwicklung haben sich 1992 auf der Weltkonferenz für Umwelt und Entwicklung in Rio de Janeiro 178 Staaten in der Agenda 21 auf die Fahnen geschrieben. Trotz dieser Verpflichtungen wurden bisher grundlegende Veränderungen nicht realisiert.[5] Insbesondere macht die Verwirklichung der Überzeugung, dass das Modell grenzenlosen materiellen Wachstums in einer physisch begrenzten Welt überholt ist, Probleme bei der Umsetzung.

In dieser Hinsicht muss von einer Art Bewusstseinsspaltung bei den Entscheidern in Wirtschaft und Politik, wie auch bei den meisten Bürgerinnen und Bürgern ausgegangen werden

---

[1] BUND/et al. (Hrsg.), Zukunftsfähiges Deutschland, S. 40 ff.

[2] Ebenda, S. 64

[3] Kanning, Bedeutung des Nachhaltigkeitsleitbilds für das betriebliche Management, S. 16

[4] Beck, Weltrisikogesellschaft, S. 126

[5] BUND/et al. (Hrsg.), a. a. O., S. 15 ff.

– zwar ist das Wissen bezüglich einer lebensbedrohlichen Katastrophe vorhanden, doch ist eine gewisse Untüchtigkeit im Handeln nicht wegzudiskutieren.[6]

Einem vermehrten aktiven Umweltverhalten stehen in erster Linie sehr menschliche Eigenschaften wie Bequemlichkeit und Zeitaufwand entgegen – Gedankenlosigkeit, höhere Kosten, mangelnde Information oder Bevorzugung von Komfort spielen ebenfalls eine gewisse Rolle.[7]

In diesem Buch geht es in der Hauptsache um die Unterstützung eines betrieblichen Umweltmanagements durch adäquate Informationen. Zwar wird in der wissenschaftlichen wie auch politischen Diskussion von einem „Dreieck der Nachhaltigkeit" gesprochen. Neben einer ökologischen Verträglichkeit sollten soziale Sicherheit sowie wirtschaftliches Wachstum als gleichberechtigte Ziele verstanden werden. „Doch diese Gleichstellung verkennt die Absolutheit sowohl ökologischer Grenzen als auch der Menschenrechte".[8] Dies setzt ein gewisses Umdenken voraus, etwa nach dem Motto „sparsam im Haben, aber großzügig im Sein". Leider wollen jedoch viele Bürgerinnen und Bürger, aber auch Manager und Unternehmer, zwar Nachhaltigkeit, ohne aber selbst nachhaltig zu handeln.[9]

Seit Beginn der 1970er Jahre des vorigen Jahrhunderts hat der Schutz der natürlichen Umwelt Eingang in deutsche Politik gefunden. Seit dem Jahr 1994 ist der Umweltschutz sogar im Grundgesetz als Staatsziel verankert worden.[10] Unter Umweltschutz wird in Anlehnung an das Umweltprogramm der Bundesregierung aus dem Jahre 1971 die Gesamtheit aller Maßnahmen verstanden, die notwendig sind,

- „um dem Menschen seine Umwelt zu sichern, wie er sie für seine Gesundheit und für sein menschenwürdiges Dasein braucht,
- um Boden, Luft und Wasser, Pflanzen- und Tierwelt vor nachhaltigen Wirkungen menschlicher Eingriffe zu schützen und
- um Schäden oder Nachteile aus menschlichen Eingriffen zu beseitigen".[11]

Weil der Markt vor der Aufgabe einer nachhaltigen Entwicklung versagt – Gründe dafür sind die kurzfristige Sichtweise und die Dominanz privater (Profit-) Interessen – fällt dem Staat die Aufgabe zu, steuernd einzugreifen.[12]

Untersuchungen zu Umweltbelastungen auf dem „Raumschiff Erde" gehen eigentlich übereinstimmend davon aus, dass sich die negativen Einwirkungen auf die natürliche Umwelt durch den Menschen erhöht haben, wobei ein Großteil der Umweltbelastungen auf die industrielle Produktion von Gütern zurückgeführt wird.[13]

---

[6]   Ebenda, S. 19 ff; sie auch: Seidel/Menn, Ökologisch orientierte Betriebswirtschaft, Dyllick, Ökologisch bewusste Unternehmensführung, S. 11 ff.; Töpfer, Umwelt- und Benutzerfreundlichkeit von Produkten als strategische Unternehmensziele, S. 241

[7]   Dyllick, a.a.O., S. 14

[8]   BUND/et al. (Hrsg.), a.a.O., S. 26

[9]   Ebenda, S. 570

[10]   Dyckhoff H./Souren R., Nachhaltige Unternehmensführung, S. 75

[11]   Umweltprogramm der Bundesregierung 1971, S. 29

[12]   BUND/et al. (Hrsg.), a. a. O., S. 382; siehe auch: Beck, a. a. O., S. 16

[13]   Hier soll nicht der Frage nachgegangen werden, ob nicht dem „souveränen" Verbraucher die Hauptschuld an den Umweltbelastungen zuzuweisen ist, wenn er bei seiner Kaufentscheidung ökologische Gesichtspunkte außer Acht lässt. Unabhängig von der Klärung dieser „Schuldfrage" sind die Unternehmen zunehmend gezwun-

Denn Gütererstellung jeglicher Art ist unabdingbar mit Umweltbelastungen verbunden, die sich im Einsatz natürlicher Ressourcen im betrieblichen Leistungserstellungsprozess und/ oder in der Abgabe nicht weiter verwertbarer bzw. verwertbarer Nebenprodukte des Erzeugnisprozesses (wie Abfall, Abwasser etc.) ausdrücken.[14] Je nachdem wie stark es gelingt, die Belastungen der natürlichen Umwelt in den Griff zu bekommen, wird sich die Wirtschaft in Bezug auf die verursachten Umweltbelastungen unterschiedlich entwickeln.[15]

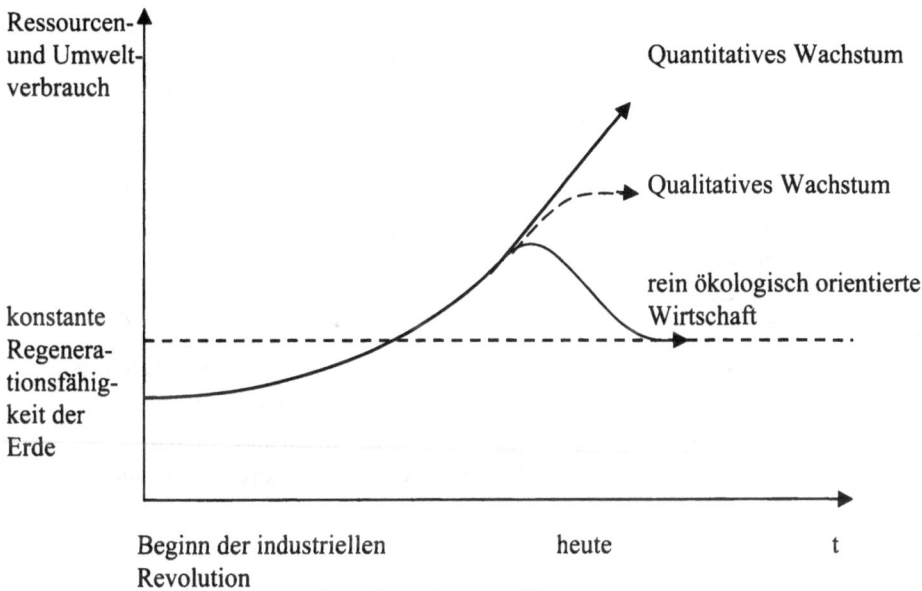

Abb. 1.1: Alternative Entwicklungspfade der Wirtschaft

Donella und Dennis Meadows kommen in ihrer Untersuchung zu den „neuen Grenzen des Wachstums" zu dem Schluss, „dass die Nutzung zahlreicher Ressourcen und die Akkumulation von Umweltgiften bereits die Grenzen des langfristig Zuträglichen überschritten haben – trotz verbesserter Technologien, trotz des mittlerweile gewachsenen ökologischen Bewusstseins und trotz strengerer Umweltgesetze.[16] Besondere Probleme werfen globale Trends auf, wie

- das rapide Wachstum der Weltbevölkerung
- der drastische Verbrauch an natürlichen Ressourcen (häufig wegen schlechter Planung und Ineffizienz),
- Bevölkerungswachstum und Ressourcenverschwendung, die bei der immer schneller um sich greifenden Schädigung weiter Teile der Umwelt eine bedeutende Rolle spielen,

---

gen – gleichgültig ob der Handlungsdruck von Verbrauchern, Staat oder anderen gesellschaftlichen Gruppen kommt, vorausschauend Umweltschutzpolitik zu betreiben.

[14] Wagner, Kosten der Umwelterhaltung in ihrer Bedeutung für die Unternehmenspolitik, S. 917; Strebel, Umwelt und Betriebswirtschaft, S. 21

[15] Binswanger, Dringlichkeit der Verzahnung von Wirtschafts- und Umweltpolitik, S. 37

[16] Meadows/Meadows/Randers, Die neuen Grenzen des Wachstums, S. 11 und S. 228 f.

- die Beeinträchtigung von Ökosystemen, durch die biologische Vielfalt und genetische Ressourcen verloren gehen,
- der übermäßige Gebrauch und Missbrauch von Ressourcen, die eine Verschmutzung von Atmosphäre, Wasser und Boden bewirken. [17]

Obwohl eigentlich umweltbewusstes Handeln häufig mit einzelwirtschaftlichen Vorteilen verbunden ist – zu denken ist etwa an Material- und Energiekosteneinsparungen oder an lukrativen Marktnischen – ist ein durchgehender und systematischer betrieblicher Umweltschutz eher noch die Ausnahme. Das Setzen auf das Eigeninteresse der Wirtschaftssubjekte alleine, hat bisher nicht die erhofften Erfolge gebracht.[18] Auch die Erwartung ökologisch orientiertes Handeln müsse sich aus der sozialen Verantwortung bzw. einer ethischen Grundeinstellung zwangsläufig ergeben, ist bisher nicht erfüllt worden.[19]

Allgemein sind unter ökologischen Belastungen „all die Umwelteinflüsse und -faktoren, die auf menschliche Organismen, erhaltenswerte Tiere und Pflanzen, Ökosysteme, Umweltmedien oder Sachgüter funktionsbeeinträchtigend einwirken oder diese in einen Zustand überführen, der von einzelnen Menschen (subjektive ökologische Belastung) oder der von größeren Gesellschaftsgruppen (intersubjektive ökologische Belastung) als unbefriedigend bzw. in deutlicher Diskrepanz zum angestrebten Zustand empfunden wird", zu verstehen.[20]

Weitere Kennzeichen von Umwelteinwirkungen, die eine Erfassung im betrieblichen und volkswirtschaftlichen Rechnungswesen erschweren, bestehen darin, dass sie

- nicht selten erst mit einem erheblichen time lag symptomatisch hervortreten,
- von den Auswirkungen her oft schwer einzelnen Verursachern zurechenbar sind und
- sich erst viel später und zumeist bei anderen ökonomischen Einheiten auf der monetären Ebene als Negativeffekte niederschlagen.[21]

Die Erfassung und Interpretation derartiger Umwelteinwirkungen stellt demzufolge an ein Umweltinformationssystem immense Anforderungen.

---

[17] Schmidheiny, Kurswechsel, S. 28

[18] Hopfenbeck, Allgemeine Betriebswirtschaftslehre und Managementlehre – Das Unternehmen im Spannungsfeld zwischen ökonomischen, sozialen und ökologischen Interessen, S. 919, hat vor fast 20 Jahren noch daran geglaubt

[19] Ebenda, S. 968 f.

[20] Bechmann, Umweltverträglichkeit als Testkriterium, S. 13

[21] Freimann, Instrumente sozial-ökologischer Folgenabschätzung im Betrieb, S. 148

Lieferanten	Unternehmen	Kunden
Produktion von Rohmaterial und Hilfsstoffen	Marketing, F&E, Produktion, Logistik, Verkauf	Einsatz und Entsorgung der Produkte

Energie- produk- tion	Entsorg. Abfälle/ Abwasser	Energie- produk- tion	Entsorg. Abfälle/ Abwasser	Energie- produk- tion	Entsorg. Abfälle/ Abwasser

Emissionen in Luft, Wasser, Boden

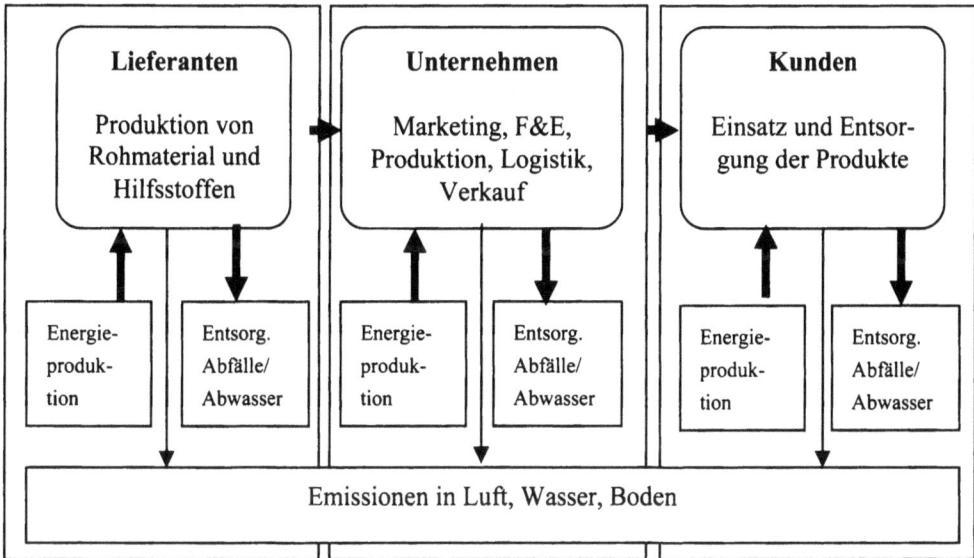

Abb. 1.2: Umwelteinwirkungen von Unternehmen

Umwelteinwirkungen treten praktisch über die gesamte Wertschöpfungskette, vom Lieferanten des Lieferanten bis zum Kunden des Kunden, auf. Unternehmen tragen maßgeblich zu den Umwelteinwirkungen bei.[22] Für die Verantwortlichen in Politik, Wirtschaft und Gesellschaft geht es also darum, die Lebensqualität zu erhalten bzw. sogar zu verbessern, indem die Umweltbelastungen zum Teil erheblich reduziert werden.[23]

Die entscheidende Frage besteht nun darin, ob die Privatunternehmen und Konsumenten Maßnahmen entwickeln, die eine Strategie des qualitativen Wachstums in die Tat umsetzen oder ob staatliche Instanzen, wie bei der sozialen Frage des 19. Jahrhunderts, einspringen müssen. Diese Frage lässt sich mit einem Zitat von Gottlieb Duttweiler, dem Gründer der Schweizer Einzelhandelskette MIGROS, in die Forderung „Freiwilligkeit ist der Preis der Freiheit!" umformulieren.[24]

Allerdings ist in der wirtschaftlichen Praxis festzustellen, dass viele Unternehmen immer dann, wenn der Umweltschutz für das Unternehmen und/oder die Verbraucher mit höheren Kosten oder Verzicht verbunden ist, ökologiebewusstes Handeln nicht in Angriff nehmen. Selbst wenn in den Unternehmen durchgehend eine optimale Material- und Energieeffizienz erreicht werden könnte, muss dies nicht zwangsläufig zu einer tatsächlichen Umweltentlastung führen – insbesondere das Wachstum des weltweiten Konsums (und damit der Produktion) kompensiert derartige Effizienzgewinne.[25] Die für umweltbewusstes Handeln erforderlichen Anreize sind anscheinend nicht in ausreichendem Maße vorhanden.[26]

Unbestritten dürfte hingegen sein, dass eine einigermaßen zufriedenstellende Besserung bei der Berücksichtigung ökologischer Belange im Wirtschaftsprozess sicherlich nur dann ein-

---

[22] Rufer/Huber, Von der rein wirtschaftlich zur umfassenden Nachhaltigkeit in Unternehmen, S. 188 ff.

[23] Schmidheiny, a. a. O., S. 145

[24] Brokatzky, Umweltmanagement in der Migros, S. 93

[25] Schmidt /Czymmek, Bewertung der Ökoeffizienz von Produkten und Verfahren, S. 137

[26] Raffee/Wiedmann, Die Selbstzerstörung unserer Welt durch unternehmerische Marktpolitik, S. 233 f.

treten kann, wenn die Wirtschaftssubjekte nicht bloß unter staatlichem Zwang, sondern auch aus eigener Werthaltung und Einsicht heraus ökologische Belange im Wirtschaftsprozess wahren.[27] Diese bereits angesprochene Diskrepanz zwischen artikuliertem Umweltbewusstsein und ökologisch angemessenem Verhalten ist sicherlich ein wesentlicher Grund dafür, dass die Rufe nach einer härteren staatlichen Umweltpolitik lauter werden. An eine ökologische Modernisierung der Wirtschaftspolitik sind deswegen folgende Mindestanforderungen zu stellen:[28]

- Wirtschaftsinstitutionen sind stärker auf die Beachtung ökologischer Systemzusammenhänge zu verpflichten;
- Umweltinstitutionen benötigen einen Kompetenzzuwachs;
- Einrichtungen der Technologiebewertung und -entwicklung müssen Umweltkompetenz erhalten (sog. Öko-Test) und letztlich
- Muss die Prüfung der Umweltverträglichkeit zu einem allgemeinen und allgemein verständlichen Bestandteil ökonomischen Handelns werden.

Diese Mindestanforderungen sind im Rahmen des Umweltrechts umzusetzen. Dabei zielen die entsprechenden Rechtsnormen auf eine Begrenzung der Inanspruchnahme der Umwelt, um die für menschliches Leben unmittelbar oder mittelbar relevanten natürlichen Lebensgrundlagen räumlich-strukturell und funktional zu erhalten. Konkret geht es um die Begrenzung des Verbrauchs an natürlichen Ressourcen und der Belastbarkeit der Umwelt.[29] Die Politik hat dazu auf nationaler wie auch auf internationaler Ebene (insbes. EU) eine unüberschaubare Vielzahl von Rechtsvorschriften verabschiedet.[30] Schon vor einiger Zeit hat sich die Erkenntnis durchgesetzt, dass anstelle von nachträglichen Reparaturmaßnahmen an einer kaputten Umwelt einer Vorsorgepolitik der Vorzug zu geben ist, denn Schadens- (bzw. Abfall-) Vermeidung ist immer billiger als eine nachträgliche Behebung.[31]

Das bisher praktizierte Umweltrecht mit seinen vielen Gesetzen und Verordnungen konnte die wachsende Umweltzerstörung nicht aufhalten.[32] Der Erfolg einer jeden Umweltpolitik hängt davon ab, in welcher Form und mit welchem Gewicht umweltpolitische Gesetze und Verordnungen in den Kalkül der Produzenten und Konsumenten einfließen und wie die Wirtschaftssubjekte darauf reagieren.[33] Die bisher in vielen Unternehmen praktizierte defensive Umwelt(schutz)strategie kann zwar kurzfristig die betriebliche Erfolgslage verbessern, auf Dauer werden jedoch die gesellschaftliche Legitimität der Unternehmen und damit ihre Existenz gefährdet. Empfohlen wird eine offensive Umweltstrategie, die langfristiger ausgerichtet ist. Umweltschutz wird als Chance zur Erfolgsverbesserung gesehen und in das betriebliche Handlungskonzept integriert (Chancenmanagement).[34]

Einen Überblick über mögliche umweltpolitische Instrumente liefert die folgende Abbildung auf der nächsten Seite.[35]

---

[27] Seidel/Menn, a. a. O., S. 70

[28] Simonis, Ökologische Orientierung der Ökonomie, S. 233

[29] Salzwedel, Umweltrecht und Umweltstandards, S. 39

[30] Dyckhoff/Souren, a. a. O., S. 74

[31] Hopfenbeck, a. a. O., S. 1023; siehe auch: Schmidheiny, a. a. O., S. 30

[32] Hopfenbeck, a. a. O., S. 1015

[33] Strebel, Umwelt und Betriebswirtschaft, S. 56

[34] Fischbach, Instrumente zur ökologisch orientierten Unternehmenssteuerung, S. 499

[35] Ebenda, S. 864

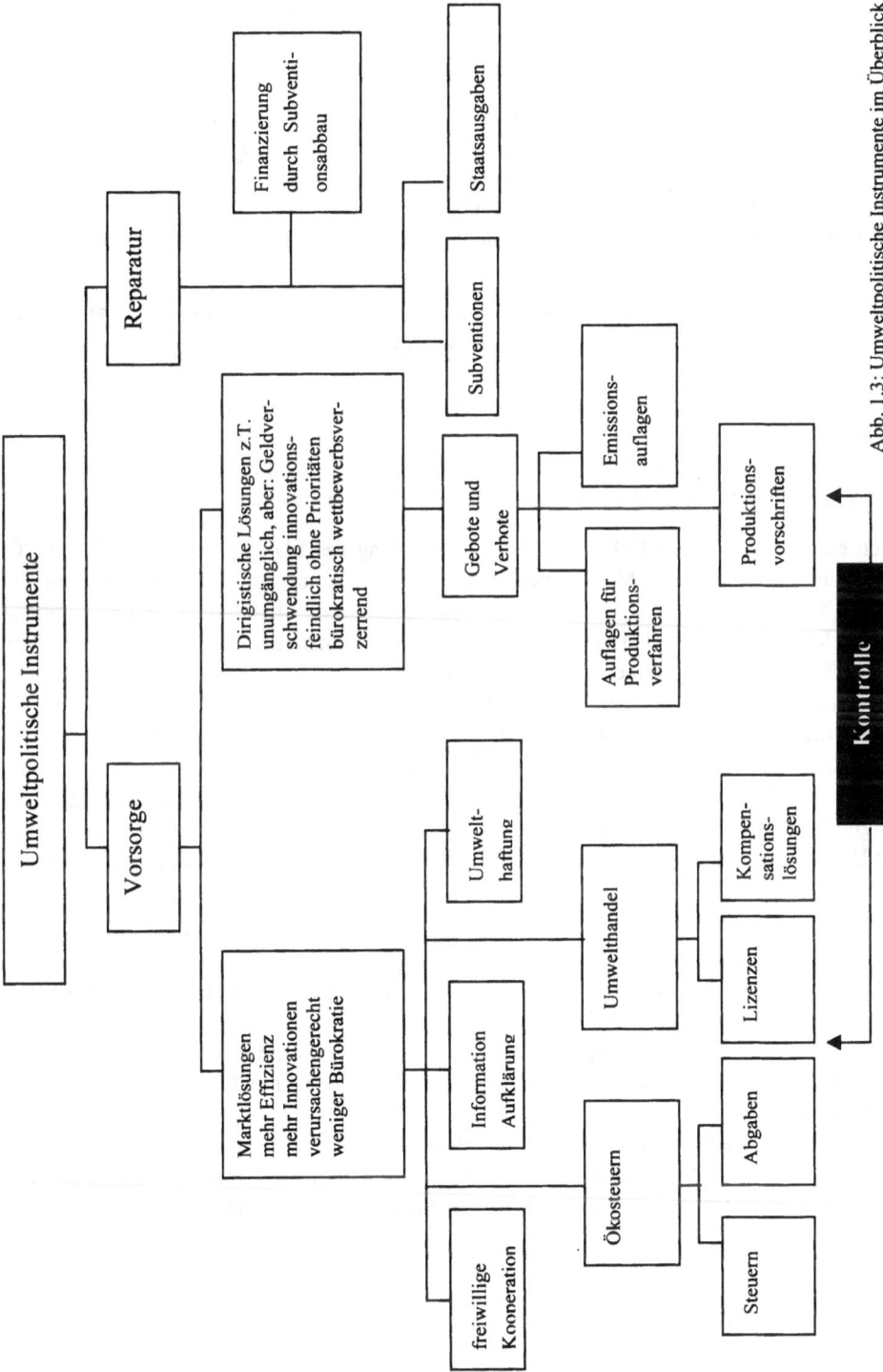

Abb. 1.3: Umweltpolitische Instrumente im Überblick

Seit der Annahme des Kyoto-Protokolls im Jahr 1997 herrscht die Meinung vor, dass die notwendige und drastische Reduzierung von Treibhausgasemissionen besonders effizient nach dem Marktprinzip organisiert werden kann. Die Europäische Union hat demzufolge im Jahr 2005 ein Emissionshandelssystem eingeführt.[36]

Die Idee dahinter ist, dass zunächst eine Begrenzung der erlaubten Emissionen pro Zeiteinheit festgelegt und die zulässige Menge dann über Zertifikate aufgeteilt wird, mit denen die Teilnehmer handeln können. Dabei macht erst die Begrenzung die Emissionsrechte zu einem knappen Gut, mit einem entsprechenden Preis.

Die bisherige Ausgestaltung ist jedoch noch weit von einer transparenten und effektiven Steuerung entfernt:

- Die Grenzwerte sind unter fleißiger Mithilfe der Industrielobby zu großzügig ausgefallen;
- bis heute werden die Emissionszertifikate weitgehend unentgeltlich verteilt;
- die Unternehmen haben den Wert unentgeltlich erworbener Zertifikate kurzerhand als Kosten in den Strompreis einbezogen – Schätzungen zu den Zusatzgewinnen für die fünf größten Stromkonzerne in Deutschland belaufen sich auf bis zu 64 Milliarden Euro!
- Mittlerweile sollen ab 2013 im Energiesektor keine unentgeltlichen Ausgaben von Zertifikaten mehr erfolgen und eine Auktionierung eingeführt werden.

Nach einer Prognose von EON führt die Verschärfung des EU-Emissionshandels mit CO2-Zertifikaten bis zum Jahr 2020 zu einer zusätzlichen Belastung der Energieversorger in Höhe von 20 Milliarden Euro p.a.[37] Unter der Rubrik Information, Aufklärung sind seit Mitte der 1990er Jahre des vorigen Jahrhunderts normierte Umweltmanagementsysteme auf EU-Ebene und weltweit (auf freiwilliger Basis) eingeführt werden. Diese Normen sind gerade auch wegen der geforderten Umweltinformationssysteme von großem Interesse. Bereits 1993 hat die EU die EMAS-Verordnung (Eco-Management und Audit Scheme) verabschiedet, die die kontinuierliche Verbesserung der Umweltleistung von Organisationen fördern soll. Dabei gelten Standorte als kleinste validierungsfähige Einheit bezogen auf die EU-Mitgliedstaaten.[38] Konkretisiert wird diese Zielsetzung einer kontinuierlichen Verbesserung der Umleistungen von Organisationen (insbesondere seit der Überarbeitung der Verordnung im Jahr 2001) durch,

a) „die Schaffung und Anwendung von Umweltmanagementsystemen durch Organisationen, wie in Anhang I beschrieben;
b) eine systematische, objektive und regelmäßige Bewertung der Leistung dieser Systeme, wie in Anhang I beschrieben;
c) die Information der Öffentlichkeit und der anderen interessierten Kreise über die Umweltleistung und einen offenen Dialog mit der Öffentlichkeit und den anderen interessierten Kreisen;
d) die aktive Einbeziehung der Arbeitnehmer in der Organisation sowie eine adäquate Aus- und Fortbildung, die die aktive Mitwirkung bei den unter Buchstabe a) angeführten Aufgaben ermöglicht. Auf Antrag werden auch Arbeitnehmervertreter einbezogen."

---

[36] BUND/et al. (Hrsg.), a. a. O., S. 373 ff.
[37] DER SPIEGEL, Kampf um den Untergrund, Heft 26/2009, S. 74
[38] Siehe im Folgenden: Müller et al., Standardisierungs- und Zertifizierungsansätze; Müller, Stand und Perspektiven normierter Umweltmanagementsysteme

Unklar bleibt, welches „Ausmaß" mit der Verbesserung gemeint ist – eventuell reicht auch eine marginale Verbesserung der Umleistung aus, um das Ziel der Verordnung zu erreichen. Nur wenn die Unternehmen erwarten, dass die Teilnahme am EMAS-System ihnen Vorteile bringt, wird es zu einer breiten Beteiligung an der Verordnung kommen. Der Aufbau mit der EMAS I-Verordnung stellt sich wie folgt dar:

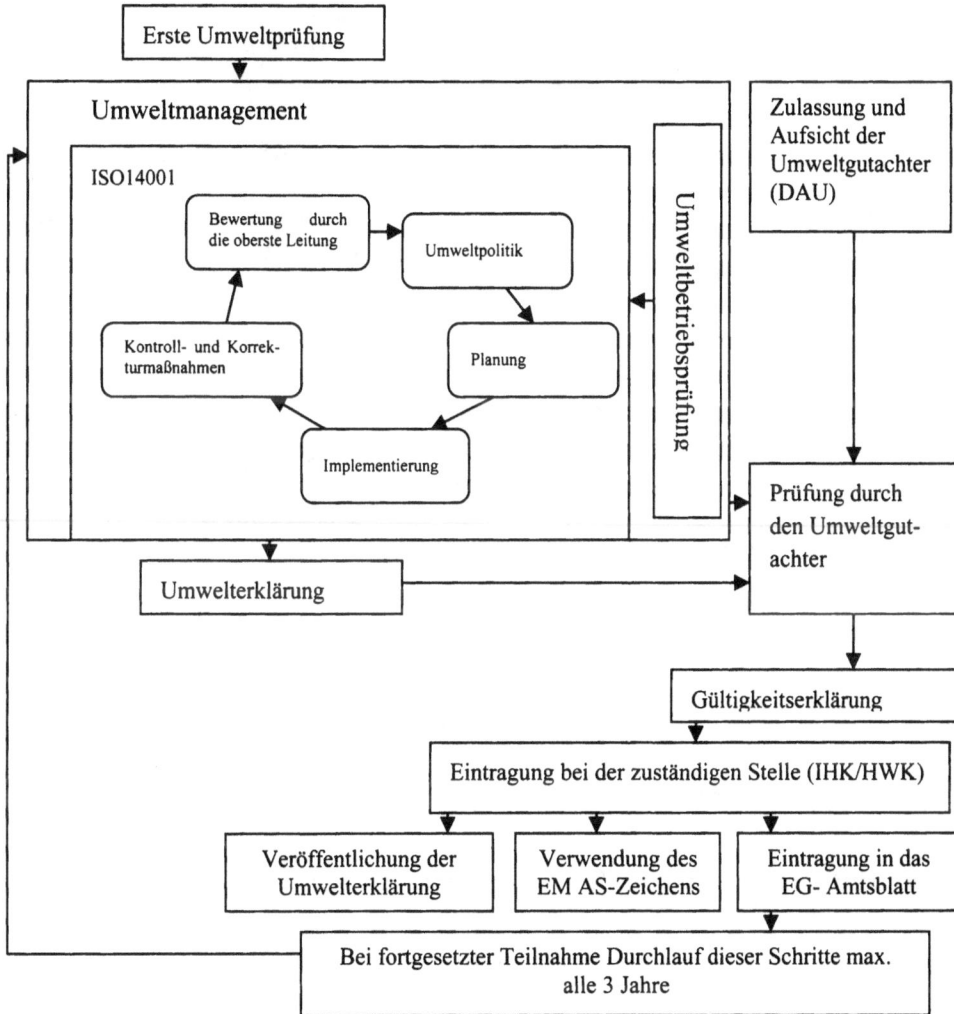

Abb. 1.4: Ablauf der EMAS-Verordnung

Bei der erstmaligen Teilnahme am Zertifizierungssystem muss die Organisation zunächst eine (erste) Umweltprüfung vornehmen. Hierbei handelt es sich um eine Ist-Analyse umweltbezogener Fragestellungen und Auswirkungen der Organisation (bezogen auf einen bestimmten Standort). Im Vordergrund stehen die Messung der Umwelteinwirkungen bestimmter Tätigkeiten und Güter, die Einhaltung einschlägiger Rechtsvorschriften sowie bereits angewandte Techniken und Verfahren des Umweltmanagements.

Die Ergebnisse dieser ersten Umweltprüfung finden dann Eingang in die Schaffung eines Umweltmanagements, wobei die ISO Norm 14001 sowie Zusatzanforderungen als Grundlagen dienen. Für die Thematik dieses Buches ist der Nachweis einer quantifizierbaren und messbaren Verbesserung der Umweltleistungen in stofflicher und energetischer Hinsicht besonders interessant.

Nach der Einrichtung des Umweltmanagementsystems erfolgt eine durch interne und/oder externe Betriebsprüfer durchgeführte Umweltbetriebsprüfung (Audit). Daran schließt sich eine Umwelterklärung an, welche von zugelassenen Gutachten für gültig erklärt werden muss. Diese Umwelterklärung ist durchaus für die Öffentlichkeit gedacht.

Mitte der 1990er Jahre des vorigen Jahrhunderts wurde auch die ISO-Norm 14001 auf Bitte des „Business Council for Sustainable Development" verabschiedet. Der Geltungsbereich der Norm ist weltweit. Als übergeordnete Ziele werden die Förderung des Umweltschutzes und die Verhütung von Umweltbelastungen im Einklang mit den sozioökonomischen Erfordernissen genannt. Die ISO Norm 14001 sieht ebenfalls die Einführung eines Umweltmanagementsystems vor, welche in fünf Schritten vorzunehmen ist:[39]

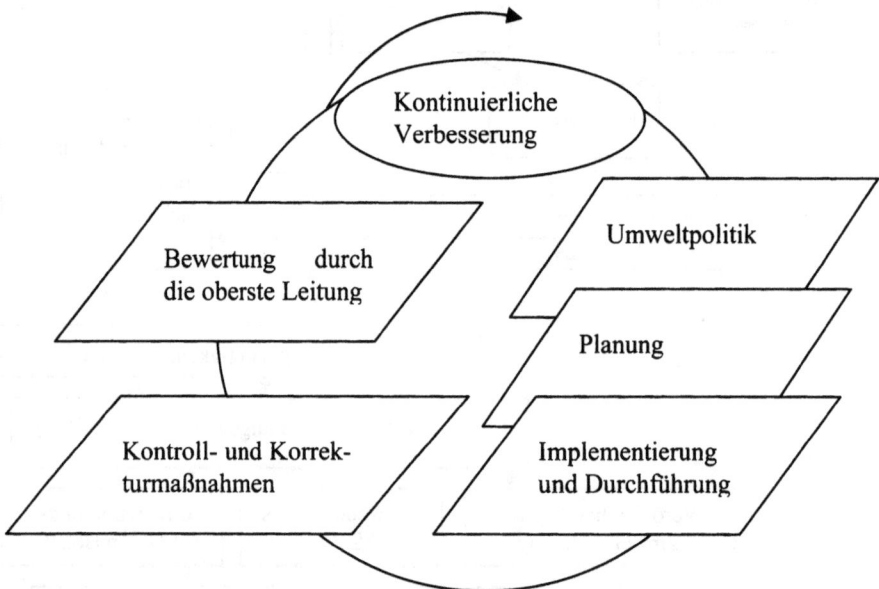

Abb. 1.5: Modell des Umweltmanagementsystems nach ISO 14001

In einem ersten Schritt wird vom Management die Umweltpolitik festgelegt, die den Rahmen für die umweltbezogenen Ziele der Organisation abdeckt. Mit Hilfe der Planung muss die Organisation Verfahren einführen, um ihre bedeutenden Umweltaspekte sowie gesetzliche und andere Erfordernisse zu ermitteln. Auf dieser Basis werden dann für jede relevante Funktion und Ebene konkrete, möglichst messbare Zielsetzungen festgelegt und ein Umweltprogramm aufgestellt. Mit Hilfe der Implementierung und Durchführung gilt es anschließend Umweltpolitik und -ziele umsetzbar zu gestalten. Kontroll- und eventuelle Korrekturmaßnahmen, z.B. mittels eines Umweltmanagementsystems-Audits, sollen dann die

---

[39]   Nähere Angaben zu den formalen Anforderungen befinden sich in der angegebenen Literatur

Zielerreichung aufzeigen. Zum Schluss muss die oberste Leitung der Organisation das Umweltmanagementsystem bewerten. Insgesamt hat dieser zyklische Managementprozess die Aufgabenstellung, zu einer kontinuierlichen Verbesserung des Umweltmanagementsystems zu führen.

Zur Standardisierung von Ökobilanzen für Produkte wurden 1997 die weltweit gültigen Normen DIN EN ISO 14040 ff. verabschiedet, die die einzelnen Schritte einer ökologischen Bilanzierung beschreiben.[40] Aktuelle Schätzungen gehen davon aus, dass von mehreren Millionen Unternehmen, die in Wertschöpfungsketten miteinander verbunden sind, nur 50.000 ein nach dem internationalen Standard ISO 14001 zertifiziertes Umweltmanagementsystem haben.[41] Insbesondere für shareholder value getriebene Unternehmen dürfte der Spruch uneingeschränkt gelten: „Unternehmen müssen tun, was sich lohnt, nicht was richtig ist – und nicht selten lohnt es sich, das Falsche zu tun."[42] Somit besteht für Unternehmen ein starker Anreiz, ihre Produktion in Länder zu verlagern, in denen Umwelt- und Sozialstandards am niedrigsten sind.[43]

Man muss kein Prophet sein, um vorauszusagen, dass die heutigen Verordnungen auf freiwilliger Basis in naher Zukunft verpflichtend für viele Unternehmen und andere Organisationen, z.B. staatliche Institutionen, werden. Die Organisationen, die bereits auf entsprechende Erfahrungen zurückgreifen können und sich einen Imagevorsprung (als umweltbewusst) aufgebaut haben, werden Wettbewerbsvorteile daraus erzielen können.

1.2   Die Berücksichtigung der natürlichen Umwelt in der Betriebswirtschaftslehre

Nach Siebert hat die Umwelt aus ökonomischer Sicht folgende Funktionen:[44]

*   „Sie stellt mit den natürlichen Ressourcen Güter zur Befriedigung menschlicher Existenzbedürfnisse bereit, wie Atemluft, Trinkwasser, tierische und pflanzliche Nahrung, aber auch „Schönheit der Landschaft" u.ä.. Die Umwelt liefert also Input für den Konsum im weitesten Sinne.
*   Sie bietet auch natürliche Ressourcen (Input) für die Produktion, etwa Energie, Energieträger, Bodenschätze. Damit werden Güter hergestellt, die ihrerseits dem unmittelbaren Konsum dienen oder aber der Investition oder der Weiterverarbeitung zugeführt werden
*   Sie absorbiert energetische und stoffliche „Rückstände", die bei Produktion und Konsum als prinzipiell unbeachtete oder unerwünschte „Kuppelprodukte" gewissermaßen „abfallen". Rückstände sind im weitesten Sinne – neben gewissen stofflichen und energetischen Outputs – alle anderen „lästigen" Nebenwirkungen von Produktion und Konsum, also auch Lärm, Erschütterungen, Lichteinwirkungen, Strahlenbelastungen und dgl.."

Das Wuppertal Institut für Klima, Umwelt, Energie kommt in seiner Studie aus dem Jahr 2008 zu dem Ergebnis, dass die Leistungen der Natur für Überleben und Wohlstand jene der

---

[40]   Stahlmann, Ökocontrolling, S. 374
[41]   BUND/et al. (Hrsg.), a. a. O., S. 499 f.
[42]   Ebenda, S. 25
[43]   Ebenda, S .515
[44]   Siebert, Analyse der Instrumente der Umweltpolitik, S. 1 f.

Erwerbswirtschaft übersteigen. Allerdings dünnen die lebenserhaltenden Dienste die Ökosysteme aus, wenn sie durch Übernutzung oder durch Schadstoffeintrag über ihre Regenerationsfähigkeit hinaus belastet werden.[45]

Wirtschaftliche Produktion im stofflichen Sinne ist immer nur eine Transformation von natürlichen Ressourcen, die der Umwelt entnommen und am Ende des Transformationsprozesses wieder an die Umwelt abgegeben werden.[46] Dies entspricht dem 1. Thermodynamischen Gesetz, welches besagt, dass bei allen Umwandlungsprozessen der Input an Stoffen und Energie im Output (Produkte, Emissionen) nachweisbar sein sollte. Umweltprobleme entstehen auf Basis dieser Sichtweise durch Entropiezunahme bzw. Umwandlungsverluste, z.B. in Form von Abfällen, die es in Input-Output-Tabellen transparent zu machen gilt.[47]

Obwohl die natürliche Umwelt wichtige Funktionen für die Wirtschaft erfüllt, hat sich die Betriebswirtschaftslehre zunächst als finanzökonomische, an der Realität orientierte Wissenschaft, die wirtschaftlichen Erfolg zum Gegenstand hat, entwickelt. Dementsprechend stellen Mensch und/oder Natur keine eigenständigen Bestandteile der traditionellen Betriebswirtschaftslehre dar.[48] In der Gutenberg'schen Produktionstheorie werden stoffliche Inputgrößen entweder als „freie Güter„, und damit als wirtschaftlich irrelevant, unterstellt oder eben rein finanz-ökonomisch behandelt. Folgerichtig gibt es bei Gutenberg auch keine stoffliche Betrachtung der Outputgrößen. Natur verkörpert in diesem Ansatz somit keine Problemebene.[49]

„Der verschwenderische Umgang mit Rohstoffen und Energie beim Produktionseinsatz wird also im Gebäude der betriebswirtschaftlichen Produktionstheorie nur berücksichtigt, soweit die tatsächlich aufzuwendenden Kosten den ökologischen Knappheiten entsprechen.[50] Beim Produktionsausstoß ist das Defizit der betriebswirtschaftlichen Produktionstheorie nach Gutenberg noch größer. Für Kuppelprodukte, d.h. stoffliche Produktionsergebnisse, die nicht zum beabsichtigten Produktionsergebnis gehören, erfolgt eine Bewertung nur insofern, als damit Kosten entstehen (z.B. Deponiegebühren).[51] Somit wurde die natürliche Umwelt weitgehend zum freien Gut erklärt und da sich die ökonomische Theorie definitionsgemäß mit der wohlfahrtsmaximalen Allokation knapper, d.h. ökonomisch wertvoller, mit einem Preis versehener Güter beschäftigt, fiel die Umwelt buchstäblich aus dem Blickfeld.[52] Damit wird ein Spannungsverhältnis zwischen Ökonomie und Ökologie begründet, das sich in

- einer Zunahme des Ressourcenverbrauchs und einer Abnahme der Ressourcen und
- einer Zunahme von Schadstoffen und steigender Umweltbelastung äußert.[53]

Die zunehmende Belastung der natürlichen Umwelt deutet unmissverständlich darauf hin, dass die sogenannten freien Güter „saubere" Luft, Gewässer und Böden ebenso als knappe Güter bewirtschaftet werden müssen, wie die traditionellen Produktionsfaktoren. „Der scheinbare Widerspruch, dass der Markt ein offenbar knappes Gut nicht als solches ausweist,

---

[45]   BUND/et al. (Hrsg.), a. a. O., S. 287

[46]   Binswanger, a. a. O., S. 29

[47]   Stahlmann, Ökocontrolling, S. 375

[48]   Ridder, Grundprobleme einer ethisch-normativen Betriebswirtschaftslehre, S. 58

[49]   Ebenda, S. 69

[50]   Pfriem, Ökologische Unternehmensführung, S. 5

[51]   Ebenda, S. 5; siehe auch: Strebel, Umwelt und Betriebswirtschaft, S. 17 und S. 39

[52]   zitiert in: Seidel/Menn, a. a. O., S. 15

[53]   Simonis, Ökologische Orientierung der Ökonomie, S. 222

folgt aus dem sehr spezifischen Charakter der Umwelt und aus der damit verbundenen Unmöglichkeit, diesem Gut den „richtigen" Knappheitsindikator (Preis) mit Hilfe des Marktmechanismus zuzuordnen".[54] Diese kostenlose Inanspruchnahme der Umwelt einerseits als Produktionsfaktor und Konsumgut, zum anderen als Empfangsmedium für Schadstoffe, verkörpert die zentrale Ursache des Umweltproblems.[55]

Mit dieser Sichtweise wird die natürliche Umwelt auf einen „Sack voll Ressourcen" reduziert, dessen sich der Mensch nach seinem Gutdünken im Rahmen der tradierten ökonomischen Handlungsorientierungen bedienen kann, nur jetzt ein wenig sparsamer als bisher.[56] Solange die Natur nur als Ressource gesehen wird und der Mensch als Maß aller Dinge gilt, wird es keine grundlegenden Verbesserungen der Umweltsituation geben.[57] Eine weitere Problematik liegt in der Verengung des Zeithorizonts. In der Regel negieren an kurzfristigen Erfolgen orientierte Interessen in Wirtschaft und Politik langfristige Auswirkungen wirtschaftlichen Handelns.[58]

Wie bereits erwähnt wurde, versagt die Betriebswirtschaftslehre vor allem bei der Bewertung der mit der Kuppelproduktion verbundenen Umwelteinwirkungen. Riebel hat schon im Jahre 1955 darauf hingewiesen, dass die Kuppelproduktion nicht als kurioser Vorgang zu betrachten ist, wie dies in der betriebswirtschaftlichen Literatur häufig geschieht, sondern durchaus eine ganz normale Erscheinung eines jeden Produktionsprozesses ist. Aus naturgesetzlicher oder verfahrenstechnischer Notwendigkeit entstehen stets teils nutzbare Nebenleistungen, teils aber auch unverwertbare oder überhaupt nicht erfassbare Abfälle und Verluste von Stoffen und Energien. „Das primär technisch bedingte Phänomen der Kuppelproduktion tritt unter naturwissenschaftlich technischen Gesichtspunkten grundsätzlich überall auf, da kein Produktions- oder Arbeitsvorgang mit einem Wirkungsgrad von 100 % abläuft.[59] Zu sogenannten externen Effekten kommt es dann, wenn nutzenreagible Einflüsse, die durch die Aktivitäten einer Wirtschaftseinheit auf andere Wirtschaftseinheiten (die Umwelt des Unternehmens) ausgeübt werden, nicht über einen Preismechanismus gesteuert werden.[60] Im Prozess der ökonomisch-technischen Entwicklung geschieht die Externalisierung von Effekten in dreifacher Hinsicht, durch

• Verlagerung von Kosten auf Dritte bzw. die Gesellschaft insgesamt,
• Verlagerung von Kosten auf künftige Generationen bzw.
• Verlagerung von Kosten auf die Natur.[61]

Gerade durch Belastungen der natürlichen Umwelt entstehen in großem Umfang negative externe Effekte, die vom Grad der Industrialisierung einschließlich des Anstiegs der Bevölkerung verursacht werden. Damit verbunden ist eine Divergenz zwischen betriebswirtschaft-

---

[54]   Strebel, Umwelt und Betriebswirtschaft, S. 30

[55]   Heigl, Ertragsteuerliche Anreize für Investitionen in den Umweltschutz, S. 66; ähnlich: Pfriem, Ökologische Unternehmensführung, S. 27

[56]   Freimann, Ökologie und Betriebswirtschaft, S. 380

[57]   Hopfenbeck, a. a. O., S. 1034 ff.

[58]   Simonis, Einleitung, S. 9

[59]   Riebel, Die Kuppelproduktion, S. 60 f.; siehe auch: Endres, Umwelt- und Ressourcenökonomie, S. 9 ff.

[60]   Schlieper, Externe Effekte, S. 524; siehe auch: Picot, Betriebswirtschaftliche Umweltbeziehungen und Umweltinformationen, S. 200

[61]   Simonis, Ökologische Orientierung der Ökonomie, S. 216

lichen und volkswirtschaftlichen Kosten.[62] Der Begriff „externer Effekt" ist ein Schlüsselbegriff für das Verständnis der ökonomischen Erklärung von Umweltproblemen.[63] In diesem Zusammenhang wird auch der Begriff soziale Kosten verwendet. Dabei werden soziale Kosten mit negativen externen Effekten gleichgesetzt, wenn die Definition alle Verluste, die Dritten oder der Allgemeinheit als Folgen der Unternehmenstätigkeit aufgebürdet werden, beinhaltet.[64]

Der Begriff der sozialen Kosten beinhaltet allerdings eine monetäre Bewertung der Auswirkungen einzelwirtschaftlichen Handelns, während dies bei negativen externen Effekten nicht der Fall sein muss.[65] Entscheidend für die Begriffsbestimmung ist allerdings auch, dass soziale Kosten, bedingt durch die Systematik des herkömmlichen Rechnungswesens der Unternehmen, von diesen nicht bzw. nicht adäquat erfasst werden können.[66] Allgemein gilt in der Marktwirtschaft als wichtigste Information der Preis von Gütern und Dienstleistungen. „Die Marktwirtschaft heutiger Prägung lässt ihre Akteure weitgehend im Dunkeln darüber, was sie mit ihren jeweiligen Handlungen der Umwelt antun. Die Preise in der Marktwirtschaft sind m. E. weit davon entfernt, die ökologische Wahrheit zu sagen".[67] Überspitzt formuliert, könnte man behaupten: „Ökonomen wissen von (fast: Ergänzung des Verfassers) allem den Preis und von nichts den wahren Wert".[68] Die fehlende Regulierungsfähigkeit des Marktes bezüglich der Ressourcen und Umweltprobleme kann darauf zurückgeführt werden, dass die Preise ihre Rolle als Knappheitsindikator unter den heutigen Bedingungen nur sehr schlecht spielen. Folgende Gründe sind dafür maßgebend:[69]

- Die Langfristknappheit der Ressourcen kommt in den Preisen nicht oder nur in geringem Maße zum Ausdruck.
- Dadurch, dass die Umweltgüter bezüglich ihrer Qualität im Allgemeinen nicht in die Eigentumsordnung einbezogen sind, gibt es auch keinen Eigentümer, der für die Nutzung bzw. Qualitätsminderung der Güter einen Preis verlangen könnte.
- Große Bereiche der Wirtschaft, die die Umwelt besonders stark belasten, werden vom Staat reguliert, wodurch der Preismechanismus von vornherein nur eine sekundäre Rolle spielt.
- Außerdem berücksichtigt der Preismechanismus die Lebensdauer der Produkte und die Intensität ihrer Verwendung nicht gebührend.

Aus diesen Gründen lässt sich die These ableiten, dass das Umweltproblem ausgehend von einer wirtschaftlichen Betrachtungsweise auf Defekten des Preissystems beruht. Obwohl ökologische Nutzungen eigentlich knapp sind, übersetzt das Preissystem diese elementare Knappheit nicht oder nur sehr unzureichend in Marktpreise.[70] Die Marktpreise entsprechen

---

[62]   Eichhorn, Umweltschutz aus der Sicht der Unternehmenspolitik, S. 634

[63]   Endres, Umwelt- und Ressourcenökonomie, S. 10

[64]   Pfriem, Ökologische Unternehmensführung, S. 53

[65]   Freimann, Instrumente sozial-ökologischer Folgenabschätzung im Betrieb, S. 47; siehe auch: Kapp, Soziale Kosten der Marktwirtschaft, S. 50 f. und S. 150

[66]   Fischer-Winkelmann, Gesellschaftsorientierte Unternehmensrechnung, S. 26

[67]   v. Weizsäcker, a. a. O., S. 64 f.

[68]   Hampicke, Was darf und was kann monetarisiert werden, S. 19

[69]   Binswanger, a. a. O., S. 63 f. und S. 50

[70]   Bonus, Ökonomisches Umweltverhalten - ein komplexes Lernziel, S. 46; siehe auch: Timmermann, Ökologische Berichterstattung, S. 213

also nicht den Schattenpreisen bzw. Knappheitspreisen, die die volkswirtschaftlichen Kosten beinhalten und damit die billigst mögliche Einhaltung ökologischer Nebenbedingungen gewährleisten könnten.[71] „Faire" Preise im Sinne einer nachhaltigen Betrachtungsweise umfassen demnach nicht nur die ökologischen Kosten, die bei der Herstellung und dem Verbrauch/Gebrauch von Gütern anfallen. Berücksichtigt werden müssen auch soziale Kosten, die dadurch entstehen, dass am Wertschöpfungsprozess Beteiligte nicht so entlohnt werden, dass sie ihre Grundbedürfnisse und soziale Teilhabe sichern können. Dies bedeutet auch, dass Unternehmen die Verantwortung für den gesamten Lebenszyklus ihres Produktes übernehmen müssen, gerade im Hinblick auf die ökologischen und sozialen Folgewirkungen und nicht nur bezogen auf den „schnellen" Gewinn.[72] Zusammenfassend muss festgehalten werden, dass das Preissystem die Kosten des Umweltverzehrs dem Entscheidungsträger (Verursacher) nicht anlastet und damit die knappe Ressource „intakte Umwelt" nicht in die beste Verwendung gelenkt wird. Außerdem signalisiert das Fehlen eines Preises Überfluss, was die Akteure im reinen Marktsystem nicht dazu veranlasst, mit der Umwelt schonend (d.h. ökonomisch) umzugehen. Aus diesem Grund ist sogar von einer fortschreitenden Umweltzerstörung auszugehen, wenn nicht außermarktliche Kräfte gegensteuern.[73]

Als Schlüssel für die Lösung der Umweltproblematik gilt demnach die Modifikation des Preismechanismus im Rahmen des marktwirtschaftlichen Systems. Dies ist politisch durch ein System von Vorschriften zu gewährleisten, damit die Kosten der Umweltnutzung in den Preis der unter Inanspruchnahme der Umwelt entstehenden oder verwendeten Produkte bzw. Dienstleistungen eingerechnet werden können.[74]

Die Notwendigkeit der Einbeziehung von negativen externen Effekten bzw. sozialen Kosten in die Kosten der Unternehmen wird auch von der politischen Ebene zunehmend anerkannt und gefordert.[75] In der Theorie der externen Effekte wird dieser Vorgang Internalisierung genannt: „Um die faktische Knappheit des Umweltmediums allen Wirtschaftssubjekten bewusst zu machen, sollen die sozialen Kosten, z.B. der Wasserverunreinigung „internalisiert", d.h. dem Verursacher als einzelwirtschaftliche Kosten angelastet werden (z.B. durch Verbote oder Beschränkungen unentgeltlicher Umweltnutzung, Erheben von Steuern und Gebühren für Umweltbelastung)".[76] Damit wird eine Verringerung der Umweltschäden und eine Verminderung der Diskrepanz zwischen dem einzelwirtschaftlich verrechneten und dem ge-

---

[71]   Bonus, Ökonomisches Umweltverhalten – ein komplexes Lernziel, S. 45 f.; siehe auch: Bonus, Instrumente einer ökologieverträglichen Wirtschaftspolitik, S. 87 ff. und S. 109 ff.

[72]   BUND/et al. (Hrsg.), a. a. O., S. 493 und S. 223

[73]   Endres, Umwelt- und Ressourcenökonomie, S. 13 ff.. An dieser Stelle wird auch als Erklärung für das Marktversagen im Umweltbereich der Begriff „öffentliche Güter" verwendet. Umweltqualität kann als öffentliches Gut definiert werden, das im Gegensatz zu privaten Gütern einzelnen Konsumenten nicht exklusiv zugeteilt werden kann.

[74]   Heigl, Ertragsteuerliche Anreize für Investitionen in den Umweltschutz, S. 66; siehe auch: Freimann, Ökologie und Betriebswirtschaft, S. 380; Schmidheiny, a. a. O., S. 13 und S. 43 ff.; Strebel, Umwelt und Betriebswirtschaft, S. 40; v. Weizsäcker, a. a. O., S. 65 f.

[75]   Siehe dazu: Schulz, Kosten der Umweltverschmutzung, S. 175; Biedenkopf, Ökologie in der sozialen Marktwirtschaft, S. 5 ff.

[76]   Strebel, Umwelt und Betriebswirtschaft, S. 31

samtwirtschaftlich entstandenen Kostenanfall erwartet.[77] Dieses Konzept der Internalisierung basiert auf dem Verursacherprinzip, welches beträchtliche Schwächen aufweist:[78]

- Für Emissionen bzw. Immissionen eines bestimmten Schadstoffes gibt es regelmäßig nicht nur einen, sondern mehrere Verursacher. Dies wird noch verschärft, wenn Synergieeffekte beachtet werden müssen.

- Das Verursacherprinzip nimmt Umweltbelastungen hin, fordert aber, dass der Schädiger dafür mit Kosten belastet wird. Damit wird nicht primär auf das Vermeiden von Umweltschäden gemäß dem Vorsorgeprinzip abgestellt.

Strebel unterscheidet in diesem Zusammenhang zwischen „ökologischer" und „ökonomischer" Internalisierung. „Ökologische Internalisierung bedeutet dabei „Verhüten" der Umweltbelastung durch den bisherigen Verursacher. Soweit dies für ihn mit Kosten verbunden ist, schließt die ökologische Internalisierung ökonomische Internalisierung mit ein. Die (nur) ökonomische Internalisierung ist hingegen Übernahme von Kosten durch den „Verursacher" bei Fortsetzen der Umweltbelastung".[79] Für die betriebliche Kostenrechnung bedeutet dies, dass ein Anreiz zur Erfassung von Umweltnutzung als knappes „Einsatzgut" nur erwartet werden kann, wenn die Umweltbeanspruchung auch mit betriebswirtschaftlichen Kosten verbunden ist.[80] Daraus ergäbe sich dann als nächster Schritt, die Einbeziehung dieser umweltbezogenen Kosten in die Kalkulation, wobei diese nicht nur die Produktion, sondern auch den Gebrauch, die Wiederverwendung und Entsorgung der Güter umfassen müsste.[81] Die politische Umsetzung der Internalisierung wird vor allem mit Hilfe von Pigou-Steuern (Öko-Steuern) erwartet, die den damit verbundenen höheren Preisen von Gütern und Dienstleistungen einen Lenkungseffekt zu mehr Umweltentlastung verschaffen sollen.[82]

Seit der Umweltkonferenz in Rio wird verstärkt die Forderung nach „sustainable development„ erhoben. Dabei bedeutet „sustainable development" die Entwicklung zu einer nachhaltigen Gesellschaft, die so wandlungsfähig und so strukturiert ist und sich so verhält, dass sie über alle Generationen existenzfähig bleibt. „Mit anderen Worten: Sie ist so weitsichtig, so weise, dass sie ihre eigenen materiellen und sozialen Existenzgrundlagen nicht unterminiert". Gemäß der Brundtland Definition ist eine Entwicklung dann nachhaltig, wenn sie die Bedürfnisse der Gegenwart befriedigt, ohne zu riskieren, dass künftige Generationen ihre eigenen Bedürfnisse nicht befriedigen können".[83] Der Business Council for Sustainable Development, in dem sich Unternehmensleiter aus verschiedenen Ländern zusammengefunden haben, stellt heraus, dass die Wirtschaft eine entscheidende Rolle in der Erhaltung einer gesunden Zukunft des Planten Erde spielen wird. Als Unternehmensleiter fühlen sich die Mitglieder dem Konzept der nachhaltigen Entwicklung verpflichtet, das den heute Lebenden ihr Auskommen ermöglichen soll, ohne dafür das Wohlergehen künftiger Generationen aufs Spiel zu setzen.

---

[77] Heinen/Picot, Können in betriebswirtschaftlichen Kostenauffassungen soziale Kosten berücksichtigt werden? S. 345 f.

[78] Strebel, Umwelt und Betriebswirtschaft, S. 59 f.

[79] Ebenda, S. 31 f.

[80] Ebenda, S. 46 f.

[81] Schmidheiny, a. a. O., S. 13; Schulz, Kosten der Umweltverschmutzung, S. 175; Freimann, Instrumente sozialökologischer Folgenabschätzung im Betrieb, S. 154

[82] Hopfenbeck, a. a. O., S. 868; Endres, Die Pigou-Steuer, S. 407 f.

[83] Zitiert in: Kanning, Bedeutung des Nachhaltigkeitsleitbildes für das betriebliche Management, S. 19

Gefordert ist die Einbeziehung der Prinzipien der nachhaltigen Entwicklung in alle unternehmerischen Entscheidungen, um die Zukunft des Unternehmens zu sichern. Diese Prinzipien umfassen:

- „die Erkenntnis, dass es kein langfristiges Wirtschaftswachstum geben kann, dass nicht umweltverträglich ist;
- die Einsicht, dass Produkte, Produktionsprozesse und Dienstleistungen zu einer dauerhaft tragfähigen Entwicklung beitragen müssen und können;
- die Bewahrung der Glaubwürdigkeit gegenüber der Gesellschaft, ohne die das Unternehmen nicht arbeiten kann;
- den offenen Dialog mit allen Bezugsgruppen des Unternehmens, wobei Probleme und Möglichkeiten zu erörtern sind, damit Vertrauen entsteht;
- die berufliche Entwicklung der Mitarbeiter, deren Fähigkeiten erweitert und deren Tätigkeit über das Gehalt hinaus einen Sinn erhalten muss;
- die Erhaltung des Freiraums für unternehmerische Gestaltung durch vorbeugende Maßnahmen; Staatseingriffe sollten sich in engen Grenzen halten".

Nachhaltiges Wirtschaften bedeutet aber die umfassende Integration sozialer und ökologischer Ziele entlang der gesamten Wertschöpfungskette in die Unternehmensführung, mit Implikationen für alle Unternehmensbereiche.[84] Für das betriebliche Umweltmanagement sieht die zukünftige Bedeutung so aus, dass es in 15 Jahren wahrscheinlich kein isoliertes betriebliches Umweltmanagement mehr geben wird.[85] Vielmehr sind in das bestehende System soziale Aspekte zu integrieren, um eine Entwicklung in Richtung Nachhaltigkeit zu ermöglichen.

Die Dimensionen der Nachhaltigkeit sehen dann wie folgt aus:[86]

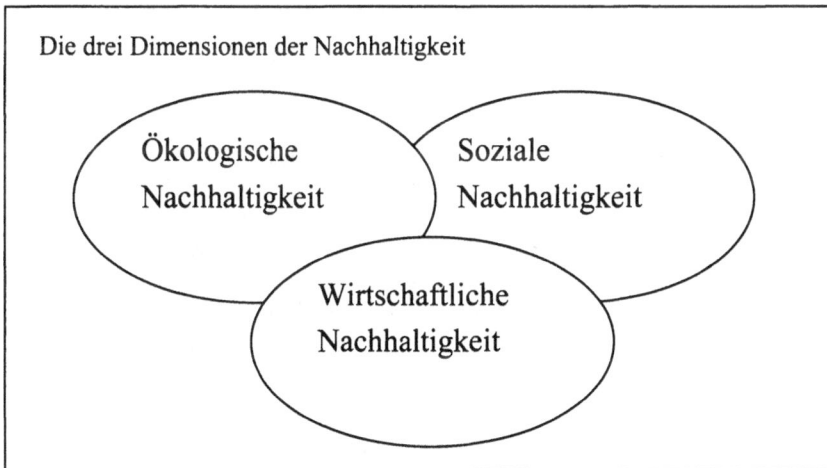

Abb. 1.6: Dimensionen der Nachhaltigkeit

---

[84]   Leitschuh, In der Krise hilft nur Nachhaltig Wirtschaften, S. 69
[85]   Baumast, Betriebliches Umweltmanagement im Jahre 2022... S. 255
[86]   Rufer/Huber, a. a. O., S. 183 f.

Im Einzelnen sind folgende Grundsätze zu den Dimensionen relevant:

Ökologische *Nachhaltigkeit basiert auf folgenden Grundsätzen:*

1. Erneuerbare Ressourcen so nutzen, dass sie sich laufend regenerieren können.
2. Nicht-erneuerbare Ressourcen rezyklieren oder durch erneuerbare ersetzen.
3. Schadstoffe so begrenzen, dass sie die Ökosysteme nicht beeinträchtigen.
4. Die biologischen Systeme trotz menschlicher Eingriffe in ihrer Vielfalt erhalten.
5. Großrisiken vermeiden, wenn sie die Grundsätze 1-4 verletzen könnten.

Ökonomische Nachhaltigkeit basiert auf folgenden Grundsätzen:

6. Individuelle und gesellschaftliche Bedürfnisse effizient befriedigen.
7. Externe Kosten und Knappheiten in die Preise integrieren.
8. Durch Rahmenbedingungen Wettbewerb, Innovation und Nachhaltigkeit fördern.
9. Die ökonomische Leistungsfähigkeit langfristig erhalten.

Soziale Nachhaltigkeit basiert auf folgenden Grundsätzen:

10. Menschenrechte und -würde, Gesundheit und Sicherheit bewahren.
11. Solidarische Leistungsbeiträge gemäß individuellen Fähigkeiten erbringen.
12. Leistungs-, resp. bedürfnisgerechte Entlohnung und soziale Netzwerke sicherstellen.
13. Wissen und Leistungsfähigkeit durch Bildung und Ausbildung erhalten.

Wie bereits erwähnt worden ist, kann nicht von einer Gleichwertigkeit der Dimensionen ausgegangen werden. Die weltweiten ökologischen und sozialen Probleme machen eine Vorrangstellung vor wirtschaftlichen Aspekten erforderlich, um die Überlebensfähigkeit des Systems Erde zu gewährleisten. Das bedeutet auch, dass die Menschheit nicht auf die wesentlichste Motivation für gezielte ökologische und soziale Verbesserungen setzen kann, nämlich die Aussicht auf einen betriebswirtschaftlichen Gewinn.

Welche Anforderungen ergeben sich nun aus den aufgezeigten Defiziten in der traditionellen Betriebswirtschaftslehre in Bezug auf die natürliche Umwelt für die wissenschaftliche Weiterentwicklung dieser Disziplin? Zunächst ist die Unternehmung als Schwerpunktthema der betriebswirtschaftlichen Betrachtung im Gegensatz zu Gutenberg nicht nur als ökonomisches, technisches und soziales System zu sehen, sondern auch als ökologisches, informationsverarbeitendes und geistig-kulturelles Gebilde.[87] Damit verbunden ist die Entwicklung zu einer stärker als bisher umweltorientierten, ja nachhaltigen (Ergänzung des Verfassers), Betriebswirtschaftslehre.[88] Während in vielen wissenschaftlichen Publikationen zu betriebswirtschaftlichen Teilproblemen, wie z.B. der Optimierung der betrieblichen Logistik, ganzheitliches Denken gefordert wird, hat sich diese Sichtweise in Bezug auf das Unternehmen als Ganzes weder in der Betriebswirtschaftslehre noch in der betrieblichen Praxis bisher durchgesetzt.[89] Dies hat zur Folge, dass einer aus dem ganzheitlichen Denken abgeleiteten Berücksichtigung interdependenter anthropogener und natürlicher Umweltphänomene nur unzureichend Rechnung getragen wird.[90]

---

[87] Pfriem, Ökologische Unternehmensführung, S. 24

[88] Sieben, Rechnungswesen bei mehrfacher Zielsetzung, S. 695; Seidel, Ökologisches Controlling, S. 309

[89] Seidel/Menn, a. a. O., S. 28

[90] Ulrich, Unternehmenspolitik, S. 67

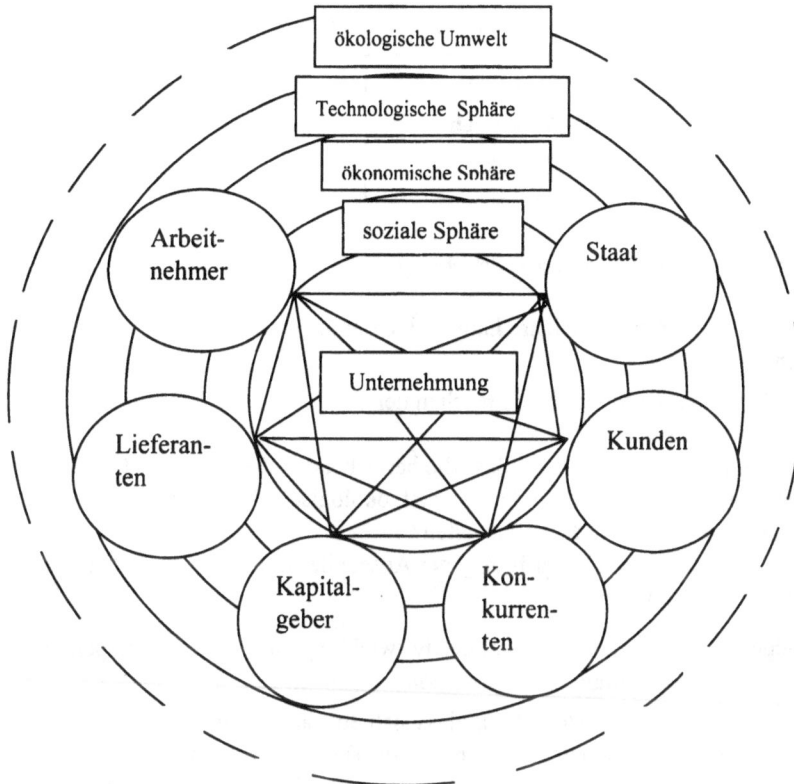

Abb. 1.7: Anthropogene und natürliche Umwelt der Unternehmung[91]

Die Schlussfolgerung müsste demzufolge lauten, das Unternehmen als Teil eines komplexen und vernetzten Systems mit seiner Umwelt zu begreifen.[92] In Bezug auf die ökologische Umwelt kann man das Unternehmen als ökologische Black-Box betrachten.[93]

Dabei wird deutlich, dass es nicht genügen kann, nur umweltrelevante Vorgänge des Transformationsprozesses von Input- in Outputgüter innerhalb des Unternehmens in die Betrachtung einzubeziehen. Vielmehr erfordert eine systemorientierte Betrachtung der Umwelt neben der Berücksichtigung des Produktionsprozesses innerhalb des Unternehmens eine entsprechende Vorgehensweise ebenso bei den Inputlieferanten und Outputempfängern[94], d.h. dass die gesamte Wertschöpfungskette einbezogen werden muss.

---

[91] Für das Forschungsgebiet Controlling, siehe: Müller, Grundzüge eines ganzheitlichen Controlling

[92] Selgrad/Kürzl, Umwelt-Info-Systeme, S. 277; Vester, Wenn ich als Biologe Controller wäre, S. 77

[93] Müller-Witt, Betriebliche Umwelt-Informationssysteme als Ertragsquelle, S. 236

[94] Hopfenbeck, Allgemeine Betriebswirtschaftslehre und Managementlehre - Das Unternehmen im Spannungsfeld zwischen ökonomischen, sozialen und ökologischen Interessen, S. 879

Schon an dieser Stelle wird die damit verbundene Informationsproblematik offensichtlich

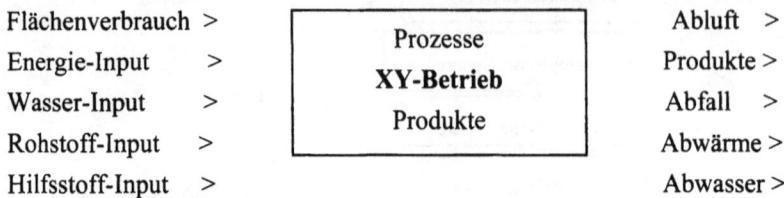

Flächenverbrauch >		Abluft >
Energie-Input >	**Prozesse** **XY-Betrieb** **Produkte**	Produkte >
Wasser-Input >		Abfall >
Rohstoff-Input >		Abwärme >
Hilfsstoff-Input >		Abwasser >

Abb. 1.8: Ökologische Black-Box-Betrachtung eines Betriebes

Eine ökologische Betriebswirtschaftslehre hätte sich dann im Wesentlichen auf drei Bereiche zu konzentrieren:"

1. Was sind die betriebswirtschaftlichen Ursachen der Zerstörung von Natur und der Gefährdung menschlichen Lebens?
2. Was sind die Defizite, die verhindern, dass die herrschende (aber auch nicht vorherrschende) Betriebswirtschaftslehre in der Lage ist, ökologische Probleme zu erfassen und positive Gestaltungsvorschläge zu unterbreiten?
3. Wie kann ein auf Mensch und Natur bezogener Ansatz der Betriebswirtschaftslehre aussehen, der diese Defizite überwindet?"[95]

Wie noch zu zeigen sein wird, kommt dabei der Entwicklung eines umweltbezogenen Rechnungswesens eine Schlüsselstellung als Informationsinstrument zu.

Weitgehende Übereinstimmung besteht darin, dass sich eine auf Natur und Mensch bezogene Betriebswirtschaftslehre nicht gegen die herrschende Betriebswirtschaftslehre durchsetzen kann, solange sich nicht die Praxis ändert.[96] Die Betriebswirtschaftslehre ist insbesondere gefordert, „den Prozess der Verhaltensänderung bei Mitgliedern der Unternehmensleitungen und bei nachgeordneten Führungskräften einzuleiten und voranzubringen.[97] Dabei bietet die Krise der Umwelt gleichzeitig Chancen, Produkt- und Verfahrensinnovationen auf Basis eines neuen Denkens in Kreisläufen und vernetzten Systemen durchzusetzen.[98]

Vester propagiert ein sogenanntes biokybernetisches Denken, das durchaus in Übereinstimmung mit den Ansichten neuerer Betriebswirtschaftslehren (z.B. St. Gallener Schule von H. Ulrich und seinen Nachfolgern) gebracht werden kann, nämlich

-   die Ablösung der isolierten Betrachtung von Einzelbereichen und Elementen durch eine ganzheitliche Betrachtungsweise,
-   das Ersetzen der Dominanz kurzfristiger ökonomischer Ziele durch eine gleichgewichtsorientierte, langfristige und mehrfache Zielsetzung,
-   die Zuwendung zu den weit einträglicheren Symbiosemöglichkeiten mit und einem Lernen von der Natur, anstelle der beinahe unbegrenzten Technologie- und Wissenschaftsgläubigkeit.[99] Die systemorientierte Managementlehre hat sich folgerichtig zu einem

---

[95] Ridder, a. a. O., S. 68
[96] Ebenda, S. 77 f.
[97] Seidel/Menn, a. a. O., S. 80
[98] Förderkreis Umwelt Future (Hrsg.), Von der Öko-Bilanz zum Öko-Controlling, S. 3
[99] Vester, Wenn ich als Biologe Controller wäre, S. 78

Evolutionsmanagement weiterentwickelt, für welches Nachhaltigkeit zu einer zentralen Thematik geworden ist.[100]
- Basis für Verhaltensänderungen sind u.a. aussagekräftige Informationen zu den Einwirkungen auf die natürliche Umwelt. Die Betriebswirtschaftslehre kann somit nur dann ihren ureigenen Auftrag erfüllen, wenn sie „richtiger rechnet"![101]

Allerdings muss an dieser Stelle darauf hingewiesen werden, dass der Verfasser nicht an eine umfassende Kontrollierbarkeit des Wirtschaftsgeschehens glaubt, geschweige denn an Controller und Manager als allwissende „Macher". Angesichts der vorherrschenden Dynamik und Komplexität bleibt der Glaube an eine Kontrollierbarkeit im Sinne eines veralteten kybernetischen Denkens in Regelkreisen ein frommer Wunsch. „Alle rationalen Kontrollanstrengungen zeigen neue „irrationale", unberechenbare, unvorhersehbare Folgen" – die Ungewissheit der Folgen, Nebenfolgen und Nebenfolgen der Nebenfolgen bleibt bestehen.[102] Wir denken in Normalverteilungen, das Problem besteht jedoch darin, dass Messungen von Unsicherheit mittels der Glockenkurve die Möglichkeit von abrupten Sprüngen (Diskontinuitäten) unberücksichtigt lassen.[103]

1.3 Strategische Konsequenzen für die Unternehmenspolitik

Während in den vergangenen Jahrzehnten die Probleme der gesättigten Märkte, Internationalisierung, Technologie-Dynamik und des Wertewandels Unternehmensführung und Marketing vor neue Herausforderungen gestellt haben, stehen heute und zukünftig die ökologischen Probleme als Bestimmungsfaktoren der Unternehmenspolitik im Mittelpunkt der aktuellen Diskussion.[104] Die unternehmerische Aufgabe und Herausforderung besteht demzufolge darin, die Integration der ökologischen Dimension in die Prozesse der Unternehmensführung zu gewährleisten.[105] Während Unternehmenspolitik und -strategien noch vor 15 Jahren sich im Rahmen der Umweltdebatte noch auf das Spannungsfeld zwischen Ökonomie und Ökologie zu konzentrieren hatten,[106] wird heute und in Zukunft die Diskussion auf die Nachhaltigkeit der Konzepte gerichtet sein. Ein adäquates Management für nachhaltige Leistungen wird folgende Orientierungen und Zusammenhänge beachten müssen, um den Anforderungen insbesondere auch der Stakeholder Genüge leisten zu können[107]

---

[100] Otto/et al., Evolutionsmanagement, S. 240 ff.

[101] Seidel/Menn, a. a. O., S. 110

[102] Beck, a. a. O., S. 47

[103] Ebenda, S. 101

[104] Meffert, Strategisches Ökologie-Management, S. 7

[105] Dyllick, a. a. O., S. 23 f.

[106] siehe dazu: Müller, Umweltorientiertes betriebliches Rechnungswesen, 2. Auflage, S. 24

[107] Rufer/Huber, a. a. O., S. 187

Kundenorientierung

**Markt-
leistungen**

Umweltorientierung   **Mitarbeiterorientierung**

**Umwelt-
leistungen**   **Soziale
Leistungen**

**Finanzielle
Leistungen**

Gewinnorientierung

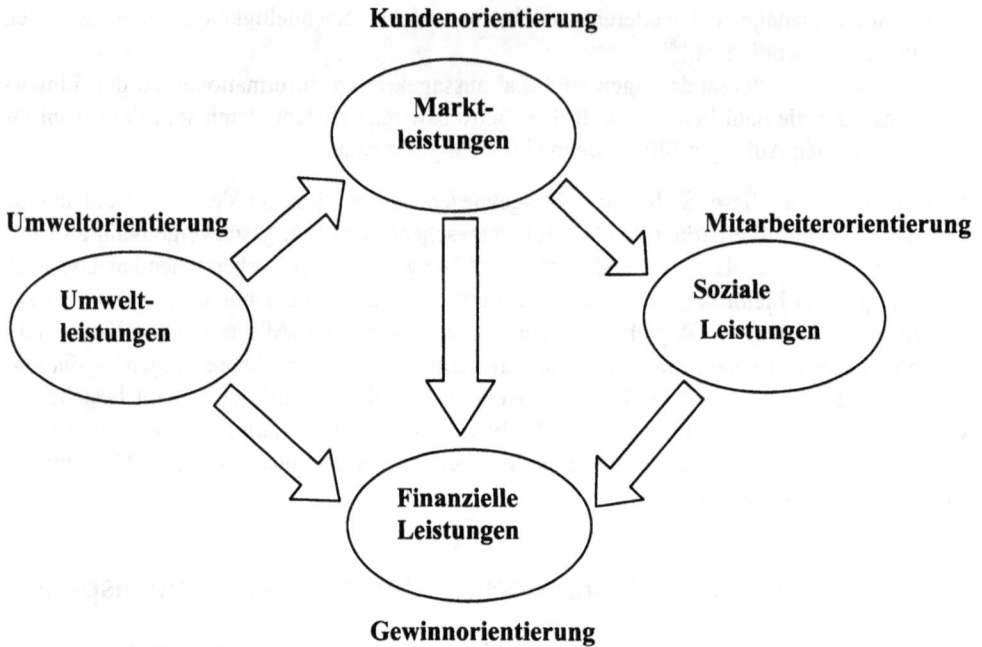

Abb. 1.9: Orientierungsgrundlagen für nachhaltiges Management

Um überhaupt einen Überblick zu bekommen, wie es um die Umwelt-, Kunden- und Mitar-beiterorientierung in der eigenen Organisation steht, ist zunächst eine SWOT-Analyse durch-zuführen. Hierbei werden die eigenen Stärken und Schwächen mit relevanten Umfeldentwicklungen gespiegelt. Letztlich sollen die Strategien darauf ausgerichtet werden, Stärken mit Chancen auf Märkten in Übereinstimmung zu bringen und Risiken möglichst zu vermeiden. Stärken (=Erfolgspotenziale) müssen ausgebaut bzw. weiterentwickelt werden, um die Existenz der Organisation zu sichern.

Bezogen auf ökologische Risiken und Chancen könnte eine entsprechende Analyse wie folgt aufgebaut sein:

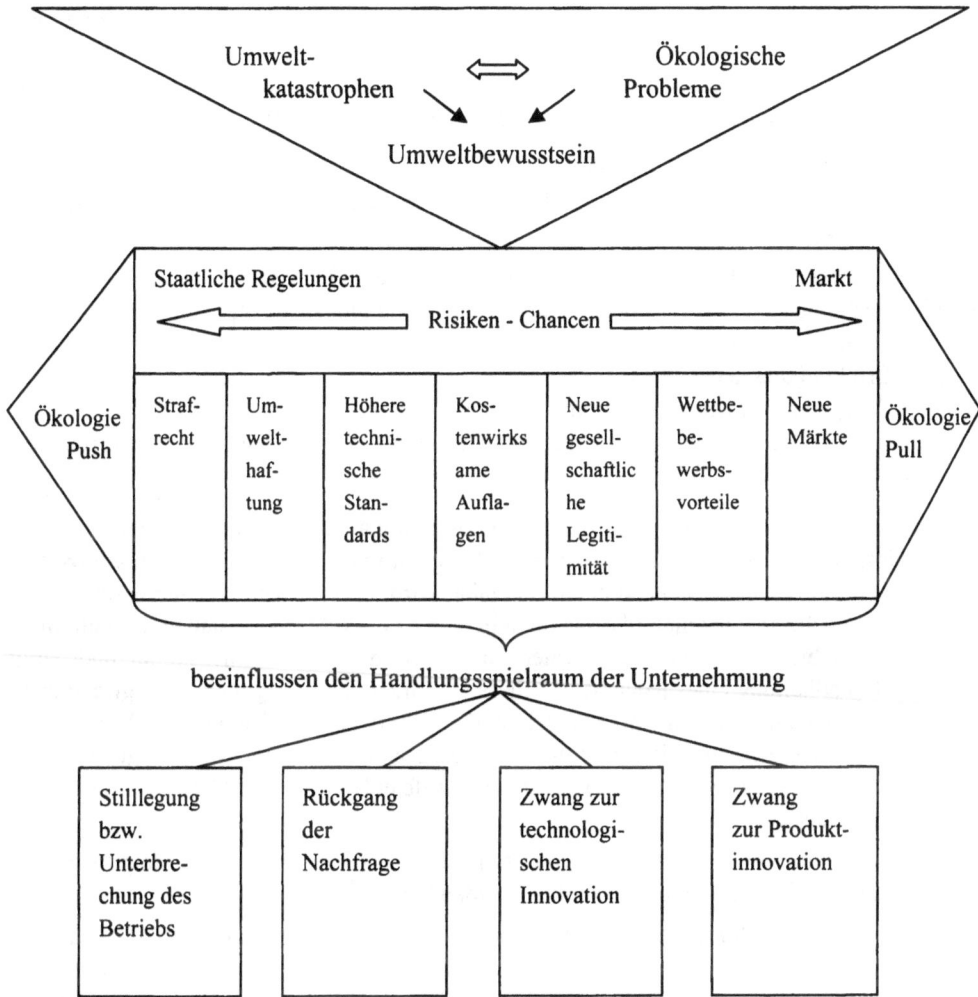

Abb. 1.10: Ökologieorientierte Chancen-Risiken-Analyse[108]

Dabei können folgende Typen von Unternehmensrisiken im Umweltbereich unterschieden werden:

- Interne (technische) Risiken, die direkt oder indirekt von der Produktion ausgehen;
- politische Risiken, die in Verbindung mit Gesetzesvorhaben oder politischen Forderungen zu sehen sind und
- Marktrisiken, die z.B. durch verändertes Kaufverhalten zugunsten von umweltfreundlicheren Produkten entstehen.[109]
- Dennoch darf nicht verkannt werden, dass die ökologische Herausforderung neben Risiken auch Markt- und Ertragschancen bietet, die von den Unternehmen aktiv genutzt werden können. Energieeinsparung und verminderter Materialaufwand tragen gleichzeitig

---

[108] Meffert, Strategisches Ökologie-Management, S. 10
[109] Schulz/Schulz, Umweltcontrolling für die betriebliche Praxis, S. 582

positiv zur Kostensenkung und zur Schonung der Umwelt bei; dies gilt auch für vermiedene Entsorgungskosten.[110] Die wettbewerbsstrategische Dimension des Umweltschutzes
kann dazu verhelfen, die ökonomische Effizienz zur Absicherung bestehender und Erschließung neuer Gewinn- und Profilierungspotentiale zu wahren.[111]

Die Minimierung von Unternehmensrisiken bedarf ebenso wie die Nutzung von Chancen
einer umweltorientierten Unternehmensführung. Von einer umweltorientierten Unternehmensführung können

- eine Verbesserung der Umweltverträglichkeit des Unternehmens,
- eine Senkung der Kosten im Beschaffungs- und Produktionsbereich,
- Schutz vor existentiellen Risiken,
- eine Erschließung neuer Märkte,
- eine Steigerung der Mitarbeitermotivation und
- eine positive Beeinflussung des Unternehmensimages in der Öffentlichkeit erwartet werden.[112]

Umweltbewusstes Management erfordert die Mitwirkung aller Führungskräfte und Mitarbeiter im Unternehmen.[113] Eine entscheidende Rolle spielt jedoch die Unternehmensspitze, die
klare Signale setzen muss, anhand derer erkennbar wird, dass sie sich zu einer ökologischen
Unternehmensführung bekennt.[114] Zum einen prägen das (Vorbild-) Verhalten der Führungskräfte, ihre sichtbaren symbolischen Taten und Worte die Unternehmenskultur und damit
auch die Grundhaltung eines jeden Mitarbeiters.[115] Zum anderen beginnen strategische Neu-
orientierungen häufig mit einem Wandel in den Motiven und Werten des Topmanage-
ments.[116] Somit muss Umweltschutz als Führungsaufgabe betrachtet werden, für die klare
Ziele und/oder Grundsätze zu setzen sind, die mit Hilfe entsprechender Maßnahmen verwirklicht werden müssen.[117]

Im Einzelnen hat die Unternehmensführung folgende Aufgaben zu erledigen, damit Umweltschutz Bestandteil der Unternehmenspolitik werden kann:[118]

- Unmissverständlich klar machen, dass Umweltschutz ein Anliegen der obersten Führung
  ist;
- konkrete Grundsätze und Richtlinien für alle ökologisch relevanten Bereiche in der Unternehmung erlassen;
- klare Verantwortlichkeiten und Kompetenzen zuteilen und eine geeignete Organisationsform für die Umsetzung ökologischer Erkenntnisse in den Unternehmensalltag schaffen;
- ökologische Ziele nicht nur in Projekt- und Bereichsplänen, sondern auch in den persön-
  lichen Zielen von Teams und Mitarbeitern verankern;

---

[110] Günther, Ökobilanzen als Grundlage eines Umwelt-Auditings, S. 60
[111] Meffert, Strategisches Ökologie-Management, S. 9
[112] Schulz, Ökocontrolling, S. 224
[113] Schmidheiny, a. a. O., S. 246; Hopfenbeck, a. a. O., S. 1004; Pfriem, Ökologische Unternehmensführung, S. 39 ff.
[114] Müller-Witt, Betriebliche Umwelt-Informationssysteme als Ertragsquelle, S. 245
[115] Hopfenbeck, a. a. O., S. 1006
[116] Steger, Strategische Unternehmensführung und Umweltschutz, S. 127
[117] Nüßgens, Umweltschutz als eine Führungsaufgabe im Unternehmen, S. 197
[118] Dyllick, Ökologisch bewußte Unternehmensführung, S. 48 f.

- ein ökologisches Controllingsystem aufbauen, das zur Überwachung der Zielerreichung dient und schließlich
- ökologische Erkenntnisse und Themen in die betriebliche Aus- und Weiterbildung integrieren.

Ein Managementsystem für nachhaltige Leistungen besteht dann aus den folgenden Komponenten, die selbstverständlich nicht isoliert zu gestalten sind:[119]

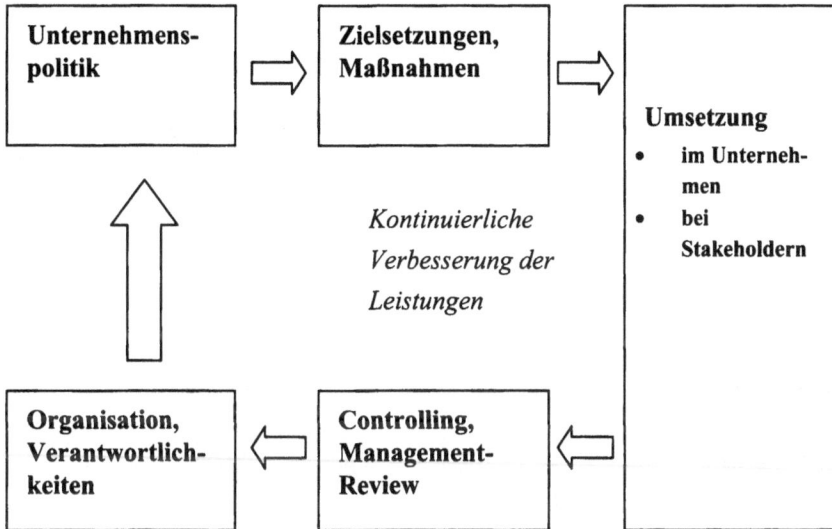

Abb. 1.11: Managementsystem für nachhaltige Leistungen

Unverkennbar ist die Ähnlichkeit zu den in Kap.1.1 dargelegten Umweltmanagementsystemen der EMAS II bzw. ISO 14001.

Zur Operationalisierung und Umsetzung einer nachhaltigen Entwicklung können diese genormten Umweltmanagementsysteme wie folgt beitragen:[120]

---

[119] Rufer/Huber, a. a. O., S. 195
[120] Kanning, a. a. O., (3. Auflage), S. 29

Elemente zur Gestaltung nachhaltiger   **Elemente von Umweltmanagementsystemen**

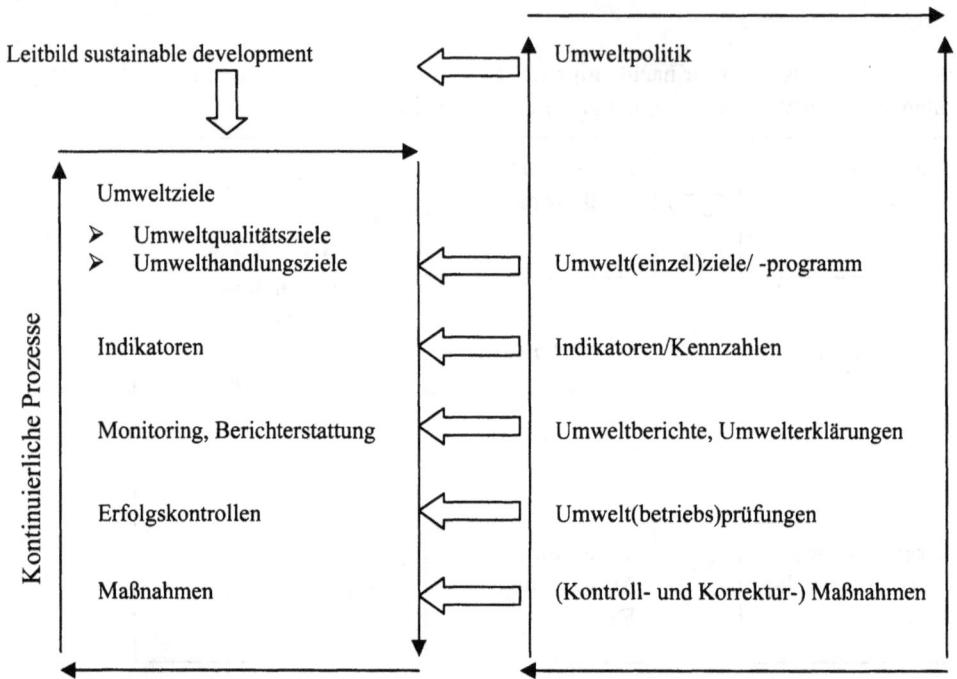

Entwicklungsprozesse

Leitbild sustainable development   ⟸   Umweltpolitik

Umweltziele
  ➤ Umweltqualitätsziele
  ➤ Umwelthandlungsziele   ⟸   Umwelt(einzel)ziele/ -programm

Indikatoren   ⟸   Indikatoren/Kennzahlen

Monitoring, Berichterstattung   ⟸   Umweltberichte, Umwelterklärungen

Erfolgskontrollen   ⟸   Umwelt(betriebs)prüfungen

Maßnahmen   ⟸   (Kontroll- und Korrektur-) Maßnahmen

Kontinuierliche Prozesse

Abb. 1.12: Beiträge des betrieblichen Umweltmanagements zur Operationalisierung und Umsetzung einer nachhaltigen Entwicklung

Eine umfassende Unternehmenspolitik beinhaltet gemäß dem Managementansatz von St. Gallen ein

- Unternehmensleitbild
- Unternehmenskonzept und
- Führungskonzept[121]

Wesentlich für die Unternehmenspolitik sind das Wertesystem der Führungskräfte, Charakter und Situation des Unternehmens sowie die Umwelt der Unternehmung. Während das Unternehmensleitbild seine Grundstrategie prägt, ist mit dem Unternehmenskonzept das Zielsystem angesprochen.[122] Betriebswirtschaftliche Umweltpolitik umfasst im Einzelnen:

- Setzen betrieblicher Ziele (Zielsetzungsentscheidungen),
- Fällen von Zielerreichungsentscheidungen und
- Ergreifen entsprechender Maßnahmen.[123]

---

[121] Ulrich, a. a. O., S. 45 ff.

[122] Siehe dazu auch: Pfriem, Ökologische Unternehmensführung, S. 19 f.

[123] Strebel, Umwelt und Betriebswirtschaft, S. 74

Unbestritten dürfte sein, dass sich aus den Verbindungen des Betriebes mit der Umwelt zwangsläufig weitere Zielsetzungen, die das Gewinnmaximierungsziel ergänzen, ergeben müssen.[124] Für den Umweltschutz lassen sich dementsprechend mehrere Zielgruppen unterscheiden.[125]

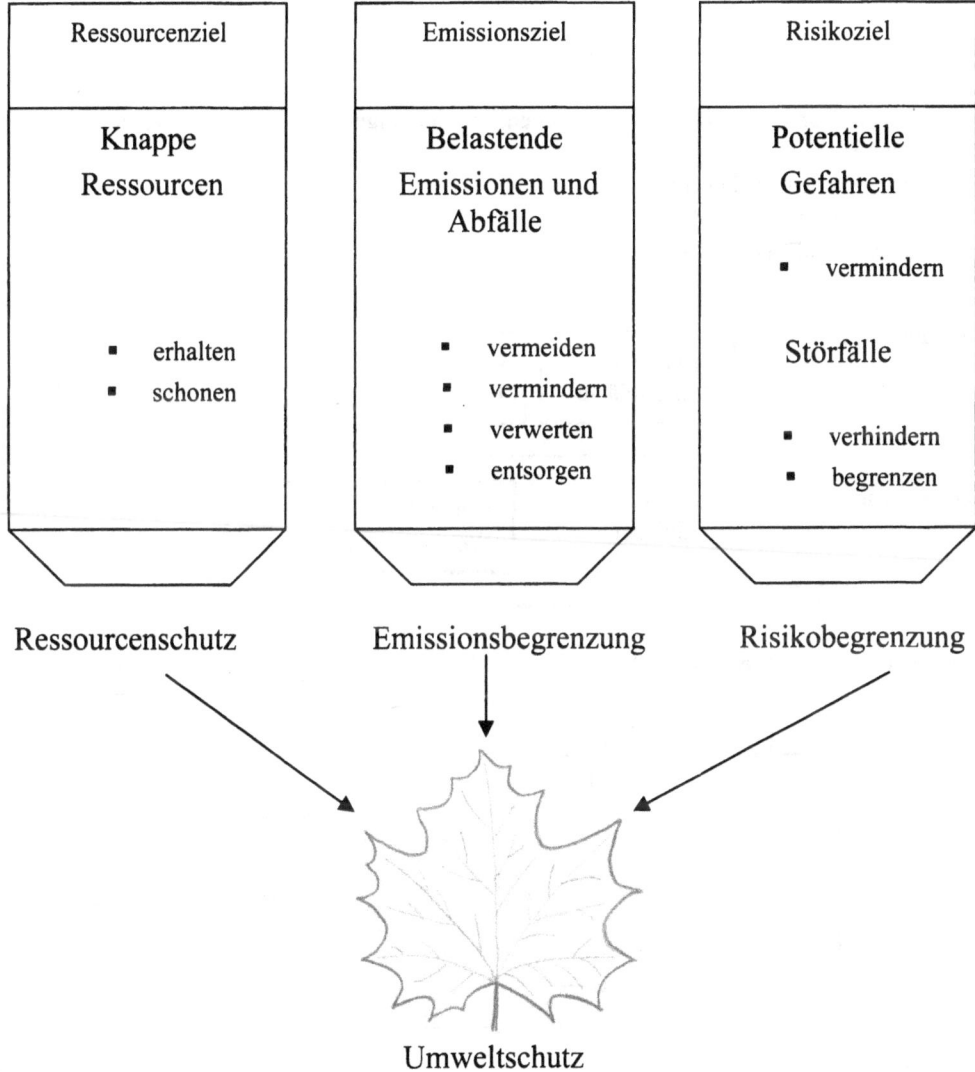

Ressourcenziel	Emissionsziel	Risikoziel
Knappe Ressourcen	**Belastende Emissionen und Abfälle**	**Potentielle Gefahren**
		▪ vermindern
		Störfälle
▪ erhalten	▪ vermeiden	
▪ schonen	▪ vermindern	▪ verhindern
	▪ verwerten	▪ begrenzen
	▪ entsorgen	

Ressourcenschutz   Emissionsbegrenzung   Risikobegrenzung

Umweltschutz

Abb. 1.13: Umweltschutz als Unternehmensziel

Die Aufgabe für das Management besteht nun darin, diese umweltbezogenen Ziele in das Zielsystem des Unternehmens zu integrieren. Dabei ist davon auszugehen, dass das betriebli-

---

[124]   Betge, Bestimmung der sozialen Kosten des Einsatzes moderner Produktionstechnologie, S. 517

[125]   Dyllick, Ökologisch bewußte Unternehmensführung, S. 35; siehe auch: Selgrad/Kürzl, a. a. O., S. 274; Strebel, Umwelt und Betriebswirtschaft, S. 81 ff.

che Zielsystem primär auf leistungs-, erfolgs- und finanzwirtschaftliche Ziele ausgerichtet ist, die durch gesellschaftsbezogene Ziele ergänzt werden.[126]

Grundsätzlich lassen sich als Zielbeziehungen Zielkomplementarität, -neutralität und -konflikte unterscheiden. Zielkomplementarität zwischen Rentabilität und Umweltschutz ist bei

- Wettbewerbsvorteilen durch Umweltschutzinnovationen bei der Produkt- und Verfahrensgestaltung,
- (aktiver) Vorwegnahme von gesetzlichen Entwicklungen oder späteren Konsumentenforderungen,
- Möglichkeiten zur Diversifikation,
- Imageverbesserung und
- Material- und Energiekosteneinsparungen gegeben.[127]

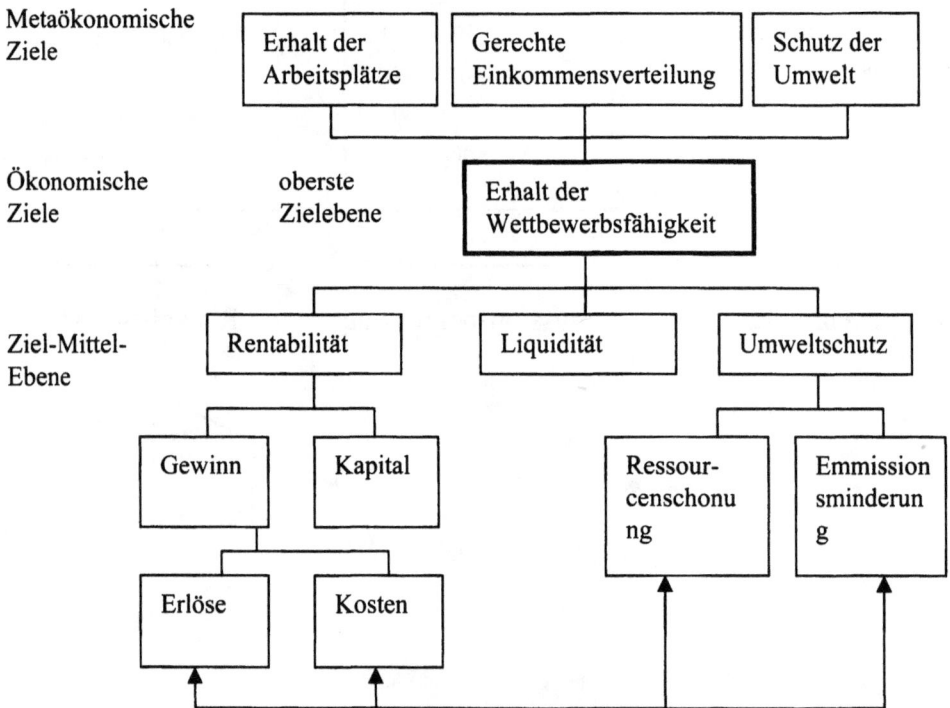

Abb. 1.14: Das Zielsystem der Unternehmung

Zielkonflikte werden immer dann auftauchen, wenn die Einhaltung umweltpolitischer Zielgrößen mit Kostensteigerungen verbunden ist.[128] Insbesondere die häufig vorzufindende

---

[126]   Steger, Umweltmanagement, S. 140 ff.; Dyllick, Ökologisch bewußte Unternehmensführung, S. 33 f.; als Beispiel aus der Praxis: Follmann, Ökologie und Ökonomie, S. 107 ff.

[127]   Stahlmann, Umweltorientierte Materialwirtschaft, S. 44 ff., siehe auch: Strebel, Umwelt und Betriebswirtschaft, S. 46 ff.; Dyllick, Ökologisch bewußte Unternehmensführung, S. 26 ff.

[128]   Beschorner, Öko-Bilanz, S. 163

kurzfristige Sichtweise bei Unternehmensentscheidungen rückt kostensteigernde Effekte von Umweltschutzmaßnahmen in den Vordergrund, wobei mögliche Nutzensteigerungen in längerfristigen Zeiträumen unbeachtet bleiben. Das Umweltschutzziel zum Oberziel für das Unternehmen zu erklären und die unternehmerischen Entscheidungen danach auszurichten, scheidet wegen des Konkurrenzdrucks aus. „Führen die Konkurrenten keine Umweltschutzmaßnahmen durch oder beschränken sie diese auf ein Minimum, kann der umweltbewusste Unternehmer zur Anpassung seines Verhaltens gezwungen sein, um nicht aus dem Markt auszuscheiden".[129] Das Unternehmen befindet sich in dieser Hinsicht in einer Art „Gefangenendilemma".[130] Auf der anderen Seite wird von einem Unternehmen gegebenenfalls eine Chance vertan, mit über den gesetzlichen Vorschriften hinausgehenden Umweltschutz eine Steigerung des ROI (Return on Investment) zu erreichen (siehe Abb. 1.15 auf der nächsten Seite).[131]

Für eine gewinn- und ökologieorientierte Unternehmenspolitik ergibt sich somit folgender realistischer Zielplan: Bei Vorgabe eines Mindestgewinns als Satisifizierungsziel ist die vom Unternehmen ausgehende Umweltbelastung zu minimieren.[132] Je nachdem wie umweltbewusst sich die Unternehmensführung darstellt, wird die betriebliche Umweltpolitik eher passiv – zur Erfüllung externer Auflagen oder als Public-Relations-Instrument – oder aktiv gestaltet werden.[133]

Die Umsetzung der gesetzten Umweltziele geschieht mit Hilfe einer vom Unternehmen zu wählenden Strategie, wobei damit systematisch die Fähigkeiten des Unternehmens gesteigert werden sollen, um auch unter schwierigen Bedingungen die gesteckten Ziele erfüllen und langfristig im Vergleich zur Konkurrenz überdurchschnittliche Ergebnisse erreichen zu können.

Von der Ablauffolge aus betrachtet, umfasst die strategische Unternehmensführung die Phasen

- Umwelt- und Unternehmensanalyse,
- Strategieorientierung,
- Strategieimplementation und
- Strategiecontrolling.[134]

---

[129] Terhart, Betriebswirtschaftslehre Fragen des Umweltschutzes, S. 403; siehe auch: Rückle, Investitionskalküle für Umweltschutzinvestitionen, S. 55; dies widerspricht dem in den vorigen Kapiteln herausgearbeiteten Hinweis, dass angesichts der massiven Probleme, Umweltschutz und soziale Belange vorrangig angegangen werden müssen.

[130] Bonus, Ökonomisches Umweltverhalten – ein komplexes Lernziel, S. 47; Jochem, Technikfolgenabschätzung und -bewertung, S. 234

[131] Meffert/Kirchgeorg, a. a. O., S. 35

[132] Frese/Kloock, Internes Rechnungswesen und Organisation aus der Sicht des Umweltschutzes, S. 17

[133] Ebenda, S. 7

[134] Steger, Strategische Unternehmensführung und Umweltschutz, S. 123

ROI

ROI-Steigerung bei unentdeckter Unterschreitung der Grenzwerte	Freiwilliger Umweltschutz als Chance
ROI-Minderung durch Sanktionen bei Unterschreitung der Grenzwerte	ROI-Minderung durch Übererfüllung der Grenzwerte und z.B. Beeinträchtigung der Wettbewerbsfähigkeit

ROI bei Einhaltung der Grenzwerte

Legitimität

Gesetzliche Umweltschutzvorschriften

Verstoß gegen Umweltschutz-Vorschriften

Übererfüllung der gesetzlichen Vorschriften

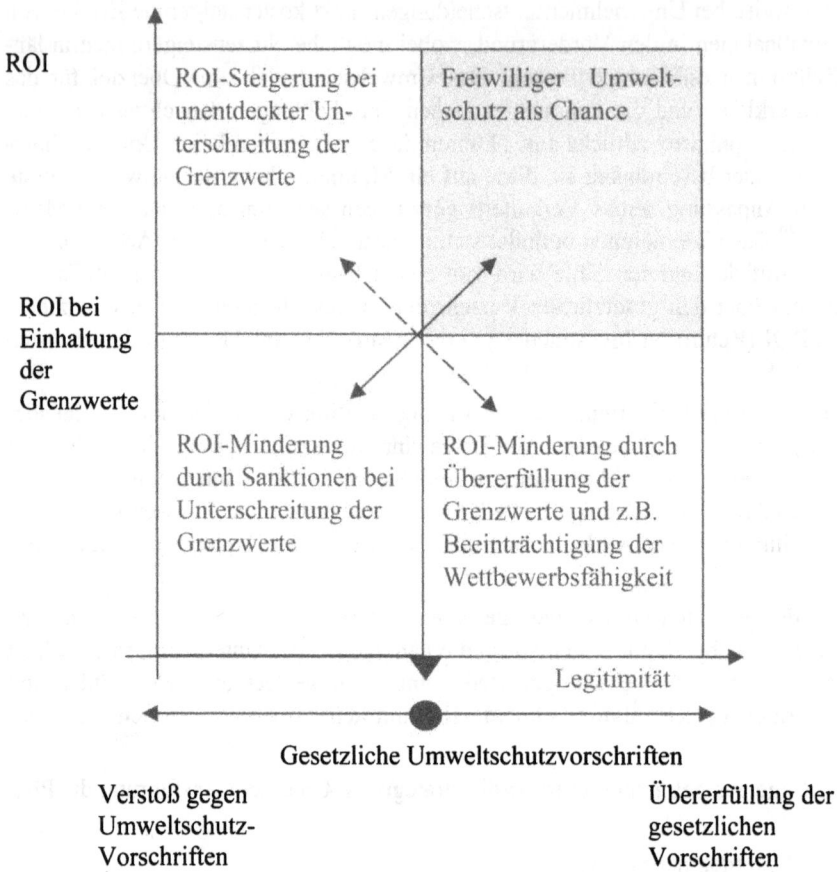

Abb. 1.15: Konflikte zwischen ökonomischen und ökologischen Zielsetzungen

Ausgewiesene Formalziele betrieblicher Zielpolitik / Charakter der betrieblichen Umweltschutzpolitik	Gewinnziele	Gewinnziele und Umweltschutzziele
Passiv	Umweltschutz gem. externer Auflagen (Umweltschutz als exogenes Sachziel)	Umweltschutz als Public-Relations-Objekt (Umweltschutz als vorgetäuschtes Formalziel)
Aktiv	Über externe Auflagen hinausgehender Umweltschutz (Umweltschutz als endogenes Sachziel)	Umweltschutz als zusätzliches normatives Postulat (Umweltschutz als endogenes Formalziel)

Abb. 1.16: Typologie betrieblicher Umweltpolitik

Zunächst einmal sind mit Hilfe einer individuell anzulegenden Checkliste die ökologischen Schlüsselprobleme des Unternehmens zu identifizieren und nach Lösungswegen zu suchen. Die Strategic Key-Issue-Analysis bietet dazu wertvolle Hilfestellung.[135]

Es bietet sich an, die Informationen zuerst für relevante Beobachtungsbereiche zu sammeln, dann (subjektiv) zu bewerten und ihre Ausprägung relativ zum stärksten Konkurrenten zu erfassen.[136] Die notwendigen Informationen zu umweltbezogenen Einflussfaktoren (externen Chancen und Risiken) können aus den folgenden Bereichen eruiert werden (siehe Abb. 1.17 auf der folgenden Seite):[137]

Nach der Umwelt- und Unternehmensanalyse geht es für das Unternehmen darum, Strategien zur Umsetzung von Zielvorstellungen, die sich aus der Ist-Analyse ergeben haben, zu entwickeln. Prinzipiell lassen sich zwei Typen von Strategien unterscheiden,

- eine passive Umweltschutzstrategie, die nur aufgrund gesetzgeberischer Vorschriften tätig wird bzw.
- eine aktive Umweltschutzstrategie, die Umweltschutzaspekte von vornherein in die Unternehmensplanung integriert, um Wettbewerbsvorteile zu erlangen.[138]

In Verbindung mit der Marketing Strategie lassen sich vier generelle umweltbezogene Anpassungstypen konstruieren:[139] Die Anpassungstypen unterscheiden sich wie folgt:

- Der Ignoranz-Typ betreibt weder eine ökologische Marketingstrategie noch eine aktive Umweltschutzstrategie;
- der Adaptions-Typ verfolgt zwar eine Marketingstrategie auf ökologischer Basis, aber nur im gesetzlich vorgeschriebenen Umfang;
- der Sozialverantwortlichkeits-Typ zeichnet sich in seinem Marketingverhalten durch eine fehlende kundenorientierte Marktbearbeitung aus;
- „der Innovations-Typ" betreibt eine aktive kundenorientierte Marktbearbeitung in ökologischer Hinsicht.

---

[135] Hopfenbeck, a. a. O., S. 894 ff.; Meffert, Öko-Marketing, S. 301 ff.

[136] Hopfenbeck, a. a. O., S. 894

[137] Antes, Umweltschutzinvestitionen als Chancen des aktiven Umweltschutzes für Unternehmen im sozialen Wandel, S. 17

[138] Hopfenbeck, a. a. O., S. 912 f.

[139] Meffert/Bruhn/Schubert/Walther, Marketing und Ökologie, S. 149

Natürliche/ ökologische Umwelt	Ökonomische Umwelt	Technolo- gische Um- welt	Rechtliche- politische Umwelt	Sozio- kulturelle Umwelt
Zerstörung Ökologischer Systeme	Umfang und Struktur (Art/ Höhe) von Umweltschutz- investitionen	Entwicklung der verschiedenen Umweltschutz- technologien (additiv, Recyc- ling, integriert, Mess- und Regel- technik) in den einzelnen Um- weltmedien (Ab- fall, Wasser, Luft, Lärm) national und international	Umfang, Intensi- tät, Regelungs- bereiche und Vollzug der Umweltpolitik, national und international	Änderungs- grundlegender Wertstruk- turen
Umweltver- schmutzung				ökologisch bewusstes Kaufverhal- ten
Rohstoffver- knappung	Schrumpfungs- und Sättigungs- tendenzen			
Gesundheits- gefährdung von Arbeit- nehmern	Nachfrageent- wicklung nach umweltfreund- licheren Produk- ten und Ver- fahren		Abkehr von einer regulativen, stoff- und me- dienbezogenen zu einer effizien- teren, marktwirt- schaftliche An- reize nutzenden Umweltpolitik	finanzielle Opferbe- reitschaft für Natur- und Umwelt schutz
Biokyberne- tische Grund- regeln/ökolo- gische Ord- nungsprinzi- pien für über- lebensfähige Systeme	Konkurrenz- verhalten auf den Ab- satz- und Be- schaffungs- märkten	Umwelt- forschungspro- gramm d. BMFT

Neue Entwick- lungen bei Roh- stoffen, Werk- stoffen und Ener- gieträgern | | Erkennen einer Mit-/ Eigenverant- wortung

Informations- bedürfnisse hinsichtlich ökologischer Fragestellun- gen |

Unternehmung

UNTERNEHMENSBEZOGENE FAKTOREN (interne Stärken und Schwächen)

- Aufgeschlossenheit und Flexibilität der Unternehmensleitung gegenüber ökologischen Problemen
- Vorhandensein von Instrumenten ökologischer Unternehmenspolitik (ökologische Buchhaltung, Stoff- und Energiebilanzen, Umweltverträglichkeitsprüfungen, Technologiefolgeabschätzungen, Produktlinienanalysen/Checklisten zur Entwicklung umweltfreundlicher Produkte und Verfahren, Ökobilanzen, Marketing-Assessment) als Planungshilfe
- Höhe der zur Verfügung stehenden finanziellen Mittel (z.B. zur Diversifizierung in den Umwelt- schutzmarkt)
- Technisches Know-how des Unternehmens
- Charakteristik und Nähe des Leistungsprogramms zu Umweltschutzmärkten (Nutzung von Syner- gien)

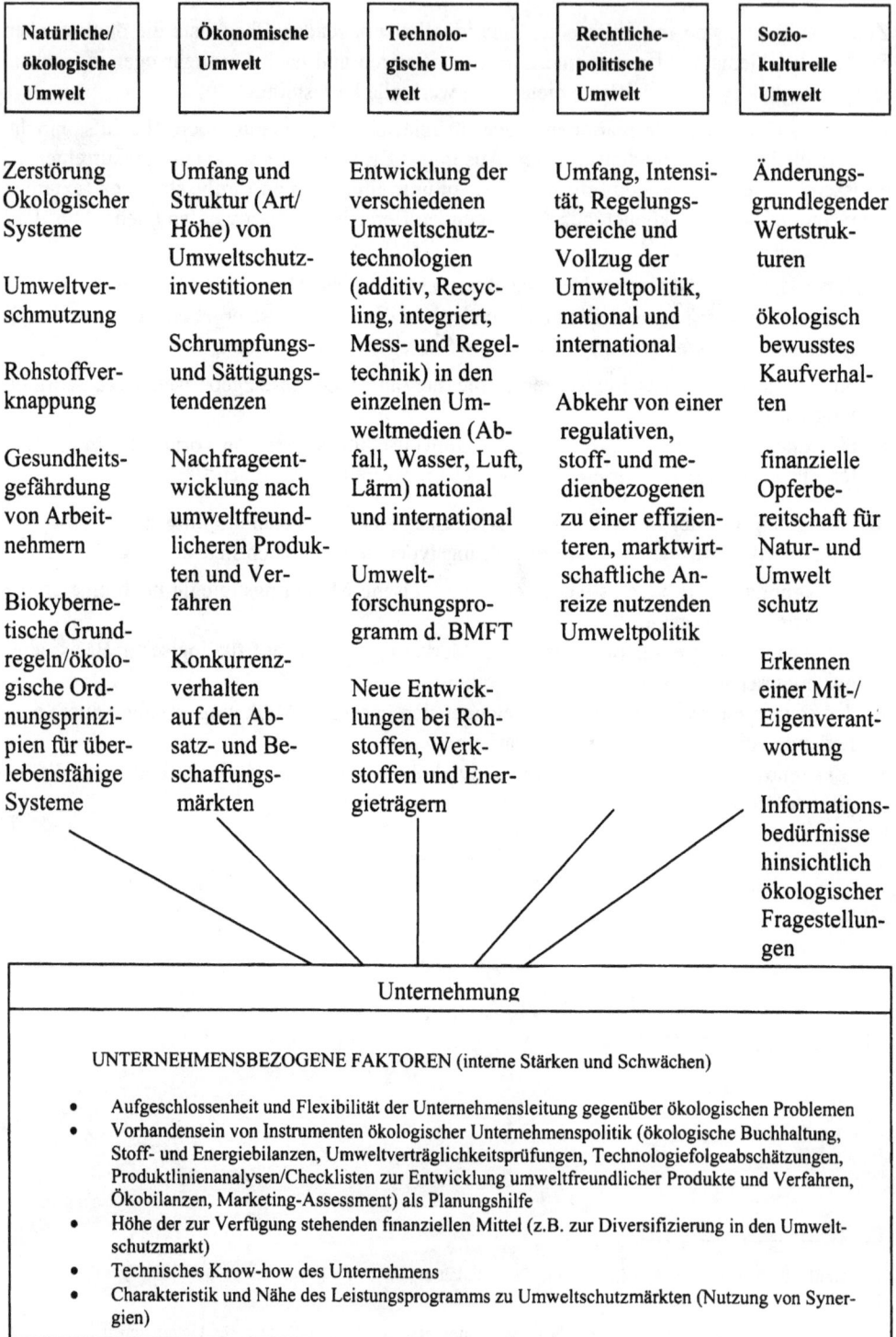

Abb. 1.17: Umweltbezogene Faktoren (externe Chancen und Risiken)

Eine mehr defensive Umweltstrategie ist nach wie vor das am häufigsten anzutreffende Reaktionsmuster von Unternehmen. Konkret kann sich dies in verschiedenen unternehmerischen Maßnahmen äußern (siehe Abb. 1.19 auf der nächsten Seite).[140]

MARKETING-STRATEGIE ／ ÖKOSTRATEGIE	PASSIV	AKTIV
PASSIV	IGNORANZ	ADAPTION
AKTIV	SOZIAL-VERANTWORTLICHKEIT	INNOVATION

Abb. 1.18: Anpassungsformen der Unternehmung an ökologische Einflüsse

Nach Ansicht von Wicke kann in einem defensiven Umweltmanagement durchaus ein z.T. rationales Verhalten des Unternehmens liegen:[141] Zum einen sind der Beitrag für eine Umweltverbesserung durch ein umweltbewusstes Verhalten und insbesondere der dadurch entstandene Nutzen für den Betroffenen in der Regel eher gering. Andererseits können umweltschutzbedingte Kostenerhöhungen zu beträchtlichen Gewinnminderungen führen. Falls ohnehin keine staatlichen Sanktionen oder private Schadensersatzansprüche drohen und keine Imageschädigungen zu befürchten sind und sich Umweltschutzmaßnahmen auch nicht auf andere Weise „rechnen", besteht für das Unternehmen kein Grund auf freiwilliger Basis Umweltschutz zu betreiben, wenn die Zielsetzung einer langfristigen Gewinnmaximierung im Vordergrund steht. Für das Unternehmen kann sich dennoch ein „strategisches Dilemma" aus dieser Haltung ergeben. „Je später ein Unternehmen umweltgerechte Produktinnovationen am Markt einführt, desto weniger Kaufwiderstände wird es zu überwinden haben. Nutzen jedoch Wettbewerber die Möglichkeit zu einem frühen Markteintritt, dann sieht sich das Unternehmen mit zunehmender Reaktionszeit wachsenden Markteintritts- und Mobilitätsbarrieren gegenüber".[142]

Bei einer offensiven Umweltstrategie, die sich z.B. in einer vorbeugenden Technologieanpassung äußern kann, sind in aller Regel höhere als im jeweiligen Zeitpunkt eigentlich erforderliche Investitions- und gegebenenfalls auch Betriebskosten zu tragen – damit wird aber das Planungsrisiko reduziert.[143]

Auf der anderen Seite hat eine offensive Umweltstrategie gegenüber einer defensiven erhebliche Vorteile:[144]

• Langfristig können Chancen zur Kostensenkung und Umsatzsteigerung genutzt werden;

---

[140] Wicke/Haasis/Schafhausen/Schulz, a. a. O., S. 600 ff.

[141] zitiert in: Hopfenbeck, a. a. O., S. 863

[142] Meffert, Strategisches Ökologie-Management, S. 28

[143] Wagner, Kosten der Umwelterhaltung in ihrer Bedeutung für die Unternehmenspolitik, S. 919

[144] Wicke zitiert in: Hopfenbeck, a. a. O., S. 913

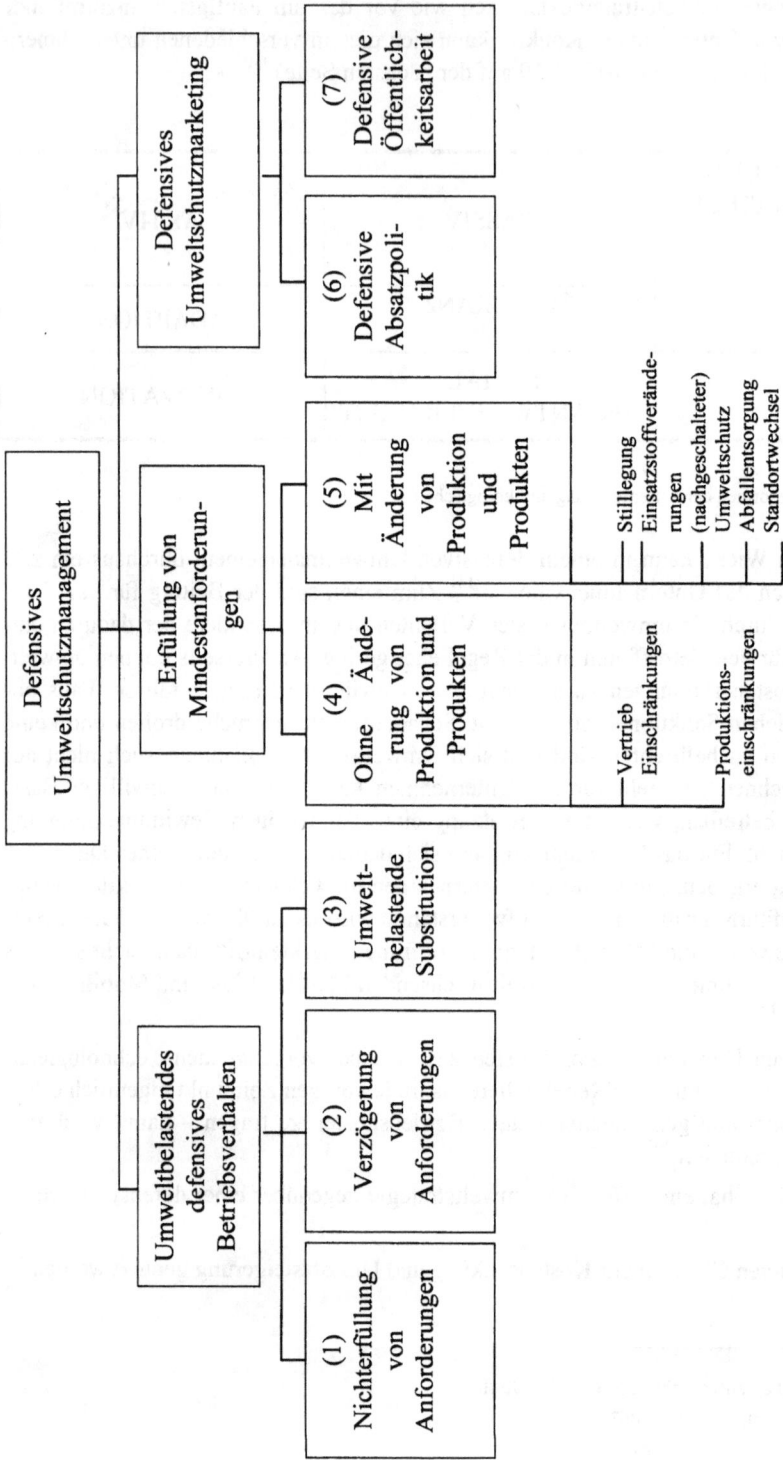

Abb. 1.19: Defensives Umweltmanagement

- defensives Verhalten provoziert einen wachsenden Druck von Seiten der Umweltpolitik;
- eine umweltfreundliche Beschaffung und Produktion können kostengünstiger sein und
- es besteht die Gefahr, dass es aufgrund von defensiver Informationspolitik zu Imageverlusten kommt.

Hinzu kommt noch, dass das Hinausschieben von Umweltschutzmaßnahmen im Regelfall mit höheren Kosten verbunden ist, als eine rechtzeitige Umstellung ohne Zeitdruck.[145] Zusammenfassend kann von einer ökologischen Unternehmenspolitik gesprochen werden, wenn ein unternehmenspolitischer Kurs im Rahmen der betriebswirtschaftlichen Normen von Existenz- und Rentabiliätssicherung verfolgt wird, der eine aktive betriebliche Umweltpolitik über die gesetzlichen Vorschriften und Auflagen hinaus beinhaltet.[146] Für die Nutzung der unternehmenspolitischen Handlungs- und Entscheidungsspielräume sollte folgende Rangfolge gelten:[147]

- Ökologische Probleme bzw. Schäden sollten gemäß dem Vorsorgeprinzip möglichst erst gar nicht entstehen können;
- soweit eine Vermeidung nicht möglich ist, sollten sie auf ökologisch und ökonomisch sinnvolle Weise bearbeitet werden (i.d.R. Recycling vor Deponieren);
- eine aktive Nachsorge sollte einem Nichtstun vorgezogen werden, indem ökologische Schäden repariert bzw. entsorgt werden.

Gesamtwirtschaftlich betrachtet, geht es darum, Strategien zu entwickeln, die eine Maximierung der Wertschöpfung bei minimalem Verbrauch an Ressourcen und Energie ermöglichen.[148] Für eine umweltbewusste Unternehmensführung zeichnet sich der Minimumsektor der Planung ja schon längst nicht mehr als Käufermarkt mit unersättlichen Bedürfnissen ab, sondern es ist von einer weltweit absehbaren (absoluten) Knappheit auf den Beschaffungsmärkten sowie einer begrenzten Umweltbelastbarkeit auszugehen.[149]

Bei der Planung und Umsetzung eines unternehmerischen Umwelt-Konzepts sind alle Funktionsbereiche des Unternehmens in die Umweltaktivitäten einzubeziehen. Für die praktische Umsetzung ist es wichtig, dass eine Projektgruppe etc. ein betriebspolitisches Umweltschutz-Konzept erarbeitet, das nicht nur die innerbetriebliche „Marschrichtung" festlegt, sondern gleichzeitig als Basis für alle umweltrelevanten Äußerungen des Unternehmens nach außen dient.[150]Die Abbildung 1.20 auf der folgenden Seite soll noch einmal zusammenfassend die Dimensionen einer umweltorientierten Unternehmenspolitik aufzeigen.[151]

Seit einiger Zeit beschäftigen sich doch weite Kreise der Wirtschaft mit „Corporate Social Responsibility" (CSR).[152] Die empirischen Befunde sind jedoch ernüchternd: Das Gros der CSR-Projekte setzt dort an, wo die eigentliche Unternehmenstätigkeit bereits beendet ist – ein Teil der erwirtschafteten Gewinne wird in soziale bzw. ökologische Projekte „investiert".

---

[145] Strebel, Umwelt und Betriebswirtschaft, S. 91

[146] Hallay, Die Ökobilanz. Ein betriebliches Informationssystem, S. 3

[147] Pfriem, Ökologische Unternehmensführung, S. 11 f.

[148] Schmidheiny, a. a. O., S. 36

[149] Stahlmann, Entfaltung von Umweltaktivitäten durch eine Integrierte Materialwirtschaft, S. 258 f.

[150] Wicke/Haasis/Schafhausen/Schulz, a. a. O., S. 579

[151] Meffert/Benkenstein/Schubert, Umweltschutz und Unternehmensverhalten, S. 33

[152] Leitschuh, a. a. O., S. 67 ff.

Das eigentliche Kerngeschäft bleibt im Regelfall weitgehend unberührt, wobei die gesamte Wertschöpfungskette erst gar nicht im Fokus steht. Damit wird eine Art „Nachhaltigkeit light" realisiert, grundlegende Veränderungen der Wirtschaftstätigkeit können demzufolge nicht angestoßen werden. Die Henkel KG ist eine der wenigen Unternehmen, welches versucht, soziale und ökologische Ziele in die Unternehmensstrategie zu integrieren.[153]

Ein Schwerpunkt von Henkel besteht darin, systematisch seine Produktpalette (bestehend in der Hauptsache aus Markenartikeln des Wasch- und Reinigungssortiments sowie Klebstoffen) nachhaltig zu gestalten.

Eine interessante Fallstudie stellt in diesem Zusammenhang die vom deutschen Industrieverband für Körperpflege und Waschmittel e.V. (IKW) initiierte Studie zum Thema „Nachhaltigkeit in der deutschen Wachmittelindustrie" dar.[154] Auf der Grundlage von Nachhaltigkeitsmatrizen werden Nachhaltigkeitsfelder identifiziert. Kennzeichnend ist auch die starke Beteiligung von Stakeholdern am Entscheidungsprozess.

---

[153] Siehe dazu: Henkel KG, Nachhaltigkeitsbericht 2006
[154] Zitiert in: Müller/Koplin, Unternehmen und nachhaltige Entwicklung, S. 36 ff.

Konflikt-Ökonomie-Ökologie

Ökologische Forderungen

Rohstoffschonung

Erhaltung der Natur

Lebensqualität

Sicherung der Luft-, Wasser-, Bodenqualität

Lärmvermeidung

Kontrollierte Abfallbeseitigung

Erholungsgebiete

Änderung der Konsumentenbedürfnisse

Staatliche Eingriffe und Verbote

Anwachsen der externen Kosten

Investitionsstaus

Gewinneinbußen/Marktanteilsverluste

Kostensteigerungen

Umweltprozesse/Strafen

Vernichtung von Arbeitsplätzen

Imageverluste

Ökonomische Forderungen

Rentabilität/Gewinn

Wettbewerbsfähigkeit

Produktivität

Befriedigung der Konsumentenbedürfnisse

Wirtschaftswachstum

Arbeitsplätze

Effizienz der Produktion

Rechtliche Umwelt

Technische Umwelt

Unternehmung

Branche, Größe, Finanzkraft, Marktanteil, Leistungsprogramm

Organisationsstruktur

Wirtschaftliche Umwelt

Politische Umwelt

Maßnahmen zur Konfliktlösung

Unternehmensführungsebene

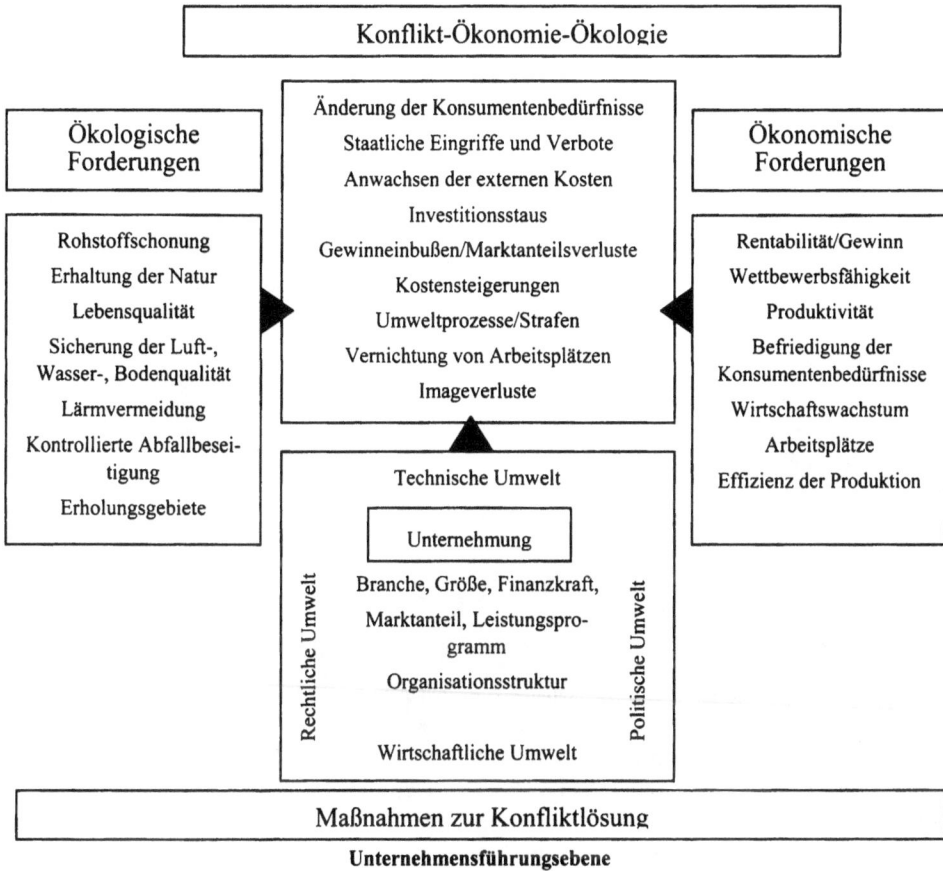

- Einbeziehung einer „environment protection mission" in die Unternehmensphilosophie
- Zielbeziehungsänderung zwischen Rentabilitäts- und Umweltschutzzielen
- Formulierung einer Öko-Strategie der Unternehmung

Informations-beschaffung	Beschaffung	Absatz Ökologie-Mix				Organisation	Kontrolle
		Produktion	Kontrahierung	Kommunikation	Distribution		
Zusammenarbeit mit Öko-Instituten, -Verbänden	Lieferantenwechsel	Ökolgiebezogene Variation, Innovation	Kostenüberwälzung	Sensibilisierung	Neue Vertriebskanäle, Aufbau einer ressourcenschonenden Absatzorganisation Retrodistribution	Umweltschutz-Betriebs.-Beauftragter	Öko-Controlling
Öko-Datenbank	Neue Beschaffungsmärkte	Eliminierung umweltschädlicher Einsatzfaktoren	Ökologisch orientierte Preisdifferenzierung	Umweltzeichen Informationen über ökologische Auswirkungen der Produkte		Umweltschutz Projektteams	Environment-Audit
Öko-Assessment	Lizenznahme						
Öko-Monitoring	Patentkauf			Ökologiebezogene PR-Aktionen		Stab „Umweltschutz"	

Abb. 1.20: Dimensionen einer umweltorientierten Unternehmenspolitik

Lebensweg / Belastung	Inhaltsstoff-herstellung	Waschmittel-herstellung	Verpackung	Distribution	Gebrauch	Entsorgung
Energie	grau				schwarz	
CO2						grau
CSB						schwarz
Abfall	grau					
Ressourcen	schwarz				schwarz	
Risiken						grau
Risiken						

(Schwarz = hohe Relevanz, grau = mittlere Relevanz, weiß = niedrige Relevanz)

Abb. 1.21: Ökologische Nachhaltigkeitsmatrix auf die Waschmittelindustrie angewandt

Ein weiteres Praxisbeispiel liefert das Unternehmen DATEVeG, ein großes Softwarehaus und IT-Dienstleister.[155] Für die DATEV ist vor allem das immaterielle Vermögen für die Wertschöpfung von herausragender Bedeutung. Der Unternehmenserfolg hängt somit entscheidend neben Unternehmensimage und Marke von der Qualifikation und Innovationsfähigkeit der Mitarbeiter ab.

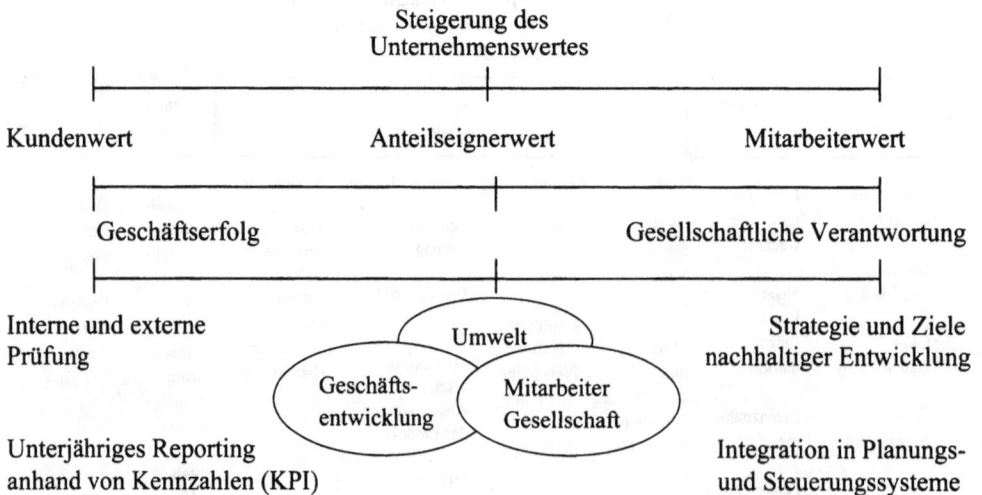

Abb. 1.22: Nachhaltige Unternehmensführung bei der DATEV

---

[155]   DATEV, Zukunft gestalten, S. 82 f.

Die Steigerung des Unternehmenswertes wird dabei nicht mit einer alleinigen Ausrichtung auf die Shareholder angestrebt, sondern Kunden- und Mitarbeiterwert sind gleichrangig zu beachten. Im Manager Magazin wurde in Heft 5/2009 das aktuelle „Good Company Ranking" veröffentlicht.[156] Gemäß dem jüngsten Edelman Trust Barometer gehört ein konsequentes CSR-Management zu den wirksamsten Überlebensstrategien der Konzerne angesichts der (Welt-) Wirtschaftskrise. In der folgenden Übersicht wird deutlich, wie das „Good Company Ranking" entsteht. Analysiert wurden nur DAX- bzw. Stoxx-Unternehmen. Die CSR-Aktivitäten werden anhand von vier gleichgewichteten Kriterien - Mitarbeiter, Gesellschaft, Umwelt und Performance – bewertet. Eigentlich fehlen bei dieser Bewertung einer der entscheidendsten Stakeholder, nämlich die Kunden. Hier wäre insbesondere ein faires Preis-/Leistungsverhältnis von einigem Interesse. Dennoch gibt dieses Ranking zahlreiche Hinweise auf Indikatoren, die in späteren Kapiteln wieder aufgegriffen werden.

Auswahl: Analysiert wurden Unternehmen, die im Sommer 2008 im DAX oder im Stoxx gelistet werden.

Datenquellen: Ausgewertet wurden alle Veröffentlichungen der Unternehmen, vor allem Geschäfts-, Nachhaltigkeits-, Umweltberichte et cetera, veröffentlicht 2008. Zudem sind alle Unternehmen brieflich aufgefordert worden, ergänzende Unterlagen einzureichen.

Kriterien: Bewertet wurden die CSR-Aktivitäten in vier gleich gewichteten Kategorien:
- Mitarbeiter: Personalentwicklung und vertikale Mobilität, Diversity- und Gleichstellungsprogramme, Whistleblowing-Strukturen, Humankapitalentwicklung, Struktur und Transparenz der Gehalts- und Entlohnungssysteme

- Gesellschaft: Engagement in politischen und gesellschaftlichen Körperschaften an den Standorten; Förderung der lokalen Bildungs- und Gesundheitsinstitutionen, Anti-Korruptionsprogramme, Volunteering, Integration der CSR-Aktivitäten in die Gesamtstrategie des Unternehmens.

- Umwelt: gesamtbetriebliche Ökoperformance (Energieeffizienz, Ressourcenverbrauch, Renaturierung), ökologische Innovationen, Dialog und Kooperation mit der Öffentlichkeit

- Performance: Eigenkapitalquote und Ebit-Marge (bei Finanzdienstleistern Eigenkapitalrendite), Wachstum und Volatilität des Cashflows, Total Shareholder Return et cetera. Wichtig: Das Good Company Ranking bewertet keine Geschäftsmodelle

Kompetenz: Vier spezialisierte Arbeitsgruppen werteten die umfangreichen Informationen aus und vergaben Punkte (maximal 25 pro Kategorie):
- Mitarbeiter, geleitet von dem Humankapitalexperten Kaevan Gazdar;
- Gesellschaft (geleitet von Professorin Edeltraud Günther, TU Dresden);
- Performance (geleitet von Jens Hecht, Kirchhoff Consult, Hamburg).

Dokumentation: Kommentierte Analysen der einzelnen Unternehmensbewertungen und brancheninterne Vergleiche liefert der Dokumentationsband, der ab 24. April auch als PDF-Download zur Verfügung steht unter www.kirchhoff.de

Abb. 1.23: Beschreibung des „Good Company Ranking"

---

[156]   Kröher, Das Gute im Kapitalismus, S. 92 ff.; siehe auch: www.kirchhoff.de; Günther/Meier, Das Good Company Ranking

1.4   Die Bedeutung von Informationen für das Umweltmanagement

Basis jeden zielorientierten Handelns ist die Verfügbarkeit von Informationen".[157] Falls Umweltschutz ein wesentliches Ziel oder zumindest eine dominante Nebenbedingung unternehmerischen Handelns verkörpert, so muss ein den Finanzdaten adäquates Informations- und Berichtswesen aufgebaut werden.[158] Insbesondere die „technologischen" Beziehungen zwischen Ziel und der zur Zielerfüllung. verfügbaren Mittel (Ziel-Mittel-Relationen) müssen hinreichend bekannt sein. Bezogen auf den Umweltschutz hat das Umweltcontrolling solche Informationen bereit zu stellen, „die geeignet sind, die ökologische Relevanz des betrieblichen Handelns zu erfassen und zu beurteilen".[159]

Eine weitere Aufgabe besteht darin, Informationen für die jeweiligen Entscheidungsträger adäquat zu reduzieren und aufzubereiten. Ein Schlüsselproblem im Zusammenhang mit der derzeitigen Umweltsituation liegt darin, dass die Unternehmen bisher über kein Instrumentarium verfügen, mit dem sie die ökologisch wichtigen Verflechtungen mit der natürlichen Umwelt erfassen und verarbeiten können.[160] Übereinstimmung besteht darin, dass Produzenten und Konsumenten nur dann umweltschonend handeln können, wenn sie die ökologischen Folgen ihres Verhaltens kennen. Demzufolge benötigt einzelwirtschaftliche Umweltpolitik entsprechende Informationen.[161] Die betriebliche Praxis hat vielfach gezeigt, dass Umweltschutzmaßnahmen in Unkenntnis der entsprechenden Informationen nicht ergriffen werden, obwohl sie mit teilweise erheblichen Kosteneinsparungen verbunden und demzufolge aus rein ökonomischen Überlegungen geboten sind.[162]

Zum Teil bewirkt das Bemühen um eine systematische Erfassung der umweltbezogenen Auswirkungsdimensionen und das dadurch erworbene „Umweltwissen" eine nicht unerhebliche Veränderung der Werthaltung und der Handlungsorientierung bei den Verfahrensanwendern.[163] Allerdings stellen Informationen eine notwendige, nicht aber hinreichende Grundlage für eine ökologische Unternehmenspolitik dar. Selbst gründliche und detaillierte Kenntnisse über Ursachen und mögliche Gegenmaßnahmen sind keineswegs eine Garantie für Veränderungen.[164]

Erst die aufgrund der vorhandenen Informationen eingeleiteten Umweltschutzmaßnahmen gewährleisten eine konkrete Verbesserung der Umweltsituation. Effiziente Umweltschutzpolitik im Sinne betrieblicher Umweltvorsorge kann jedoch nur dann geleistet werden, wenn die relevanten, entsprechend vielfältigen und komplexen Informationen, die dafür notwendig

---

[157]   Wicke/Haasis/Schafhausen/Schulz, a. a. O., S. 584

[158]   Fronek/Uecker, Umweltrechnungslegung, S. 26; siehe auch: Schreiner, Ökologische Herausforderungen an die Kosten- und Leistungsrechnung, S. 197; Heymann/Seiwert, Sozialbilanzen, S. 60

[159]   Faßbender-Wynands/Seuring, Grundlagen des Umweltcontrolling - Aufgaben, Instrumente, Organisation, S. 138 f.

[160]   IÖW, a. a. O., S. 3; siehe auch: Müller-Witt, Betriebliche Umwelt-Informationssysteme als Ertragsquelle, S. 235; Seidel/Menn, a. a. O., S. 55 f.

[161]   Strebel, Umwelt und Betriebswirtschaft, S. 63

[162]   Schreiner, Ökologische Herausforderungen an die Kosten- und Leistungsrechnung, S. 213

[163]   Freimann, Instrumente sozial-ökologischer Folgenabschätzung im Betrieb, S. 196

[164]   Hallay, Die Ökobilanz. Ein betriebliches Informationssystem, S. 13

sind, dem Anwender in der gewünschten Form rasch zur Verfügung stehen.[165] „Eine aktuelle, kontinuierliche, wahrhaftige und verständliche Umweltberichterstattung ist der „Sauerstoff" einer erfolgreichen Umweltpolitik".[166]

Allerdings muss davon ausgegangen werden, dass der Erfolg eines ökologieorientierten Managements nicht zuletzt von einem Informationssystem abhängt, das nicht nur ex-post-Entwicklungen dokumentiert, sondern über Frühindikatoren im ökologischen Bereich auch sogenannte „weak signals" wahrnimmt und so Trendbrüche antizipieren kann.[167] Zwangsläufig müssen dabei im Hinblick auf die ökologischen Wirkungen der Produktion und Konsumption unvollkommene Informationen hingenommen werden.[168]

Eine betriebliche Umweltpolitik, die nur beim Vorliegen „harter Fakten" zum Handeln bereit ist, erschwert ein antizipatives, die Umweltbelastung vermeidendes Handeln, ja macht dies wahrscheinlich sogar unmöglich.[169] Für ein umweltorientiertes Unternehmen existiert somit ein doppeltes Informationsproblem: Zum einen ist von unvollständigen Informationen als Grenze der Rationalität von Entscheidungen auszugehen; hinzu kommt noch die Notwendigkeit mit „weichen Daten" umgehen zu müssen.[170] Die Zuhilfenahme qualitativer Messgrößen, die quasi „soft facts" verkörpern, ist keine Problematik die nur im Zusammenhang mit einem Ökomanagement auftritt. Für alle Managementbereiche gilt, dass erwünschte Ergebnisse nur erreicht werden können, wenn an den Vorsteuergrößen angesetzt wird. Diese Vorsteuergrößen sind identisch mit Erfolgspotenzialen, Intangible Assets, enablers (EFQM-Modell) bzw. Leistungstreibern (in Balanced Scorecard-Konzept).[171] Damit sind unweigerlich „weiche Daten" verbunden, die mit Hilfe adäquater Messmethoden und -instrumente handhabbar gestaltet werden können.[172]

Im nächsten Kapitel soll die Frage im Mittelpunkt stehen, wie ein umweltorientiertes betriebliches Rechnungswesen grundsätzlich beschaffen sein muss, um die Einwirkungen des Unternehmens auf die natürliche Umwelt feststellen zu können.

---

[165] Selgrad/Kürzl, a. a. O., S. 270; siehe auch: Pfriem, Ansatzpunkte für ein ökologisches Rechnungswesen im Unternehmen, S. 68

[166] Wicke/Haasis/Schafhausen/Schulz, a. a. O., S. 507

[167] Steger, Strategische Unternehmensführung und Umweltschutz, S. 123 f.

[168] Strebel, Umwelt und Betriebswirtschaft, S. 75; siehe auch: Meadows/Meadows/Randers, a. a. O., S.22; Klaus, Erweiterung der volkswirtschaftlichen Gesamtrechnung aus ökonomischer Sicht, S. 56

[169] Beschorner, Betriebswirtschaftliche Instrumente ökologischer Bilanzierung, S. 30

[170] Pfriem, Ökologische Unternehmensführung, S. 12

[171] Einen Einblick in die Thematik liefert: Müller, A., Controlling von Intangible Assets, S. 396 - 402

[172] Siehe dazu insbesondere die Kapitel 2.3, 3.1.3, 3.3.2, 3.4.1 und Kap. 4

2 Anforderungen an ein traditionelles Rechnungswesen

2.1 Das traditionelle Rechnungswesen als Anknüpfungspunkt

Allgemein gilt das betriebliche Rechnungswesen als zentraler Bestandteil des Informationssystems eines Unternehmens.[1] Die traditionelle Gliederung des betrieblichen Rechnungswesens umfasst dabei die Zweige

- Finanzbuchhaltung (Buchhaltung mit Bilanzierung und Erfolgsrechnung),
- Kosten- und Leistungsrechnung (Kalkulation und kurzfristige Erfolgsrechnung),
- Statistik und
- Planung[2]

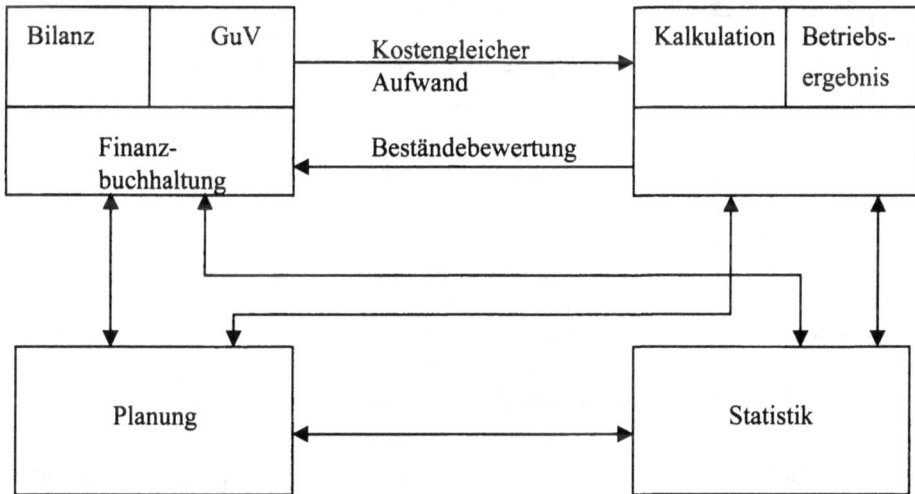

Abb. 2.1: Zweige des traditionellen Rechnungswesens

---

[1] Eisele, Technik des betrieblichen Rechnungswesens, S. 3; siehe auch: Frese/Kloock, Internes Rechnungswesen und Organisation aus der Sicht des Umweltschutzes, S. 7; Wedell, Grundlagen des betriebswirtschaftlichen Rechnungswesens, S. 13 ff; Männel; Rechnungswesen, S. 466; Schönfeld, Grundlagen des Rechnungswesens, S. 7 ff.

[2] Schreiner, Umweltmanagement in 22 Lektionen, S. 250 f.

Bezüglich der Aufgaben und Informationsempfänger des betrieblichen Rechnungswesens lassen sich in traditioneller Sicht folgende Schwerpunkte angeben.[3]

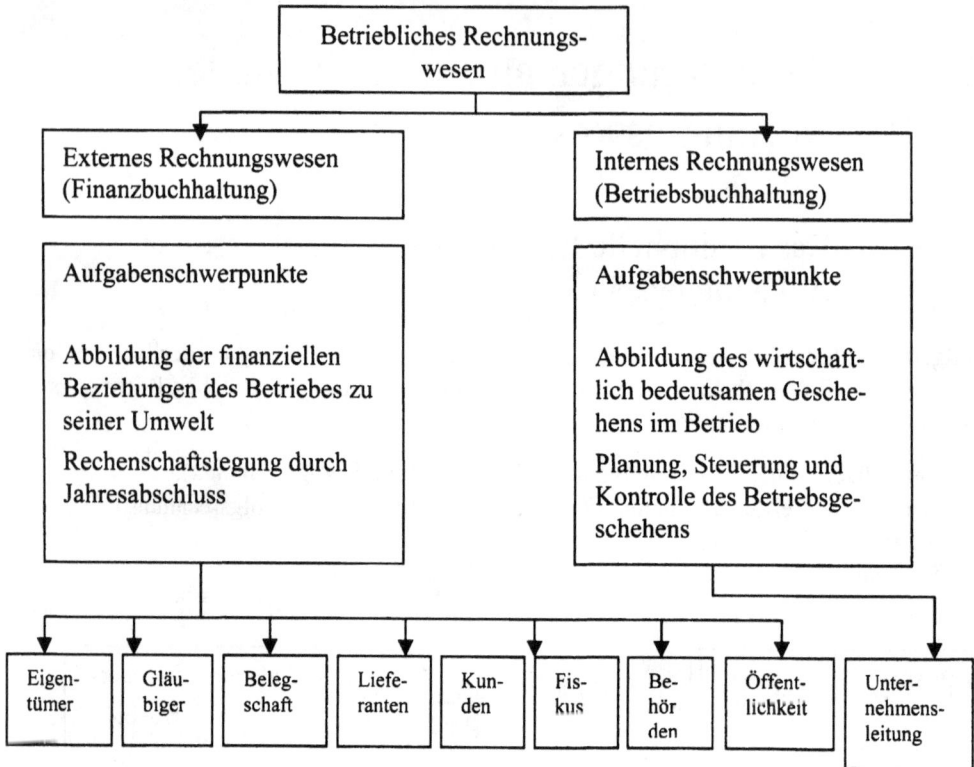

```
                        Betriebliches Rechnungs-
                                wesen

   Externes Rechnungswesen              Internes Rechnungswesen
   (Finanzbuchhaltung)                  (Betriebsbuchhaltung)

   Aufgabenschwerpunkte                 Aufgabenschwerpunkte

   Abbildung der finanziellen           Abbildung des wirtschaft-
   Beziehungen des Betriebes zu         lich bedeutsamen Gesche-
   seiner Umwelt                        hens im Betrieb
   Rechenschaftslegung durch            Planung, Steuerung und
   Jahresabschluss                      Kontrolle des Betriebsge-
                                        schehens
```

| Eigen-tümer | Gläu-biger | Beleg-schaft | Liefe-ranten | Kun-den | Fis-kus | Be-hör-den | Öffent-lichkeit | Unter-nehmens-leitung |

Abb. 2.2: Aufgabenschwerpunkte und Informationsempfänger des betrieblichen Rechnungswesens

Neben seiner Dokumentationsfunktion stellt das betriebliche Rechnungswesen eine wesentliche Grundlage für die Planung, Steuerung und Kontrolle des Unternehmens dar. Unternehmen und Rechnungswesen können als Regelkreis betrachtet werden, in dem das Rechnungswesen laufend Regelgrößen erfasst und an entscheidenden Stellen den Durchfluss durch das Unternehmen misst, mit der vorgegebenen Zielsetzung vergleicht und bei Abweichungen Warnsignale gibt, die ihrerseits Gegenmaßnahmen auslösen (siehe Abb. 2.3 auf der folgenden Seite).[4]

„Durch ein Komplex funktional ausgerichteter, zielorientierter Abbildungsprozesse sollen die innerbetrieblichen ökonomischen Prozesse und die wirtschaftlich relevanten Beziehungen des Unternehmens zu seiner Umwelt quantitativ erfasst, dokumentiert, aufbereitet und ausgewertet werden".[5]

---

[3] Hummel/Männel, Kostenrechnung, Band 1, S. 6
[4] Männel, a. a. O., S. 458; Schönfeld, a. a. O., S. 8
[5] Eisele, a. a. O., S. 3

Ziel der Aufgabenerfüllung als
Führungsgrößen

```
                    ┌─────────────────────────┐
                    │  Leitungsstelle (Regler) │◄──────────┐
                    └─────────────────────────┘            │
                                                            │
                                            Sekundäre Regelgrößen

Anforderungen für                           ┌──────────────────┐
                                            │  Rechnungswesen  │
die Aufgabenerfüllung                       └──────────────────┘
                                                            ▲
als Stellgröße                                              │
                                            primäre Regelgrößen
                    ┌─────────────────────────┐
                    │    Ausführungsstelle     │
                    │     (Regelstrecke)       │
                    └─────────────────────────┘
                              ▲
                              │             Störgrößen
```

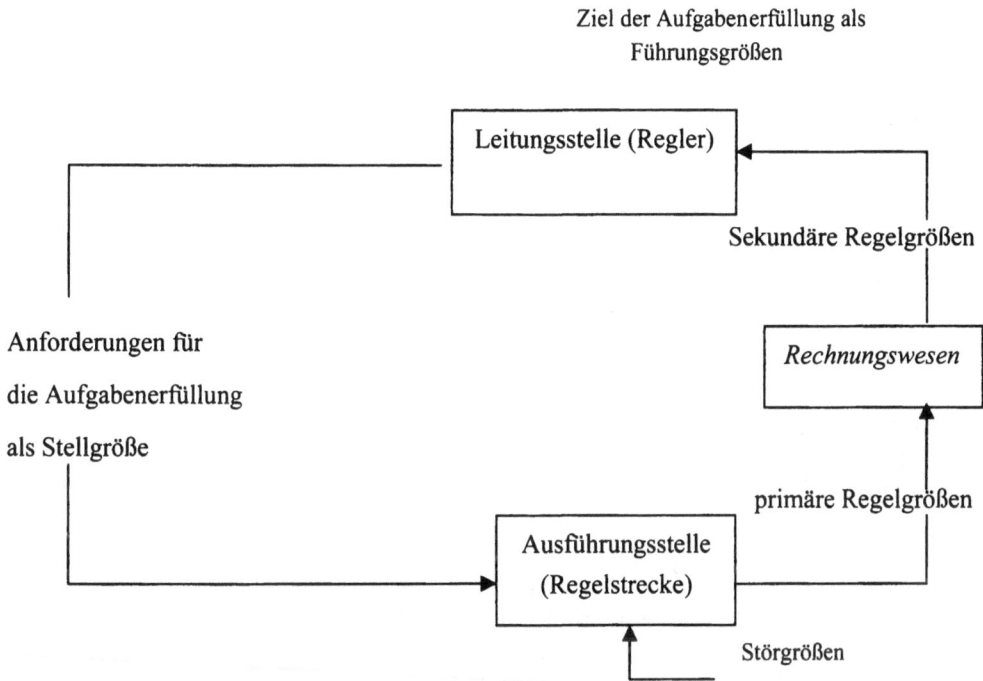

Abb. 2.3: Das Rechnungswesen als in Regelkreise integriertes Informationsverarbeitungssystem

Dabei können an den Umfang und Inhalt des betrieblichen Rechnungswesens unterschiedliche Anforderungen gestellt werden:

- Das betriebliche Rechnungswesen erfasst und verrechnet nur die Kosten von Umweltschutzmaßnahmen, soweit diese für das Unternehmen finanzwirksam geworden sind. [6] Die Einrichtung eines speziellen umweltbezogenen betrieblichen Rechnungswesens ist hier nicht erforderlich, da es nur um eine Integration von Umweltschutzgesichtspunkten in die vorhandenen Systeme bzw. eine Herausfilterung umweltschutzrelevanter Informationen aus den im Rahmen der vorhandenen Systeme ermittelten Daten geht.

- Falls Umweltschutzziele integraler Bestandteil der Unternehmenszielsetzungen sind, erfordert dies die systematische und vollständige Integration der betrieblichen Umweltbelastungen und Umweltschutzaktionen in das betriebliche Rechnungswesen (Rechnungswesen als Führungsinstrument). [7] In dieser Form soll das betriebliche Rechnungswesen dem Unternehmen anzeigen, ob es einen Beitrag zum Wohlstand der Menschen in der Gesellschaft geleistet hat. [8] Damit wird gefordert, Umwelteinwirkungen auch dann zu erfassen und zu verarbeiten, wenn diese nicht finanzwirksam geworden sind bzw. es genügt nicht, aus den vorhandenen Daten der Kosten- und Leistungsrechnung lediglich umweltschutzbedingte Kostenveränderungen heraus zurechnen.

---

[6]   Fleischmann/Paudkte, Rechnungswesen: Kosten des Umweltschutzes, S. 2 ff.

[7]   Frese/Kloock, a. a. O., S. 7; Freimann, Plädoyer für die Normierung von betrieblichen Öko-Bilanzen, S. 177; Schreiner, Umweltmanagement in 22 Lektionen, S. 264

[8]   Albach, Kosten, Transaktionen und externe Effekte im betrieblichen Rechnungswesen, S. 1152 ff.

Wie bereits herausgearbeitet wurde, handelt es sich bei Umweltinformationen häufig um „schwache Signale", die oft nicht quantifizierbar bzw. nicht-monetär bewertbar sind. Das traditionelle Rechnungswesen kann ausgehend von seiner Struktur solche Informationen nicht liefern, da es im Wesentlichen

- auf unternehmensinternen und vergangenen Geschäftsvorfällen beruht,

- nur pretiale oder quantitative Größen (Kosten, Mengenverbräuche) erfasst und

- nur das Erreichen von Ertragszielen misst, nicht aber die Leistungs- und nur begrenzt die Marktziele.[9]

Durch diese Defizite bei der Erfassung und Verarbeitung von Umweltaspekten im Rahmen des traditionellen Rechnungswesens – dies gilt auch für das volkswirtschaftliche Rechnungswesen – ist nicht unerheblich die Unsensibilität bis Rücksichtslosigkeit der aktuellen Wirtschaftsweise gegenüber Schädigungen der natürlichen Umwelt mit verursacht worden.[10] Konsequenterweise muss im Rahmen einer umweltorientierten Unternehmenspolitik das betriebswirtschaftliche (wie auch das volkswirtschaftliche) Rechnungswesen daraufhin weiterentwickelt werden, alle vom Unternehmen ausgehenden ökologischen Wirkungen möglichst umfassend und kontinuierlich zu erfassen und zu verarbeiten.[11] Das bedeutet für das herkömmliche Rechnungswesen, dass nicht nur der monetär bewertete Verzehr an Gütern und Dienstleistungen berücksichtigt werden muss, sondern auch die sozialen Kosten (negativen externen Effekte), die sich zwangsläufig bei der einzelwirtschaftlichen Leistungserstellung ergeben.[12] Hinzu kommt noch der Ansatz positiver externer Effekte, die sich durch Umweltschutzinvestitionen einstellen können (siehe Abb. 2.4 auf der folgenden Seite).[13]

2.2   Überblick zu den Ansätzen gesellschaftsbezogener Rechnungslegung

Die im folgenden darzustellenden Ansätze, die eine Erweiterung des traditionellen betrieblichen Rechnungswesens in Richtung Gesellschaftsbezug zum Gegenstand haben, wollen allesamt Gesichtspunkte, Merkmale und Handlungsfolgen mit einbeziehen, die von den herkömmlichen Verfahren des betriebswirtschaftlichen Informationswesens nicht erfasst werden.[14]

Damit wird eine doppelte Zielsetzung verfolgt: Zum einen soll ein Instrumentarium für die interne Managementinformation entwickelt werden, zum anderen sollen damit Aspekte desgesellschaftlichen Engagements des Unternehmens einer Vielzahl von Bezugsgruppen vermittelt werden. Damit wird eine doppelte Zielsetzung verfolgt: Zum einen soll ein Instrumentarium für die interne Managementinformation entwickelt werden, zum anderen sollen

---

[9]   Steger, Umweltmanagement, S. 178 f.

[10]   Wagner, Umweltbewußte Unternehmensführung, S. 6; Simonis, Ökologische Orientierung der Ökonomie, S. 217 und S. 225; Schulz W., Kosten der Umweltverschmutzung, S. 176; Albach, a. a. O., S. 1152

[11]   Pfriem, Umweltschutz. Gewinn für die Zukunft, S. 62

[12]   Schreiner, Umweltmanagement in 22 Lektionen, S. 251 ff; siehe auch: Picot, Einige Fragen zur Bestimmung von aussermarktlichen Konsequenzen der Unternehmertätigkeit S. 45

[13]   Fronek/Uecker, a. a. O., S. 2

[14]   Freimann, Instrumente sozial-ökologischer Folgenabschätzung im Betrieb, S. 33 f.

damit Aspekte des gesellschaftlichen Engagements des Unternehmens einer Vielzahl von Bezugsgruppen vermittelt werden.[15]

Das zu entwickelnde Informationssystem im Rahmen des betrieblichen Rechnungswesens muss sowohl zur Identifizierung der Schwachstellen als auch zur Übersetzung in betriebliche Handlungen und Entscheidungen geeignet sein.[16]„Jegliche instrumentelle und technische Verbesserungen des Informationswesens bleiben jedoch letztlich unausgeschöpft und stationär, wenn nicht bei den Mitarbeitern das Bewusstsein in die Notwendigkeit einer Umweltorientierung wächst, woraus auch ein Informationssystem und Öko-Controlling ihre Dynamik und präventive Funktion erhalten".[17]

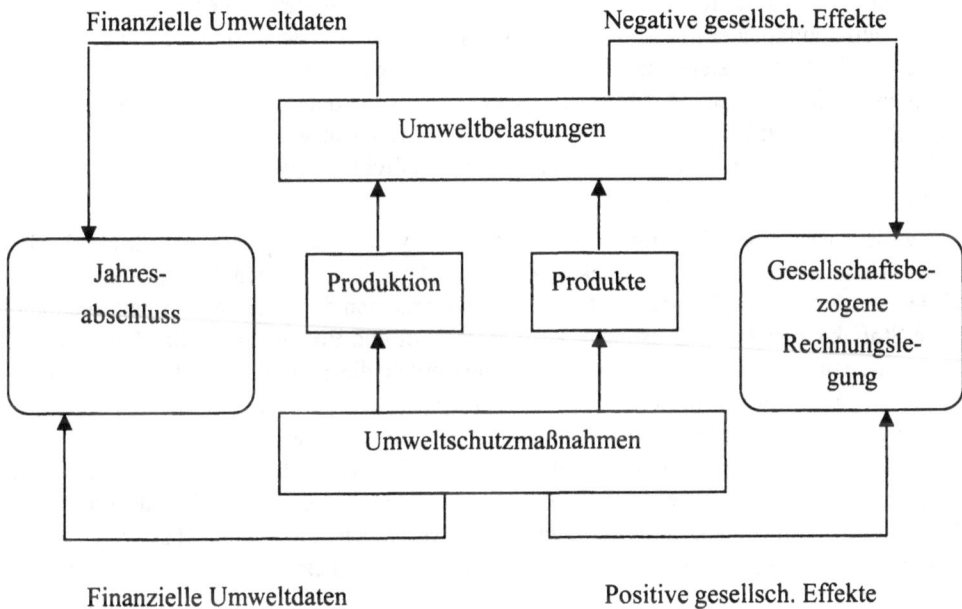

Abb. 2.4: Betriebliche Umweltbeziehungen und Umweltrechnungslegung

Allgemein hat ökologisches Rechnen zum Ziel, die von den einzelnen Unternehmen ausgehenden Umwelteinwirkungen systematisch zu erfassen und zu bilanzieren.[18] Dabei gilt es die erfassten Umwelteinwirkungen an Umweltstandards zu messen. Für die Vorgabe von Zielen hinsichtlich einer gewünschten Umweltqualität sind operationale Kriterien erforderlich. Diese „Umweltindikatoren„ gestatten es, den Ist-Zustand der natürlichen Umwelt zu beschreiben bzw. daran zu messen.[19]

---

[15] Dierkes, Gesellschaftsbezogene Berichterstattung, S. 1210

[16] Hallay, Die Ökobilanz. Ein betriebliches Informationssystem, S. 9

[17] Stahlmann, Öko-Controlling in einer Integrierten Materialwirtschaft, S. 11

[18] Mierheim, Ökologische Buchhaltung und Umweltkennziffern, S. 13

[19] Strebel, Umwelt und Betriebswirtschaft, S. 57; Eichhorn, Gesellschaftsbezogene Unternehmensrechnung. Ein neuer Ansatz, S. 76

Gefordert ist die Entwicklung betriebsspezifischer Umweltverträglichkeitskriterien, die sowohl für die Entwicklung neuer Produkte und Verfahren wie auch bei Beschaffungsentscheidungen zur Verfügung stehen. Bei Umweltentscheidungen des Unternehmens können dann verschiedenen Kriterien zugrundegelegt werden:

- Wirtschaftliche Kriterien (z.B. vermiedene Entsorgungskosten bei Vergleich alternativer Umweltschutzinvestitionen bzw. Erträge durch neue Märkte für umweltfreundliche Produkte);
- technologische Kriterien (z.B. technischer Wirkungsgrad);
- ökologische Kriterien (z.B. Abfallquote oder Abwasserbelastung).[20]

Das Wuppertal Institut für Klima, Umwelt, Energie bringt zu dieser Thematik Praxisbeispiele, u. a. auf kommunaler Ebene, z.B. die Stadt Augsburg.[21] Zunächst sind die Ziele zu klären, wobei hierfür Mindestziele und Nachhaltigkeitsstrategien des Bundes und der Länder herangezogen werden können. Mittels operationaler Nachhaltigkeitsindikatoren können dann die Fortschritte hinsichtlich der Nachhaltigkeit messbar gemacht werden. Zum Beispiel können Indikatoren im Verkehrsbereich zum motorisierten Individualverkehr im Vergleich zum Fuß- und Fahrradverkehr abgeleitet werden.

Voraussetzung für die Nutzung solcher Kriterien bzw. Indikatoren ist die Klärung der Fragen, welche betrieblichen Prozesstätigkeiten zu Umweltbelastungen führen – dies ist mit Hilfe einer Schwachstellenanalyse festzustellen. Es müssen demzufolge nicht nur alle möglichen Stoffabgaben an die Biosphäre, an Wasser, Luft und Boden sowie alle Veränderungen an Umweltzuständen (z.B. Bodenversiegelung) durch die betrieblichen Prozesstätigkeiten systematisch auf ihre Umweltverträglichkeit untersucht werden, sondern es ist auch festzulegen, inwieweit der Verbrauch von Stoffen der Biosphäre, insbesondere von Rohstoffen und fossilen Energieträgern, als Umweltbelastung anzusehen ist. „Als Maßgrößen für die Erfassung umweltunverträglicher Stoffabgaben sind die Abgabemengen je Periode und für die Erfassung als Umweltbelastung eingestufter Stoffverbräuche die Verbrauchsmengen je Periode, jeweils gemessen durch ihre physikalischen, stoffartspezifischen Maßeinheiten, anzusetzen".[22]

In der betriebswirtschaftlichen Literatur werden verschiedene Ansätze zur gesellschaftsbezogenen Rechnungslegung der Unternehmen genannt. In älteren Veröffentlichungen zu dieser Thematik, die durch die damals aktuelle Diskussion zur Sozialbilanzierung geprägt sind, finden sich die folgenden Konzepte gesellschaftsbezogener Rechnungslegung in Bezug auf die Umweltproblematik wieder:[23]

- Technische-Daten-Konzepte,
- sozio-ökonomische Konzepte sowie
- betriebswirtschaftlich-finanzwirtschaftliche Konzepte.

---

[20]   Günther, Ökobilanzen als Grundlage eines Umwelt-Auditings, S. 62 f.
[21]   BUND/et al., a. a. O., S. 547 ff.
[22]   Frese/Kloock, a. a. O., S. 16
[23]   Siehe im folgenden: Heigl, Konzepte betrieblicher Umweltrechnungslegung, S. 2265 ff.; Fronek/Uecker, a. a. O., S. 11 ff.

Bei den technischen-Daten-Konzepten geben die Unternehmen im Rahmen einer jährlichen Berichterstattung technische Angaben in Tabellenform oder Katalogen über ihre Umweltinanspruchnahme nach Art, Umfang und Stellen bekannt.

Da die betrieblichen Umweltbelastungen weitgehend chemisch-physikalischer Natur sind, liegt es nahe, Daten über die Belastungsbereiche (z.B. Luftverschmutzung), die Ursachen der Belastungen (z.B. Schwefel) und ihr Ausmaß (gemessen in physikalischen Einheiten) zu ermitteln und auszuweisen. Die Formen der Berichterstattung können dabei je nach Zielrichtung erheblich variieren.[24]

Geschäftsjahr 20....	
Betriebsstätte............................	Standort............................
Art der Umweltbelastungen	Ausmaß der Umweltbelastungen
I. Luftverschmutzung 1. Schwefeldioxid 2. Stäube	Angaben z.B. in: t/Berichtsperiode oder mg/m^3
II. Wasserverschmutzung 1. Anorganische Stoffe 2. Organische Stoffe	
III. Lärm	Angaben z.B. über: den durch-schnittlichen bzw. maximalen Schallpegel in bestimmten Umkreisen
IV. Abfall 1. Sondermüll 2. Bauschutt	Angaben z.B. in: t/Berichtsperioden
V. Landschaftliche Veränderungen	Verbale Beschreibung

Abb. 2.5: Bericht über Art und Ausmaß der betrieblichen Umweltbelastungen

Den gemessenen Umweltbelastungen könnten Standardvorgaben (Sollwerte) gegenüberge-stellt werden, die in einem Gremium bestehend aus Wirtschaftsprüfern, technischen Umwelt-fachleuten und Vertretern des betroffenen Wirtschaftszweiges festgelegt werden.[25]

Bei den sozio-ökonomischen Konzepten wird zusätzlich zum zu veröffentlichenden Jahres-abschluss über die gesellschaftlichen Nutzen und Kosten der Umweltbeziehungen betriebli-cher Aktivitäten berichtet.[26] Auf diesem Ansatz beruht in starkem Maße die Praxis der Sozi-albilanzierung in der Bundesrepublik Deutschland (siehe dazu Kapitel 3.3.1.1). Wegen der Probleme bei der Erfassung und Bewertung relevanter Nutzen- und Kostenkategorien wer-den indirekte Ermittlungswege durch

---

[24]   Fronek/Uecker, a. a. O., S. 13

[25]   Heigl, Konzepte betrieblicher Umweltrechnungslegung, S. 2265

[26]   Ebenda, S. 2266 f.; Fronek/Uecker, a. a. O., S. 11 f.

- Wahl von Ersatzkriterien bzw.
- eine rein verbale Beschreibung gesellschaftlicher Folgen vorgeschlagen.

Betriebswirtschaftlich-finanzwirtschaftliche Konzepte versuchen durch verbale Berichterstattung, unter weitgehendem Verzicht auf eine Quantifizierung, die Umweltprobleme und deren Lösung zu beschreiben bzw. verwenden Aufwands- bzw. Ausgabegrößen (z.B. Ausgaben für Umweltschutzinvestitionen) als Indikatoren.[27] Die Aufwandsgrößen können dabei auch die Gesamtaufwendungen für den Umweltschutz sowie Daten zu künftigen finanziellen Belastungen beinhalten und nach Betriebsstätten etc. getrennt ausgewiesen werden.[28]

In neueren Veröffentlichungen zu einer sozio-ökologischen Berichterstattung auf Unternehmensebene werden unterschiedliche Oberbegriffe für entsprechende Ansätze verwendet. Hallay unterscheidet Ansätze, die

- eine Monetarisierung von Umwelteinwirkungen nach sich ziehen. Mit diesen Ansätzen werden Umwelteffekte aus ökonomischer Sicht dargestellt – als Maßstab dienen die Kosten, die zur Erhaltung natürlicher Lebensgrundlagen aufgebracht werden müssen (z.B. Bau und Unterhalt von Kläranlagen), Kosten zur Reparatur von Schadenssymptomen (z.B. Restaurierung alter Bauwerke aufgrund der Luftverschmutzung) und soziale Kosten, die durch Schädigungen der natürlichen Lebensgrundlagen entstehen (z.B. erhöhte Kosten für die Reinigung von Trinkwasser);
- auf einer Stoff- und Energiebilanzierung beruhen. Dabei werden stoffliche und energetische Ströme in physikalischen Größeneinheiten erfasst, und darauf aufbauend verschiedene Konzeptionen und Methoden zur Messung der ökologischen Folgen entwickelt, beispielsweise
- die Ökologische Buchhaltung,
- die Produktlinienanalyse sowie
- Ökobilanzen und -profile zu Verpackungssystemen etc..[29]

Bemerkt werden muss an dieser Stelle, dass die zuletzt aufgeführten Methoden und Konzeptionen ebenfalls nicht ohne Bewertungsverfahren und Aggregationen auskommen. Bei der ökologischen Buchhaltung sind dies mit Hilfe von Knappheitsindikatoren ermittelte Recheneinheiten, die so eine Vergleichbarkeit verschiedener Umwelteinwirkungsarten ermöglichen (siehe dazu Kapitel 3.3.3.).

Freimann unterteilt die derzeit diskutierten Instrumente sozial-ökologischer Folgeschätzung in

- monetär bewertende Ansätze,
- das Sozialindikatoren-Konzept bzw.
- Verfahren der Nutzwertanalyse.[30]

Der wesentliche Unterschied zwischen dem Sozialindikatoren-Konzept und den Verfahren der Nutzwertanalyse besteht darin, dass die Nutzwertanalyse grundsätzlich eine Wertaggregation beinhaltet, während dies in den Konzepten mit Sozialindikatoren nicht zwangsläufig

---

[27]   Fronek/Uecker, a. a. O., S. 16 f.; Heigl, Konzepte betrieblicher Umweltrechnungslegung, S. 2267 ff.
[28]   Zum Ausweis im Rahmen des Jahresabschlusses, siehe Kapitel 3.2.1
[29]   Hallay, Die Ökobilanz. Ein betriebliches Informationssystem, S. 20 ff.
[30]   Freimann, Instrumente sozial-ökologischer Folgenabschätzung im Betrieb, S. 288 ff.

so vorgeschrieben ist.[31] Repräsentativ für nutzwertanalytische Instrumente ist die von Müller-Wenk 1978 publizierte Ökologische Buchhaltung, die, obwohl sie in der Praxis kaum angewendet wurde, eine relativ hohe Bedeutung in der umweltpolitischen Diskussion einnimmt.

Als Basis dient die Erfassung der physikalisch-stofflichen Beziehungen zwischen Produktionsprozess und Umwelt. Die Bilanzierung erfolgt jedoch über die bereits erwähnten Recheneinheiten als Ergebnis eines nutzwertanalytischen Entscheidungs- und Aggregationsverfahrens.[32]

Stahlmann unterscheidet unter den Oberbegriff Bewertungsmethoden folgende Ansätze:[33]

- Verbal argumentative Kommentare zu Ökobilanzen, z.B. in den Umweltberichten von Oetker und Henkel vorzufinden;
- monetarisierende Bewertungen, z.B. KUNERT wendet eine Umweltkostenrechnung an;
- numerisch quantifizierende, naturwissenschaftlich orientierte Bewertung, beispielsweise mit Ökopunkten beim Schweizer Unternehmen MIGROS oder mit Umweltindikatoren bzw. anhand des ökologischen Rucksacks beim Wuppertal Institut für Klima, Umwelt, Energie.
- Relativ abstufende, quantitativ/qualitative Bewertung in Form von Nutzwertanalysen, ABC/XYZ-Methode z.B. im Umweltbericht der Neumarkter Lammsbräu.

In der folgenden Abb. 2.6 auf der nächsten Seite sind die am häufigsten diskutierten ökologischen Informationsinstrumente bezüglich der Ebenen und Objekte, die sie jeweils analysieren, dargestellt.[34]

---

[31] In Kapitel 3.3.1.1 werden verschiedene Sozialindikatoren – Konzepte in ihrer praktischen Ausprägung, der Sozialbilanzierung, diskutiert.

[32] Hofmeister, Stoff- und Energiebilanzen, S. 68

[33] Stahlmann, Ökocontrolling, S. 377

[34] Wagner, Umweltbewußte Unternehmensführung, S. 7

Ebene	Analyse- Objekt	Natur	Systemdimensionen Gesellschaft	Wirtschaft
Objekte	Produkt	Öko-Test Umweltzeichen		
	Projekt	Life Cycle Analysis	Produktlinienanalyse	
	Technologie	Umweltverträglichkeitsprüfung (UVP)		Nutzen-Kosten Rechnung
			Technologiefolgenabschätzung (TA)	
Mikro	Unternehmen	Stoff- & Energiebilanzen	Erweiterte Wirtschaftlichkeitsrechnung	Erfolgsrechnung & Bilanz
	Kommune	Öko-Bilanz	Sozialbilanz	
	Land	Ökolog. Buchhaltung		Öffentliche Haushalte
Makroebene	Staat		Erweiterte VGR & Satellitensystem	Volkswirtschaftl. Gesamtrechnung (VGR)
		Ökonomischer Wert der Umwelt		Nettowohlfahrtsrechnung
			Sozialindikatorensysteme	

Mess- und Informationsinstrumente im Vergleich

☐ Eindimensionale Messgrößen (Aggregierbar; implizite Bewertung)

⌐ ⌐ Mehrdimensionale Messgrößen (Nicht aggregiert; explizite Bewertung)

→ Umfang individuell bestimmbar

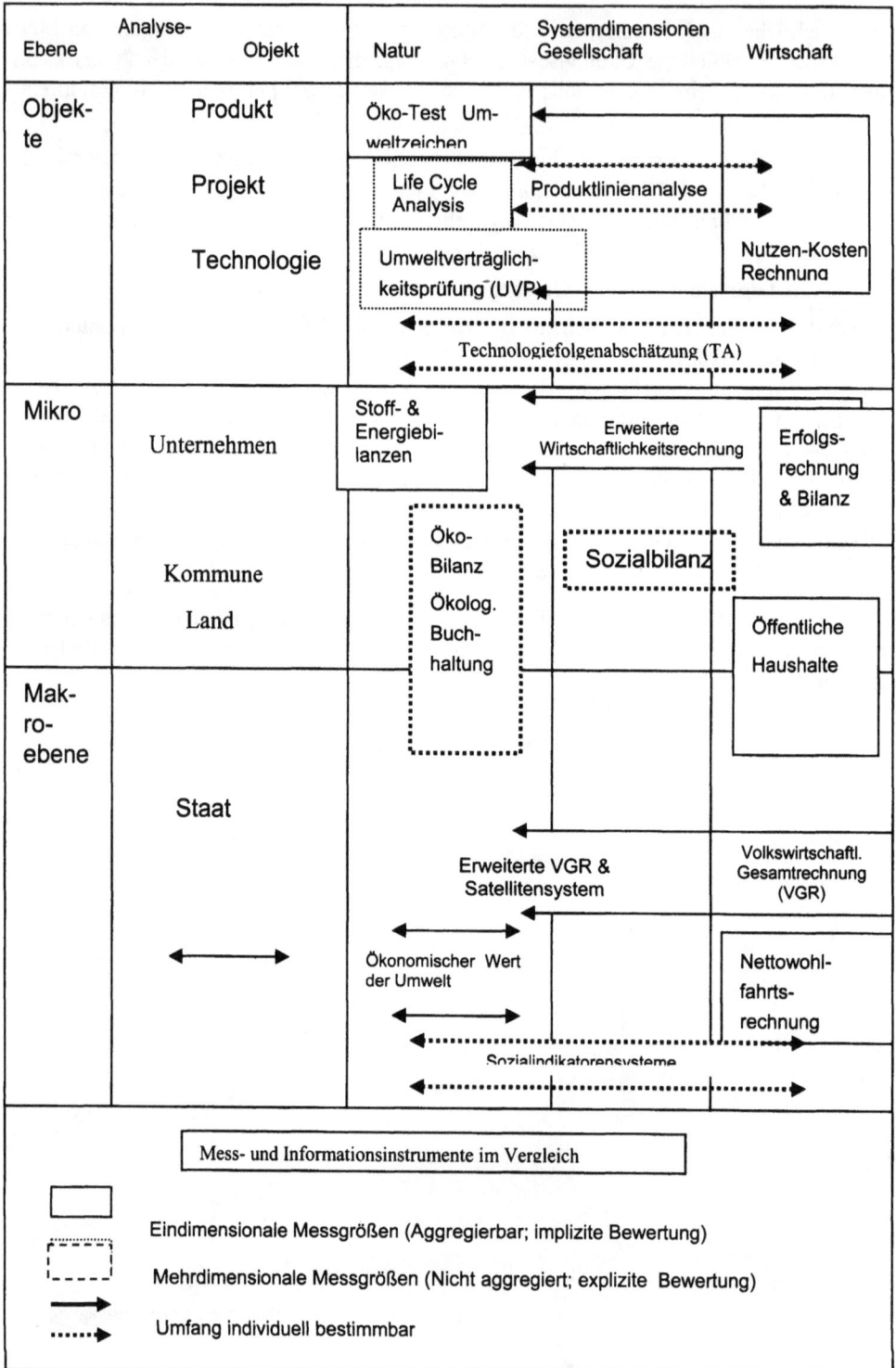

Abb. 2.6: Ökologische Informationsinstrumente im Vergleich

Für die folgende Behandlung dieser sozial-ökologischen Instrumente, wobei der Schwerpunkt eindeutig auf dem Umweltaspekt liegen soll, wird vom Verfasser eine andere Einteilung gewählt. Die bisher genannten Einteilungen lassen sich nämlich nicht ohne Probleme sinnvollen Oberbegriffen zuordnen. Solche Oberbegriffe, unter denen die Instrumente zur sozial-ökologischen Rechnungslegung (nach innen und außen) dargestellt und diskutiert werden sollen, sind:

1. Volkswirtschaftliche Ansätze,

2. Betriebswirtschaftliche Ansätze auf der Basis des traditionellen Rechnungswesens und

3. Betriebswirtschaftliche Ansätze, die eine umweltorientierte Erweiterung des herkömmlichen Rechnungswesens beinhalten (siehe Abb. 2.7 auf der nächsten Seite).[35]

Bei einer Differenzierung wird ein geänderter Rechnungsaufbau und -ablauf traditioneller Rechnungslegung verlangt. Mit diesen Ansätzen wird tendenziell versucht, Umweltschutzkosten transparent zu machen, Ergebnisse extern und für Zwecke der (Image-) Werbung zu verwenden oder im Sinne einer defensiven Umweltpolitik Umweltschutzkosten zu minimieren oder als „Abwehrargument" gegen weitergehende Forderungen zu verwenden. Bei einer Erweiterung des betrieblichen Rechnungswesens steht die Unterstützung einer offensiven umweltorientierten Unternehmensführung im Vordergrund. Dazu sind neue Objekte der Rechnungslegung ebenso zu definieren wie Rechnungszwecke und Zielgrößen. Insbesondere sollen positive und negative externe Effekte, die von der betrieblichen Tätigkeit und den Produkten ausgehen, abgebildet werden.[36]

Zunächst sollen in diesem Kapitel Abgrenzungs- und Bewertungsprobleme vertieft werden, die sich bei fast allen Instrumenten ergeben. In Kapitel 3 geht es dann darum, die einzelnen Instrumente ausführlich darzustellen und in ihren Vor- und Nachteilen für ein praxisorientiertes betriebliches Rechnungswesen mit Umweltbezug zu beurteilen.

2.3   Gestaltung eines betrieblichen Umweltinformationssystems

2.3.1   Zweck und inhaltliche Anforderungen

Selbst bei der Verfolgung einer defensiven Umweltpolitik ist das Unternehmen gezwungen, um den Anforderungen des Umwelthaftungsrecht (und anderer Umweltgesetze) Genüge zu leisten, ein betriebliches Umweltinformationssystem (UIS) einzuführen, um die Erfüllung der dort verankerten Verpflichtungen lückenlos nachweisen zu können.[37] Die Forderung nach der Einführung eines betrieblichen UIS stellt sich erst recht, wenn ein offensives Umweltmanagement, das über die gesetzlich vorgeschriebenen Verpflichtungen hinausgeht, angestrebt wird.

---

[35]   In Ablehnung an: Schreiner, Umweltmanagement in 22 Lektionen, S. 249

[36]   Schreiner, Umweltmanagement in 22 Lektionen, S. 252 ff.

[37]   Hopfenbeck, a. a. O., S. 1017; Haasis/Hackenberg/Hillenbrand, Betriebliche Umweltinformationssysteme, S. 46

Auszahlungen	Aufwand	Kosten	Vermögen
Einzahlungen	Ertrag	Leistungen	Kapital

Traditionelles
Rechnungswesen

davon durch Umweltschutz

Umweltorientierte
Differenzierung

Probleme:
- sachliche und zeit-
  liche Abgrenzung
- Erfassung und
  Ausweis
- Bewertung und
  Aggregation

INTERNALISIERUNG

Umweltorientiertes Differenzierung	Rechnungswesen Erweiterung

Externals

Umwelt-
beanspruchung

Lösungsansätze:
-Volkswirtschaftliche Instrumente:
-Kosten-Nutzen-Rechnungen
-Erweiterte volkswirtschaftliche
 Gesamtrechnung
-Umweltindikatoren
-Ansätze auf Basis des herkömmli-
 chen betrieblichen Rechnungswe-
 sens:
-Differenzierung in Jahresabschluss
 sowie Kosten- und Leistungsrechnung
-Erweiterte Wirtschaftlichkeitsrech-
 nung
-Erweiterte Ansätze eines umwelt-
 orientierten betrieblichen
 Rechnungswesens:
-Checklisten
-Stoff- und Energiebilanzierung
-Ökologische Buchhaltung
-Ökobilanzierung
-Produktlinienanalyse
-Technologiefolgenabschätzung
-Umweltverträglichkeitsprüfung
-Kennzahlensysteme

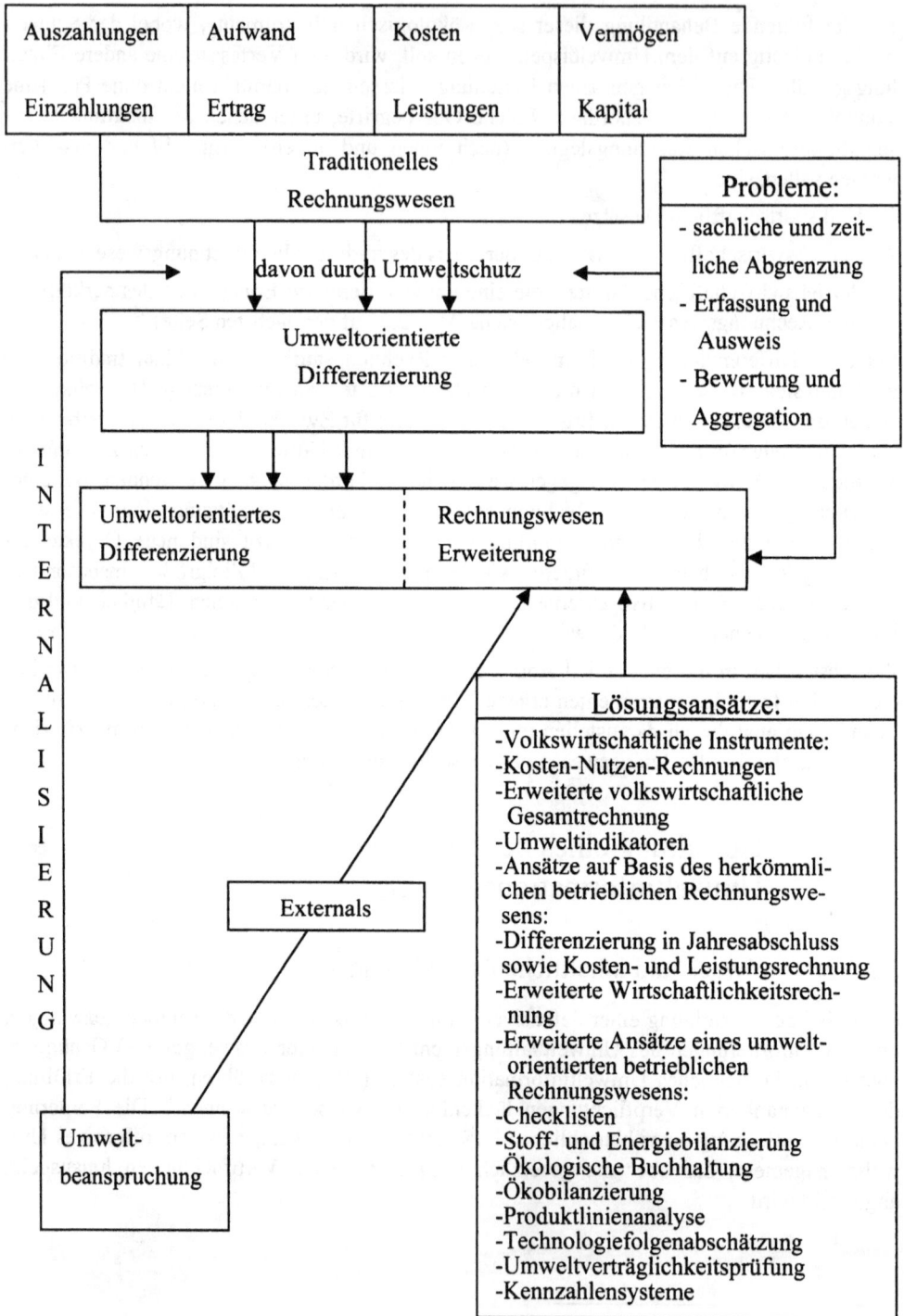

Abb. 2.7: Instrumente eines umweltorientierten Rechnungswesens

Wie jedes betriebliche Informationssystem soll ein UIS ebenso Reduktion der Komplexität erreicht werden muss.[38] Als Zwecke eines betrieblichen Umweltinformationssystems können abgeleitet werden:

- Die möglichst lückenlose Erfassung aller betrieblichen Aktivitäten im Hinblick auf ihre Umweltauswirkungen,
- sowie die Verarbeitung der gewonnen Daten derart, dass sie in den verschiedensten betrieblichen Bereichen bedürfnis- und nutzungsorientiert abgerufen werden können.[39]

Dabei dienen die betrieblichen UIS sowohl für situationsbezogene Entscheidungen wie für eine permanente Kontrolle der Auswirkungen der Unternehmenstätigkeit. Es gilt alle relevanten Dimensionen des Ökologieproblems zu erfassen und gleichzeitig die Bedingung zu erfüllen, dass diese Informationen für die betriebliche Praxis operational und effizient eingesetzt werden können.[40] Im Zuge des schrittweisen Aufbaus eines betrieblichen Umweltinformationssystems sind Schwerpunkte bei der Informationsbeschaffung und -auswertung zu setzen (siehe Abb. 2.8).[41] Der Risikoanalyse kommt dabei eine besondere Bedeutung zu, um Schäden durch Störfälle möglichst zu vermeiden bzw. gering zu halten. Die Informationsbeschaffung kann sich zum Teil auf vorhandene Informationsinstrumente, wie das betriebliche Rechnungswesen, Konstruktions- und Verfahrenspläne, Messdaten, Sicherheitsdatenblätter zum Umgang mit gefährlichen Gütern stützen.[42]

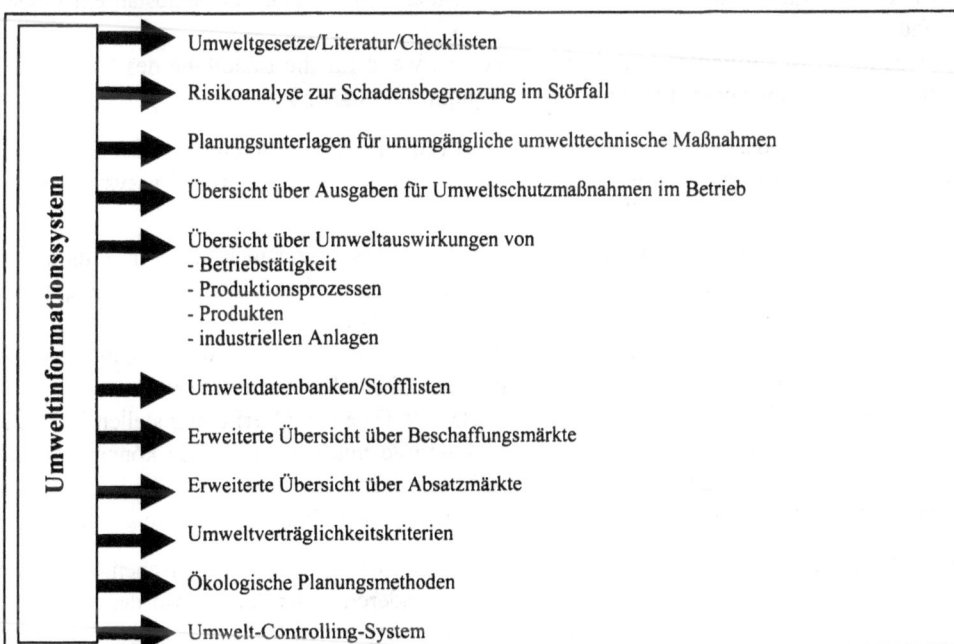

Umweltinformationssystem

- Umweltgesetze/Literatur/Checklisten
- Risikoanalyse zur Schadensbegrenzung im Störfall
- Planungsunterlagen für unumgängliche umwelttechnische Maßnahmen
- Übersicht über Ausgaben für Umweltschutzmaßnahmen im Betrieb
- Übersicht über Umweltauswirkungen von
  - Betriebstätigkeit
  - Produktionsprozessen
  - Produkten
  - industriellen Anlagen
- Umweltdatenbanken/Stofflisten
- Erweiterte Übersicht über Beschaffungsmärkte
- Erweiterte Übersicht über Absatzmärkte
- Umweltverträglichkeitskriterien
- Ökologische Planungsmethoden
- Umwelt-Controlling-System

Abb. 2.8: Informationsschwerpunkte für den schrittweisen Aufbau eines Umweltinformationssystems

---

[38] Müller-Witt, Betriebliche Umweltinformationssysteme, S. 192

[39] Heinz, Haben Sie schon ein betriebliches Umwelt-Informationssystem? S. 12

[40] Pfriem, Ökologische Unternehmensführung, S. 55

[41] Günther, Ökobilanzen. Als Grundlage eines Umwelt-Auditings, S. 61 f.

[42] Hallay, Die Ökobilanz. Ein betriebliches Informationssystem, S. 22

Die Ziele, die mit einem ökologischen Informationssystem verfolgt werden, bestehen zum einen in der Identifizierung von Schwachstellen, zum anderen muss sich das UIS eignen, betriebliche Handlungen und Entscheidungen auszulösen und deren permanente Überprüfung zu gewährleisten.[43] Einigkeit besteht darin, dass (betriebliche) UIS nur mittels computerunterstützter Informationsbereitstellung zur Planung, Steuerung und Kontrolle im Rahmen eines Umweltmanagements auf betrieblicher und überbetrieblicher Ebene beitragen können.[44] Mit Hilfe der elektronischen Datenverarbeitung lassen sich betriebliche UIS sinnvoll kombinieren mit überbetrieblichen Umweltdatenbanken, wie z.B. Literaturdatenbanken, Technologiedatenbanken, Abfalldatenbanken, Stoffdatenbanken oder Datenbanken zur Umweltforschungsdokumentation.[45] An die softwaremäßige Gestaltung des Informationssystems ist die Forderung zu stellen, dass das UIS modular aufgebaut sein muss, um mit den steigenden Anforderungen seiner Nutzer mitwachsen zu können.[46]

Nach Eichhorn soll ein ideales betriebliches Umweltinformationssystem folgenden Anforderungen genügen:[47]

* Es sollte vollständig sein, d. h. es müssen alle bedeutsamen betrieblichen Umweltwirkungen ermittelt werden;
* es sollte überprüfbar sein, d.h. es müssen eindeutige Begriffsabgrenzungen sowie klare Vorstellungen über die Erfassungs- und Bewertungsmethodik vorhanden sein;
* es sollte vergleichbar sein, d.h. es muss ein einheitlicher Bewertungsmaßstab existieren und
* es sollte wirtschaftlich sein, d. h. der Arbeitsaufwand für die Erstellung des Umweltinformationssystems muss für den Betrieb ökonomisch tragbar sein.

Neben diesen Grundsätzen, die sich an den GoB (Grundsätzen ordnungsgemäßer Buchführung und Bilanzierung) orientieren, hat ein betriebliches Umweltinformationssystem noch folgende Anforderungen zu erfüllen:[48]

* Die Zielrichtung muss dahingehen, ein integriertes UIS aufzubauen, das einerseits möglichst lückenlos alle Sachverhalte erfasst und verarbeitet und andererseits eine Integration in bestehende betriebliche Informationssysteme beinhaltet.
* Außerdem gilt es, ein „technisches Öko-Monitoring" einzurichten und die daraus gewonnen Stoff- und Mengendaten mit Umweltverträglichkeits-Kriterien zu versehen.
* Als Mindestumfang muss das betriebliche UIS alle Daten zur Verfügung stellen können, die aufgrund behördlicher Auflagen einer Kontrolle unterzogen werden können. Diese Art eines Umwelt-Audits ist von Anfang an in das UIS zu integrieren.
* Die Datenaufbereitung und -kommunikation muss entscheidungsorientiert angelegt sein.

Betriebliche Umweltinformationssysteme sollen zum einen den Dialog zwischen Unternehmen und Umwelt fördern (externe Funktion); zum anderen sollen sie ebenso der betrieblichen Planung, Steuerung und Kontrolle (interne Funktion) dienen.[49]

---

[43] Hopfenbeck, a. a. O., S. 1075

[44] Haasis/Hackenberg/Hillenbrand, a. a. O., S. 46 ff.

[45] Ebenda, S. 47. Siehe auch: Wicke /Haasis/Schafhausen/Schulz, a. a. O., S. 566 ff.; Seggelke, a. a. O., S. 47 ff.

[46] Müller-Witt, Betriebliche Umweltinformationssysteme, S. 206

[47] Eichhorn, Gesellschaftsbezogene Unternehmensrechnung, S. 19 ff.; siehe auch: Freimann, Plädoyer für die Normierung von betrieblichen Ökobilanzen, S. 187

[48] Heinz, a. a. O., S. 12 f.

```
┌──────────────────────────────────────────────────────────────────────┐
│              ┌──────────────────────────────────────┐                  │
│              │  Betriebliche Umweltinformationssysteme │                │
│              ├──────────────────────────────────────┤                  │
│              │  Erfassung, Qualifizierung und Bewertung │               │
│              │  des Einflusses unternehmerischer Tätig- │               │
│              │  keit auf die natürliche Umwelt          │               │
│              └──────────────────────────────────────┘                  │
│                                                                        │
│   ┌─────────────────────────┐      ┌─────────────────────────┐        │
│   │    Externe Funktion      │      │    Interne Funktion      │        │
│   ├─────────────────────────┤      ├─────────────────────────┤        │
│   │ Umweltbezogene Kommu-    │      │ Umweltorientierte Planung,│       │
│   │ nikation zwischen Unter- │      │ Entwicklung, Steuerung   │        │
│   │ nehmen und Umfeld        │      │ und Kontrolle            │        │
│   └─────────────────────────┘      └─────────────────────────┘        │
│                                                                        │
│   ┌─────────────────────────┐      ┌─────────────────────────┐        │
│   │       Adressaten         │      │       Adressaten         │        │
│   ├─────────────────────────┤      ├─────────────────────────┤        │
│   │ -Kunden und Verbraucher  │      │ -Unternehmensführung     │        │
│   │ -Lieferanten und Abnehmer│      │ -Abteilungen             │        │
│   │ -Investoren-Versicherungen│     │ -Umweltschutzbeauftragte │        │
│   │ -Behörden                │      │ -Mitarbeiter             │        │
│   │ -Öffentlichkeit          │      │                          │        │
│   └─────────────────────────┘      └─────────────────────────┘        │
└──────────────────────────────────────────────────────────────────────┘
```

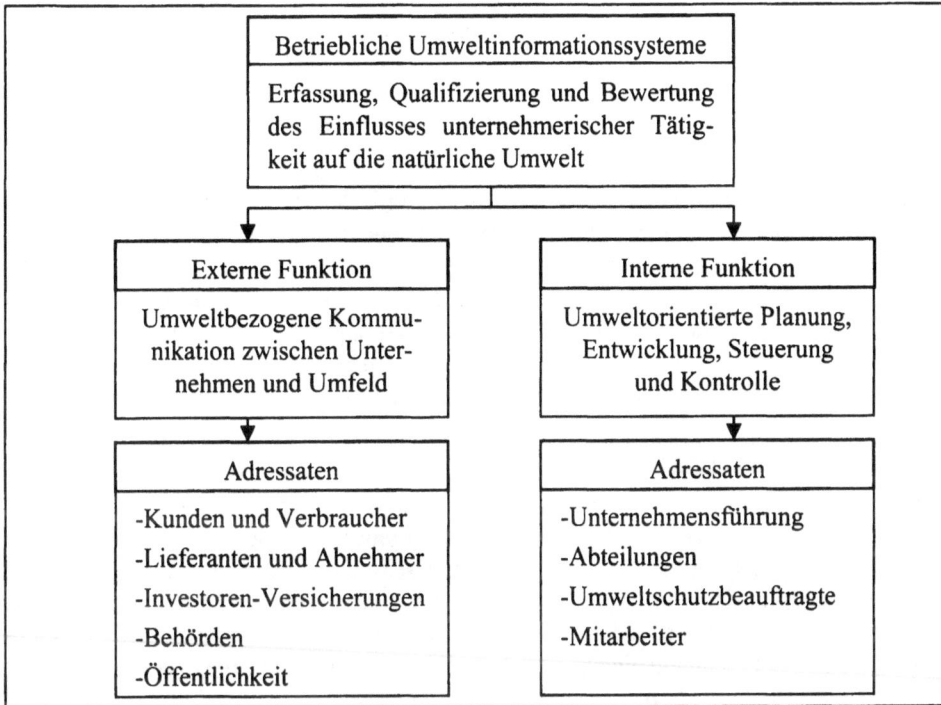

Abb. 2.9: Funktionen und Adressaten betrieblicher Umweltinformationssysteme

Innerhalb der beiden Funktionen eines betrieblichen UIS lassen sich noch verschiedene Teil-funktionen ableiten:[50] Im Rahmen der externen Funktion

- kommunikationsorientierte Funktionen, wie Image-Werbung oder Mitarbeitermotiva-tion;
- verkaufsorientierte Funktionen, wie Öko-Marketing;
- gewerbliche Funktionen, wie Emmissionserklärungen.

Die interne Funktion eines betrieblichen UIS umfasst die Teilfunktionen

- strategische Funktion, wie Frühwarnsysteme,
- Informationsfunktion, wie stoffliche Bilanzierung etc.;
- Lenkungsfunktion in Bezug auf die betrieblichen Bereiche wie Beschaffungswesen u.s.w..

Durch die Einführung eines betrieblichen Umweltinformationssystems werden auch Syner-gieeffekte für andere Aufgabenbereiche generiert. Beispielsweise profitiert der Forschungs- und Entwicklungsbereich nicht nur durch rasch verfügbare Stoffinformationen, sondern auch durch neue Entwicklungsrichtlinien und Planungsgrundlagen.[51] Allgemein kann von einer

---

[49]   Schulz/Schulz, Umweltcontrolling für die betriebliche Praxis, S. 586 f.

[50]   Müller-Witt, Betriebliche Umweltinformationssysteme, S. 208 ff.; siehe auch; Hallay, Die Ökobilanz. Ein betriebliches Informationssystem, S. 15 ff.

[51]   Selgrad/Kürzl, a. a. O., S. 284

großen Anzahl bedeutsamer positiver Auswirkungen auf andere betriebliche Bereiche ausgegangen werden (siehe Abb. 2.10 auf der folgenden Seite).[52]

2.3.2   Der Produktlebenszyklus als Ausgangspunkt der Betrachtung

Eine wesentliche Aufgabe eines betrieblichen Umweltinformationssystems besteht darin, antizipierend die künftigen Anforderungen an die Umweltverträglichkeit der Produkte und Produktionsverfahren zu berücksichtigen. Als geeigneter Ansatzpunkt gilt hierzu der gesamte Innovationsprozess, insbesondere der Forschungs- und Entwicklungsbereich.[53] Der Entwicklung umweltverträglicher Produkte kommt dabei eine entscheidende Bedeutung zu. In Zukunft wird die folgende These wohl immer mehr Geltung für die betriebliche Praxis erlangen: „Ein Unternehmen kann mittelfristig nur dann zu den führenden der Branche gehören, wenn sich seine Produkte ökonomisch rechnen und sie ökologisch vertretbar sind".[54]

Das bedeutet für eine umweltorientierte Unternehmensführung, dass die unternehmerische Verantwortung für die Umweltverträglichkeit der Produkte nicht an den Werkstoren aufhört, sondern ebenso vor- und nachgelagerte Bereiche umfasst.[55] Bei der Beurteilung eines Produktes müssen jedenfalls alle stofflichen und energetischen Folgen seiner unmittelbaren Produktion, aber auch seines Gebrauchs und der Beseitigung einbezogen werden, soweit die Umweltbelastung durch Konsum und Beseitigung auf die besondere Produktgestalt zurückzuführen ist. Des Weiteren sind die stofflichen und energetischen Wirkungen der Vorprodukte und der zu ihrer Erzeugung eingesetzten Betriebsmittel und Verfahren einzubeziehen.[56]

Als analytisches Raster zur Beurteilung der Umweltverträglichkeit empfiehlt es sich, einen fünfstufigen ökologischen Produktlebenszyklus zugrundezulegen:

- Stoff- und Energieeinsatz,
- Schadstoffe, Abwässer und feste Abfälle aus Produktionsverfahren,
- ökologische Probleme bei der Produktverwendung,
- ökologische Risiken der Produktentsorgung,
- negative ökologische Effekte durch Transport zwischen diesen vier Phasen (siehe Abb. 2.11 auf der übernächsten Seite)[57]

Generell könnte man das Vorliegen eines ökologischen Produktes dann annehmen, „wenn es gegenüber einem herkömmlichen Produkt den gleichen Gebrauchsnutzen erfüllt, aber bei der

---

[52]   Müller-Witt, Betriebliche Umweltinformationssysteme, S. 217

[53]   Steger, Integrierter Umweltschutz als Gegenstand eines Umweltmanagements, S. 38; siehe auch: Eichhorn, Umweltschutz aus der Sicht der Unternehmenspolitik, S. 645

[54]   Priewe, Umsatz im Einklang mit der Umwelt, S. 17

[55]   Stahlmann, Öko-Controlling in einer Integrierten Materialwirtschaft, S. 95; Weise, Umweltschutz und unternehmerische Verantwortung, S. 3; Hertz, Checkliste für umweltfreundliche Produkte, S. 42 ff.

[56]   Strebel, Umwelt und Betriebswirtschaft, S. 75 f.

[57]   Pfriem, Ökologische Unternehmensführung, S. 31

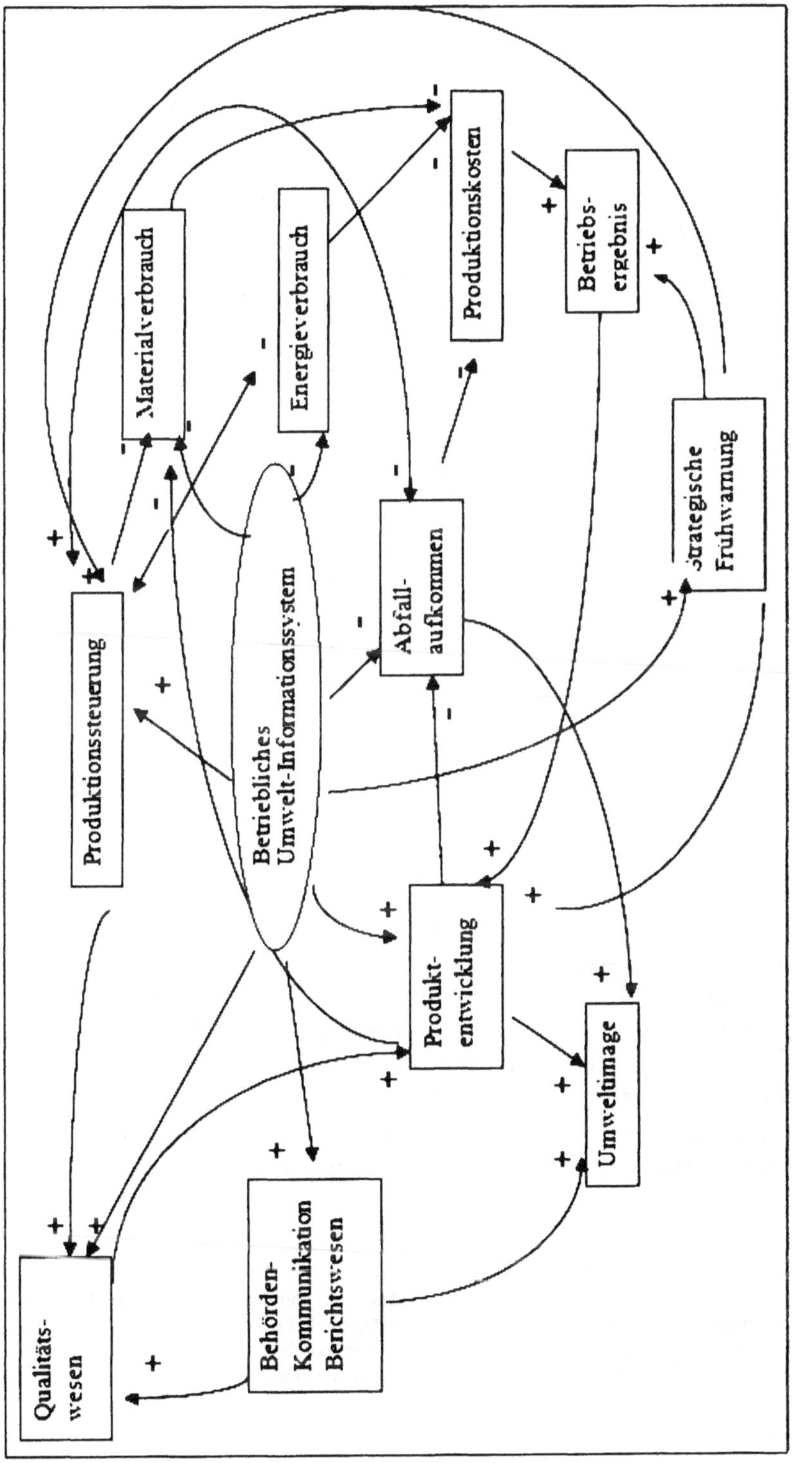

Abb. 2.10: Wechselwirkungen, die von einem betrieblichen Umweltinformationssystem ausgehen

Herstellung, Verwendung und Vernichtung eine geringere Umweltbelastung hervorruft".[58] Der Vergleich mit anderen Produkten sagt jedoch nichts über die „absolute" Umweltverträglichkeit der Produktgruppe aus – das „ökologische" Produkt könnte ja, trotz seiner relativen Vorteilhaftigkeit in Bezug auf ökologische Aspekte, dennoch den gesellschaftlichen Anforderungen nicht entsprechen.[59] Für die Wirtschaftspolitik und die betriebliche Praxis stellt sich somit die Frage, welche und wie viele Güter noch mit einer intakten Umwelt verträglich sind.[60] Bei der Beurteilung der Umweltverträglichkeit von Produkten und Dienstleistungen sind die Prozesse zur Erstellung dieser Güter und die damit verbundenen weiteren Abläufe in den Bereichen Logistik, Verwaltung, Vertrieb, Beschaffung etc. ebenfalls zu durchleuchten.[61] Somit schließt die Produktverantwortung zwangsläufig eine Prozessverantwortung mit ein.

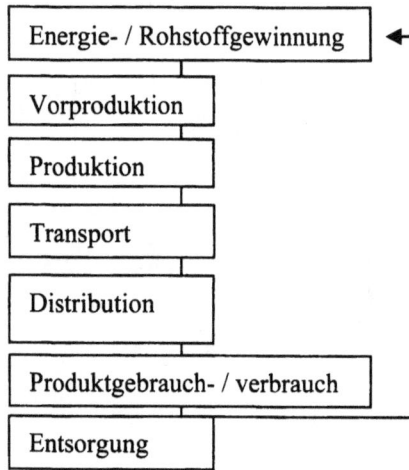

Abb. 2.11: Ökologischer Produktlebenszyklus[62]

Die herkömmliche Analyse des Produktlebenszyklusses, die den Kosten- bzw. Umsatzverlauf bei Entwicklung und nach Markteinführung einer Produktart beinhaltet, ist demzufolge zu erweitern. Das bedeutet, dass die mit einer Produktart verbundenen Rückstände aus Produktentwicklung, -einsatz und -entsorgung zu berücksichtigen sind.[63] Damit verbunden ist die Forderung, dass die betriebliche Produktionswirtschaft in zunehmendem Maße in eine betriebliche Rückstandswirtschaft einmünden muss.

Die mit dem Lebenszyklus eines Produktes verbundenen Rückstandszyklen enden erst dann, wenn es zu einem vollständigen Abbau der Rückstände zu unschädlichen Substanzen

---

[58] Töpfer, a. a. O., S. 242
[59] Es könnte durchaus sein, dass eine PKW-Marke hinsichtlich des Stoff- und Energieeinsatzes bei der Produktion, dem Benzinverbrauch bei der Nutzung und der Recyclingfähigkeit bei der Entsorgung Vorteile gegenüber Konkurrenzmarken aufweist. Dennoch wird die Masse solcher Automobile die Umwelt noch erheblich belasten und im Vergleich zu anderen Verkehrsmitteln ökologisch schlechter abschneiden.
[60] Strebel, Umwelt und Betriebswirtschaft, S. 3
[61] Weise, a. a. O., S. 3 ff.
[62] Hallay, Die Ökobilanz. Ein betriebliches Informationssystem, S. 32
[63] Strebel/Hildebrandt, Rückstandszyklus und Produktlebenszyklus, S. 101 ff.

kommt. Im Vergleich zum Marktzyklus eines Modell-Produktes beinhaltet der Rückstands-zyklus eine längere Zeitperiode und höhere Schadstoffeinheiten (SE) bezogen auf Wertein-heiten (WE), die erst bei Auslaufen des Produktes verstärkt entstehen (siehe Abb. 2.12).[64]

Für eine erhebliche Anzahl von Produkten dürfte der skizzierte Lebensweg typisch sein (z.B. radioaktive Abfälle aus Kernkraftwerken). Produktinduzierte Rückstandslebenszyklen lassen sich auf der Basis von Stoffbilanzen entsprechender Produktionsprozesse, der dazugehörigen Rückstandskoeffizienten (Rückstandsmenge pro Einheit der Zwischen- bzw. Endprodukte) sowie der bei Ge- und Verbrauch des Produktes und bei Entsorgung des Alterzeugnisses pro Mengeneinheit und insgesamt emittierten Schadstoffmengen prognostizieren.

Zusammenfassend gilt die Zielsetzung, schon bei der Entwicklung von Erzeugnissen darauf zu achten, dass über alle Lebensphasen des Produkts (Dienstleistungen eingeschlossen) mög-lichst geringe ökologische Nachteile entstehen, wobei immer nur eine relative Umwelt-freundlichkeit erreicht werden kann.[65]

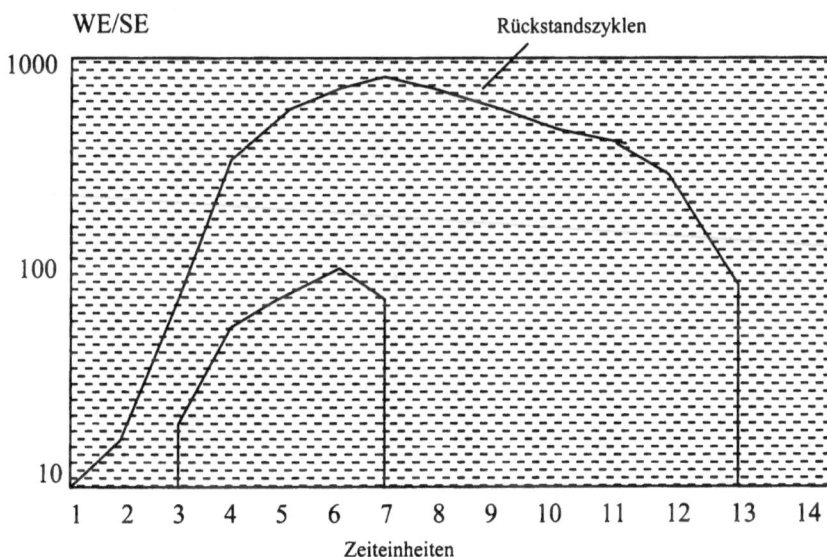

Abb. 2.12: Zeitraumbetrachtung Marktzyklus und Rückstandszyklus

Hilfreich in diesem Zusammenhang sind Umweltkriterien bzw. Indikatoren für alle Phasen des Produktlebenszyklus, die den Weg zu umweltfreundlicheren Erzeugnissen und Prozessen aufzeigen helfen (siehe Abb. 2.13 auf der nächsten Seite).[66] Der japanische Elektronikkon-zern Sony hat konzernweit ein „Green Management" eingeführt, welches sowohl zur CO_2 – Einsparung wie auch zur Steigerung der Ressourceneffizienz anspruchsvolle Ziele formuliert und auch umsetzt.[67]

Die wichtigsten Produkte werden einem umfangreichen Life Cycle Assessment (LCA) un-terzogen; beispielsweise konnte beim Mini Disk Walkman über 30 % des Energieverbrauchs

---

[64] Ebenda, S. 105 f.

[65] Hopfenbeck, a. a. O., S. 921 ff.

[66] Ebenda, S. 922; Wicke/Haasis/Schafhausen/Schulz, a. a. O., S. 663 f.

[67] BUND/et al., a. a. O., S. 356

eingespart werden. In Deutschland nimmt in dieser Hinsicht der Chemiekonzern BASF eine Vorreiterwelle ein.[68] Um Ökonomie und Ökologie in Einklang zu bringen, wird eine Ökoeffizienz-Analyse eingesetzt. Damit sind bis heute über 400 Produkte und Herstellungsverfahren untersucht worden, um den Verbrauch von Material und Energie zu reduzieren sowie Emissionen zu minimieren. Grundlage ist eine umfassende Analyse der Umwelteinwirkungen von der „Wiege bis zur „Bahre", mit der ein „ökologischer Fingerabdruck" festgestellt werden soll.

Erstellungsphase	Verkaufs-, Ge-/ Verbrauchsphase	Entsorgungsphase
Einsatz umweltfreundlicher und wenig energieintensiver Stoffe;	Umwelt und Gesundheitsschädlichkeit der Verpackung;	Geringes Abfallvolumen;
Einsatz reichlich vorhandener Rohstoffe; möglichst geringe Ressourcenverwendung;	Wiederverwend- bzw. Weiterverwertbarkeit der Verpackung; Möglichst geringes Produkt- und Verpackungsvolumen;	Unproblematische Deponier-, Verbrennungs- oder Kompostiermöglichkeit;
Langlebigkeit der Produkte ermöglichen (s.o.);	Gesundheitsunschädlichkeit bei Ge- und Verbrauch;	Minimalbeseitigungsvolumen durch Wiederverwertbarkeit (auch von Teilen);
Produktbezogener Beitrag zur emissions- und energieseitigen Umweltfreundlichkeit der Produktion;	Keine bzw. umwelt- und gesundheitsverträgliche gasförmigen Emissionen beim Ge- und Verbrauch; Keine, geringe bzw. umweltverträglich zu beseitigende flüssige Emissionen;	Recyclingfähigkeit der Abfallprodukte; Bei gefährlichen (Sonder-) Abfällen: Erleichterte oder
Soweit möglich: Verstärkung von Produktion (und Absatz) nicht nur relativ umweltfreundlicher Produkte (z.B. Elektro- bzw. Hybrid-Autos), sondern von perse umweltfreundlichen Produkten (z.B. Fahrräder sowie biologisch erzeugten Agrarprodukten).	Energiesparende Ge- und Verbrauchsphase; Lärmarme Ge- und Verbrauchsphase; Erleichterung des möglichst umweltfreundlichen und sparsamen Gebrauchs (Produkthinweise, Service und Beratung); Sonstige Erhöhung der Langlebigkeit (stilistische, funktionale und materialdeterminierte Lebensdauer erhöhen)	getrennte Sammlung und Beseitigung möglich; Unproblematische energetische Verwendung durch Abfallverbrennung.

Abb. 2.13: Umweltkriterien für die Phasen des Produktlebenszyklus

---

[68] www.basf.com; siehe auch: Schmidt/Czymmek, Bewertung von Ökoeffizienz von Produkten und Verfahren, S. 142 ff.

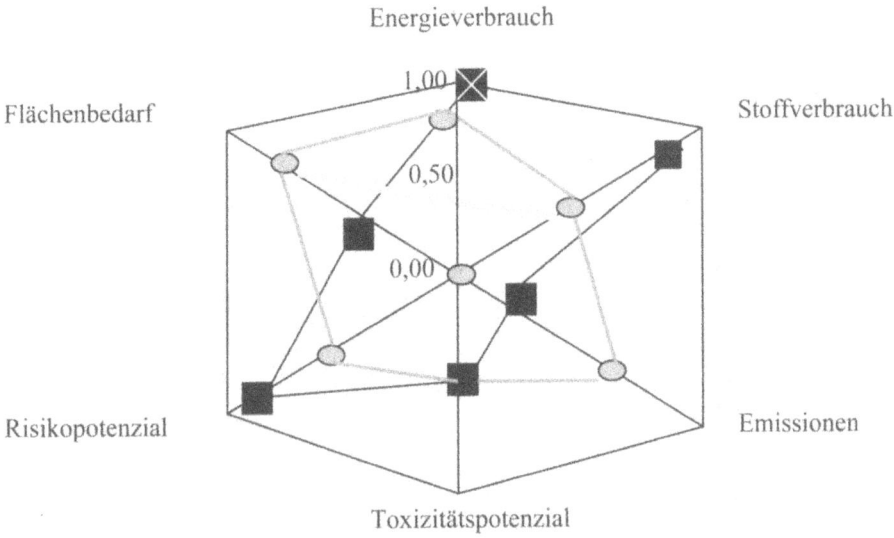

Abb. 2.14: „Ökologischer Fingerabdruck" für Produkte etc. bei BASF

Diese Ökoeffizienz-Analyse von BASF basiert auf der DIN EN ISO 14040 und 14044 und ist durch TÜV Berlin zertifiziert. Zur Umsetzung dient auch ein Ökoeffizienz-Portfolio, das Verbesserungen anstoßen soll.

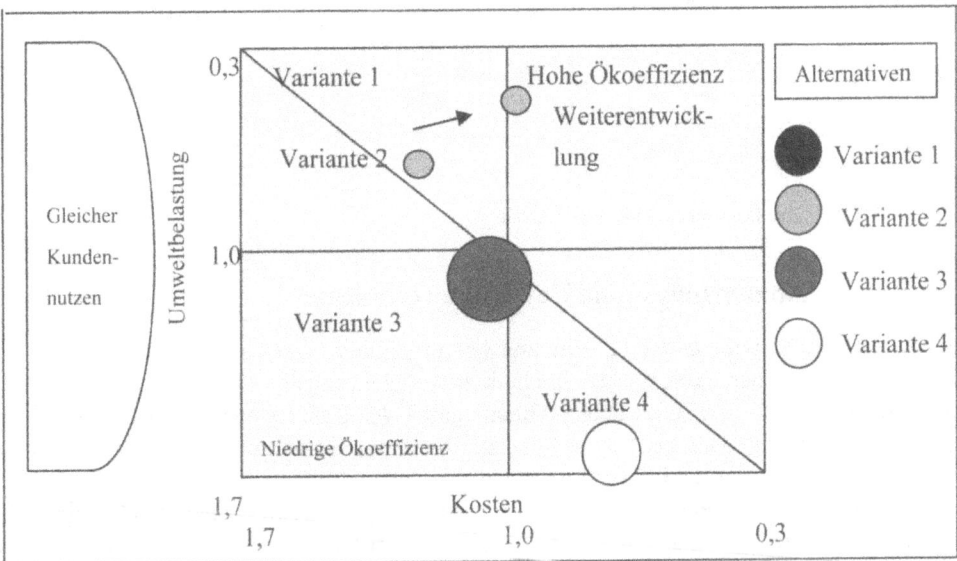

Abb. 2.15: Ökoeffizienz-Portfolio

Zur Unterstützung eines nachhaltigen Managements wird unter dem Begriff „SEEBALAN-CE" ein Konzept eingesetzt, welches neben wirtschaftlichen, ökologischen, auch soziale Ziele beinhaltet. Aufbauend auf einer Stakeholder-Sichtweise werden Indikatoren in einem „Sozialen Fingerabdruck" zusätzlich ermittelt.

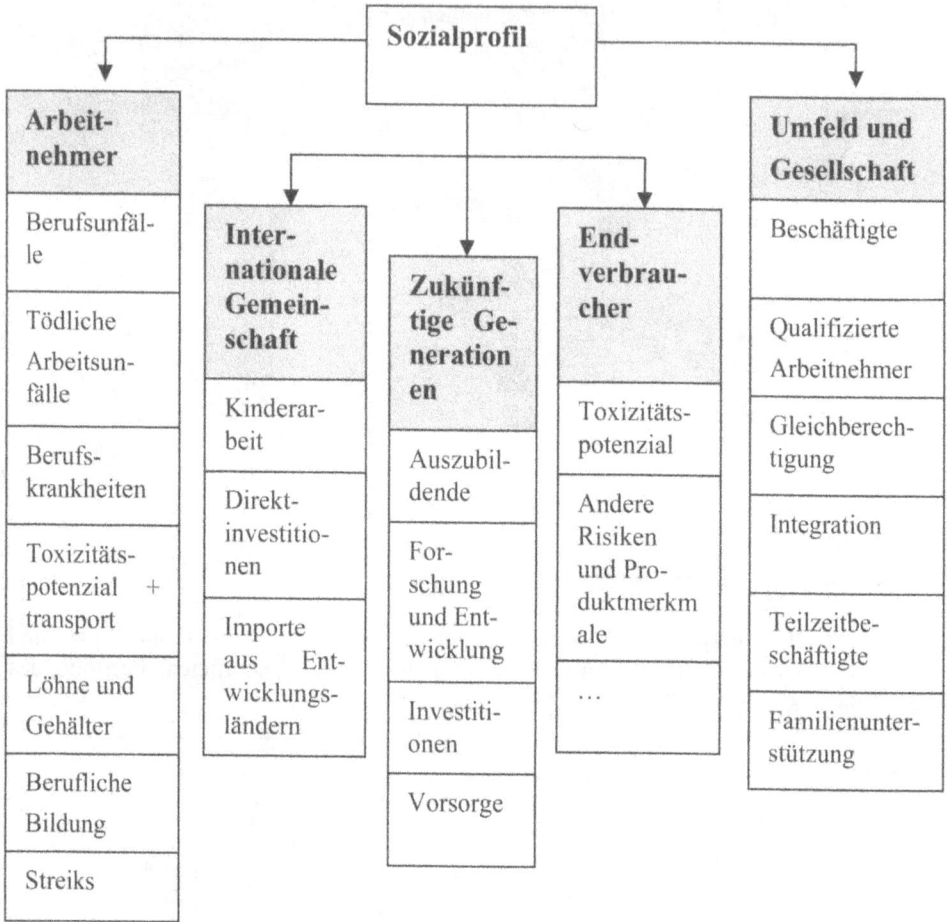

Abb. 2.16: Graphische Darstellung der SEEBALANCE

2.3.3 Abgrenzungs- und Bewertungsprobleme

Übereinstimmend wird in der Fachliteratur hervorgehoben, dass es im Zusammenhang mit der Einführung einer ökologischen Rechnungslegung noch eine Fülle ungelöster Abgrenzungs-, Erfassungs- und Bewertungsprobleme gibt.[69] An dieser Stelle soll nicht auf die Abgrenzungsschwierigkeiten bei Umweltschutzkosten bzw. -investitionen von den herkömmlichen Kostenkategorien und Investitionsarten eingegangen werden. Dies geschieht bei der Darstellung und Beurteilung von Ansätzen, die auf dem traditionellen Rechnungswesen basieren (siehe Kap. 3.2), d. h. nur eine umweltorientierte Differenzierung vornehmen.

---

[69] Siehe stellvertretend dazu: Schreiner, Umweltmanagement in 22 Lektionen, S. 255 ff.

2.3.3.1 Bestimmung von Systemgrenzen

Diskutiert werden soll in diesem Kapitel das Problem, welches sich aus der Betrachtung des gesamten Produktlebenszyklus ergibt, nämlich die Festlegung der Systemgrenzen. Unter Systemgrenzen sind die Schnittstellen zu verstehen, an denen das betrachtete Produkt bzw. der untersuchte Betrieb mit der Umwelt in Verbindung steht.[70] Ergebnis der Systemgrenzenbestimmung ist die Definition von Schnittstellen sowohl zu vor- und nachgeschalteten Prozessen als auch zur Umwelt. Die Festlegung der Systemgrenzen ist häufig eine reine Frage der Zweckmäßigkeit für die jeweils zu behandelnde Problemstellung. Für den Schutz der natürlichen Umwelt ist es dringend erforderlich, die Systemgrenzen so zu legen, „dass alle die Systeme, die durch die Aktivitäten des jeweils betrachteten Systems in ihrem Verhalten beeinträchtigt, gestört, gefährdet oder sogar geschädigt werden können, Bestandteile einer übergeordneten Systembetrachtung sind".[71]

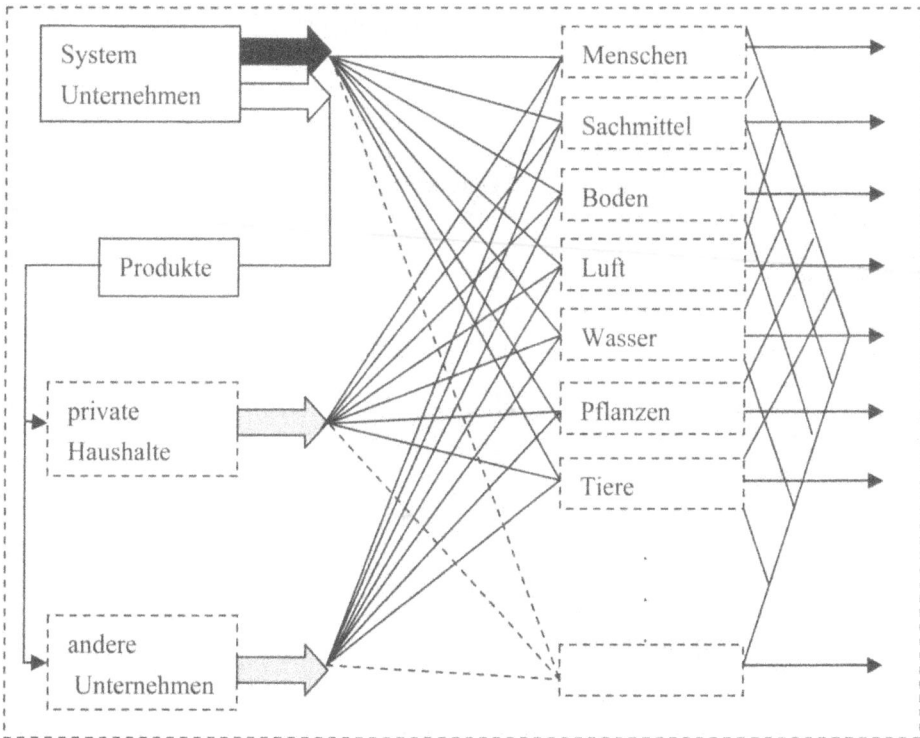

Abb. 2.17: Das Unternehmen und seine externe Umwelt als System

Ausgehend von dieser ganzheitlichen Betrachtungsweise müssen die Systemgrenzen so bestimmt werden,[72] dass sie

• alle Verantwortungsbereiche des Unternehmens beinhalten,

---

[70] Schorb, Ökoprofile von Verpackungen, S. 17 f.

[71] Nüßgens, Umweltschutz als eine Führungsaufgabe im Unternehmen, S. 201

[72] Keller/Wyss, Handlungsorientierte Ökobilanz im Unternehmen am Beispiel Swissair, S. 7 f.

- von der Öffentlichkeit und den Mitarbeitern akzeptiert und nachvollzogen werden können sowie
- die relevanten Wirkungsketten umfassen.

Für das Flugunternehmen Swissair bedeutet dies, dass z.B. auch die Art der Anreise der Fluggäste in die ökologische Beurteilung eingeflossen ist.

Eine mögliche Vorgehensweise bei der Festlegung von Systemgrenzen bietet das folgende Schema an:[73]

1. Bilanzierungsgebiet (hier: Umweltprofil):
- Bestimmung der Produktionsstufen,
- Bestimmung der Nutzungszyklen,
- Welche Vorstufen dazu werden betrachtet?
- Welche Folgestufen werden betrachtet?
- Welche Parameter werden erhoben (Rohstoff-Schadstoffliste)?
   a) qualitativ,
   b) quantitativ.

2. Produktionszyklus (hier: Prozesskette):
- Erhebung aller unter 1. bestimmten In- und Outputparameter,
   a) qualitativ,
   b) quantitativ.
3. Datenaggregation und Bewertung:
- Aggregation und Bewertung der Inputparamter,
   a) Rohstoffe,
   b) Energie.
- Aggregation und Bewertung der Outputparameter,
   a) Emissionen gasförmig,
   b) Emissionen flüssig,
   c) Emissionen fest,
   d) Abwärme.

2.3.2   Die Bewertungsproblematik

In der Fachliteratur zum Themengebiet „Umweltmanagement" wird verstärkt auf einen weiteren Problemkreis, nämlich der Bewertung ökologischer Systeme bzw. von Einwirkungen auf die natürlich Umwelt, hingewiesen.[74] Gerade die Entscheidung über den Einsatz umweltpolitischer Instrumente erfordert eine Bewertung, um eine annähernd rationale Auswahl zu ermöglichen. Gemäß dem „Prinzip der Bewertung von Alternativen" muss jede Alternative anhand der prognostizierten Ist-Erfüllungsbeiträge beurteilt werden, die sie bei einer Realisierung für die Zielerreichung leistet.[75] Allgemein wird konstatiert, dass die Bewertung ex-

---

[73] Schorb, a. a. O., S. 17 f.
[74] Siehe dazu stellvertretend: Corsten/Götzelmann, Ökologische Aspekte des betrieblichen Leistungsprozesses (II), S. 413; Eichhorn, Umweltschutz aus der Sicht der Unternehmenspolitik, S. 638; Simonis, Ökologische Orientierung der Ökonomie, S. 225 ff.
[75] Strebel, Umwelt und Betriebswirtschaft, S. 218

terner Effekte unternehmerischer Maßnahmen an konzeptionelle Grenzen des herkömmlichen Rechenkonzepts stößt – demzufolge erscheinen die Möglichkeiten der Internalisierung positiver wie negativer externer Effekte in der betrieblichen Praxis eher begrenzt.[76]

Diese konzeptionellen Bewertungsprobleme resultieren zum Teil aus der Art des traditionellen Rechnungswesens. Die für das Rechnungswesen typischen Begriffe sind quantitativ und nicht qualitativer Natur.[77] Ausgedrückt in Rechnungsgrößen handelt es sich dabei entweder um Mengengrößen oder um Wertgrößen. Im Gegensatz zu Wertgrößen lässt es sich mit Mengengrößen nur so lange rechnen, als sie sich auf den gleichen Gegenstand beziehen. Bei den Umwelteinwirkungen durch die Unternehmenstätigkeit liegen die verschiedensten Belastungsarten, wie Bodenverbrauch durch Versiegelung, Bodenbelastungen durch Chemikalien, Luft- und Wasserbelastungen usw., die sich nicht durch eine einheitliche Dimension ausdrücken lassen, vor. Wie im Folgenden noch gezeigt wird, besteht in der ökologischen Rechnungslegung deswegen ein starker Anreiz mit einem einheitlichen Wertmaßstab zu rechnen (z.B. bei der Ökologischen Buchhaltung nach Müller-Werk). Die Dominanz der Wertrechnungen rührt auch daher, dass wichtige Ziele und Nebenbedingungen von Wirtschaftsbetrieben in Werten ausgedrückt sind.

Konzeptionelle Bewertungsprobleme ergeben sich auch im Zusammenhang mit der Messung von Umwelteinwirkungen, vor allem dann, wenn auf unterschiedlichen Skalen abgebildete Messwerte zum Zwecke der rechnerischen Verarbeitung gleichnamig gemacht werden müssen.[78] Grundsätzlich lassen sich Umweltbelastungen nicht ohne Vereinfachungen messen und beurteilen. Damit die höchst komplexen, naturwissenschaftlichen Sachverhalte handhabbar gemacht werden können, müssen sie in messbare Größen reduziert und aufgelöst werden.[79]

Es liegt demnach eine ausgesprochene Dilemmasituation vor, wenn versucht werden sollte, Nachhaltigkeitsziele auf allen Ebenen operationalisieren zu wollen. Zudem müssen die wechselseitigen Beziehungen einzelner Elemente des Gesamtsystems beschrieben werden, durch die sustainable development determiniert wird.[80] Somit handelt es sich um schlechtstrukturierte Entscheidungsprobleme – eine „objektive Bewertung" ist damit grundsätzlich nicht möglich!

Prinzipiell ist davon auszugehen, dass eine soziale Rechnungslegung im Sinne der direkten Aggregation unmittelbar gemessener individueller Nutzenzugänge und -abgänge durch betriebliche Maßnahmen nicht möglich ist.[81] Demzufolge wird versucht, Ersatzlösungen zu finden, indem

- mit Hilfe von Konventionen, Vereinfachungen und Fiktionen die Mess- und Bewertungsprobleme gelöst werden bzw.

---

[76] Wagner/Janzen, Ökologisches Controlling, S. 129; Seidel/Menn, a. a. O., S. 3; Endres, Umwelt- und Ressourcenökonomie, S. 14

[77] Weber, Betriebswirtschaftliches Rechnungswesen, Band 1, S. 3

[78] v. Wysocki, Meß- und Bewertungsprobleme in der sozialen Rechnungslegung, S. 171 f.

[79] Kühling, Grenz- und Richtwerte als Bewertungsmaßstäbe für die Umweltverträglichkeitsprüfung, S. 33

[80] Kramer, Kann man Nachhaltigkeit messen, S. 286 ff.

[81] v. Wysocki, Meß- und Bewertungsprobleme in der sozialen Rechnungslegung, S. 174 f. Auf die verschiedenen Skalierungsverfahren kann in diesem Buch nicht eingegangen werden. Siehe dazu: Eichhorn, Gesellschaftsbezogene Unternehmensrechnung und betriebswirtschaftliche Sozialindikatoren, S. 163

- auf die Ermittlung von Sozialsalden verzichtet wird und die soziale Rechnungslegung in verschiedene Einzelrechnungen verlegt wird.[82]

Eine solche „Ersatzlösung" stellt der in der Literatur häufiger diskutierte Ansatz von Linowes dar, der für die Praxis der Sozialbilanzierung eine gewisse Rolle gespielt hat. Der Nutzen bzw. Schaden betrieblicher Aktivitäten für die Umwelt wird nicht an den Outputs sondern an den Inputs gemäß folgendem Schema des „Socio-Economic Operating Statement (SEOS)" gemessen:

Negative Beiträge	Positive Beiträge
Ersparte Aufwendungen durch unterlassene Maßnahmen für Personen, für die Umwelt und für Erzeugnisse	Aufwendungen für gesellschaftsbezogene Maßnahmen für Personen, für die Umwelt , für Erzeugnisse
Sozio-ökonomischer Überschuss „Sozialsaldo"	Sozio-ökonomischer Fehlbetrag als „Sozialsaldo"

Allerdings kann die Bewertung der positiven Beiträge mit den für bestimmte Maßnahmen beim Unternehmen angefallenen Aufwendungen die tatsächlichen Nutzenstiftungen nur sehr unvollkommen widergeben. Hinzu kommen Abgrenzungsprobleme, insbesondere bei den „ersparten" Aufwendungen. Grundsätzlich sollte bei der Bewertung auf Output-Größen abgestellt werden, denn nicht die eventuell gezahlte Strafe oder Abgabe sagt etwas über die sozialen Kosten von Umweltbelastungen aus, sondern die durch diesen externen Effekt bei anderen Wirtschaftssubjekten verursachten Nutzeneinbußen.[83] Der Wertschöpfungsprozess im Unternehmen, bei dem die beschafften Einsatzfaktoren im betrieblichen Transformationsprozess zum Zwecke der Erstellung von Fertigerzeugnissen kombiniert werden, könnte prinzipiell ebenso über rein technisch-physikalische Mengengrößen abgebildet werden. Dem steht jedoch die Notwendigkeit einer verursachungsgerechten Zurechnung der Einsatzfaktorverbräuche auf die Fertigerzeugnisse entgegen: Dies erfordert eine einheitliche Recheneinheit, die über eine grundsätzlich marktorientierte Bewertung erreicht wird.[84]

Die Problematik der Bewertbarkeit und Aggregierbarkeit umweltrelevanter Informationen kann prinzipiell mittel zweier unterschiedlicher Strategien angegangen werden:[85]

- Zum einen wird versucht, „weiche Daten" in „harte Daten" umzuwandeln;
- zum anderen werden qualitative Informationen mit Hilfe von Instrumenten des strategischen Controllings herangezogen.

---

[82] Ebenda, S., 175 ff.

[83] Eichhorn, Gesellschaftsbezogene Unternehmensrechnung und betriebswirtschaftliche Sozialindikatoren, S. 167; Freimann, Plädoyer für die Normierung von betrieblichen Öko-Bilanzen, S. 189

[84] Eisele, a. a. O., S. 4; siehe auch: Picot, Betriebswirtschaftliche Umweltbeziehungen und Umweltinformationen, S. 204 f.; siehe auch: Burschel/et. al., Betriebswirtschaftslehre der Nachhaltigen Unternehmung, S. 462

[85] Siehe im folgenden: Schreiner, Ökologische Herausforderungen an die Kosten- und Leistungsrechnung, S. 207 ff.

Zur Erfassung, Beschreibung, Abgrenzung und Bewertung von Umwelteinwirkungen betrieblicher Tätigkeit bieten sich nach Schreiner grundsätzlich drei Gruppen von Verfahren an:

- Bewertende Verfahren, die einmal über Preise (und Äquivalenzziffern) eine monetäre Bewertung vornehmen, um eine aggregierbare Recheneinheit zu erhalten. Bei den nichtmonetär bewertenden Verfahren (Scoring- bzw. nutzwertanalytische Verfahren) erfolgt eine Punktbewertung der Zielbeiträge einzelner Bewertungsobjekte. Die Bewertungspunkte spiegeln hier das jeweilige Ausmaß an Umweltbelastungen bzw. den Zielerreichungsgrad bei Umweltentlastungen wider.
- Physikalisch-quantifizierende Verfahren, die für einzelne Transformationsprozesse die Input-Output-Relationen von Stoffen und Energien gegenüberstellen. Dabei bleibt die Aggregations- und Bewertungsproblematik verschiedener stofflich-energetischer Umweltbeanspruchungen ungelöst.
- Beschreibende Verfahren, die auf Quantifizierungen verzichten und sich mit verbalen Umschreibungen von Vorgängen und Zuständen begnügen.

Für die praktische Anwendung lässt sich diese Trennung jedoch nicht aufrechterhalten. Sowohl physikalisch-quantifizierende als auch beschreibende Verfahren kommen nicht ohne implizierte Bewertung aus. Die Erfassung von Stoff- und Energieflüssen allein reicht nicht aus, um umweltpolitische Maßnahmen abzuleiten. Hierzu bedarf es einer Einschätzung der Umweltrelevanz der Inputs und Outputs. Ebenso muss bei verbalen Beschreibungen eine Auswahl umweltrelevanter Vorgänge und Zustände vorgenommen werden. In der Praxis sind demzufolge Kombinationen mit nutzwertanalytischen Methoden dominierend.

Der Bewertung von Umwelteinwirkungen durch die Unternehmenstätigkeit kommt somit eine herausragende Bedeutung zu. Dies wurde vor allem in Verbindung mit dem Einsatz von Umweltverträglichkeitsprüfungen erkannt und diskutiert. Bewertungsverfahren gelten dabei als unabdingbare Bestandteile von Umweltverträglichkeitsprüfungen – mit ihnen werden handlungsanleitende Regeln für die Durchführung von Bewertungen zur Verfügung gestellt.[86] Erst mit der Bewertung wird die Möglichkeit geschaffen, von einer auf naturwissenschaftlichen Erkenntnissen basierenden Beschreibung der Umwelt einerseits und der Prognose möglicher Umweltveränderungen andererseits zu handlungsorientierten Empfehlungen zu gelangen.[87] Bechmann unterscheidet im Rahmen von Umweltverträglichkeitsprüfungen zwei Formen der Bewertung:

- Fachliche Bewertungen, mit denen prognostizierte Umweltveränderungen auf einer Skala angeordnet werden können, der ein werthaltiger Maßstab, z.B. der der Belastung, Gefährdung, zugrundegelegt wird;
- politische Bewertungen, die die Entscheidung beinhalten, welches Maß an Belastung gesellschaftlich akzeptabel ist.[88]

Hervorzuheben ist, dass das Ergebnis einer Bewertung immer auf die Vorgabe

- eines Sachmodells (einer bestimmten Anforderung der Fakten),

---

[86]   Bechmann, Grundlagen der Bewertung von Umweltauswirkungen, S. 1 ff.

[87]   Hartlik, Bewertungsverfahren im Rahmen der Umweltverträglichkeitsuntersuchung, S. 97

[88]   Bechmann, Bewertungsverfahren – der handlungsbezogene Kern von Umweltverträglichkeitsprüfungen, S. 90 ff.; Bechmann, Grundlagen der Bewertung von Umweltauswirkungen, S. 1 ff und S. 20

- eines Wert- oder Zielsystems,
- einer Bewertungsmethode (Bewertungsregeln) relativiert werden muss.

Nach diesen grundsätzlichen Überlegungen soll noch kurz auf die Problematik der Aggregation eingegangen werden. Auf der Mengenebene lassen sich durchaus einzelne Nutzen- oder Schadenskategorien aggregieren (z.B. Emissionsmengen).[89] Die vergleichende Bewertung der unterschiedliche Umweltbelastungsarten erfordert jedoch einen einheitlichen Wertmaßstab. Als Wertmaßstäbe können monetäre Größen (Preis/Kosten) bzw. Äquivalenzziffern (bei der Ökologischen Buchhaltung) fungieren. Einer Monetarisierung des Umweltverzehrs werden dabei zwei Funktionen zugeordnet:

- Zum einen geht es dabei um die ökonomische Bewertung der bei anderen als dem Nutzer der Umwelt entstehenden Beeinträchtigungen (Informationsaspekt);
- zum anderen steht das Setzen von monetären „incentives" zur Vermeidung der Umweltbeanspruchung im Vordergrund (Steuerungsaspekt).[90]

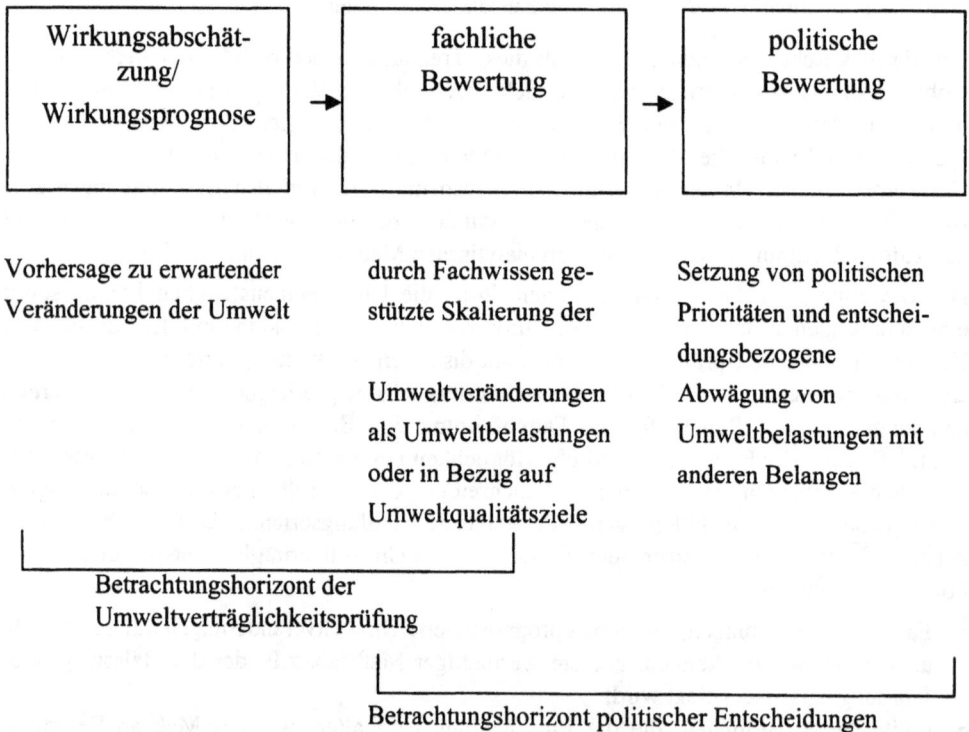

Abb. 2.18: Der Zusammenhang von fachlicher und politischer Bewertung

Das Bundesumweltministerium fördert Forschungsvorhaben, die eine wissenschaftliche fundierte und möglichst „flächendeckende" Ermittlung der Umweltschäden auf volkswirt-

---

[89]   Picot, Betriebswirtschaftliche Umweltbeziehungen und Umweltinformationen, S. 204
[90]   Beckenbach, Die Umwelt im (Zerr-)Spiegel der Innenwelt, S. 4

schaftlicher Ebene zum Ziel haben. „Monetäre Schadensschätzungen im Umweltbereich können grundsätzlich helfen,

- die Dimension der Umweltverschmutzung begreiflich zu machen,
- die nur zu oft einseitig geführte Umweltdiskussion zu versachlichen,
- die knappen Finanzmittel in diejenigen Umweltbereiche zu lenken, wo sie am dringendsten gebraucht werden,
- den Umweltverschmutzern die Kosten ihres Handelns vor Augen zu führen
- und die statistische Wohlfahrtsmessung weiterzuentwickeln".[91]

Die Erfassung, Quantifizierung und monetäre Bewertung der Kosten der Umweltverschmutzung wie des Nutzens von Umweltschutzmaßnahmen gehört zu den kompliziertesten, heute immer noch umstrittensten und bis vor wenigen Jahren noch lückenhaftesten Forschungsfeldern der Umweltökonomie.[92]

Nach herrschender Meinung in der betriebswirtschaftlichen und volkswirtschaftlichen Literatur ist die rechnerische Zusammenfassung oder Aufrechnung aller Arten von externen Effekten nicht möglich bzw. überhaupt nicht erwünscht.[93]

Als Alternative zur monetären Bewertung bietet sich eine bonitäre Bewertung mit Hilfe von Indikatoren und verbalen Beschreibungen an. Damit können die vielfältigen Probleme bei der Bestimmung und Erfassung von außermarktlichen externen Effekten transparenter gemacht werden als bei der monetären Vorgehensweise.[94] Die Folge davon ist, dass ein notwendigerweise subjektives und unscharfes Kriteriensystem geschaffen werden muss, mit dessen Hilfe externe Effekte und deren Relevanz bestimmt und dem zeitlichen Wandel angepasst werden können. Des Weiteren muss die faktische Unausweichlichkeit eines Methodenpluralismus in Messung und Bewertung der Umwelteinwirkungen akzeptiert werden.[95] Aus sachlichen Gründen erscheint es in der betrieblichen Praxis unverzichtbar, unterschiedliche Arten von Indikatoren, wie subjektive, verbale, quantitative, input- und outputorientierte etc., zusammenzustellen. „In Bezug auf die Wertaggregation scheint mithin ein instrumentelles Optimierungsproblem vorzuliegen. Ein völliger Verzicht auf Wertaggregation führt zur Unübersichtlichkeit des Indikatoren-Kataloges, die Aggregation vieler unterschiedlicher Werte zu einem Gesamtwert bewirkt eine trügerische Entscheidungssicherheit".[96]

Trotz dieser offensichtlichen Defizite bei der zuverlässigen Quantifizierung im globalen Umweltraum ist es zumindest möglich, eine normative Grenzziehung vorzunehmen. Hierbei geht es um die Frage, wie viel Risiko eine Gesellschaft einzugehen bereit ist und welche Schäden sie toleriert. Und doch können die Grenzen durch Indikatoren, z.B. den Indikator des ökologischen Fußabdrucks, sichtbar gemacht werden.[97] Mit der Ökoeffizienz-Analyse von BASF wurde vorher in Kap 2.3.2 ein entsprechendes Praxisbeispiel aufgezeigt. Das

---

[91] Schulz, Kosten der Umweltverschmutzung, S. 179

[92] Schulz, Sozialkostenmessung im Umweltbereich, S. 43

[93] Siehe dazu stellvertretend, Betriebswirtschaftliche Umweltbeziehungen und Umweltinformationen, S. 204; Braunschweig, Die Ökologische Buchhaltung als Instrument der städtischen Umweltpolitik, S. 41 ff.; Bonus, Instrumente einer ökolo gieverträglichen Wirtschaftspolitik, S. 98

[94] Picot, Einige Fragen der Bestimmung von außermarktlichen externen Konsequenzen der Unternehmertätigkeit als Grundlage einer Sozialbilanz, S. 69 f.

[95] Picot, Betriebswirtschaftliche Umweltbeziehungen und Umweltinformationen, S. 205 f.

[96] Freimann, Instrumente sozial-ökologischer Folgenabschätzung im Betrieb, S. 291 f.

[97] BUND/et. al., a. a. O., S. 120

vorherrschende eindimensionale Denken in quantitativen , monetären Größen involviert eine Blindheit in Bezug auf die qualitative Seite der Umwelteinwirkungen.[98]

Eine Bewertung allein aufgrund des Effizienzkriteriums, d.h. der sparsamen und nachhaltigen Nutzung der stofflich-energetischen Produktionseingänge (in quantitativer Hinsicht), wäre unzureichend.[99] Gemäß dem Prinzip der Nachhaltigkeit sind qualitative Aspekte, die die ökologischen Bedingungen der Reproduktion von Naturstoffen beinhalten, in die Bewertung einzubeziehen.[100]

Dementsprechend gilt es, die aus der Produktionssphäre ausgetragenen – an die Natur abgegebenen – Stoffe und Energien im Hinblick auf ihre ökologischen Wirkungen zu bewerten. Diese Wirkungsanalyse ist aus einer emissions- und immissionsseitigen Sicht anzugehen. Nach dem Bundes-Immissionsschutzgesetz sind Emissionen, „die von einer Anlage ausgehenden Luftverunreinigungen, Geräusche, Erschütterungen, Licht, Wärme, Strahlungen und ähnliche Erscheinungen". Immissionen hingehen kennzeichnen die Einwirkung der Emissionen auf Menschen, Objekte und die natürliche Umwelt.[101]

Dabei involviert die emissionsseitige Perspektive Fragen an die wissenschaftliche Toxikologie, während die immissionsseitige Perspektive Fragen an die wissenschaftliche Ökologie nach sich zieht.[102] Die Toxikologie versucht die physikalisch-chemischen Eigenschaften sowie Daten über das biologische Verhalten von Stoffen zu eruieren. Problematisch ist in diesem Zusammenhang, dass die Naturwissenschaften angesichts der Komplexität, Dynamik, Langzeit- und Synergieeffekte ökologischer Systeme auf viele Fragen hinsichtlich der Umwelteinwirkungen keine oder nur unzureichende Antworten geben können.

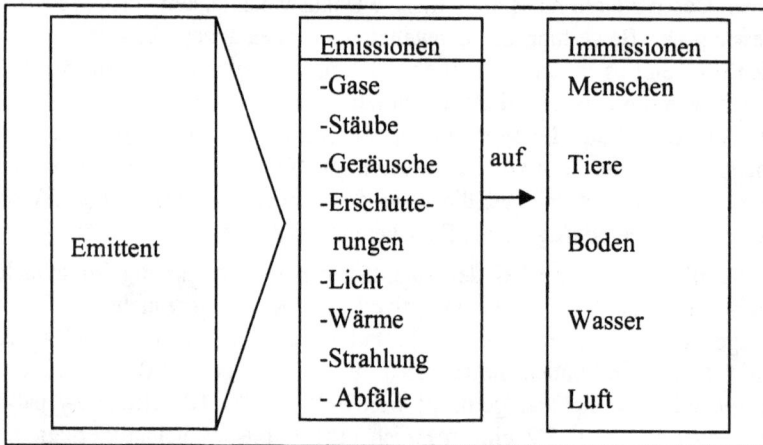

Emittent	Emissionen	auf	Immissionen
	-Gase		Menschen
	-Stäube		
	-Geräusche		Tiere
	-Erschütterungen		
	-Licht		Boden
	-Wärme		Wasser
	-Strahlung		
	- Abfälle		Luft

Abb. 2.19: Zusammenhang zwischen Emissionen und Immissionen

---

[98]   Hofmeister/Schultz, Stofflich-Energetische Bilanzierung als Instrument der Umweltschutzplanung, S. 24
[99]   Hofmeister, a. a. O., S. 270 ff.
[100] Ebenda, S. 275 ff.
[101] Meffert/Kirchgeorg, Marktorientiertes Umweltmanagement, S. 62
[102] Ebenda, S 278 ff.

Selbst wenn die naturwissenschaftliche Forschung im Hinblick auf Umwelteinwirkungen erheblich intensiviert werden würde, darf nicht verkannt werden, dass Beurteilungsmaßstäbe für die Umweltverträglichkeit nicht unmittelbar aus der Wissenschaft abgeleitet werden können, denn die Ökotoxikologie kann nur kausale Ursachen- und Wirkungszusammenhänge aufzeigen und beschreiben – Wertmaßstäbe, an denen wirtschaftliche Aktivitäten gemessen werden können, werden nicht geliefert. „Als Maßstab ist deshalb nur eine, subjektive Umweltverträglichkeit auf der Basis der Frage: „Was wollen wir als Gesellschaft der Natur und damit auch uns zumuten?" zu finden".[103] Gefragt sind demzufolge politische Instanzen, die Kriterien, z.B. in Form von Grenzwerten, auswählen und durchsetzen.

Damit können allgemeinverbindliche Bewertungsgrundsätze mit Hilfe der Umweltgesetzgebung geschaffen werden.[104] Für die Unternehmen liegen damit problemorientierte Informationen vor, wenn der Gesetzgeber durch Auflagen und Grenzwerte in das betriebliche Handeln eingreift.[105] Derzeit ist jedoch noch ein erheblicher Mangel an solchen Umweltstandards und Grenzwerten festzustellen. Insbesondere erscheinen die bestehenden Vorgaben, z.B. die Immissionswerte der TA-Luft, nicht hinreichend differenziert, nutzungsorientiert und regionalisiert.[106]

Allerdings bedarf die Meinung, der Staat müsse nur möglichst umfassend Grenzwerte einführen – damit hätten die Unternehmen operationale Bewertungsmaßstäbe zur Hand - einer eingehenden kritischen Beleuchtung. Zunächst einmal sind folgende Arten von Umweltstandards zu unterscheiden,[107]

- Orientierungswert: Wird von Fachwissenschaftlern häufig ohne toxikologische Begründung vorgeschlagen;
- Richtwert: Wird von Gremien, Kommissionen oder Verbänden oft ohne toxikologische Begründung veröffentlicht;
- Grenzwert: Wird von Behörden, Gremien etc. oft ohne toxikologische Begründung vorgeschlagen und durch gesetzgeberischen Akt festgelegt.

Bezüglich der Grenzwerte werden Emissions- und Immissionsgrenzwerte unterschieden. Während Emissionsgrenzwerte höchstzulässige Konzentrationen bestimmter Stoffe in Abgasen oder Abwässern von Anlagen festlegen, beziehen sich Immissionsgrenzwerte auf Schadstoffkonzentrationen am Ort ihrer Einwirkung und begrenzen den Schadstoffgehalt in Medien wie Luft, Boden oder Gewässern.[108] An und für sich sind ökologische Normen ihrem Wesen nach Immissionsnormen, da sie die Höhe der insgesamt zulässigen Umweltbelastung in einer Region betreffen.[109] Aus Gründen der Operabilität und Nachprüfbarkeit wird jedoch ersatzweise an speziellen Emissionswerten einzelner Verursacher angeknüpft.[110]

---

[103] Hallay, Aufbau eines betrieblichen Umwelt-Controllings, S. 3

[104] Günther, Öko-Bilanzen als Grundlage eines Umwelt-Auditings, S. 64; Strebel, Umwelt und Betriebswirtschaft, S. 57

[105] IÖW, a. a. O., S. 4

[106] Knauer, a. a. O., S. 149 f.

[107] Rump, Problematik von Grenzwerten, S. 53

[108] Grimme/Kortenkamp, Einführung, S. 10

[109] Bonus, Instrumente einer ökologieverträglichen Wirtschaftspolitik, S. 122

[110] Ebenda, S. 122; Rückle, Investitionskalküle für Umweltschutzinvestitionen, S. 59

Die Leitlinien des heutigen Grenzwertkonzepts bestehen darin, „das Ausmaß der Freisetzung von Schadstoffen scheinbar objektiv und sachlich von ihrer Giftigkeit abhängig zu machen und so begrenzen, dass keine schädlichen Wirkungen mehr zu befürchten sind".[111]

Im Idealfall läuft die Festsetzung von Grenzwerten in drei Stufen ab:[112]

- Das Recht verbietet Belastungen, die die Gesundheit schädigen;
- die Naturwissenschaft gibt an, von welcher Dosis an Krankheitssymptome auftreten;
- diese Dosis wird zum Grenzwert gemacht.

Dabei wird den Naturwissenschaften eine entscheidende Rolle zugestanden.

Das Grenzwertkonzept basiert auf der aus der Theorie abgeleiteten Vorstellung, dass es für jeden Stoff eine spezifische Schwelle gibt, unterhalb derer er einen Organismus wirkungslos durchläuft.[113] Für die Ermittlung von Schwellenwerten lassen sich jedoch keine allgemeingültigen, konsensfähigen Vorstellungen über Wirkungen ableiten, sondern es sind subjektive Gesichtspunkte maßgebend.[114] Im Einzelnen werden folgende Kritikpunkte in der Literatur zum Grenzwertkonzept geäußert:

- Grenzwerte stellen einen Kompromiss zwischen divergierenden Interessen in der Gesellschaft dar. Zum Beispiel können die Immissionsgrenzwerte der TA-Luft nicht als rein ökologische Wertmaßstäbe gelten, da sie durch Berücksichtigung ökonomischer Belange verzerrt worden sind.[115]
- Die Festlegung von Grenzwerten schützt nicht vor Gefahren, die sich bei langanhaltender Belastung mit einer Vielzahl von Stoffen (angesichts der vielschichtigen und sich verändernden Lebensbedingungen) ergeben können. Langzeitwirkungen, Kumulations- und Synergieeffekte bleiben dabei unberücksichtigt.[116]
- Grenzwerte erfüllen darüberhinaus eine legitimatorische Funktion, indem sie die relative Schädlichkeit des betrachteten Stoffes verschleiern[117] – es kann somit nicht unterstellt werden, dass unterhalb des festgelegten Schwellenwerts keine Schädigungen der natürlichen Umwelt auftreten können!
- Mit der Festlegung von Grenzwerten begünstigt die gegenwärtige Umweltpolitik in erster Linie den Einsatz von end-of-pipe-Umwelttechnologien. Als Beispiel dazu sei die „Politik hoher Schornsteine" angeführt, die im Nahbereich von Emittenten zwar kurzfristige Entlastungen bewirkt, jedoch durch die Fernverteilung von Schadstoffen Probleme mit vollkommen neuen Dimensionen hervorruft.[118]

Eine echte Umweltvorsorge oder eine Umweltverträglichkeitsprüfung, mit der Überbelastungserscheinungen verringert oder beseitigt werden sollen, hat dagegen eine andere Ziel-

---

[111] Kortenkamp/Grimme, Resümee, S. 261

[112] Grimme/Kortenkamp, Einführung, S. 10

[113] Kortenkamp/Grimme, Resümee, S. 264

[114] Ebenda, S. 265; Rump, Problematik von Grenzwerten, S. 56; derselbe, Bewertung und Einschätzung von betrieblichen Umweltdaten, S. 74 f.

[115] Kortenkamp/Grimme, Resümee, S. 271; Peters, Rechtliche Wertmaßstäbe des Bewertens in der gesetzlichen UVP und ihre Berücksichtigung in der Entscheidung, S. 92; Hof-meister, a. a. O., S. 293

[116] Kortenkamp/Grimme, Resümee, S. 266; Terhardt, a. a. O., S. 404; Hofmeister, a. a. O., S. 283 ff.

[117] Hofmeister, a. a. O., S. 284; Baumgartner/Rubik/Teichert, Die gegenwärtige Produktpolitik und ihre Umgestaltung mit Hilfe der Produktlinienanalyse, S. 25 f.

[118] Kortenkamp/Grimme, Resümee, S. 270

richtung, die auf eine ständige Verminderung von Belastungen (Minimierungsgebot) bzw. auch auf ein Verschlechterungsverbot bei bereits bestehenden Belastungen hinwirken soll.[119]

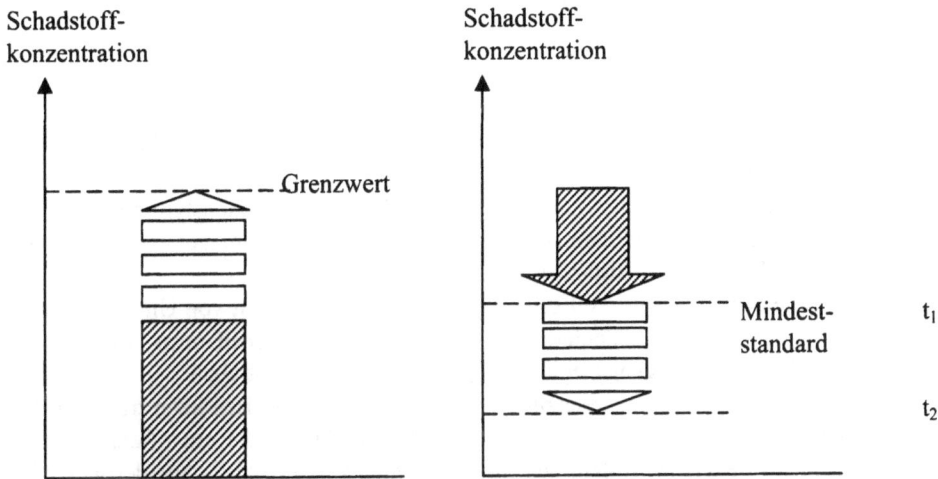

Abb. 2.20: Zielrichtung von Immissionsgrenzwerten und Mindeststandards zur Vorsorge vor schädlichen Immissionen

Dies entspricht dem EU-Grenzwertkonzept über Grenzwerte und Leitwerte zur Luftqualität, das auf einem Verschlechterungsverbot aufbaut und gleichzeitig das Minimierungsgebot beachtet, durch

- Festlegung von Grenz- oder Sanierungswerten, die sofortige Minderungsmaßnahmen zur Folge haben (t_1 in Abb. 2.20);
- Festlegung von Ziel- oder Leitwerten, die im Sinne des Minimierungsgebots als Grundbelastung oder quasi Null-Belastung eine umweltverträgliche Belastungssituation als Maßstab anlegen (t_2 in Abb. 2.20)

Trotz der grundsätzlichen Kritik am Grenzwertkonzept kommt die Umweltpolitik nicht umhin, über Grenzwerte und andere Instrumente eine umweltverträglichere Wirtschaftsweise anzustreben. Allerdings sind an ein verbessertes Grenzwertkonzept verschiedene Forderungen zu stellen:

- Für die jeweilige Emissionsart sollten die empfindlichsten ökologischen Verhältnisse als Maßstab für die Festsetzung des Grenzwertes gewählt werden;
- die Zielrichtung müsste darin bestehen, Höchstemissionswerte kontinuierlich zu minimieren und flexibel zu gestalten, damit diese dem tatsächlichen Wissens- und Erkenntnisstand sowie neu hinzukommenden Verdachtsmomenten ständig angeglichen werden können;[120]
- dies bedingt eine Intensivierung der naturwissenschaftlichen Forschung und der ökonomisch-ökologischen Theoriebildung im Hinblick auf die Bewertung von Umweltzustän-

---

[119] Kühling, a. a. O., S. 39 f.
[120] Hofmeister, a. a. O., S. 287 f.

den und „Schad"-Stoffen.[121] Grundsätzlich können Erkenntnisse über die ökologi-schen Auswirkungen industrieller Prozesse nur fallspezifisch in Abhängigkeit von Fragestellung und Problem und auf der Grundlage der zur Verfügung stehenden bzw. erhebbaren Informationen gewonnen werden.[122]

- Grenzwerte sollten grundsätzlich auf der Basis einer vorsorgeorientierten Umweltpolitik abgeleitet werden.

Zusammenfassend ergeben sich für die Unternehmen folgende Hinweise bezüglich der Bewertung von Umwelteinwirkungen:

- Prinzipiell ist von der konkreten Umweltsituation, dem Unternehmenstyp, den Ressourcenpotentialen, Reaktionsspielräumen und dem Fortschrittsstadium der jeweiligen umweltorientierten Unternehmensführung auszugehen.
- Der Unsicherheit und der zum Teil schwierigen Quantifizierbarkeit von Umweltdaten ist Rechnung zu tragen – das bedeutet, dass darauf verzichtet werden muss, wegen einer Scheingenauigkeit unbedingt aggregierte Rechnungsgrößen anzustreben.[123]
- Auf die Berücksichtigung von gesetzlich vorgegebenen Grenzwerten kann trotz der dargestellten Mängel nicht verzichtet werden. Für Unternehmen, die ein offensives Umweltmanagement betreiben wollen, besteht die Möglichkeit, die Maßstäbe der geltenden Gesetze vorsorgeorientiert auszulegen, indem Emissionshöchstwerte gemäß einer Zielvereinbarung prinzipiell unterschritten werden müssen.[124]

Die freiwillige wie auch die rechtlich vorgeschriebene umweltorientierte Rechnungslegung des Unternehmens muss sich zwangsläufig auf ein System von Konventionen stützen, das in einigen Bereichen stets – je nach Standpunkt des Betrachters – anfechtbar sein kann.[125] Wichtig dabei ist, die zugrundegelegten Prämissen in einem interdisziplinar zusammengesetzten Projektteam festzulegen und intern sowie externen Interessenten bei Bedarf offenzulegen. Keinesfalls rechtfertigen die aufgezeigten Schwierigkeiten und Probleme bei der Bewertung von Umwelteinwirkungen eine ablehnende bzw. abwartende Haltung im Hinblick auf die Einführung eines umweltorientierten betrieblichen Rechnungswesens. Es ist allemal besser aufgrund einer eher schwach begründeten ökosystemaren Konzeption Umweltbelastungen zu reduzieren, als ökologische Verluste hinzunehmen, weil die ökologischen Modelle und Instrumentarien noch nicht ausgereift sind.[126]

---

[121] Rump, Bewertung und Einschätzung von betrieblichen Umweltdaten, S. 69 f.; Bechmann/Hofmeister/Schulz, Leistungsfähigkeit der Stoff- und Energiebilanz als Instrument der umweltbezogenen Planung betrieblicher Prozesse, S. 93 und S. 15

[122] Ebenda, S. 86

[123] Hallay, Aufbau eines betrieblichen Umwelt-Controllings, S. 32

[124] Peters, a. a. O., S. 94

[125] Picot, Einige Fragen der Bestimmung von aussermarktlichen externen Konsequenzen der Unternehmenstätigkeit, S. 68. Das herkömmliche Rechnungswesen verwendet übrigens ebenso in erheblichen Maße Konventionen, z.B. bei der Festlegung des Kostenbegriffs.

[126] Siehe dazu: Knauer, a. a. O., S. 15

3 Praxisorientierte Ansätze für ein umweltorientiertes Rechnungswesen

3.1 Ansätze in der Volkswirtschaftslehre

In der Volkswirtschaftslehre werden schon seit etlichen Jahren Ansätze diskutiert, die eine Berücksichtigung von gesamtwirtschaftlichen Umwelteinwirkungen zum Inhalt haben. Für die Gestaltung des betrieblichen Rechnungswesens können sich daraus wertvolle Hinweise ergeben. Vereinzelt wird in der betriebswirtschaftlichen Literatur einer ökologisch orientierten volkswirtschaftlichen Gesamtrechnung ein Leitcharakter für ein funktionsfähiges ökologieorientiertes Rechnungswesen auf Betriebsebene zugesprochen. „Die Bestimmung der zu erfassenden Emissionen, die Festlegung von Erfassungsprozeduren u.ä. müssen die Chance rechtsfähiger Durchsetzung erhalten. Wenn jedes Unternehmen rechnen kann, wie es will, wird als Ergebnis herauskommen, was es will".[1] Ein betriebliches ökologisches Rechnungswesen wird nach dieser Meinung sich ohne eine korrespondierende volkswirtschaftliche Gesamtrechnung nur auf bescheidenem Niveau einspielen können. Zwar werden Mindestbestände an Umweltdaten von Ämtern und Forschungsinstituten bereitgehalten. Eine höhere intersubjektive Verbindlichkeit und damit Geltung der umweltbezogenen Betriebsdaten – ein wichtiger Aspekt der notwendigen Härtung weicher Daten – wird sich freilich nur im Rahmen einschlägiger gesamtwirtschaftlicher Rechnungen herstellen lassen.[2]

Die Bedeutung umweltbezogener volkswirtschaftlicher Gesamtrechnungen für die betriebliche Praxis ist sicherlich nicht zu unterschätzen. Allerdings kann die betriebswirtschaftliche Forschung und Praxis nicht darauf warten, bis eine volkswirtschaftliche Umweltrechnung endlich eingeführt wird. Unter dem Blickwinkel einer möglichst bald greifenden Reduzierung von Umweltbelastungen gerade auf der Ebene Einzelunternehmen – Konsumenten, ist die Betriebswirtschaftslehre aufgefordert, bei Beachtung entsprechender Erkenntnisse der Volkswirtschaftslehre, selbst Instrumente und Methoden für die betriebliche Praxis zu entwickeln, die die Unternehmen und Verbraucher mit aussagekräftigen Umweltdaten versorgen können. Außerdem stellen bestimmte Entwicklungen im volkswirtschaftlichen Rechnungswesen, die auf einer stringenten monetären Bewertung basieren, eine Sackgasse dar und sind demzufolge für das betriebliche Rechnungswesen unbrauchbar.[3]

Im Rahmen der volkswirtschaftlichen Betrachtungsweise lassen sich zwei Grundströmungen unterscheiden, wobei die eine Richtung an einer monetären Bewertung von Umwelteinwirkungen durch die Wirtschaftssubjekte festhält und die anderen Ansätze mit Hilfe von Indikatorensystemen gerade die Bewertungs- und Aggregationsprobleme umgehen wollen.

---

[1] Seidel/Menn, a. a. O., S. 33
[2] Ebenda, S. 122
[3] Eine ausführliche Darstellung dieser Ansätze mit entsprechender Kritik folgt in den nächsten Kapiteln.

3.1.1   Erweiterte Volkswirtschaftliche Gesamtrechnung

Ein wesentlicher Kritikpunkt an der herkömmlichen Volkswirtschaftlichen Gesamtrechnung besteht in der Vernachlässigung der Ökologischen Aspekte der Umwelt.[4] Nur wenn es gelingt, die Kosten für den Umweltverbrauch etwa über Umweltzertifikate zu internalisieren, ließe sich der Umweltverbrauch monetär bewerten und im Kontensystem der Volkswirtschaftlichen Gesamtrechnung adäquat verbuchen.[5] Durch diesen und andere Mängel kann das traditionell ermittelte Bruttosozialprodukt keine Aussage liefern, wie die gesamtwirtschaftliche Produktion/Dienstleistung zur Erhöhung bzw. Verminderung der Lebensqualität der Bevölkerung beigetragen hat.[6]

Gerade im Hinblick auf die Beurteilung der Umweltqualität in einer Volkswirtschaft liefert die Maßgröße Bruttosozialprodukt unbrauchbare Aussagen, denn viele der darin enthaltenen Umweltausgaben führen zu keiner „Wohlfahrtserhöhung", sondern stellen nur die Kompensation eines Schadens dar, der zuvor vom Wirtschaftsprozess erzeugt worden ist.[7] Damit wird hervorgehoben, dass die Wirtschaft nicht nur aufgrund steigender Produktivität sondern auch auf Kosten der Natur wachsen kann. Die vom „Wohlstandsindikator" Sozialprodukt suggerierte Wohlstandszunahme verkörpert somit in Wirklichkeit einen Substanzverlust.[8]

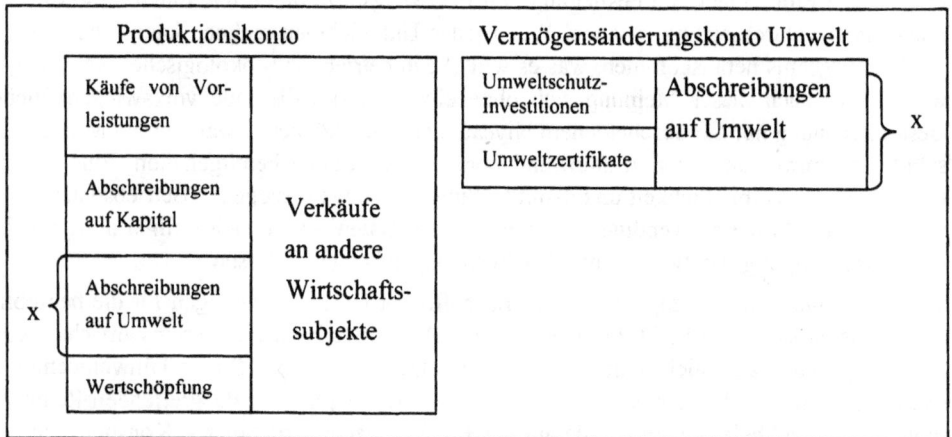

Abb. 3.1: Berücksichtigung der Umwelt im Kontensystem der Volkswirtschaftlichen Gesamtrechnung

Diese „defensiven Ausgaben,, lassen sich in folgende Kategorien einteilen (siehe Abb. 3.2 auf der folgenden Seite).[9] Für die Volkswirtschaftliche Gesamtrechnung zieht dies eine Er-

---

4   Timmermann, Ökologische Berichterstattung, S. 226; siehe auch: Simonis, Lebensqualität, Schlagwort oder Gesellschaftliches Ziel, S. 94 ff.
5   Timmermann, a. a. O., S. 226 f.
6   Beschorner, Betriebswirtschaftliche Instrumente ökologischer Bilanzierung, S. 30 f.; Klaus, Erweiterung der volkswirtschaftlichen Gesamtrechnung aus umweltökonomischer Sicht, S. 57
7   Leipert, Bruttosozialprodukt, defensive Ausgaben und Nettowohlfahrtsmessung - Zur Ermittlung eines von Wachstumskosten bereinigten Konsumindikators, S. 229 ff.; Binswan ger, Dringlichkeit der Verzahnung von Wirtschafts- und Umweltpolitik, S. 46 ff.
8   Simonis, Ökologische Orientierung der Ökonomie, S. 226
9   Leipert, a. a. O., S. 245 f.; die Abbildung wurde entnommen aus: Seidel/Menn, a. a. O., S. 24

weiterung derart nach sich, dass als wohlfahrtsrelevanter Maßstab ein Nettoergebnis nach Abzug dieser defensiven Ausgaben abzuleiten ist (siehe Abb. 3.3 auf der folgenden Seite).[10]

Physische und monetäre Schadensindikatoren: Verschlechterungen, Schäden und Belastungen	Defensive Ausgaben zur nachträglichen Verminderung, Beseitigung und zum Ausgleich von Schäden
Folgeschäden durch Umweltbeeinträchtigungen (z.B. Schadstoffabgaben der Industrie) 1. Umweltbedingte Gesundheitsschäden z.B. ökonomische Belastungen durch Frühinvalidität 2. Schäden an Gebäuden und Sachgütern - Zersetzung bzw. Zerstörung von Baustoffen und Farbanstrichen - Verschmutzung von Fassaden und Fenstern - Verschmutzung von und Schäden an Textilien 3. Vegetationsschäden - Vegetative Wachstumsverzögerungen - Qualitätsminderungen landwirtschaftlicher Produkte	Ausgaben zur Kompensation eingetretener Folgeschäden 1. Ausgaben im Gesundheitswesen zur Behandlung umweltbedingter Erkrankungen 2. Ausgaben für - vorzeitig notwendig werdende Erneuerungsarbeiten - Reinigung von Fassaden, Fenstern, Textilien etc. - Mehrverbrauch von Korrosionsschutzmitteln - Reinigung und Konservierung von Baudenkmälern und Kunstwerken 3. Mehrausgaben für Düngung und Aufforstung

Abb. 3.2: Ausgewählte Beispiele für defensive Ausgaben

Die Umsetzung dieser Erweiterung der Volkswirtschaftlichen Gesamtrechnung soll über die Entwicklung eines Satellitensystems „Umwelt" geschehen. Dabei geht es um eine systematische Darstellung von Umwelteffekten und -ausgaben durch die Aktivitäten der Wirtschaftssubjekte.[11] Aufgabe eines Satellitensystems „Umwelt" ist es, Defizite der konventionellen Berichterstattung aufzugreifen und besonders relevante Umweltdaten monetärer und nichtmonetärer Art ergänzend in die Volkswirtschaftliche Gesamtrechnung einzuführen.[12] Ausgangspunkt der Betrachtung sind die Produktions- und Konsumprozesse sowie Produkte der ökonomisch-sozialen Umwelt – mit permanenten Auswirkungen auf die natürliche Umwelt (Kuppelproduktion).

Das Statistische Bundesamt hat dazu ein Konzept entwickelt, welches sich auf die Darstellung abgegrenzter Umweltbereiche und bestimmter charakteristischer Aktivitäten (medialer Ansatz) konzentriert. Folgende „Umweltschutzleistungen" werden bei diesem Konzept erfasst:[13]

---

[10]   Leipert, a. a. O., S. 237
[11]   Klaus/Ebert, Satellitensystem „Umwelt", S. 59 ff.
[12]   Klaus, a. a. O., S. 58
[13]   Klaus/Ebert, a. a. O., S. 62

- Abfallbeseitigung, d.h. Sammlung, Deponierung, Verbrennung und Kompostierung von Abfällen sowie Straßenreinigung;
- Gewässerschutz, d.h. Aktivitäten, die die Schadstoffbelastung in den Abwässern vermindern bzw. Oberflächengewässer und Grundwasser schützen;
- Lärmbekämpfung, d.h. Aktivitäten zur Beseitigung, Verringerung oder Vermeidung von Geräuschen;
- Luftreinhaltung, d.h. Aktivitäten zur Beseitigung, Verringerung oder Vermeidung von luftfremden Stoffen in der Abluft.

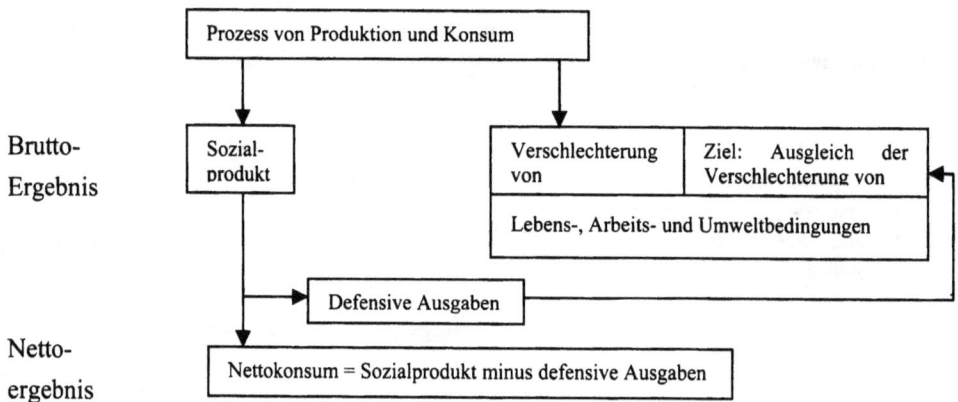

Abb. 3.3: Der Übergang vom Bruttosozialprodukt zu einem Nettowohlfahrtsindikator

Diese Art der Erfassung könnte auch für eine Differenzierung der Kosten- und Leistungsrechnung im Hinblick auf Umweltschutzausgaben als Basis dienen (siehe Kap. 3.2.2). Folgende Umwelteinwirkungen, die zu defensiven Ausgaben führen, sind dabei für eine Erfassung im Unternehmen von Interesse (siehe Abb. 3.4 auf der nächsten Seite).[14]

In einem Umweltsatellitensystem sollen die monetären Ausgaben für den Umweltschutz (Investitionen, laufende Ausgaben einschließlich der Entgelte für Entsorgungsleistungen Dritter), Angaben über das Anlagevermögen und Beschäftigte im Umweltschutz sowie nicht-monetäre Angaben enthalten sein.[15] Demzufolge sollen die negativen Effekte des Wirtschaftsprozesses auf die Lebensqualität mit Hilfe von monetären und physischen Indikatoren dokumentiert werden, denn nur ein Teil der physischen Indikatoren zu Schäden und Beeinträchtigungen spiegelt sich in defensiven (monetär bewerteten) Ausgaben wider.[16] Insofern stellt eine derart erweiterte Volkswirtschaftliche Gesamtrechnung eine Mischform aus monetären und nicht-monetären Indikatoren dar.

---

[14] Ebenda, S. 60
[15] Ryll/Schäfer, Bausteine für eine monetäre Umweltberichterstattung, S. 107
[16] Leipert, a. a. O., S. 243 f.

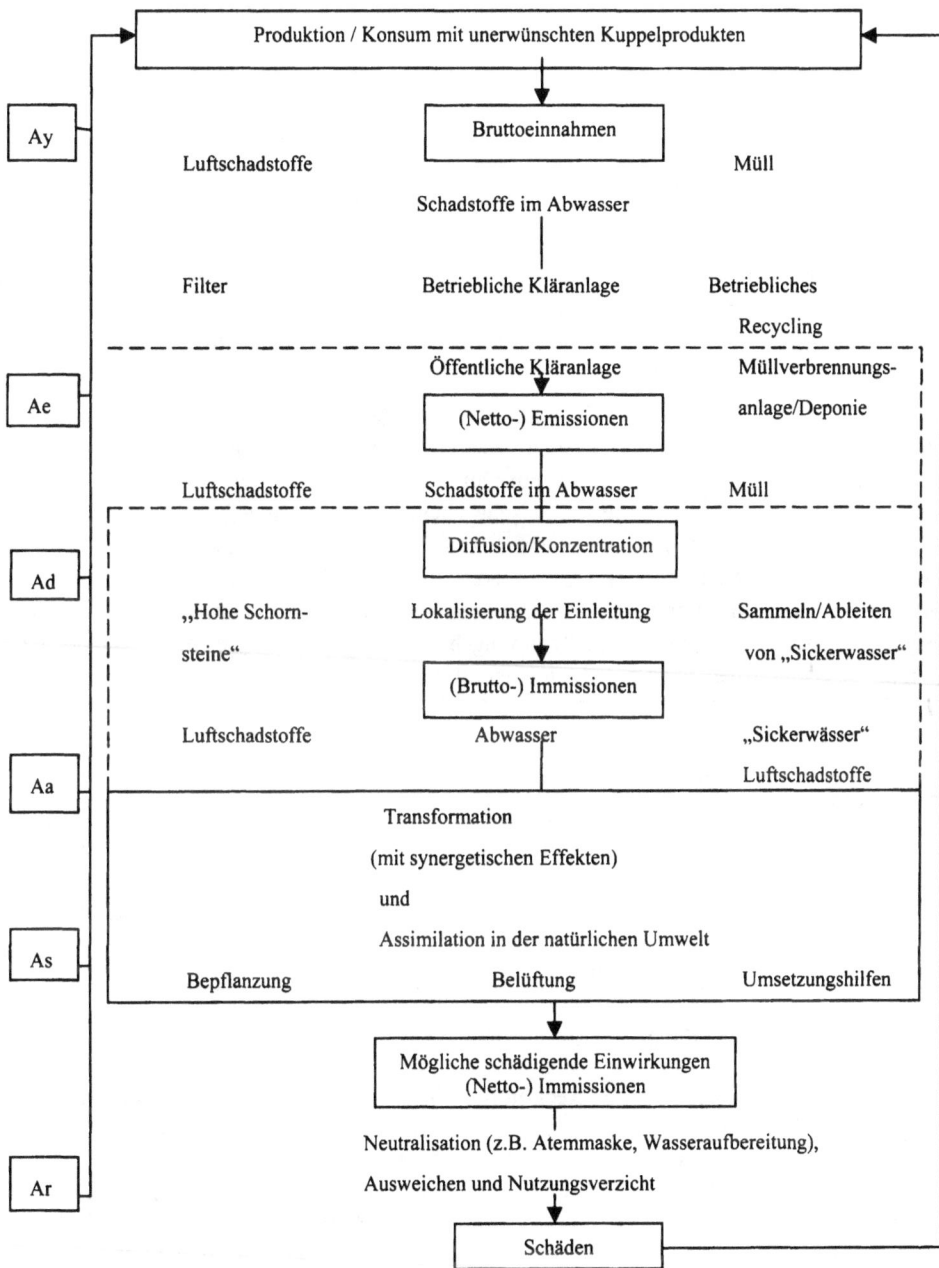

```
┌─────────────────────────────────────────────────────────────────┐
│              Produktion / Konsum mit unerwünschten Kuppelprodukten │
└─────────────────────────────────────────────────────────────────┘
```

Ay

Luftschadstoffe   Bruttoeinnahmen   Müll

                              Schadstoffe im Abwasser

Filter   Betriebliche Kläranlage   Betriebliches
                                                     Recycling

Ae   Öffentliche Kläranlage   Müllverbrennungs-
                                                           anlage/Deponie
                              (Netto-) Emissionen

Luftschadstoffe   Schadstoffe im Abwasser   Müll

Ad   Diffusion/Konzentration

„Hohe Schorn-   Lokalisierung der Einleitung   Sammeln/Ableiten
steine"   von „Sickerwasser"

                              (Brutto-) Immissionen

Luftschadstoffe   Abwasser   „Sickerwässer"
                                                           Luftschadstoffe

Aa   Transformation

                           (mit synergetischen Effekten)

                           und

                           Assimilation in der natürlichen Umwelt

As   Bepflanzung   Belüftung   Umsetzungshilfen

                         Mögliche schädigende Einwirkungen
                              (Netto-) Immissionen

                    Neutralisation (z.B. Atemmaske, Wasseraufbereitung),

Ar   Ausweichen und Nutzungsverzicht

                              Schäden

                    Reparatur nach tatsächlichem Schadensanfall

Ay = Ausgaben zur Umstrukturierung   Aa = Ausgaben zur Verbesserung der Assimilations-
     von Produktion und Konsum   fähigkeit
Ae = Ausgaben zur Emissionsminderung   As = Ausgaben zur Verminderung der Schadwirkung
Ad = Ausgaben zur Beeinflussung von   Ar = Reparaturausgaben
     Diffusion und Konzentration

Abb. 3.4: Umwelteffekte und defensive Umweltausgaben

Für die Verarbeitung im Rahmen der Volkswirtschaftlichen Gesamtrechnung werden Input-Output-Rechnungen eingesetzt.[17] Begründer der Input-Output-Analyse ist der Nobelpreisträger in Wirtschaftswissenschaften W. Leontief, der damit auch Probleme der Umweltverschmutzung analysiert hat. Basis ist die Input-Output-Rechnung, die auf der volkswirtschaftlichen Kreislauftheorie beruht.[18] Bei dieser Rechnung wird unterstellt, dass der wirtschaftliche Kreislauf geschlossen ist und keine Sickerverluste nach außen und innerhalb des Systems aufweist. Damit ist die Summe der Inputs gleich der Summe der Outputs im geschlossenen Kreislauf.

Die Input-Output-Analyse kann für verschiedene Zwecke eingesetzt werden. Zum einen können die herkömmlichen Input-Output-Rechnungen durch einen ökologischen Sektor erweitert werden, der mit dem Sektor „Wirtschaft" über zu- und abströmende Ressourcen verbunden ist (siehe Abb. 3.5).[19]

Der Umweltbereich kann auf der Grundlage technischer Werte in das System der Input-Output-Analyse einbezogen und damit die Bewertungsproblematik umgangen werden. Aus diesem Grund gibt Timmermann der Input-Output-Rechnung im Gegensatz zur Volkswirtschaftlichen Gesamtrechnung eine realistische Chance, ein leistungsfähiges Instrument der ökologischen Berichterstattung zu werden.[20] Andere Vorschläge zielen darauf ab, Umweltschutzleistungen (Investitionen, laufende Ausgaben etc. für Umweltschutz) im Rahmen der Input-Output-Rechnung monetär zu erfassen und abzubilden.[21] Festgehalten werden soll an dieser Stelle, dass die Input-Output-Rechnung beide Möglichkeiten, einer monetären bzw. nur in physischen Größen ausgedrückten Darstellung, eröffnet.

an ⟍ von	Wirtschaft	Umwelt
Wirtschaft	Wirtschaftliche interindustriele Beziehungen	Wirtschaftliche Güter, die an die Umwelt abgegeben werden
Umwelt	Ökologische Güter, die in den wirtschaftlichen Bereich fließen	Ökologische Zusammenhänge

Abb. 3.5: Ökonomisch-ökologische Input-Output-Tabelle

Eine weitere, für das betriebliche Rechnungswesen bedeutsame Anwendungsmöglichkeit besteht darin, die Input-Output-Analyse auf der mikroökonomischen Ebene einzusetzen. Aufbauend auf diesem Ansatz können auf der theoretischen Grundlage des Gesetzes der Erhaltung von Masse und Energie Material- und Energiebilanzen für industrielle Produktionsprozesse erstellt werden.[22] Im Auftrag des Rationalisierungskuratoriums der deutschen Wirtschaft (RKW) wurden von Jetter Material- und Energiebilanzen für metallverarbeitende

---

[17] Ryll/Schäfer, a. a. O., S. 107; Klaus/Ebert, a. a. O., S. 61

[18] Gehring, Input-Output-Analyse, S. 215 ff.

[19] Timmermann, a. a. O., S. 220

[20] Ebenda, S. 228 f.

[21] Klaus/Ebert, a. a. O., S. 62

[22] Bechmann/Hofmeister/Schultz, Umweltbilanzierung – Darstellung und Analyse zum Stand des Wissens zu ökologischen Anforderungen an die ökonomisch-ökologische Bilanzierung von Umwelteinflüssen, S. 17

Betriebe und die Elektroindustrie erstellt.[23] Die betrieblichen Daten wurden dabei mit Hilfe einer Input-Output-Analyse erhoben, die folgende Schritte beinhaltet:

- Beschreibung der Struktur des stofflich-energetischen Transformationsprozesses des Unternehmens;
- Abgrenzung der Subsysteme und Beschreibung derselben einschließlich ihrer technischen Koppelungen;
- Erfassung der Stoff- und Energieströme in den Subsystemen (Kostenstellen);
- Ordnung, Ergänzung, Prüfung der gemessenen Stoff- und Energiemengen;
- Ermittlung des externen Inputs und Outputs des gesamten Produktionssystems durch Bilanzierung der Stoff- und Energiemengen sowie Beschreibung der Zusammensetzung und Form der Stoffe und Energien.

In einem weiteren von Jetter durchgeführten Praxisfall wurde für Brauereien eine Input-Output-Analyse vorgenommen, wobei gleichzeitig eine monetäre Bewertung – allerdings nur der „ökonomischen Verluste" vorgenommen wurde.[24] Nach Hofmeister unterscheiden sich die Input-Output-Analyse und die Stoff- und Energiebilanz in einem wesentlichen Punkt:[25]

„Gegenstand der Bilanzierung sind nicht mehr allein physisch-technische Prozesse – als von Menschen hergestellte und gesteuerte Stoff- und Energieumwandlungsprozesse (Anm. des Verfassers: wie bei der Stoff- und Energiebilanz) -, sondern es werden gleichermaßen auch natürliche Umwandlungsprozesse bilanziert". Allerdings räumt Hofmeister selbst ein, dass der Anspruch, die stofflich-energetische Analyse lückenlos zu gestalten, d.h. über die technische Sphäre hinaus auch auf die Natur auszudehnen, womöglich nicht umfassend einlösbar sein wird. Gegenüber der traditionellen betriebswirtschaftlichen Input-Output-Schemata beinhalten Material- und Energiebilanzen allerdings wesentlich umfassendere Darstellungen. Es gehören nämlich alle bisher als freie Güter angesetzten Inputs und Outputs (Kostenwert = Null) dazu (beispielsweise die genutzte Atmosphärenluft).[26] Vom Statistischen Bundesamt sind die dargestellten Analysemethoden im Rahmen eines Vorschlages zu einem „Statistischen Umweltberichtssystem (STUBS)" verarbeitet worden.[27]

Die Zielsetzung einer Umweltökonomischen Gesamtrechnung besteht darin, die Zusammenhänge zwischen menschlichen Aktivitäten und natürlicher Umwelt darzustellen. Der Aufbau einer Umweltökonomischen Gesamtrechnung (UGR) besteht hauptsächlich aus dem „Statistischen Umweltberichtssystem".[28]

---

[23] Bechmann/Hofmeister/Schultz, Leistungsfähigkeit der Stoff- und Energiebilanz als Instrument der umweltbezogenen Planung betrieblicher Prozesse, S. 16 ff.; Jetter, Anleitung zum Erstellen von Material- und Energiebilanzen im Produktionsbetrieb, S. 31 ff. und S. 57 ff.

[24] Bechmann/Hofmeister/Schultz, Leistungsfähigkeit der Stoff- und Energiebilanz als Instrument der umweltbezogenen Planung betrieblicher Prozesse, S. 18 ff.; auch von anderen Firmen bzw. Autoren werden Input-Output-Analysen auf Unternehmensebene vorgeschlagen: Siemens, a. a. O., S. 15 ff.; Frese/Kloock, a. a. O., S. 8

[25] Hofmeister, Stoff- und Energiebilanzen, S. 76 f.

[26] Strebel, Material- und Energiebilanzen, S. 9 ff.

[27] Statistisches Bundesamt, Ausgewählte Ergebnisse zur Umweltökonomischen Gesamtrechnung 1975 bis 1990, S. 3 ff.; siehe auch: Schulz, Kosten der Umweltverschmutzung..., S. 193 ff.

[28] Statistisches Bundesamt, a. a. O., S. 9; Eingeflossen sind auch Überlegungen des Statistischen Amtes der Vereinten Nationen (SEEA), die in eine Revision des „System of National Accounts" (SNA) als Empfehlung für die Einzelstaaten eingehen sollen. Siehe dazu: Klaus, a. a. O., S. 58

Statistisches Umweltberichtssystem (STUBS)

Klassifika-tion	Katalog Stat. Informationssystem zur Bodennutzung (STABIS) Programme für Standardanalysen	Datenthesaurus Basisdaten aus Primär- und Sekundärstatistiken, Daten aus Umweltmesssystemen Statistisch verdichtete Daten, z.B. Messziffern, STABIS-Auswertungen, Daten für komplexe Bereiche, wie Ökosysteme Daten des SEEA Andere Analysedaten des Statistischen Bundes-amtes und von Dritten, z.B. Bewertungen im Umweltbereich, Ressourcenbilanzen, For-schungsergebnisse aus dem universitäten Bereich, internationale Ergebnisse	Laufende Bericht-erstattung, Sonder-berichte

Analysemodule, z.B.

Gewogene Indizes. Leitindikato rensysteme	Mone-täre Bewer wer-tungen	Stoff-und Güterbi-lanzen	Roh-stoff-bilan-zen	Regio-nale Analy-sen	Produkt-linien-analy-sen	Integrierte Volkswirt-schaftliche und Um-weltgesamt-rechnung (SEEA)

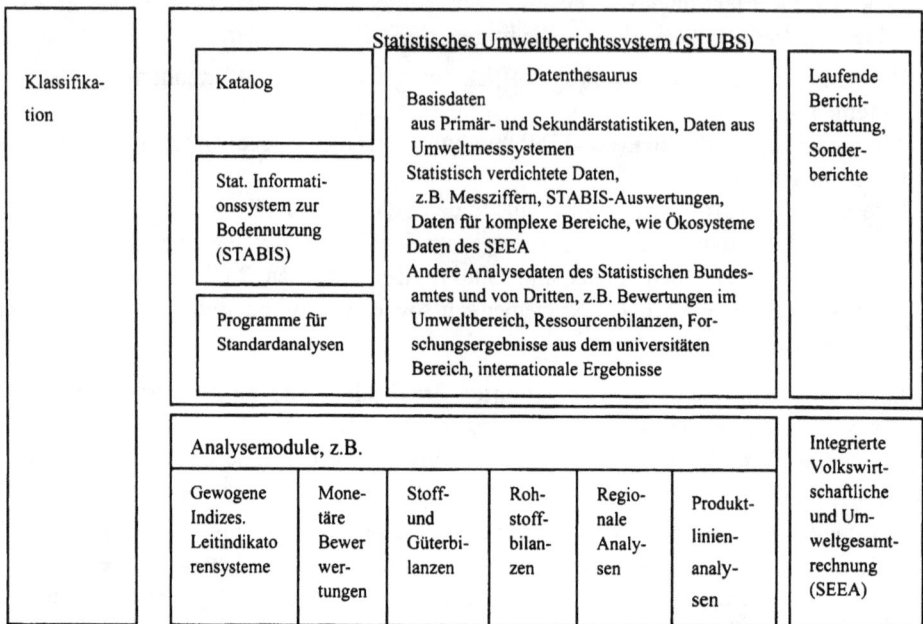

Abb. 3.6: Aufbau der Umweltökonomischen Gesamtrechnung

Mit einbezogen in die UGR werden der Aufbau und Verbrauch von Rohstoffen, wobei die Elementargüter Wasser, Luft etc. noch nicht einfließen. Bewertet wird zunächst nur die Ent-nahme bzw. der Verbrauch von Rohstoffen; als Basis dienen Marktpreise, obwohl damit nicht unbedingt die ökologisch „richtigen" Knappheitsrelationen widergespiegelt werden.[29] Berücksichtigt werden auch die Leistungen für den Umweltschutz mit Hilfe von Input-Output-Rechnungen, wobei wiederum eine monetäre Bewertung der Komponenten Investiti-onen, Anlagevermögen, Abschreibungen und laufende Ausgaben erfolgt.[30] Schließlich wird noch der Ressourcenverbrauch von Energieträgern unter dem qualitativen Aspekt der Schad-stoffemissionen betrachtet. Mit Hilfe eines Emissionsmodells werden die Emission von Schadstoffen, insbesondere bei der Herstellung von Gütern, der Erbringung von Dienstleis-tungen, bei Transportvorgängen und beim Konsum, sowie der Verbrauch nicht-regenerierbarer und regenerierbarer Ressourcen im Zuge der einzelnen Produktionsprozesse und anderer Aktivitäten dargestellt. Damit wird die Basis für die Schätzung der Schadens-vermeidungskosten gelegt, die ein wichtiges Element bei der Bewertung von Emissionen in der UGR verkörpern.[31] Die Abbildung 3.7 auf der nächsten Seite gibt einen Überblick über die Bestandteile, Darstellungsgegenstände, Ausgangsdaten und Auswertungen im Rahmen einer Umweltökonomischen Gesamtrechnung wider.[32]

---

[29] Ebenda, S. 11 ff.

[30] Ebenda, S. 18 ff.

[31] Ebenda, S. 31 ff.

[32] Schulz, Kosten der Umweltverschmutzung – keine Rechenaufgabe für Unternehmen?, S. 194 f.

Aufbau der „Umweltökonomischen Gesamtrechnung"

Darstellungsgegenstand	Ausgangsdaten	Verknüpfung und Auswertung von beobachtbaren statistischen Angaben
(1) Umweltbezogene ökonomische Aktivitäten	Wirtschaftsstatistiken (Produktions-, Außenhandelsstatistiken, Unternehmenserhebungen und ähnliches)	Güterbilanzen (Bestands- und Stromrechnung, physische Einheiten und Bewertung zu Marktpreisen)
	Investitionen für den Umweltschutz, andere Primärdaten über defensive Aktivitäten	Umweltbezogene defensive Aktivitäten (monetäre Aufwendungen etc. für Umweltschutz, Folgekosten der Umweltschädigung)
(2) Nutzung von natürlichen Rohstoffen	Wirtschaftsstatistiken mit Angaben über Rohstoffe/ Rohstoffdaten von Verbänden	Rohstoffbilanzen mit Bestandsrechnungen und Verwendungsnachweise nach Input-Output-Bereichen (physische Einheiten, Marktpreise)
		Zusätzliche Bewertungen und Gewichtungen: Bewertungen des Rohstoffabbaus mit Nettogewinnen bzw. Kosten der Naturerhaltung (Substitutions- oder Vermeidungskosten), Expertenmodelle zur Bewertung des Rohstoffabbaus
(3) Ausstoß und Verbleib von Rest- und Schadstoffen (Emissionen)	Emissionsmessdaten, mengenspezifische Emissionskoeffizienten	Bilanzen für Rest- und Schadstoffe mit Bestandsdaten (z.B. über Deponien) und Stromgrößen (Aufkommen nach verursachenden Input-Output-Bereichen, Verbleib zur Weiterbehandlung bzw. zum Recycling nach Input-Output-Bereichen) in physischen Größen
	Informationen über Verbleib der Emissionen (Recycling, Umweltschutz und ähnliches)	Zusätzliche Bewertungen und Gewichtungen: Bewertung zu Kosten der Naturerhaltung, das heißt zu Vermeidungs- oder Restaurierungskosten
	Störfaktorenkalender	
		Zusätzliche Bewertungen und Gewichtungen: Expertenmodelle zur Beurteilung der Umweltbelastung durch Emissionen
(4) Nutzung der Umwelt als Standort für menschliche Aktivitäten, räumliche Umwelt	Angaben von geographischen Informationssystemen: Bodennutzungserhebungen: Informationen über Ökosysteme	Bestandsrechnung für Landnutzung und Ökosysteme, Analyse der Veränderungen in physischen Größen (vor allem Flächenmaße) Zusätzliche Bewertungen und Naturerhaltung, das heißt zu Substitutions- oder Vermeidungskosten
(5) Qualitativer Zustand der Umwelt (Immissionslage)	Immissionsmessdaten	Belastungen der Umweltmedien (Boden, Wasser, Luft) mit Schadstoffen: Angaben über Strahlungen, Lärm und Erschütterungen (physische Größen) Zusätzliche Bewertungen und Gewichtungen: Bewertung mit Informationen über Nutzungsänderungen der Bevölkerung (Zahlungsbereitschaftsanalyse und anderes), Sanierungskosten
		Extrembelastungen der Umweltmedien
		Zusätzliche Bewertungen und Gewichtungen: Expertenmodelle zur Beurteilung der Immissionslage

Abb. 3.7: Bestandteile, Ausgangsdaten und Auswertungen im Rahmen einer Umweltökonomischen Gesamtrechnung

In eine ähnliche Richtung gehen die Überlegungen des naturwissenschaftlichen Beirats „Umweltökonomische Gesamtrechnung", der die Arbeit des Statistischen Bundesamts fördernd begleitet hat.[33]

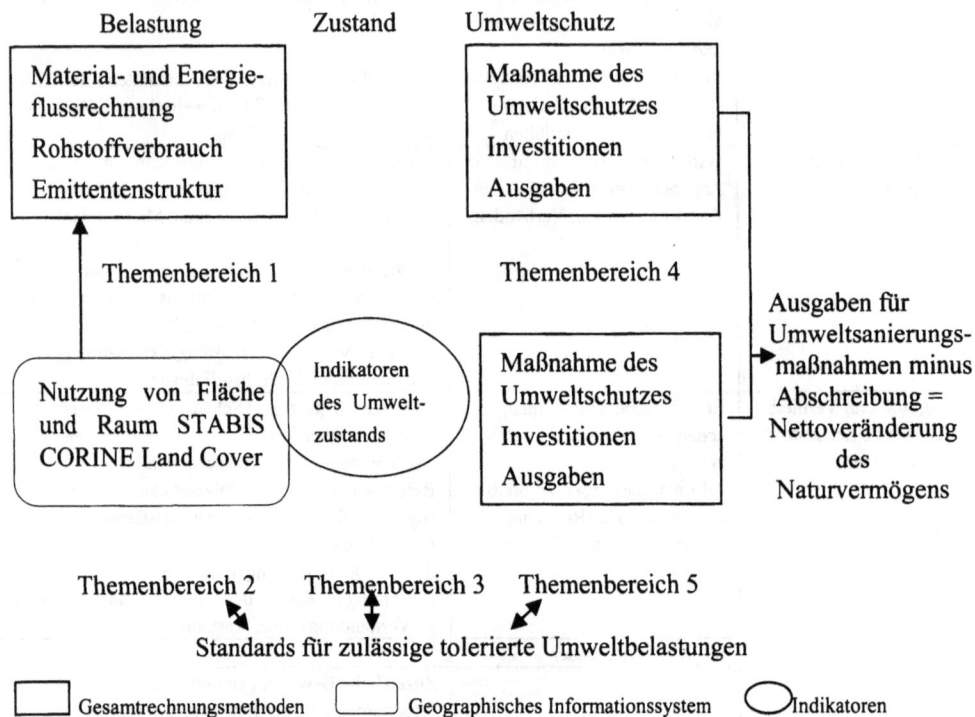

Belastung   Zustand   Umweltschutz

Material- und Energie-flussrechnung Rohstoffverbrauch Emittentenstruktur		Maßnahme des Umweltschutzes Investitionen Ausgaben

Themenbereich 1   Themenbereich 4

Ausgaben für Umweltsanierungs-maßnahmen minus Abschreibung = Nettoveränderung des Naturvermögens

Nutzung von Fläche und Raum STABIS CORINE Land Cover	Indikatoren des Umwelt-zustands	Maßnahme des Umweltschutzes Investitionen Ausgaben

Themenbereich 2   Themenbereich 3   Themenbereich 5

Standards für zulässige tolerierte Umweltbelastungen

☐ Gesamtrechnungsmethoden   ☐ Geographisches Informationssystem   ◯ Indikatoren

Abb. 3.8: Die Umweltökonomische Gesamtrechnung des wissenschaftlichen Beirats

Im Jahr 2002 hat der wissenschaftliche Beirat mit einer abschließenden Stellungnahme seine 12-jährige Arbeit beendet. Zu einer weitreichenden Umsetzung dieser Vorschläge ist es bis heute nicht gekommen. Diese Art der Erweiterung der Volkswirtschaftlichen Gesamtrechnung zu einer Umweltökonomischen Gesamtrechnung ruft natürlich einige Kritikpunkte hervor. Allgemein ist die lückenhafte statistische Datenbasis problematisch. So fehlen z.B. Daten über Schadstoffe im Abwasser, die Belastung durch sogenannte Altlasten u.s.w..[34] Massiver Kritik ist vor allem die monetäre Bewertung ausgesetzt. Zum einen erlauben die Versuche der monetären Bewertung, bei den defensiven Ausgaben beispielsweise, keine Aufschlüsselung und Zurechnung zu bestimmten einzelwirtschaftlichen Verursachern, wenn die Bewertung auf der Ebene gesamtwirtschaftlicher Aggregationsgrößen angesiedelt ist.[35]

---

[33]   Burschel, et al., a. a. O., S. 65 f.

[34]   Klaus/Ebert, a. a. O., S. 63

[35]   Freimann, Instrumente sozial-ökologischer Folgenabschätzung im Betrieb, S. 48; siehe auch: Wicke/Haasis/Schafhausen/Schulz, a. a. O., S. 539

Zum anderen stellen sich einer monetären Bewertung sozialer Kosten (aus Umweltbeanspruchungen) erhebliche theoretische und praktische Hindernisse entgegen.[36]

Was das Instrument der Input-Output-Analyse für den Umweltbereich angeht, kann auf volkswirtschaftlicher Ebene keine mengenmäßig ausgeglichene Eingangs- und Ausgangsrechnung erwartet werden, weil in der Natur nicht exakt jene Stoffe mengenmäßig auffindbar sind, die an sie abgegeben werden. Demzufolge kann eine branchenbezogene Analyse der volkswirtschaftlichen Stoffströme nur auf einem relativ hohen Aggregationsniveau angelegt sein, d.h. es muss mit Durchschnittswerten gerechnet und Defizite in der Datenbasis müssen zwangsläufig hingenommen werden.[37]

3.1.2   Kosten-Nutzen Rechnungen

Kosten-Nutzen-Rechnungen bzw. –Analysen gehen von der Vorstellung aus, dass es für ökonomisch fundierte Entscheidungen über Maßnahmen zum Umweltschutz einer Erfassung ihrer Kosten als auch ihrer monetären Nutzen bedarf.[38] Während sich die Kosten zur Vermeidung bzw. Beseitigung von Umweltschäden im allgemeinen relativ gut „rechnen" lassen, sind die Kenntnisse über die Höhe des monetären Nutzens verschiedener Umweltqualitäten vergleichsweise gering, obwohl darüber in den letzten Jahren intensiv geforscht wurde, z.B. im Rahmen der vom Umweltbundesamt in Auftrag gegebenen „Pilotstudien zur Bewertung des Nutzens umweltverbessernderer Maßnahmen".[39] Der Sozialsaldo, als Differenz zwischen den sozialen Nutzen und Kosten, soll den gesellschaftlichen Gewinn bzw. Verlust der unternehmerischen Aktivitäten widerspiegeln.[40]

Mit der Folgekostenanalyse, einer Konkretisierung der Kosten-Nutzen-Analyse, wird versucht, die ökologischen Folgen ökonomischer Handlungen ökonomisch transparent zu machen.[41] Dabei werden zwei Aufgaben verfolgt:

- Eine Ursachenanalyse, indem ein Zusammenhang zwischen ökonomischen Aktivitäten und der Veränderung ökologischer Prozesse hergestellt wird;
- eine Wirkungsanalyse, bei der die betriebs- und volkswirtschaftliche Bedeutung dieser ökologischen Veränderungen abgeschätzt wird.

Die Spannweite einer derart konzipierten Folgekostenanalyse wird durch die Abbildung 3.9 auf der folgenden Seite ersichtlich. Die Folgekostenanalyse lehnt sich dabei an die vom Council of Environmental Quality (CEQ) vorgeschlagenen Kostenkategorien zur ökonomischen Bewertung einer Umweltbelastung an:[42]

- Schadenskosten („damage costs"),
- Ausweichkosten („avoidance costs"),

---

[36]   Freimann, Instrumente sozial-ökologischer Folgenabschätzung im Betrieb, S. 48; siehe auch: Heigl, Konzepte betrieblicher Umweltrechnungslegung, S. 2267

[37]   Hofmeister, a. a. O., S. 187 ff.

[38]   Schulz, Sozialkostenmessung im Umweltbereich, S. 44; Strebel, Umwelt und Betriebswirtschaft, S. 142; Reinermann, Kosten/Nutzen-Analyse, S. 1051 ff.

[39]   Schulz, Sozialkostenmessung im Umweltbereich, S. 44

[40]   Wicke/Haasis/Schafhausen/Schulz, a. a. O., S. 495; Schreiner, Umweltmanagement in 22 Lektionen, S.268

[41]   Beckenbach, Die Umwelt im (Zerr-)Spiegel der Innenwelt, S. 13 ff.

[42]   Schulz, Sozialkostenmessung im Umweltbereich, S. 46 f.

- Planungs- und Überwachungskosten („transaction costs"),
- Vermeidungs- und Beseitigungskosten („abatement costs").

Verursacherbereiche (1)	Ökol. Übertragungsbereich (2)	Sekundärmedien (2)	Schadenskosten (3)	Wirkungsbereich (3)	Ausweichkosten (4)	Planungsüberwachungskosten (5)	Beseitigungskosten (6)
Schadstoffprod. durch -Industrie -priv. Haushalte -Staat	Luft		Gesundheitskosten Waldsterben Korrosion		Umsiedlung Erholung	Forschungs- und Entwicklungsstaatliche Umweltbürokratie Luftüberwachung	Aufforstung Katalysator Entschwefelung/Entstickung Reinigung Korrosionsschutz Restauration vorzeitiger Ersatz Sozialtransfer
	Wasser	Mensch Tier Pflanze Sachgut		alle Fischerei Landwirt. Lebensmit. Fremdenv. alle		Forschung- und Entwicklung Staatliche Umweltbürokratie Wasserüberwachung	Sozialtransfers Aufbereitungskosten
Rohstoffabbau	Wasser Boden	Mensch Tier Pflanze Sachgut Pflanze Sachgut	Gesundheitskosten Zerstörung Regionalstruktur		Umsiedlung Erholung Umsiedlung	Forschung- und Entwicklung Altlastenerfassung/-untersuchung	Abtragung Boden Abfalldeponierung Müllverbrennung Sozialtransfers Rekultivierung

Abb. 3.9: Folgekostenanalyse

Bei der zuerst genannten Kostenkategorie handelt es sich um Schadenskosten, die immer dann anfallen, wenn die Umweltbelastung nicht an der Quelle verhindert wird oder ein erfolgreiches Ausweichen nach dem Auftreten der Belastung nicht möglich ist. Die drei anderen Kategorien verkörpern Schadensvermeidungskosten, die in Kauf genommen werden, um (gegebenenfalls noch höhere) Folgekosten zu verhindern. Wenn möglich, sollte auf die tatsächlichen Schadenskosten – im Sinne aller Nutzenentgänge – abgestellt werden und nur ersatzweise Vermeidungs- bzw. Reparaturkosten in Betracht gezogen werden.[43]

In Bezug auf die Monetarisierung werden vor allem zwei Bewertungsverfahren angeboten: Die Zahlungsbereitschaftsbefragung und der Schadensvermeidungskostenansatz.[44] Bei der Ermittlung der Zahlungsbereitschaft tauchen erhebliche Mess-, Informations-, Generations- und Verteilungsprobleme auf, die die Leistungsfähigkeit des Ansatzes stark einschränken.[45] Insbesondere die Feststellung, dass ein erheblicher Unterschied besteht zwischen Forderungen nach einer Reduzierung der Umweltbelastungen und der tatsächlichen Zahlungsbereitschaft (siehe dazu auch Kapitel 1.1), schmälert die Aussagekraft dieser Bewertungsmethode doch erheblich.

Wegen der Messprobleme, die mit dem Schadenskostenansatz verbunden sind, wird versucht Schadensvermeidungskosten zu bestimmen.[46] Im Gegensatz zum Schadenskostenansatz wird bei der Ermittlung von Schadensvermeidungskosten der Nutzen einer Verbesserung nicht mehr anhand der eingesparten Kosten errechnet sondern anhand der in Kauf genommenen Umweltschutzaufwendungen. Als Basis könnte das seit 1975 praktizierte Gesetz über Umweltstatistiken dienen, aufgrund dessen jährlich die Höhe der Umweltschutzinvestitionen der Unternehmen erhoben wird. Dabei treten Abgrenzungsprobleme auf, laufende Ausgaben werden nicht systematisch erfasst und die Opportunitätskosten, als theoretisch „richtiger" Indikator für volkswirtschaftliche Zieleinbußen (Nutzenentgänge) nicht berücksichtigt. Außerdem erfordert der Schadensvermeidungskostenansatz eine Bestimmung des zulässigen Ausmaßes an in Kauf genommenen Umweltbelastungen. Im Gegensatz zur Kosten-Nutzen-Analyse werden im Rahmen von Kosten-Wirksamkeits-Analysen nur die Negativwirkungen von Handlungen monetär bewertet, während die positiven Wirkungen dagegen beschrieben bzw. mit Hilfe von Nutzwertanalysen bestimmt werden.[47] Diese Ansätze werden unter dem Oberbegriff „Nutzen-Kosten-Analyse„ in der Literatur diskutiert. Als Ziele für eine Kosten-Wirksamkeits-Analyse können genannt werden:

• Realisierung eines möglichst hohen umweltpolitischen Zielerreichungsgrades bei einem festgelegten Kostenbetrag bzw.
• Erreichen eines vorgegebenen umweltpolitischen Zieles mit möglichst niedrigen gesamtwirtschaftlich relevanten Kosten.[48]

Bei den Ansätzen der Kosten-Nutzen-Analyse wie auch der Nutzen-Kosten-Analyse ergeben sich teilweise nicht lösbare Abgrenzungs-, Erfassungs- und Bewertungsprobleme.[49]

---

[43] Klaus/Ebert, a. a. O., S. 63

[44] Schulz, Sozialkostenmessung im Umweltbereich, S. 43 ff.

[45] Ebenda, S. 48 ff.

[46] Ebenda, S. 54 ff.; Klaus, a. a. O., S. 61

[47] Reinermann, a. a. O., S. 1054; Strebel, Umwelt und Betriebswirtschaft, S. 142

[48] Schreiner, Umweltmanagement in 22 Lektionen, S. 268

Diese Monetarisierungsmethoden können nicht den Anspruch erheben, die Kostenschätzungen entsprächen in ihrer Exaktheit einer naturwissenschaftlichen Messung oder Bewertung.[50]

Trotz der erheblichen Mängel der Methoden und Ansätze zur monetären Bewertung von Umwelteinwirkungen gibt es Vorschläge in der betriebswirtschaftlichen Literatur, diese im betrieblichen Rechnungswesen von Unternehmen einzusetzen.[51] In einem Praxisbeispiel wurden von Jetter im Rahmen einer Material- und Energiebilanzierung von verschiedenen Brauereien Kosten-Nutzen-Analysen durchgeführt.[52] Hierbei wurden die „ökologischen Verluste" nur sehr eingeschränkt im Blickwinkel ökonomischer Verluste registriert. Als Messwerte wurden beim Input die Einstandspreise je Mengeneinheit und beim Output die Gebühren je Abfall- oder Schadeinheit zugrundegelegt.

3.1.3   Umweltindikatoren

Um die Abgrenzungs-, Mess- und Bewertungsprobleme bei einer monetären Bestimmung von Umwelteinwirkungen zu umgehen, wird eine Erweiterung der Volkswirtschaftlichen Gesamtrechnung mit Hilfe von Umweltindikatoren diskutiert.[53] Im Zuge der Konferenz für „Umwelt und Entwicklung" in Rio de Janeiro und dem darauf aufbauenden Aktionsprogramm „Agenda 21" ist die Nutzung von Umweltindikatoren stärker in das Blickfeld gerückt worden.[54] Umweltindikatoren werden aus dem Konzept der sozialen Indikatoren abgeleitet. Diese Systeme sozialer Messgrößen (Indikatoren) werden zur Messung der substantiellen Lebensqualität in einer Gesellschaft und zur Fundierung politischer Entscheidungen, deren Zielsetzung in einer Verbesserung der Lebensqualität besteht, vorgeschlagen und angewendet. Damit soll besser als die monetären Werte der Sozialproduktrechnung Aufschluss über die Lebensqualität und deren verschiedene Aspekte gegeben werden können.[55] Beim Konzept der sozialen Indikatoren handelt es sich um einen mehrdimensionalen Ansatz.

Die Konstruktion sozialer Indikatoren (und damit von Umweltindikatoren) erscheint sinnvoll, wenn es um die Erfüllung der Aufgaben

• Wohlstandsmessung,
• Dauerbeobachtung des sozialen Wandels sowie
• Prognose und Steuerung geht.[56]

---

[49]   Ebenda, S. 268; Beckenbach, a. a. O., S. 17; Ryll/Schäfer, a. a. O., S. 108; Wicke/Haasis/Schafhausen/Schulz, a. a. O., S. 495; Timmermann, a. a. O., S. 213

[50]   Schulz, Sozialkostenmessung im Umweltbereich, S. 61

[51]   Meffert, Strategisches Ökologie-Management, S. 17; Hermann, Produkt- und Prozeßplanung nach ökologischen Kriterien, S. 769

[52]   Bechmann/Hofmeister/Schulz, Leistungsfähigkeit der Stoff- und Energiebilanz als Instrument der umweltbezogenen Planung betrieblicher Prozesse, S. 18 ff.

[53]   Wicke/Haasis/Schafhausen/Schulz, a. a. O., S. 539

[54]   Kanning, a. a. O., S. 16 f. und S. 23

[55]   Freimann, Instrumente sozial-ökologischer Folgenabschätzung im Betrieb, S. 157; Bonus, Instrumente einer ökologieverträglichen Wirtschaftspolitik, S. 81; Picot, Betriebswirtschaftliche Umweltbeziehungen und Umweltinformationen, S. 207 ff.

[56]   Abb/Weber, Systeme sozialer Indikatoren, S. 239 ff.

Der Aufbau von Systemen sozialer Indikatoren orientiert sich an dem folgenden Schema:[57]

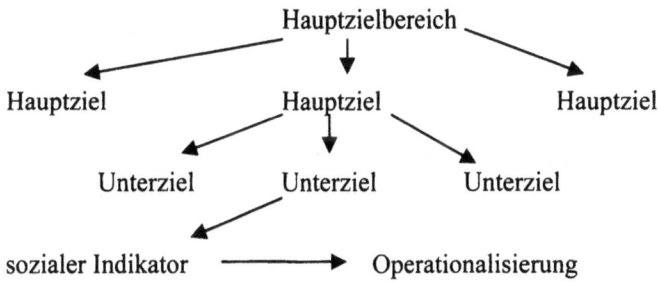

Abb. 3.10: Aufbau von Systemen sozialer Indikatoren

Im OECD-System sozialer Indikatoren lauten die Hauptzielbereiche:

- Gesundheit,
- Persönlichkeitsentwicklung durch Lernen,
- Erwerbstätigkeit und Qualität des Arbeitslebens,
- Zeiteinteilung und Freizeit,
- Verfügung über Sachgüter und Dienstleistungen,
- Physische Umwelt,
- persönliche Sicherheit und Rechtspflege,
- Einbindung in das gesellschaftliche Leben (soziale Integration).

Für den Hauptbereich „Physische Umwelt" werden folgende Hauptziele aufgeführt:

- Wohnbedingungen,
- Beeinträchtigung der Bevölkerung durch schädliche und/oder lästige Umweltverschmutzung,
- Nutzen, den die Bevölkerung aus dem Konsum und der Verwaltung der Umwelt zieht.

Das Hauptziel „... Umweltverschmutzung „ lässt sich nun wiederum in verschiedene Unterziele, wie z.B. Trinkwasserbelastung, aufgliedern. Bei der Ableitung von Indikatoren können dann von staatlicher Seite vorgegebene Grenzwerte, z.B. für die zulässige Belastung des Trinkwassers, genutzt werden. Strebel nennt als Umweltindikatoren, die unmittelbar die Belastung von Umweltmedien durch Produktion oder Konsum erfassen,

- für Atmosphäre und Boden Emissions- und Immissionswerte,
- für Gewässer die Kennzahlen biochemischer Sauerstoffbedarf (BSB_5), chemischer Sauerstoffbedarf (CSB) etc..[58]

---

[57]   Ebenda, S. 241 f.

[58]   Strebel, Umwelt und Betriebswirtschaft, S. 137

Für die ökologische Berichterstattung sind spezielle Umweltkennziffern entwickelt worden:[59]

- Strukturkoeffizienten werden zur Beurteilung der wirtschaftlichen Entwicklung herangezogen, z.B.

$$\text{Durchschn. Umweltproduktivität} = \frac{\text{Produktionsergebnis}}{\text{Umweltverbrauch}}$$

Als Umweltverbrauch lassen sich wichtige Umweltbelastungen in Form von physikalischen Größen oder bewertet nach der Methode von Müller-Wenk (siehe Kap. 3.3.3) einsetzen.

Die Umweltproduktivität liefert für die Beurteilung von Rationalisierungsmaßnahmen durch umweltsparende Investitionen wertvolle Informationen.

Als weiterer Strukturkoeffizient kann eine Kennziffer für den durchschnittlichen Verbrauch von Umweltgütern je Beschäftigten bzw. in Relation zum Kapitaleinsatz gebildet werden:

$$\frac{\text{Umweltintensität}}{\text{in Bezug auf die Arbeit}} = \frac{\text{Umweltverbrauch}}{\text{Arbeitseinsatz}}$$

$$\frac{\text{Umweltintensität}}{\text{in Bezug auf das Kapital}} = \frac{\text{Umweltverbrauch}}{\text{Kapitaleinsatz}}$$

- Umweltelastizitäten drücken aus, um wie viel Prozent der Umweltverbrauch (U) steigt, wenn das Sozialprodukt (Y) um einen Prozentpunkt zunimmt.

$$\frac{\text{Umweltelastizität}}{\text{in Bezug auf das Sozialprodukt}} = \frac{Y}{U} * \frac{\Delta U}{\Delta Y}$$

$$\frac{\text{Ressourcenelastizität}}{\text{in Bezug auf das Sozialprodukt}} = \frac{Y}{R} * \frac{\Delta R}{\Delta Y}$$

$$\frac{\text{Emissionselastizität}}{\text{in Bezug auf das Sozialprodukt}} = \frac{Y}{E} * \frac{\Delta E}{\Delta Y}$$

---

[59] Timmermann, a. a. O., S. 221 ff.; siehe auch: Mierheim, Ökologische Buchhaltung und Umweltkennziffern, S. 19 ff.

- Umweltqualitätsindex: Die Ableitung eines Umweltqualitäts-Indexes ist wegen des Nachteils von einzelnen Umweltindikatoren, die ungewichtet nebeneinander stehen und einen Vergleich nur für den einzelnen Indikator zulassen, in den Vordergrund der Diskussion gerückt. Allerdings wird für eine sinnvolle Ermittlung des Umweltqualitäts-Indexes vorausgesetzt, dass die in den Index einzubeziehenden Indikatoren gewichtet und aggregiert werden können. Für die Gewichtung können Verfahren der Nutzwertanalyse oder technisch bestimmte Äquivalenzziffern (gemäß dem Konzept der Ökologischen Buchhaltung von Müller-Wenk) herangezogen werden. Der Umweltqualitäts-Index kann dann als Maßstab zur Beurteilung der Entwicklung der Umweltstabilität fungieren.

Das Konzept der sozialen Indikatoren, das den Umweltindikatoren zugrundeliegt, ist jedoch bis heute noch keineswegs zu einem einheitlich ausgestalteten gesellschaftlichen Informationssystem ausgebaut worden. Uneinheitlich sind sowohl die Lösungsvorschläge zur Selektion der Indikatoren als auch die Art der Indikatoren (subjektive/objektive, output-/input-orientierte u.s.w.).[60] Was demzufolge unbedingt erforderlich erscheint, ist eine Verknüpfung der Umweltindikatoren mit umweltpolitischen Zielen in Form von Umweltqualitäts- und Umwelthandlungszielen und zwar in zeitlicher, inhaltlicher und prozeduraler Hinsicht.[61]

Vom Wuppertal Institut für Klima, Umwelt, Energie ist dazu ein Zeitvergleich (erste Studie 1995) mit Hilfe eines Katalogs physischer Größen vorgestellt worden, der eine Verknüpfung mit quantitativ überprüfbaren Zielen für ein zukunftsfähiges Deutschland beinhaltet.[62]

---

[60]   Freimann, Instrumente sozial-ökologischer Folgenabschätzung im Betrieb, S. 157; siehe auch: Klaus/Ebert, a. O., S. 63; Abb/Weber, a. a. O., S. 242 f.

[61]   Kanning, a. a. O., S. 24

[62]   BUND/et. al., a. a. O., S. 129 ff.

		Umweltindikator	Umweltziel [d] kurzfristig 2010	langfristig 2050	Entwicklung 1995	2005	Veränderung 1995-2005
Ressourcenentnahmen	Energie	Primärenergieverbrauch, in PJ	mind. -30%	mind. - 50%	14 269	14 469	+ 1,4 %
		Fossile Brennstoffe, in PJ	-25 %	-80 % bis - 90 %	12 282	11 828	- 3,7 %
		Kernenergie, in PJ	-100 %		1 682	1 779	+5,8 %
		Anteil erneuerbarer Energien in %	+3% bis +5%/Jahr		1,9%	4,7%	rund 10%/Jahr
		Energieproduktivität[a] (1995=100%)	+3% bis +5%/Jahr		100	114,3	rund +1,6%/Jahr
	Material	Globaler Materialaufwand [b] in Mio. t	-25%	-80% bis - 90%	5796	6090[e]	+5,1%
		Materialproduktivität [c] (1995 = 100 %)	+4% bis +6%/Jahr		100	108[e]	rund +0,8%/Jahr
	Fläche	Siedlungs- und Verkehrsfläche (ha/Tag)	Absolute Stabilisierung		+120	+118	Unverändert
		Landwirtschaft (Anteil des ökologischen Landbaus, in %)	Flächendeckende Umstellung auf ökologischen Landbau und Regionalisierung der Nährstoffkreisläufe		1,8%	4,7%	rund +10%/Jahr
		Waldwirtschaft (Anteil der zertifizierten Fläche, in %)	Flächendeckende Umstellung auf naturnahen Waldbau und verstärkte Nutzung heimischer Hölzer		0,5%[f]	4,8%[g]	rund +35 %/Jahr
Stoffabgaben/Emissionen		Kohlendioxid (CO_2), in Mio. t	-35%	-80% bis - 90%	921	873	-5,2%
		Schwefeldioxid (SO_2), in Tsd. t	-80% bis -90%		1 727	560	-67,6 %
		Stickoxide (NO_3), in Tsd. t	-80% bis 2005		2 170	1 443	-33,5%
		Ammoniak (NH_3), in Tsd. t	-80% bis -90%		631	619	-1,9%
		Flüchtige organische Verbindungen ohne Methan (NMVOC), in Tsd. t	-80% bis 2005		1 972	1 253	-36,5%
		Synthetische Stickstoffdünger, in Tsd. t	-100%		1787	1 779	-0,4%
		Biozide in der Landwirtschaft, in t	-100%		34 531	35 494	+2,8%
		Bodenerosion, in t/ha und Jahr	-80% bis -90%		11	7,24	-34,2%

Abb. 3.11: Umweltpolitische Ziele eines zukunftsfähigen Deutschlands 1995 und die reale Entwicklung 2005

Erklärung zur Abbildung 3.11

> [a] Primärenergieverbrauch bezogen auf die Wertschöpfung (Bruttoinlandsprodukt)
> [b] Globaler Materialaufwand (einschließlich Erosion)
> [c] Globaler Materialaufwand (einschließlich Erosion) bezogen auf die Wertschöpfung (BIP)
> [d] Vorschlag aus >>Zukunftsfähiges Deutschland<< (Bezugszeitpunkt: Mitte der 1990er Jahre)
> [e] 2004 [f] 1998 [g] 2006

Wie daraus ersichtlich wird, weicht beispielsweise beim Primärenergieverbrauch die tatsächliche Entwicklung deutlich von den Zielsetzungen ab. Eine positive Bilanz lässt sich dagegen für die Entwicklung erneuerbarer Energien ziehen. Eine noch globalere Betrachtung der Industrieländer, Schwellenländer und armen Länder weckt auch nicht gerade Zuversicht.[63]

	Fußabdruck/Person 1975 in globalen ha	Fußabdruck/Person 2003 in globalen ha	Veränderung 1975-2003 in %
Industrieländer USA, EU-15, Kanada, Japan, Australien	5,54	6,62	23,4
Schwellenländer Auswahl von 16	1,99	2,85	39,6
Arme Länder Auswahl von 12	1,22	1,13	-0,75

Abb. 3.12: Globaler ökologischer Fußabdruck

Zugrundegelegt wurde der ökologische Fußabdruck, der die verschiedenen Formen der Inanspruchnahme von Umwelt und Ressourcen umfasst – Verbrauch an Wald, Weideland, Fisch sowie von Kohle, Öl, Gas und Uran, ausgedrückt in einem einheitlichen Flächenindex Hektar. Nur 14 Prozent der Weltbevölkerung verursachen demnach im Jahr 2003 36 % des ökologischen Fußabdrucks, die Industrieländer. Auf diesem Weg der Umweltüberbeanspruchung und Ressourcenverschwendung befinden sich eindeutig die Schwellenländer! Damit übersteigen industrielle Wirtschaftssysteme ihrer stofflichen Größe nach den Rahmen, der ihnen von der Natur gesetzt ist.

Überwiegend werden die Umweltindikatoren in der Literatur als nur bedingt geeignet eingestuft, die Folgen von Produktion und Konsum ökologisch zu bewerten, da damit

- nur einzelne Schadstoffe (in der Regel isoliert) betrachtet und damit Synergieeffekte übergangen,
- Art und Ausmaß der Umweltschäden nur partiell oder nur indirekt erfasst,
- ökologische Folgen auf der Basis politischer Entscheidungen teilweise missachtet,
- akzeptierbare Konzentrationswerte ökologisch nicht gesichert und daher möglicherweise zu hoch angesetzt sind

---

[63] Ebenda, S. 72 und S. 95 f.

- und Umwelteinwirkungen jenseits der Toxizität (z.B. ästhetische Gesichtspunkte) nicht berücksichtigt werden.[64]

Bei der Verwendung von Einzelindikatoren ist darauf zu achten, dass die Verlagerung von Umweltbelastungen zwischen einzelnen Umweltmedien erkannt wird.[65] Besonders umstritten ist die Bildung eines Umweltqualitäts-Indexes aus verschiedenen Umweltindikatoren. Probleme ergeben sich dabei vor allem bei der Gewichtung der verschiedenen Indikatoren und der Wertaggregation zu einem Gesamtindex.[66] So sind die seit Jahren laufenden Versuche, einen praktikablen (bundes)einheitlichen Luftqualitätsindex zu entwickeln, bislang misslungen. Als besonders problematisch erweist sich aufgrund der Bewertungsschwierigkeiten die Verrechnung von mehreren Schadstoffen.[67] Trotz dieser Kritikpunkte an dem Konzept der Sozialen Indikatoren stellen insbesondere die Umweltindikatoren eine wichtige Informationsbasis für eine stärkere Umweltorientierung des betrieblichen Rechnungswesens dar.[68] Es ist deshalb nicht weiter verwunderlich, dass es in der betriebswirtschaftlichen Literatur nicht nur vereinzelt Vorschläge gibt, die den Aufbau eines Indikatorensystems bzw. von Umweltkennziffern für Betriebe beinhalten (siehe dazu Kap. 3.3.1.3).

3.2   Betriebswirtschaftliche Ansätze auf der Basis des traditionellen Rechnungswesens

Die in diesem Kapitel vorgestellten Ansätze bringen allesamt keine Erweiterung des herkömmlichen betrieblichen Rechnungswesens mit sich, sondern stellen nur eine Differenzierung von umweltbezogenen Rechengrößen im Rahmen des Jahresabschlusses, der Kosten- und Leistungsrechnung sowie der Investitionsrechnung dar. Der Funktionsbereich Rechnungswesen stellt einen der zentralen Aufgabenfelder des umweltorientierten Managements dar.[69] Es ist die Frage zu stellen, ob das herkömmliche betriebliche Rechnungswesen den gestellten Ansprüchen Genüge leisten kann. Generell soll ein betriebliches Umweltinformationssystem die Erfassung betrieblicher Umweltbelastungen und die Planung und Steuerung von Umweltschutzmaßnahmen gewährleisten.[70]

3.2.1   Berücksichtigung von Umweltaspekten im Jahresabschluss

Grundsätzlich enthalten Bilanz und Gewinn- und Verlustrechnung (GuV), die den Mindestanforderungen des Handelsrechts entsprechen, keine gesonderten Hinweise zu den Einwirkungen des Unternehmens auf die natürliche Umwelt.[71] Allerdings können auf freiwilliger

---

[64]   Strebel, Umwelt und Betriebswirtschaft, S. 58 und S. 138

[65]   Meffert/Kirchgeorg, a. a. O., S. 113

[66]   Freimann, Instrumente sozial-ökologischer Folgenabschätzung im Betrieb, S. 157; Abb/Weber, a. a. O., S. 243

[67]   Wicke/Haasis/Schafhausen/Schulz, a. a. O., S. 553, siehe auch: Kap. 2.3.3.2

[68]   Picot, Betriebswirtschaftliche Umweltbeziehungen und Umweltinformationen, S. 214; Mierheim, a. a. O., S. 23

[69]   Burschel/et al., a. a. O., S. 463

[70]   Rautenstrauch, Betriebliche Umweltinformationssysteme (BUIS) für ein effizientes Umweltmanagement, S. 314

[71]   Schreiner, Umweltmanagement in 22 Lektionen, S. 262

Basis die finanziellen Folgewirkungen aus den betrieblichen Umweltbeziehungen auf die Vermögens-, Finanz- und Ertragslage des Unternehmens im Rahmen der Bilanz, GuV und/ oder Lagebericht erfasst und ausgewiesen werden.[72]

Folgende Bilanzpositionen können durch eine tiefergehende Untergliederung verbesserte Einblicke in die finanzwirksamen Umweltbeziehungen des Unternehmens liefern:[73]

Aktivseite:

A.I.   Immaterielle Vermögensgegenstände

1.a.   Mitbenutzungsrechte an Umweltschutzanlagen

A.II.   Sachanlagen

2.a.   Technische Anlagen und Maschinen, die dem Umweltschutz dienen

3.a.   Andere Anlagen, Betriebs- und Geschäftsausstattung, die dem Umweltschutz dienen

4.a.   Geleistete Anzahlungen und Anlagen im Bau, die dem Umweltschutz dienen

B.I.   Vorräte

1.a.   Umweltfreundliche Roh-, Hilfs- und Betriebsstoffe

3.a.   Umweltfreundliche Erzeugnisse und Handelswaren

Passivseite:

A.   Eigenkapital: Gewinnrücklagen

4.   Rücklagen für Umweltschutzinvestitionen

B.   Rückstellungen

3.a.   Rückstellungen für ungewisse Verbindlichkeiten aus Umweltbelastungen

3.b.   Rückstellungen für Bergschäden

3.c.   Rückstellungen für Rekultivierung

3.d.   Rückstellungen für Abraumbeseitigung

C.   Verbindlichkeiten

2.a.   Verbindlichkeiten gegenüber Kreditinstituten wegen Umweltschutzmaßnahmen

8.a.   Verbindlichkeiten gegenüber Kreditinstituten wegen verursachter Umweltschäden.

Bei dieser erweiterten Gliederung der Bilanz ergeben sich Abgrenzungsprobleme, z.B. bei der Zuordnung von Anlagen und Investitionen zum Umweltschutz. Zum anderen bedingt die Klassifizierung in „umweltfreundliche" Vorräte ein weitergehendes Instrumentarium aus der Gruppe „Ökobilanzierung„ (siehe Kap. 3.3) – eine bloße Differenzierung im Rahmen des herkömmlichen betrieblichen Rechnungswesens reicht hierzu nicht aus. Für die GuV schlagen Fronek/Uecker folgende tiefergehende Untergliederung vor:[74]

1. davon Erlöse aus dem Verkauf von Abfallstoffen

5. davon Aufwendungen für umweltfreundliche Rohstoffe

---

[72]   Fronek/Uecker, a. a. O., S. 1

[73]   Ebenda, S. 2 ff.; Schreiner, Umweltmanagement in 22 Lektionen, S. 262 f.; Braun, Rechenschaftslegung zur Umweltbelastung und zum Umweltschutz von Industrieunternehmen, S. 40 f.

[74]   Ebenda, S. 2 ff.; Schreiner, Umweltmanagement in 22 Lektionen, S. 262 f.; Braun, Rechenschaftslegung zur Umweltbelastung und zum Umweltschutz von Industrieunternehmen, S. 40 f.

6. davon Löhne und Gehälter (samt Nebenkosten) für Zwecke des Umweltschutzes

7. davon Abschreibungen für umweltschützende Sachanlagen

8. davon sonstige Aufwendungen für Zwecke des Umweltschutzes.

Konsequenterweise müssten noch Umsatzerlöse aus dem Verkauf von „umweltfreundlichen" Erzeugnissen sowie Sonderabschreibungen auf Umweltschutzinvestitionen ausgewiesen werden.

Gegen eine derartige Untergliederung sprechen Einwände, die sich aus der Zielsetzung des Jahresabschlusses – einen möglichst sicheren Einblick in die Vermögens-, Finanz- und Ertragslage zu gewähren – ableiten lassen. Eine tiefere Untergliederung könnte der Übersichtlichkeit des Jahresabschlusses schaden oder sogar zu falschen Schlussfolgerungen führen. Als vertretbar kann eine tiefergehende Untergliederung nur angesehen werden, wenn

- betragsmäßig wesentliche Positionen betroffen sind (Grundsatz der Übersichtlichkeit),
- eindeutig abgrenzbare, dem Umweltschutz bzw. Umweltbelastungen zuzuordnende Aufwendungen vorliegen (Grundsatz der Bilanzwahrheit),
- unproduktive Aufwendungen vorliegen (entsprechend den Aufwendungen des § 7 EStG-Amortisationsverbot).[75]

Es bietet sich demzufolge an, umweltbezogene Informationen in den Lagebericht zu bringen oder sogar einen gesonderten finanziellen Umweltbericht zu veröffentlichen. Gemäß § 289 HGB können folgende Vorkommnisse in den Lagebericht aufgenommen werden:[76]

- Auflagen führen zu erheblichen Kostensteigerungen oder zur Stilllegung von Produktionsstätten;
- Verlagerung von Produktionsstätten aufgrund zu hoher Umweltstandards;
- veränderte Anforderungen an die Umweltverträglichkeit des eingesetzten Materials ziehen erhebliche finanzielle Mehrbelastungen nach sich;
- Umfang und Art der Umweltschutzinvestitionen;
- Kooperation im Umweltschutzbereich;
- zu erwartende Schadensersatzansprüche aufgrund von Umweltbelastungen.

Die traditionelle externe Rechnungslegung könnte nur dann ein Informationssystem darstellen, das sämtliche Folgewirkungen betrieblicher Umweltbeziehungen in monetärer Form abbildet, wenn es gelingen würde, die sozialen Kosten betrieblicher Umweltinanspruchnahme vollständig zu internalisieren.[77] Dass dies ein hoffnungsloses Unterfangen ist, wurde bereits in den vorhergehenden Kapiteln ausführlich dargelegt. Demzufolge bietet der Jahresabschluss in dieser Form nur einen ungenügenden Ansatzpunkt zur umweltorientierten Rechnungslegung.[78] Allerdings ist es empfehlenswert, im Lagebericht unter Umweltschutzaspekten relevante Vorkommnisse und künftige Vorhaben zu erläutern, um gegenüber den externen Interessenten unter Image- und Zukunftsvorsorgegesichtspunkten als „verantwortungsbewusstes" Unternehmen dazustehen. Mit dem 1998 verabschiedeten Gesetz zur Kon-

---

[75] Ebenda, S. 7 f.; siehe auch: Adler/Düring/Schmaltz, Rechnungslegung und Prüfung der Aktiengesellschaft, § 151, Tz.9 ff.; Braun, a. a. O.,
S. 40 f.; Heigl, Konzepte betrieblicher Umweltrechnungslegung, S. 2270

[76] Fronek/Uecker, a. a. O., S. 8 ff.; Braun, a. a. O., S. 42 f.

[77] Wicke/Haasis/Schafhausen/Schultz, a. a. O., S. 525

[78] Schreiner, Umweltmanagement in 22 Lektionen, S. 264; siehe auch: Fronek/Uecker, a. a. O., S. 21

trolle und Transparenz im Unternehmensbereich (KONTRAG) sind Aktiengesellschaften verpflichtet, ein Frühwarnsystem als Bestandteil des Risikomanagement-Systems einzurichten, um den Fortbestand der Gesellschaft gefährdende Entwicklungen frühzeitig aufzudecken.[79] § 289 (1) i.V.m. § 317 (2) HGB legen fest, dass im (Konzern-)Lagebericht auch auf Risiken der künftigen Entwicklung eingegangen werden muss. Die Abschlussprüfer müssen die Vollständigkeit und Richtigkeit dazu bewerten, insbesondere ist die Existenz eines entsprechenden Überwachungssystems nachzuweisen, welches die gestellten Anforderungen erfüllen kann. Häufig bestehen Risiken gerade in den Umwelteinwirkungen von Unternehmen, die zu rechtlichen Sanktionen, Umweltkatastrophen und Absatzverlusten führen können. Um dies frühzeitig genug erkennen zu können, ist mindestens eine Ökobilanzierung des Standorts bzw. von risikobehafteten Prozessen erforderlich. Dies setzt ein systematisches und effektives Umweltmanagement im Unternehmen voraus.

3.2.2 Gesonderte Erfassung von Umwelteinwirkungen im Rahmen der Kosten- und Leistungsrechnung

Grundsätzlich gilt für die Gestaltung jeglicher Kostenrechnung – also auch für Umweltkostenrechnungen -, dass sie sich an den zu lösenden Managementaufgaben der Planung, der Lenkung, der Kontrolle und der Dokumentation zu orientieren hat.[80] Falls der Umweltschutz integraler Bestandteil des Unternehmenszielsystems ist, so bedeutet dies für die Kosten- und Leistungsrechnung als ein Kernstück des betrieblichen Controllings, dass sie für eine umweltorientierte betriebliche Rechnungslegung unerlässlich wird.[81] In diesem Fall genügt es dann nicht, aus dem vorhandenen Datenmaterial der Kosten- und Leistungsrechnung lediglich umweltschutzbedingte Kostenveränderungen heraus zurechnen – dies wäre ausreichend, wenn das Unternehmen lediglich eine defensive Umweltstrategie verfolgen würde.

Demzufolge können einer umweltbezogenen Kosten- und Leistungsrechnung zwei grundlegend verschiedene Aufgabenstellungen zugrundegelegt werden:

* Beurteilung der Leistungs- und Erfolgswirksamkeit umweltschutzbezogener Maßnahmen oder/und
* Ermittlung von Umweltbe- und -entlastungen.[82]

In diesem Abschnitt geht es nur darum, die Möglichkeiten und Grenzen einer Differenzierung der traditionellen finanzwirtschaftlichen Rechnungslegung darzustellen und kritisch zu würdigen. Dabei ist die Beurteilung der Leistungs- und Erfolgswirksamkeit umweltschutzbezogener Maßnahmen die vorrangige Aufgabenstellung für die Kosten- und Leistungsrechnung. Natürlich sind in diesem Zusammenhang auch internalisierte Kosten aufgrund der Umweltbelastungen des Unternehmens, wie z.B. Abgaben, zu erfassen (siehe Abb. 3.13 auf der folgenden Seite).[83] In traditioneller Sichtweise entstehen Umweltkosten durch betriebli-

---

[79] Wolf/Runzheimer, Risikomanagement und KonTraG, S. 19 ff.

[80] Kloock, Umweltkostenrechnung, S. 129

[81] Schreiner, Auswirkungen einer umweltorientierten Unternehmensführung auf die Kosten- und Leistungsrechnung, S. 941

[82] Ebenda, S. 941

[83] In Anlehnung an: Schreiner, Ökologische Herausforderungen an die Kosten- und Leistungsrechnung, S. 204

che Maßnahmen zur Verbesserung der Bedingungen für die Umwelt.[84] Dies zieht betriebliche Umweltschutzmaßnahmen oder Umweltschutzinvestitionen zur Beseitigung, Vermeidung oder Verminderung von Umwelteinwirkungen nach sich – Umweltschutz kostet also bei dieser Betrachtungsweise! Externe Kosten sind demnach in erster Linie

- Kalkulatorische Kostenarten in Form von Abschreibungen und Zinsen auf Umweltschutzanlagen;
- betriebsabhängige Kostenarten, die zu den Personalkosten gehören, im Zusammenhang mit dem Betrieb von Umweltschutzanlagen;
- Dienstleistungskostenarten für die Inanspruchnahme von Fremdleistungen, z.B. die Wartung einer Umweltschutzanlage und
- Umweltgebühren, -beiträge und Steuern (internalisierte Kostenarten).

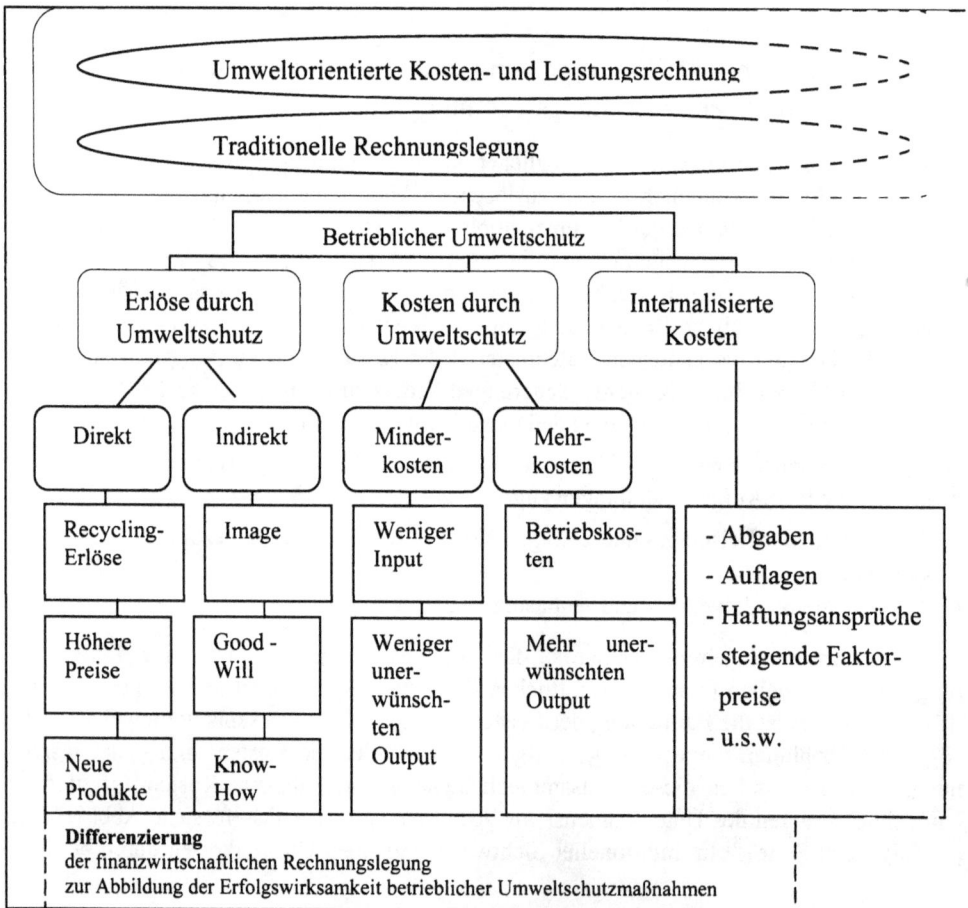

Abb. 3.13: Inhalt einer umweltorientierten Differenzierung

---

[84] Holze, Umweltkostenrechnung, S. 205

Bei den Erlösen aus Umweltschutzaktivitäten lassen sich die direkten Auswirkungen, wie z.B. Recycling-Erlöse, ohne Probleme monetär bestimmen. Dasselbe gilt für die entstandenen Minder- bzw. Mehrkosten in Verbindung mit Umweltschutzmaßnahmen. Die indirekten Erlöse, wie z.B. die Verbesserung des Firmenimages, lassen sich dagegen nicht monetär bewerten, ohne fragwürdige Schätzungen vorzunehmen. Problematisch, und damit praktisch kaum lösbar, dürfte die Bewertung von Kostenersparnissen durch einen geringeren unerwünschten Output bzw. von Mehrkosten durch zusätzlich unerwünschten Output sein.

Bei den internalisierten Kosten bereitet die Erfassung kaum Probleme, wenn die aus Umweltbeanspruchungen resultierenden Aufwendungen bzw. Kosten ausschließlich an konkrete Vorgänge anknüpfen. Dazu gehören alle aus Umweltschutzinvestitionen abgeleiteten Rechengrößen wie kalkulatorische Abschreibungen und Zinsen, Betriebskosten für diese Anlagen, Gebühren, Beiträge und Abgaben. Der separate Ausweis umweltinduzierter Faktorkostenveränderungen, wie z.B. durch Umweltbelastungen steigende Kosten für Energie, Wasser, Rohstoffe etc., dürfte dagegen wegen umfangreicher und komplexer Überwälzungsmechanismen kaum durchführbar sein.[85]

Bezüglich der Abrechnungsstufen innerhalb eines Kostenrechnungssystems kann der in Abbildung 3.14 (auf der nächsten Seite) enthaltene Ablauf einer umweltkostendifferenzierten Kostenrechnung zugrundegelegt werden.[86]

Im Rahmen der Kostenartenrechnung geht es um eine Separierung umweltinduzierter Kosten und eine Trennung in Einzelkosten, die direkt dem Kalkulationsobjekt zugeordnet werden können, und Gemeinkosten, die über die Kostenstellenrechnung zur Weiterverrechnung (in der Vollkostenrechnung) geschleust werden. Bei der primären Erfassung hat die Technik eine wichtige Unterstützungsfunktion zu leisten. Empfehlenswert ist eine Gruppierung der Kostenarten gemäß dem Vorschlag des Statistischen Bundesamtes zur Erfassung von Umweltschutzleistungen nach den Bereichen Abfallbeseitigung, Gewässerschutz, Lärmbekämpfung und Luftreinhaltung (siehe dazu: Kap. 3.1.1).

Am Beispiel der Energiekosten, die in der Regel als Gemeinkosten erfasst und verrechnet werden, soll die Problematik dieser Zuordnung aufgezeigt werden. Daraus resultieren zwei grundlegende Hindernisse für die Nutzung der vorhandenen Kostensenkungspotentiale:[87]

- Zum einen werden diese Potentiale nicht erkannt – erforderliche Messungen werden unterlassen;

- zum anderen liegt die Stoßrichtung bei Kostensenkungsmaßnahmen in der Praxis häufig bei den Einzelkosten.

---

[85] Schreiner, Umweltmanagement in 22 Lektionen, S. 254 f.

[86] Ebenda, S. 265 f.

[87] Schulz, Kosten der Umweltverschmutzung, S. 208 f.

Kostenartenrechnung					
Einzelkosten		Gemeinkosten		Sonder- Einzelkosten	
für Umweltschutz	nicht für Umweltschutz	für Umweltschutz	nicht für Umweltwelt-	für Umweltschutz	nicht für Umweltschutz

Kostenstellrechnung							
Kostenstellen / Kostenarten	Grundstücke und Gebäude	Abwasserbehandlung	Abfallbeseitigung	Arbeitsvorbereitung	Fertigung	Verwaltung Vertrieb	Summe
Summe							
Bezugsgröße							
Kostensatz							
davon durch Umweltschutz							

Kostenträger	
Kosten A Erlöse	Kosten B Erlöse

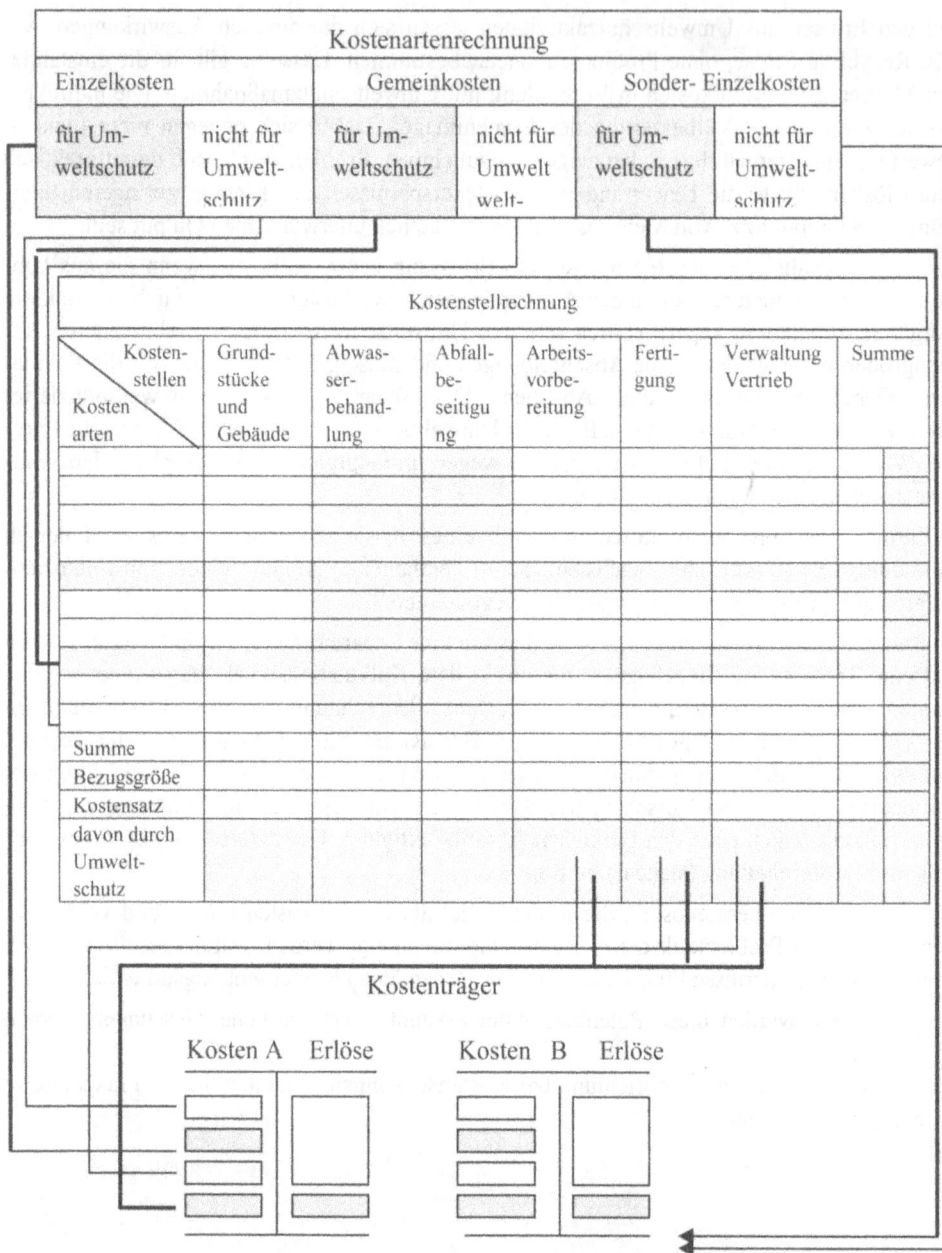

Abb. 3.14: Schematischer Ablauf einer umweltkosten-differenzierten Kostenrechnung

Demzufolge ist schon aus dem wirtschaftlichen Interesse des Unternehmens heraus eine möglichst verursachungsgerechte Zuordnung der Kosten des Energieverbrauchs auf Kostenstellen und Kostenträger anzustreben. Folgende Typen an Kostenarten können hinsichtlich der Erfassung unterschieden werden:[88]

- Kostenarten, die ihrem Wesen nach eindeutig als Umweltschutzkosten erkennbar sind (z.B. spezifische Abgaben, Gebühren und Beiträge, kalkulatorische Abschreibungen, Zinsen, Instandhaltungskosten von Umweltschutz-Anlagen);
- Kostenarten, die innerhalb einer Kostenstelle, welche nicht explizit Umweltschutz-Funktionen erfüllt, für Umweltschutzaspekte anfallen. Hierzu sind über Fragebogen Angaben des Kostenstellenleiters zu erheben;
- Kostenarten, die in Kostenstellen mit teilweisen Umweltschutzfunktionen entstehen. Auch hier sind gesonderte Angaben des Kostenstellenleiters erforderlich;
- Kostenarten, die bei der Abwicklung von Umweltschutzaufträgen anfallen und als Kalkulationsobjekt abgerechnet werden (z.B. Forschungs- und Entwicklungsaufträge).

In der betriebswirtschaftlichen Literatur wird vorgeschlagen, sogenannte soziale Kosten (siehe Kap. 1.2) in die Kostenartenrechnung als kalkulatorische Zusatzkosten aufzunehmen.[89] Soweit diese Kosten nicht durch Versicherungen abgedeckt werden, sind dafür kalkulatorische Wagniskosten zu bestimmen. Da hierzu noch weitgehend Erfahrungswerte fehlen, müssen zunächst grobe Schätzungen genügen.

Im Rahmen der Kostenstellenrechnung können unter Umweltschutzaspekten

- Kostenstellen, die vollständig dem Umweltschutz dienen (z.B. Abwasseraufbereitung), und
- Kostenstellen, die nur teilweise dem Umweltschutz zuzuordnen sind (z.B. Labor)

unterschieden werden. Im zweiten Fall ist eine Abgrenzung der umweltinduzierten Bestandteile über eine innerbetriebliche Leistungsverrechnung mit Hilfe des Betriebsabrechnungsbogens (BAB) erforderlich.[90] Die innerbetriebliche Leistungsverrechnung verteilt je nach Inanspruchnahme durch andere Kostenstellen die Kosten der Umweltschutzkostenstellen auf diese anhand von umweltorientierten Schlüsseln, wie Abwasserfrachten, Rauchgasvolumenströme etc..[91] Wegen mehrfacher Überwälzungsvorgänge, die insbesondere bei gegenseitigem Leistungsaustausch vorkommen, wird es sich jedoch nicht vermeiden lassen, dass bei der innerbetrieblichen Leistungsverrechnung Vermischungen stattfinden.[92]

In der Kostenträgerrechnung können umweltinduzierte Einzelkosten (z.B. zusätzliche aus Umweltschutzgründen eingesetzte Rohstoffe) direkt den Kostenträgern zugerechnet werden. Bei den Gemeinkosten ergeben sich bei der Verrechnung auf die Kostenträger im Rahmen einer Vollkostenrechnung die bekannten Probleme bei der Wahl der Schlüssel. Empfehlenswert ist die Verwendung kombinierter Schlüssel aus Mengen- und chemisch/technischen Größen.[93]

---

[88]   Fleischmann/Paudtke, a. a. O., S. 16

[89]   Heinen/Picot, a. a. O., S. 362 f.

[90]   Haasis, Umweltbezogene Kosten- und Investitionsrechnung, S. 17; siehe auch: Beschorner, Betriebswirtschaftliche Instrumente ökologischer Bilanzierung, S. 34 ff.

[91]   Haasis, a. a. O., S. 17

[92]   Schreiner, Umweltmanagement in 22 Lektionen, S. 265

[93]   Ebenda, S. 265

Weit besser kann dem Kostenverursachungsprinzip entsprochen werden, wenn bei der Kalkulation von Umweltschutzkosten prozessbezogene Betrachtungen, wie sie in der aktuellen betriebswirtschaftlichen Diskussion unter dem Sammelbegriff „Prozesskostenrechnung" aufgeführt werden, einfließen.[94]

Eine Prozesskostenrechnung bringt aber nur dann einen höheren Nutzen (als der damit verbundene Aufwand), wenn eine verbesserte Kostentransparenz mit Hilfe der Kenntnis der Stoff- und Energieflüsse im Unternehmen geschaffen wird. Im Vordergrund steht dabei die Bestimmung der maßgeblichen Kostentreiber für die Umweltkosten.[95] Maßnahmen zur Senkung der Umweltkosten müssen sich an einer „begin-of-the-pipe"-Strategie ausrichten, also beispielsweise bereits in der Produktentwicklung und beim Einkauf auf ökologische Wechselwirkungen achten.

Wie bereits in Kapitel 1.2 herausgestellt wurde, verkörpert die Kuppelproduktion in der Praxis der betrieblichen Leistungserstellung den Regelfall der Produktion, nicht die Ausnahme. Es liegt deshalb nahe, im Rahmen der Kosten- und Leistungsrechnung für die Umwelteinwirkungen des Unternehmens die Kalkulationsverfahren bei Kuppelproduktion einzusetzen. Allerdings offenbart sich auch hier die Vernachlässigung produktionsbedingter Umweltbelastungen in der Betriebswirtschaftslehre.[96] Sofern gleichrangige Kuppelprodukte zu kalkulieren sind, werden meist Schlüsselungsverfahren angewendet.[97] Üblich ist entweder eine Marktpreisverhältnisrechnung oder eine Gewichtung

der Mengenanteile der verschiedenen Kuppelprodukte mit quantifizierbaren produktspezifischen Merkmalen.

Kritisch in Bezug auf die Kalkulation von Umweltkosten ist anzumerken, dass

- prinzipiell Verbundkosten weder getrennt erfasst sind, noch ohne Willkür verteilt werden können,[98]
- für Umweltbelastungen keine Marktpreise vorliegen.

Die Gewichtung nach produktspezifischen Merkmalen könnte im Rahmen einer erweiterten Kosten- und Leistungsrechnung nach Umweltbelastungsarten erfolgen. Allerdings sind vorher Einstufungen der verschiedenen Belastungsarten erforderlich. Eine umweltbezogene Differenzierung der Kosten- und Leistungsrechnung kann auch in den „modernen" Kostenrechnungssystemen fortgesetzt werden (siehe Kap. 3.3.1.2).

Aus der Sicht des Umweltschutzes können Planungsrechnungen um mögliche Umweltschutzmaßnahmen und deren gewinnorientierte Bewertung ergänzt werden. Außerdem sind die Kontrollrechnungen auf den Umweltschutz als spezifisches Kontrollobjekt auszudehnen.[99] Damit lässt sich in begrenztem Umfang mit Hilfe der Plan- und Vorgabekostenrechnung bei hinreichend genauer Differenzierung der umweltbezogenen Daten ein umweltorien-

---

[94] Kloock, a. a. O., S. 142 f.; zur Prozesskostenrechnung siehe: Müller, A. Gemeinkosten-Management. Vorteile der Prozeßkostenrechnung, S. 52 ff.

[95] Strobel/Wagner, Strukturierung und Entwicklung der betrieblichen Stoff- und Energieflüsse, S. 28 ff. und S. 52

[96] Seidel/Menn, a. a. O., S. 28

[97] Hummel/Männel, Kostenrechnung 1, S. 305 ff.

[98] Riebel, Kostenrechnung, Neue Produkte aus Abfällen, S. 371 ff.

[99] Frese/Kloock, a. a. O., S. 10 f.

tiertes Steuerungsinstrument schaffen. Empfehlenswert ist eine Ergänzung durch Kennzahlen, wie z.B. Anteil der Umweltschutzkosten an den Gesamtkosten.[100]

Bei Anwendung in Teilkostenrechnungssystemen ist zu berücksichtigen, dass ein hoher Anteil der Umweltschutzkosten auf Beschäftigungsschwankungen nicht reagiert, also fix ist. In einer einstufigen Deckungsbeitragsrechnung führt dies dazu, dass eine Zuordnung von Umweltschutzkosten auf Kostenträger kaum möglich sein wird. Mehrstufige Formen der Teilkostenrechnung, wie die stufenweise Fixkostendeckungsrechnung, scheinen geeignet zu sein, Umweltschutzkosten transparent zu machen, planend und zielvorgebend einzusetzen und einer aussagefähigen Kontrolle zu unterziehen.[101] Eine stufenweise Fixkostendeckungsrechnung könnte gemäß dem Schema auf der nächsten Seite aufgebaut sein.

Eine weitere Zuordnung von umweltbezogenen Kosten auf Bereichs- und Unternehmensebene ist wegen der damit verbundenen Verschlüsselungsproblematik, die die Vorteile einer Teilkostenrechnung konterkarieren würde, nicht empfehlenswert.

Die dargestellten Ansätze zur umweltorientierten Differenzierung im Rahmen der Kostenarten-, Kostenstellen- und Kostenträgerrechnung bestechen auf den ersten Blick durch die konsequente, zum großen Teil überschneidungsfreie Sammlung umweltrelevanter Kostenpositionen im Unternehmen.[102] Entscheidende Schwachstellen liegen jedoch in

- der aus dem Denken in Vollkosten erklärbaren reinen Vergangenheitsorientierung, die die Möglichkeit von Planungsrechnungen so gut wie ausschließt;[103]
- Erfassungs- und Abgrenzungsproblemen, beispielsweise in der Form von Mehrkosten und entgangenen Deckungsbeiträgen, die auf die Realisierung umweltfreundlicher Alternativen oder auf Unterlassung umweltbeeinträchtigender Produktion zurückgehen[104] oder in Bezug auf sachliche und zeitliche Abgrenzungsschwierigkeiten bei Umweltschutzkosten und -erlösen;[105]
- der Berücksichtigung ausschließlich solcher Positionen, die ohnehin bereits durch die jeweilige Kosten- und Leistungsrechnung erfasst sind.[106]

Erkenntnisse aus einem Anwendungsbeispiel bei der Fa. KUNERT/Werk Mindelheim zeigen, dass nur ein geringer Teil der tatsächlichen Umweltkosten mit der herkömmlichen Umweltkostenrechnung erfasst werden kann. Der größte Teil der umweltentlastenden Kostensenkungspotentiale (95%!) entsteht in Zusammenhang mit Reduzierungen des Material- und Energieeinsatzes.[107] Zur Aufdeckung dieser Verbesserungsmöglichkeiten ist unbedingt die Transparenz der zugrundeliegenden Stoff- und Energieflüsse nötig.

---

[100] Schreiner, Umweltmanagement in 22 Lektionen, S. 267

[101] Ebenda, S. 265

[102] Siehe dazu: Fleischmann/Paudtke, a. a. O., S. 17 f.

[103] Wagner, Kosten der Umwelterhaltung in ihrer Bedeutung für die Unternehmenspolitik, S. 925

[104] Fleischmann/Paudtke, a. a. O., S. 15 f.

[105] Schreiner, Auswirkungen einer umweltorientierten Unternehmensführung auf die Kosten- und Leistungsrechnung, S. 266 ff.

[106] Wagner, Kosten der Umwelterhaltung in ihrer Bedeutung für die Unternehmenspolitik, S. 925

[107] Wucherer/et. al., Kostensenkung und Umweltentlastung in der KUNERT AG, S. 76 ff.

Positionen	Erläuterungen zum Inhalt der Positionen
Geplante Nettoerlöse (davon Nettoerlöse aus „Öko-Produkten")	Umsatzerlöse minus Erlösschmälerungen; vom Marketing angebotene „Öko-Produkte", die z.B. einen geringeren Energieeinsatz bei der Produktion im Vergleich zu Konkurrenz-Produkten benötigen
-geplante proportionale Kosten (davon proportionale Umweltschutzkosten)	z.B. Rohstoffkosten z.B. Einsatz von „umweltfreundlicheren" Rohstoffen
= Plan-Deckungsbeitrag I -geplante Erzeugnisfixkosten (davon umweltbezogene..)	z.B. Forschungs- und Entwicklungskosten für „umweltfreundlichere" Erzeugnisse
= Plan-Deckungsbeitrag II -geplante Erzeugnisgruppenfixkosten (davon umweltbezogene..)	z.B. Kosten einer Lärmschutzeinrichtung für die Fertigung einer bestimmten Erzeugnisgruppe
=Plan-Deckungsbeitrag III -geplante Kostenstellenfixkosten (davon umweltbezogene..)	z.B. Kosten der Umweltschutz-Kostenstellen
= Plan-Deckungsbeitrag IV	

Somit werden selbst bei umweltorientierter Differenzierung in der Kosten- und Leistungsrechnung lediglich die kosten- und erlösmäßigen Auswirkungen ergriffener (und eventuell geplanter) Umweltschutzmaßnahmen gezeigt. Eine Erfassung von Umweltentlastungs- und Umweltbelastungswirkungen kann diese Art der Rechnungslegung jedoch nicht leisten. Dazu bedarf es einer Erweiterung des traditionellen Instrumentariums[108] durch einige der in den folgenden Kapiteln dargestellten Ansätze.

Auf eine interessante Möglichkeit für eine erweiterte umweltbezogene Rechnungslegung anhand des vorhandenen Instrumentariums soll bereits an dieser Stelle verwiesen werden. Wird Umweltnutzung als Güter- und Wertverzehr interpretiert, so kann als Maß der Umweltnutzung das Mengengerüst der Kosten dienen. Dieses Mengengerüst an Inputgütern, die im Zusammenhang mit der Produktion und Konsumption entstehen, lässt sich mit Hilfe von Stoff- und Energiebilanzen für jeden Prozess – im Prinzip sogar für jede „Elementarkombination" – ermitteln (siehe dazu Kap. 3.3.2.4).[109]

---

[108] Schreiner, Umweltmanagement in 22 Lektionen, S. 266 ff.

[109] Strebel, Umwelt und Betriebswirtschaft, S. 40 ff.; Heinen/Picot, a. a. O., S. 363 f.

3.2.3 Umweltbezogene Differenzierung in der Wirtschaftlichkeitsrechnung

In der betriebswirtschaftlichen Literatur werden verschiedene Arten von Umweltschutzinvestitionen für den Unternehmensbereich genannt:

- „Zugänge von Sachanlagen, die ausschließlich dem Umweltschutz dienen und als additive, dem eigentlichen Produktionsprozess nachgeschaltete Anlagen betrieben werden,
- der dem Umweltschutz dienende Teil aus dem Zugang an Sachlagen, die anderen Zwecken dienen und Umweltschutzeinrichtungen enthalten (hierzu zählen auch anteilige Kosten für umweltbedingte Verfahrensumstellungen mit emissionsmindernder Wirkung) sowie
- aufgrund gesetzlicher Vorschriften oder behördlicher Auflagen vorgenommene produkzbezogene Umweltschutzinvestitionen, die mit dem Ziel durchgeführt werden, Erzeugnisse herzustellen, welche bei ihrer Verwendung eine geringere Umweltbelastung hervorrufen“.[110]

Grundsätzlich sind bei Umweltschutzinvestitionen dieselben Phasen im Entscheidungsprozess zu durchlaufen wie bei „normalen" Investitionen:[111]

- Die Investitions-Anregungsphase beinhaltet das Erkennen und Erfassen von Investitionsproblemen – aus Umweltschutzsicht ist diese Phase auf alle möglichen Umweltbelastungsprobleme, deren Behebung Investitionen erfordern, auszudehnen.
- Die Investitions-Suchphase erfordert die Entwicklung von Investitionsalternativen – die Lösung der erkannten Umweltschutzprobleme involviert somit die Entwicklung von spezifischen Umweltschutzmaßnahmen der Vorsorge, Verwertung, Entsorgung und Sicherheit.
- Die Investitions-Planungsphase umfasst einzelne Planungsschritte von der Beschreibung und Kennzeichnung jeder Investitionsalternative durch ihre technisch-ökonomischen Daten (und ökologischen Auswirkungen) bis zur Optimierung der Investitionsprogramms mit Hilfe von Entscheidungskriterien, wie z.B. dem Kapitalwert.

In diesem Investitionsentscheidungsprozess ist die Vorteilhaftigkeit der betrachteten Investitionsalternativen nach ökonomischen und ökologischen Gesichtspunkten zu beurteilen (siehe Abb. 3.15 auf der übernächsten Seite).

Erweiterte Wirtschaftlichkeitsrechnungen zählen zu den Ansätzen, ökologische Informationen in die Unternehmenspolitik einbeziehen. Allerdings sind selbst bei erweiterten Wirtschaftlichkeitsrechnungen[112] ausschließlich ökonomische Kriterien relevant.[113] Die Erweiterung besteht darin, dass Einflussgrößen in die ökonomische Bewertung einbezogen werden, die in traditionellen Wirtschaftlichkeitsrechnungen nicht enthalten sind.

So könnte versucht werden, ökologische Schadenskosten mit Hilfe der Kostentypen Ausweich-, Planungs- und Überwachungs- bzw. Vermeidungskosten in die Rechnung aufzunehmen (siehe dazu Kap. 3.1.2). In dieselbe Richtung gehen Vorschläge, die im betrieblichen

---

[110] Ryll/Schäfer, a. a. O., S. 110 f.

[111] Frese/Kloock, a. a. O., S. 11 f.

[112] Gelegentlich werden unter dem Begriff „Erweiterte Wirtschaftlichkeitsrechnungen" nutzwertanalytische Ansätze verstanden. Hier werden nur ökonomische Kriterien bei den Investitionskalkülen zugrundegelegt.

[113] Pfriem, Ökobilanzen für Unternehmen, S. 212 f.

Rechnungswesen bisher nicht dokumentierten „sozialen Zusatzkosten" in Wirtschaftlichkeitsrechnungen aufzunehmen[114] oder in der kurzfristigen Betrachtung sogenannte Als-ob-Werte bei der Antizipation konkreter (Umweltschutz-)Maßnahmen anzusetzen.[115] Der Als-ob-Wert drückt aus, wie viel an kurzfristiger unternehmerischer Zieleinbuße die Durchsetzung der Umweltpolitik nach sich ziehen würde. Dabei wird die Umwelt als freies Gut unterstellt und geprüft, welche Beiträge unter dieser Annahme die Alternativen zur Erfüllung der monetären Unternehmensziele leisten. In einem zweiten Schritt werden mögliche Datenänderungen aufgrund künftigen gesellschaftlichen Umweltverhaltens oder gesellschaftlicher Umweltpolitik angenommen und die daraus resultierenden Einbußen an unternehmerischen Zielbeiträgen (z.B. Gewinneinbuße) geschätzt.

Auf die Bewertungsproblematik, die im Zusammenhang mit diesen Ansätzen zu beachten ist, wurde bereits ausführlich eingegangen (siehe dazu: Kap. 2.3.3.2 und 3.1). In Bezug auf die Erfassung und Abgrenzung von Umweltschutzinvestitionen ergeben sich ähnliche Schwierigkeiten, wie bei der umweltorientierten Differenzierung im Rahmen der Kosten- und Leistungsrechnung.[116]

Zur Beurteilung der ökonomischen Vorteilhaftigkeit von Investitionsalternativen werden in der Regel Verfahren der Investitionsrechnung herangezogen.[117] Die Investitionsrechnung hat dabei die Aufgabe, Investitionsanregungen hinsichtlich ihrer ökonomisch einzelwirtschaftlichen Eignung zu beurteilen. Im Rahmen der Investitionsrechnung wird die Summe der quantifizierbaren Wirtschaftlichkeitsdeterminanten, durch die ein Investitionsvorhaben charakterisiert ist, erfasst und zu Vorteilhaftigkeitskenngrößen, z.B. dem Kapitalwert, komprimiert.[118] Was die Datenerhebung angeht, so ist bei Umweltschutzinvestitionen nicht selten der Fall anzutreffen, dass dem Investitionsprojekt nur Aufwendungen bzw. Auszahlungen, jedoch keine Erträge und Einzahlungen, zurechenbar sind.[119]

Allgemein gelten statische Investitionsrechenverfahren als weniger geeignet, Umweltschutzinvestitionen „richtig" zu beurteilen.[120] Bei den statischen Verfahren können spezielle Charakteristika von Umweltschutz-Investitionen nicht oder nur bedingt berücksichtigt werden, so beispielsweise[121]

- Sonderabschreibungen, da deren wirtschaftlicher Effekt auf der zeitlichen Vorverlegung von Abschreibungsbeträgen beruht, während die Gesamtabschreibung über die Laufzeit der Investition unverändert bleibt;
- Investitionszuschüsse, da ebenfalls der Zeitmoment nicht in die Rechnung einfließt;
- zinsgünstige Darlehen, da Finanzierungskosten allenfalls indirekt (über eine Reduzierung der geforderten Mindestrendite bei der Rentabilitätsrechnung) berücksichtigt werden.

---

[114] Heinen/Picot, a. a. O., S. 362

[115] Picot, a. a. O., S. 181; siehe auch: Strebel, Umwelt und Betriebswirtschaft, S. 132

[116] Fleischmann/Paudtke, a. a. O., S. 6 ff.; Ryll/Schäfer, a. a. O., S. 111

[117] Auf die Verfahren der Investitionsrechnung kann in diesem Buch nicht näher eingegangen werden; siehe dazu: Blohm/Lüder, Investitionen, S. 54 ff. und S. 156 ff.

[118] Schneider/Schmid, Investitionsrechnerische Beurteilung von Umweltschutzinvestitionen, S. 1

[119] Ebenda, S. 1; Haasis, a. a. O., S. 21

[120] Schneider/Schmid, a. a. O., S. 13

[121] Haasis, a. a. O., S. 35 f.

Arten von Investitionen		Besonderheiten von Umweltschutzinvestitionen	
additive Technologien	Umstellung	Erfüllung behördlicher Auflagen	Keine Produkte fehlende Erlöse
	Sicherung		atypische Zahlungsreihen
End-of-the-pipe Technologien	Erweiterung	Freiwillige Umweltschutzmaßnahmen	
	Ersatz		Bewertung der Umweltbelastung
integrierte Technologien	Rationalisierung	Umweltschutzmaßnahmen mit ökonomischem Vorteil	

Ökonomische Vorteilhaftigkeit → Investitionsentscheidungsprozess ← ökologische Vorteilhaftigkeit

Verfahren der Investitionsrechnung ↔

statische Verfahren	dynamische Verfahren

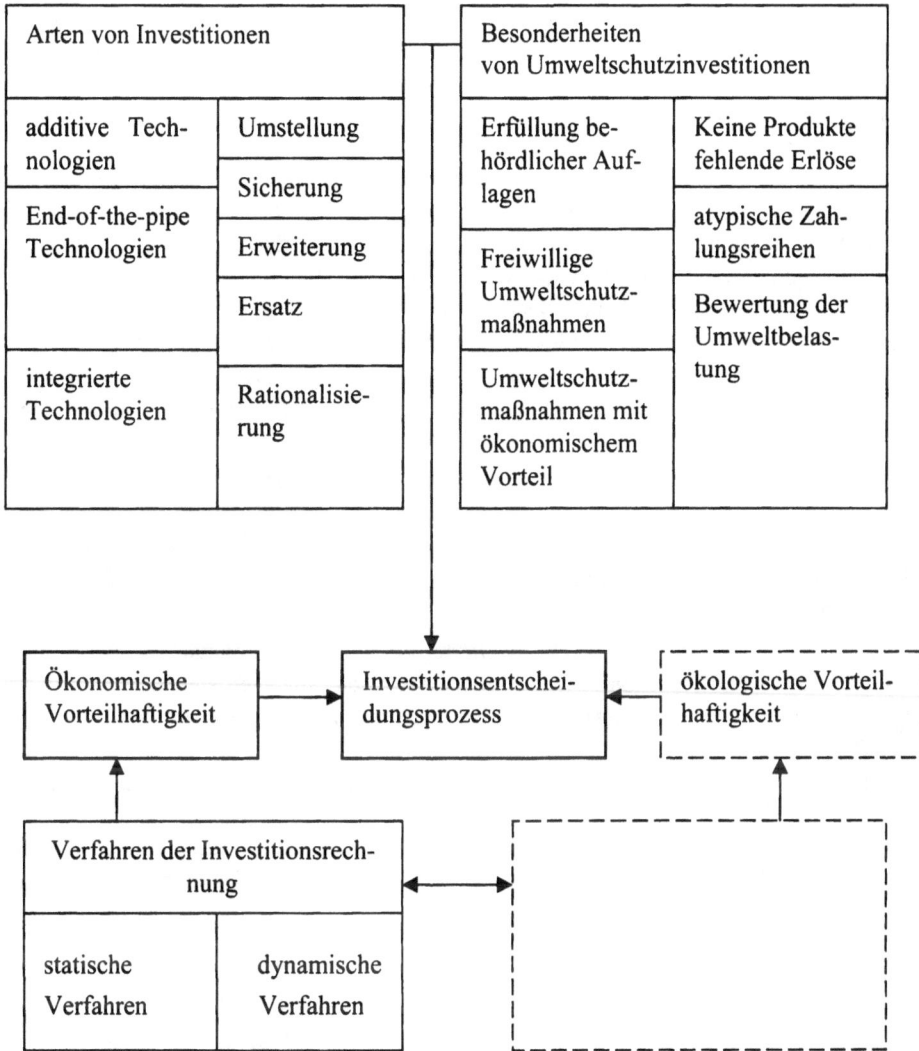

Abb. 3.15: Investition und Umwelt[122]

Als grundsätzlich besser geeignet zur Investitionsbeurteilung gemäß der ökonomischen Vorteilhaftigkeit gelten dynamische Investitionsrechenverfahren. Allerdings sind nicht alle dynamischen Investitionsrechenverfahren zur Beurteilung von Umweltschutzinvestitionen empfehlenswert. Die in der Praxis häufig angewendete Interne-Zinsfuß-Methode ergibt nur dann eindeutige Ergebnisse, wenn die Kriterien einer „Normalinvestition" vorliegen. Dies ist jedoch bei Umweltschutzinvestitionen häufig nicht der Fall, denn die Bedingung, dass die Summe der abgezinsten Einzahlungen größer ist als die Summe der abgezinsten Auszahlungen, dürfte eher nur in Ausnahmefällen erfüllt sein.[123]

---

[122]   Schreiner, Umweltmanagement in 22 Lektionen, S. 275

[123]   Schneider/Schmid, a. a. O., S. 9 f.

Eine besondere Problematik bei der Beurteilung von Umweltschutzinvestitionen ergibt sich aus der Diskontierung bei den dynamischen Verfahren. Die Diskontierung wird durch folgende Überlegung gerechtfertigt: Je früher die Einzahlungen aus einer Investition erhältlich sind bzw. je länger Auszahlungen hinausgeschoben werden können, desto höher ist die mögliche Zinswirkung, die sich durch Reinvestition der Einzahlungen erzielen lässt.[124] Durch die Abzinsung von monetär bewerteten Umweltbelastungen würden trotz materieller Schadstoffkonstanz mit zunehmender Ferne zum Produktionsbeginn rechentechnische Abnahmen der bewerteten Umweltbelastungen erzeugt werden, d.h. die Abzinsung bewirkt damit eine rechnerische Reduzierung eines faktisch konstanten Schadenpotentials mit zunehmender Zeitdauer der Einwirkungsfähigkeit.[125] Demzufolge wird im Regelfall eine Diskontierung mit einem Faktor größer Eins (Aufzinsung) geboten sein, insbesondere dann, wenn mit strengeren staatlichen Umweltschutznormen für die Zukunft gerechnet wird. Dies bedeutet steigende Kosten der Schadensbeseitigung bzw. Opportunitätskosten für die entgehenden künftigen Handlungsmöglichkeiten.[126]

Gegen Versuche, Umweltbelastungen der Produktion in einem simultanen Produktions- und Investitionsmodell zu berücksichtigen,[127] sind dieselben Einwände wie gegen alle „klassischen" Simultanmodelle anzuführen: Trotz der Eleganz und Exaktheit in der Theorie akzeptiert die Praxis diese sehr aufwändigen Modelle kaum, u.a. wegen des großen Bedarfs an detaillierten Prognosedaten.[128]

Da Wirtschaftlichkeitsrechnungen, auch erweiterte, inhaltlich nur monetäre Entscheidungsfolgen jedoch keine ökologischen Aspekte erfassen können, versagen sie zwangsläufig bei der ökologischen Beurteilung umweltpolitischer Maßnahmen.[129] Allerdings gilt auch hier, dass zum Teil Daten erhoben werden, die für eine umweltorientierte Erweiterung des Instrumentariums genutzt werden können. Selbstverständlich können in diesem Zusammenhang Scoring-Modelle, z.B. die Nutzwertanalyse, für die Beurteilung von Umwelteinwirkungen eingesetzt werden. Allerdings können damit kaum detaillierte Informationen zu den Umweltbelastungen geliefert werden – hierzu ist eine Stoff- und Energiebilanzierung bezogen auf das Investitionsobjekt erforderlich.

3.3 Betriebswirtschaftliche Ansätze mit einer umweltorientierten Erweiterung des betrieblichen Rechnungswesens

Bei den in diesem Kapitel darzustellenden Ansätzen wird das herkömmliche betriebliche Rechnungswesen entweder in qualitativer Hinsicht erweitert oder es werden vollkommen neuartige Ansätze neben die traditionellen Instrumente gestellt. Allen Ansätzen ist gemeinsam, dass sie versuchen, die Defizite des herkömmlichen betrieblichen Rechnungswesens im

---

[124] Ebenda, S. 2
[125] Betge, a. a. O., S. 538 f.; siehe auch: Hampicke, a. a. O., S. 35
[126] Rückle, a. a. O., S. 57
[127] Betge, a. a. O., S. 527 ff.
[128] Rückle, a. a. O., S. 63
[129] Strebel, Umwelt und Betriebswirtschaft, S. 133; Pfriem, Ökobilanzen für Unternehmen, S. 213; Öko-Institut, Produktlinienanalyse, S. 24 f.

Hinblick auf die Berücksichtigung von Umwelteinwirkungen durch die Unternehmenstätigkeit zu beseitigen.

3.3.1   Erweiterungen bestehender Rechensysteme

Sozialbilanzierung

Die Sozialbilanzierung gehört zu den Instrumenten gesellschaftsbezogener Berichterstattung, die eine Erweiterung des traditionellen Rechnungswesens um qualitative Aspekte wie „Lebensqualität„ oder „Wohlfahrt" zum Ziel haben. Die Einbeziehung der qualitativen Auswirkungen unternehmerischen Handelns umfasst dabei vor allem

* die Erhaltung und Verbesserung der Umwelt und
* die Humanisierung der Arbeit.

Dahinter steht die prinzipielle Kritik an einer zu starken Gewichtung wirtschaftlicher Kriterien in Entscheidungsprozessen. Gemäß dem „Konzept der gesellschaftlichen Verantwortung" des Unternehmens sind die sozialen Kosten wirtschaftlichen Handelns in den Entscheidungsprozessen zu berücksichtigen. Die Herausforderung an die Unternehmungen besteht somit darin, ökonomische Ziele und sozialökologische Verantwortung zu integrieren, damit die Bedürfnisse möglichst vieler gesellschaftlicher Bezugsgruppen nicht auf Kosten der Natur befriedigt werden können.[130]

Die Sozialbilanzierung galt in den 70-iger und 80-iger Jahren des 20. Jahrhunderts als das bekannteste Instrument gesellschaftsbezogener Berichterstattung. Seit Anfang der 70er Jahre waren eine (auf ca. 50 angewachsene Zahl) Unternehmen in der Bundesrepublik Deutschland dazu übergegangen,. Sozialbilanzen aufzustellen und zu veröffentlichen, die den Arbeitnehmern und der interessierten Öffentlichkeit Informationen über die gesellschaftsbezogenen Leistungen des Unternehmens geben sollen.[131] Sozialbilanzen sollen über die sozialen Kosten und die sozialen Nutzen der Unternehmen Auskunft geben.[132]

---

[130] Hopfenbeck, a. a. O., S. 1054 f.
[131] Freimann, Instrumente sozial-ökologischer Folgenabschätzung im Betrieb, S. 24 f.
[132] Heymann/Seiwert, Sozialbilanzen, S. 61

```
                    ┌─────────────────────────────┐
                    │        Sozialbilanzen        │
                    └─────────────────────────────┘
            ┌────────────────────┴────────────────────┐
┌────────────────────────┐            ┌────────────────────────┐
│     Soziale Kosten      │            │     Soziale Nutzen      │
├────────────────────────┤            ├────────────────────────┤
│ Gesellschaftlich nega-  │            │ Gesellschaftlich positi-│
│ tive Auswirkungen von   │            │ ve Auswirkungen von     │
│ Unternehmensaktivitä-   │            │ Unternehmensaktivitä-   │
│ ten, die durch das      │            │ ten, die durch das      │
│ traditionelle Rech-     │            │ traditionelle Rech-     │
│ nungswesen nicht        │            │ nungswesen nicht        │
│ adäquat erfasst werden  │            │ adäquat erfasst werden  │
│ können                  │            │ können                  │
├────────────────────────┤            ├────────────────────────┤
│ Beispiele               │            │ Beispiele               │
│  • Luftverschmutzun-    │            │  • Sozialleistungen     │
│    gen                  │            │  • Kulturförderungen    │
│  • Wasserverunreini-    │            │  • Behindertenhilfen    │
│    gungen               │            │                         │
│  • Lärmbelästigungen    │            │                         │
└────────────────────────┘            └────────────────────────┘
```

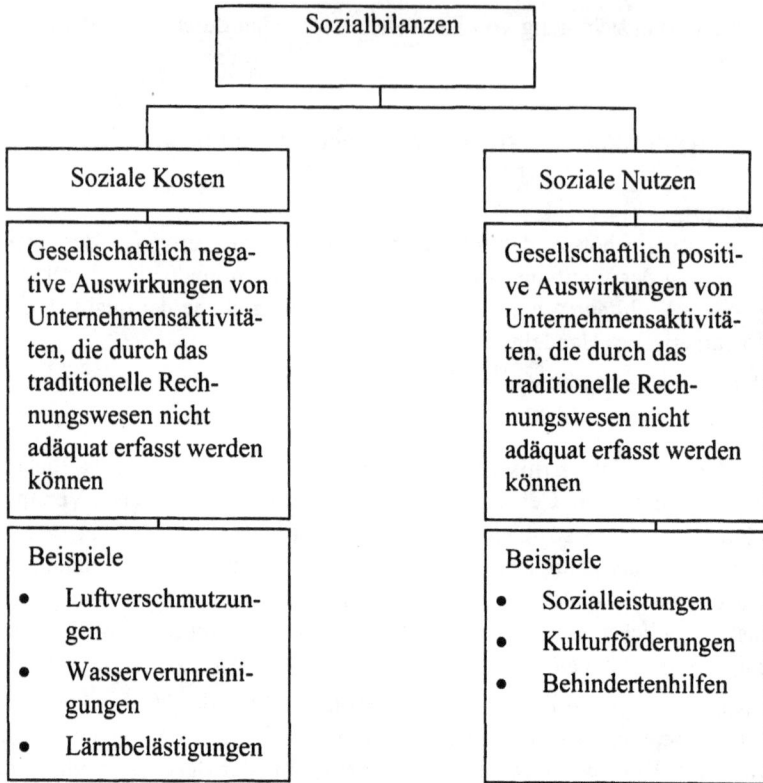

Abb. 3.16: Soziale Kosten und soziale Nutzen in Sozialbilanzen

Eine Sozialbilanz verkörpert allerdings keine Bilanz im engeren Sinne – es handelt sich hierbei lediglich um eine regelmäßige gesellschaftsbezogene Rechnungslegung.[133]

Für die theoretischen Konzeptionen zur Sozialbilanzierung gilt, dass sie weitgehend „ohne unmittelbare Bezugnahme auf ihre praktische Realisierbarkeit" dastehen und schon von daher nicht zu erwarten ist, dass sie die Anwendungsmöglichkeiten in der Praxis voranbringen.[134] Vom Arbeitskreis „Sozialbilanz-Praxis" sind bereits 1977 Vorschläge gemacht worden, die Aufstellung von Sozialbilanzen zu standardisieren. Demnach sollte eine Sozialbilanz folgende Elemente enthalten:[135]

---

[133] Ebenda, S. 61; Braun, a. a. O., S. 47

[134] Freimann, Plädoyer für die Normierung von betrieblichen Öko-Bilanzen, S. 182; v. Wysocki, Sozialbilanzen, S.V; Strebel, Umwelt und Betriebswirtschaft, S. 164 f.. Zu den bekanntesten theoretischen Konzeptionen von Eichhorn und Linowes siehe: Eichhorn, Gesellschaftsbezogene Unternehmensrechnung, S. 74ff.; Wysocki, Sozialbilanzen, S. 78 ff.; Fronek/Uecker, a. a. O., S. 18 f.

[135] Hopfenbeck, a. a. O., S. 1058; Heymann/Seiwert, a. a. O., S. 62 f.; Freimann, Instrumente sozial-ökologischer Folgenabschätzung im Betrieb, S. 55 f.

```
                    ┌─────────────────────────────────┐
                    │   ELEMENTE DER „SOZIALBILANZ"    │
                    └─────────────────────────────────┘
```

SOZIALBERICHT	WERTSCHÖPFUNGSRECHNUNG	SOZIALRECHNUNG
= verbale, ergänzende Erläuterung von Zielen, Maßnahmen und Leistungen der gesellschaftsbezogenen Aktivitäten des Unternehmens (angereichert mit statistischem und grafischem Material)	= der vom Unternehmen im Berichtszeitraum geschaffene Wertzuwachs (zeigt also die Entstehung und Verteilung des Beitrages des Unternehmens zum Bruttoinlandsprodukt eines Landes)	= quantifizierte Darstellung der gesellschaftsbezogenen Aufwendungen des Unternehmens im Berichtszeitraum (und, soweit möglich, auch der Erträge)
= primär outputorientierte Betrachtung		= Aufgliederung in bestimmte Hauptbezugsfelder

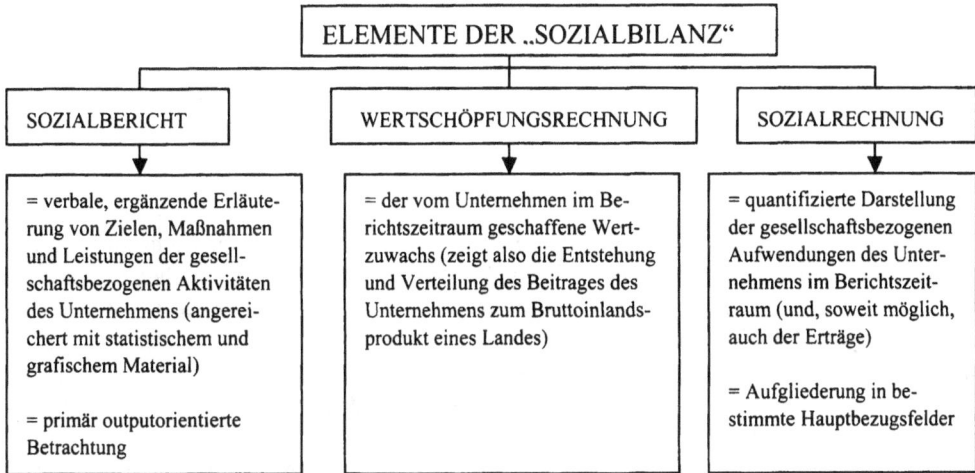

Abb. 3.17: Elemente der Sozialbilanz

Festzustellen ist, dass sich die veröffentlichten Sozialbilanzen weitgehend auf Daten der Finanzbuchhaltung und hier insbesondere der Gewinn- und Verlustrechnung stützen.[136] Somit werden soziale Kosten und Nutzen, insbesondere externe Effekte wegen der damit verbundenen Mess- und Bewertungsprobleme nicht in Ansatz gebracht.[137] In der Sozialbilanz der STEAG AG aus dem Jahre 1972/1973 werden einerseits die Leistungen des Unternehmens als Aufwandsgrößen gezeigt, z.B. die Maßnahmen des Umweltschutzes bei bestehenden Anlagen für die Luftreinhaltung, Lärmschutz und Reinhaltung der Gewässer, der Nutzen für die Gesellschaft wird dagegen verbal beschrieben, beispielsweise als Verminderung des Staubauswurfs, Minderung der Schallimmission bzw. Erhaltung gesunder Gewässer (siehe dazu die komprimierte Fassung in Anlage 1).[138]

Was die Berichterstattung über die natürliche Umwelt angeht, so wurde bei einer Analyse von 30 Unternehmen, die Sozialbilanzen aufstellen, festgestellt, dass der entsprechende Anteil sehr gering ist (siehe Abb. 3.18 auf der nächsten Seite).[139] Die Berichterstattung über den Bereich natürliche Umwelt enthielt noch dazu überwiegend nur Angaben zu Umweltschutzanlagen und zu sonstigen Umweltmaßnahmen des Unternehmens. Über Umwelteinwirkungen wurde nur in Ausnahmefällen berichtet.[140] Bislang ist noch keine Sozialbilanz veröffentlicht worden, in der die produktionsbedingten Umweltbelastungen zahlenmäßig ausgewiesen worden sind.[141]

Zusammenfassend kann für die bundesdeutsche Sozialbilanzierungspraxis festgehalten werden, dass sie in Bezug auf das selbstgesetzte Ziel, die gesellschaftlichen Auswirkungen des Unternehmenshandelns möglichst umfassend zu messen, vorläufig als gescheitert anzusehen

---

[136]   Freimann, Instrumente sozial-ökologischer Folgenabschätzung im Betrieb, S. 55
[137]   Strebel, Umwelt und Betriebswirtschaft, S. 163; Braun, a. a. O., S. 52; Wicke/ Haasis/ Schafhausen/Schulz, a. a. O., S. 541
[138]   Braun, a. a. O., S. 48 ff.
[139]   Dierkes/Hoff, Sozialbilanzen..., S. 29
[140]   Ebenda, S. 47 f.
[141]   Wicke/Haasis/Schaffhausen/Schultz, a. a. O., S. 544

ist.[142] Dieses drastische Urteil basiert im Wesentlichen auf zwei Merkmalen der deutschen Sozialbilanz-Praxis:[143]

- Der primären konzeptionellen Anknüpfung an Daten der Finanzbuchhaltung, insbesondere der GuV-Rechnung und
- der aufgrund fehlender Normierung zurückzuführenden Beliebigkeit der berichteten Tatbestände und vorgenommenen Bewertungen.

Hinzu kommt noch, dass die Sozialbilanzierung in der herkömmlichen Form nicht in der Lage ist, die gesellschaftlichen und ökologischen Wirkungen unternehmerischer Tätigkeit zu beurteilen.[144] Die Bedeutungslosigkeit der Sozialbilanzierung kann auch auf die Nicht-Existenz externer Prüfstandards zurückgeführt werden.[145] Nach vorherrschender Meinung in der Literatur vermitteln die „klassischen" Sozialbilanzen eher den Eindruck, dass sie bislang überwiegend als Public-Relations-Instrument genutzt wurden.[146] Dieselbe Einschätzung ist wohl ebenso für den Ansatz „Corporate Social Responsibility (CSR)" gen,[147]der ein ähnliches (theoretisches) Konzept wie die Sozialbilanzierung verfolgt. Freimann vergleicht die Sozialbilanz-Debatte und -Praxis mit einem Produkt, „das am Ende seines Lebenszyklusses nach ausgebliebenen Reanimations-Anstrengungen nahe der Null-Umsatz-Grenze dahin dämmert".[148]

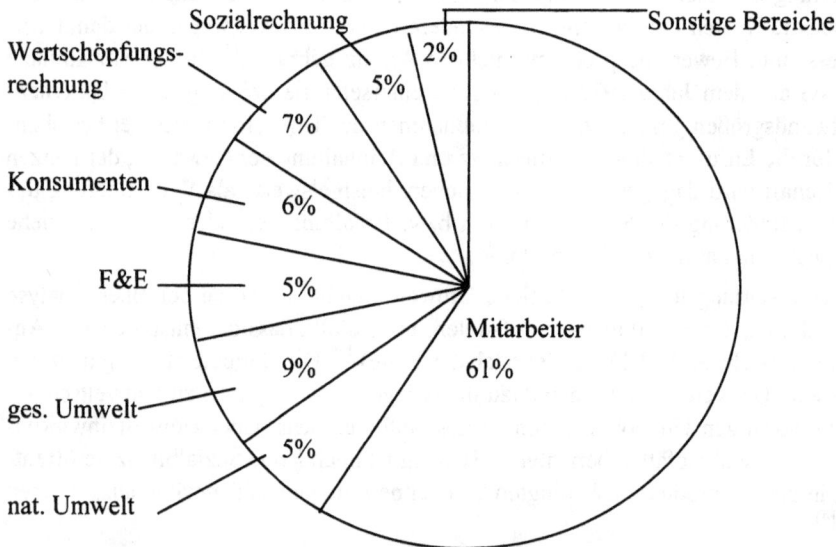

Abb. 3.18: Berichtsfelder im Rahmen der Sozialbilanzierung in der Praxis

---

[142] Fischer-Winkelmann, a. a. O., S. 128

[143] Freimann, Plädoyer für die Normierung von betrieblichen Öko-Bilanzen, S. 182 f.

[144] Strebel, Umwelt und Betriebswirtschaft, S. 164; Meffert/Kirchgeorg, a. a. O., S. 116

[145] Burschel/et al., a. a. O., S. 213

[146] Wicke/Haasis/Schaffhausen/Schulz, a. a. O., S. 544 f.; Freimann, Plädoyer für die Normierung von betrieblichen Ökobilanzen, S. 183

[147] Leitschuh, a. a. O., S. 67 ff.; siehe auch Kap. 1.3 am Schluss

[148] Ebenda, S. 182

Dennoch gibt es in der betriebswirtschaftlichen Literatur und auch Praxis Ansätze, die den Versuch unternehmen, diese erheblichen Defizite der herkömmlichen Sozialbilanzierung zu überwinden. Als ein solches Alternativ-Konzept gilt das französische Modell des „bilan-social", das seit 1977 in Frankreich gesetzlich verbindlich eingeführt ist und vom Konzept her dem Alternativ-Entwurf des Deutschen Gewerkschaftsbundes relativ nahe kommt. In diesem Gesetz ist für Unternehmen ab einer Beschäftigtenanzahl von mehr als 300 (seit 1982) die Erstellung und Veröffentlichung einer Sozialbilanz vorgeschrieben, wobei bis ins einzelne Zahl, Art und Maßeinheiten der aufzunehmenden Indikatoren festgelegt sind.[149] Mit Hilfe dieser betrieblichen Indikatoren kann in differenzierter Weise und unter Verzicht auf zweifelhafte monetäre oder nutzenmäßige Bewertung über die sozialen Folgen der Unternehmenstätigkeit berichtet werden.[150] Im Hinblick auf eine Beurteilung der Einwirkungen des Unternehmens auf die natürliche Umwelt müssen jedoch keine Angaben gemacht werden. Einer Weiterentwicklung der „bilan social" in Richtung Umweltberichterstattung stehen die Nachteile einer detaillierten Gesetzgebung entgegen, die das Experimentieren mit unterschiedlichen, möglicherweise besseren Indikatoren und Berichtsweisen ersticken.[151] Außerdem zeigt die bisherige Praxis, dass der erhoffte differenzierte soziale Diskurs, insbesondere zwischen Betriebsräten und Geschäftsleitungen, nicht in dem vom Gesetzgeber beabsichtigten Umfang stattfindet.[152]

Weiterentwicklungen innerhalb des Konzepts der Sozialbilanzierung beziehen sich in erster Linie auf den Sozialbericht. Hierbei wird davon ausgegangen, dass es zur Erhöhung des Informationswerts der gesellschaftsbezogenen Berichterstattung erforderlich ist, besonders aktuelle Bereiche des personalen und sozialen Geschehens schwerpunktartig herauszustellen (siehe Abb. 3.19 auf der übernächsten Seite).[153] In jüngster Zeit sind Standards auf der Grundlage der Vorstellungen der „International Labor Organization" (ILO) entwickelt worden.[154] Gegenstand des Standards „Social Accountability 8000 (SA 8000)" sind die Arbeitsbedingungen und Rechte von Mitarbeitern. Hierzu werden soziale Bewertungsregeln vorgegeben, die sich z.B. auf Kinderarbeit, Zwangsarbeit, Diskriminierung, Gesundheit und Sicherheit, Arbeitszeit und Löhne, Vereinigungsfreiheit etc. beziehen. Die Bewertungsregeln legen einen inhaltlichen Mindeststandard fest, beispielsweise für die Arbeitszeit, dass (regelmäßig) nicht mehr als 48 Stunden pro Woche gearbeitet werden darf und die Mitarbeiter mindestens einen freien Tag pro Woche erhalten. Der SA 8000 sieht auch eine Zertifizierung durch Externe vor, allerdings ist der Bekanntheitsgrad (und damit die Verbreitung) in der Praxis eher dürftig. Generell müssen für diese schwerpunktartige Berichterstattung weitere Instrumente einer gesellschaftsbezogenen Betrachtungsweise, wie z.B. Kennziffern zur Umweltsituation, eingesetzt werden. Dies entspricht der Forderung an ein „Corporate Social Accounting", den monetären Wertmaßstab nicht zu fetischisieren und ebenso nicht-monetäre (bis hinzu subjek-iven) Indikatoren zu integrieren.[155] In einer weiteren empirischen Untersu-

---

[149] Freimann, Instrumente sozial-ökologischer Folgenabschätzung im Betrieb, S. 61 ff.; Schredelseker/Vogelpoth, Erste Erfahrungen mit der französischen Sozialbilanz, S. 252 ff.

[150] Freimann, Instrumente sozial-ökologischer Folgenabschätzung im Betrieb, S. 68

[151] Dierkes, Gesellschaftsbezogene Berichterstattung, S. 1230

[152] Freimann, Plädoyer für die Normierung von betrieblichen Öko-Bilanzen, S. 183

[153] Heymann/Seiwert, a. a. O., S. 63 ff.

[154] Müller/et al., a. a. O., S. 53 ff.

[155] Dierkes/Hoff, a. a. O., S. 19

chung zur Praxis der Sozialbilanzierung bundesdeutscher Unternehmen wurden für den Bereich natürliche Umwelt folgende Indikatoren schwerpunktmäßig festgestellt:[156]

- Emissionen/Belastungen:
- Luftverunreinigung,
- Wasserverbrauch,
- Müllgewicht,
- Investitionen,
- Betriebskosten:
- Luft,
- Wasser,
- Recycling:
- Anlagen,
- Kapazität der Anlagen,
- Energieverbrauch/Energiereduzierung,
- Mitwirkung an Gesetzgebung (verbal),
- umweltfreundlichere Produkte (verbal),
- Umweltschutzforschung (verbal),
- Umweltschutzbeauftragte,
- Sonderaktionen/Wettbewerbe:
- Arten und Gesamtaufwand,
- Preise und Auszeichnungen,
- Mitarbeiter im Umweltschutz:
- Gesamtzahl,
- Funktionen,
- Abteilungen/Ausschüsse.

Häufig ist dabei eine Kombination von sozialen und umwelt-bezogenen Indikatoren mit verbalen Beschreibungen vorzufinden. Die Auswahl der Indikatoren geschieht hier betriebsindividuell, was die Vergleichbarkeit stark einschränkt. Außerdem wird keine Gesamtaussage zur Sozial- bzw. Umwelteffizienz des Unternehmens getroffen.

In der jüngsten Vergangenheit haben vereinzelt Unternehmen verschiedenster Branchen damit begonnen, „reine" Umweltberichte aufzustellen und zu veröffentlichen.[157] Allerdings beruhen diese Umweltberichte zum Teil auf völlig anderen Konzepten als dem der Sozialbilanzierung - beispielsweise basiert der Umweltbericht des Textilunternehmens Kunert AG auf einer Stoff- und Energiebilanzierung (siehe dazu: Kap. 3.3.2.4). Diese neue Form der Umweltberichterstattung wird in den entsprechenden Kapiteln näher vorgestellt.

---

[156] Gärtner, Indikatoren in der gesellschaftsbezogenen Unternehmensberichterstattung, S. 84
[157] Siehe dazu: Hopfenbeck, a. a. O., S. 1060

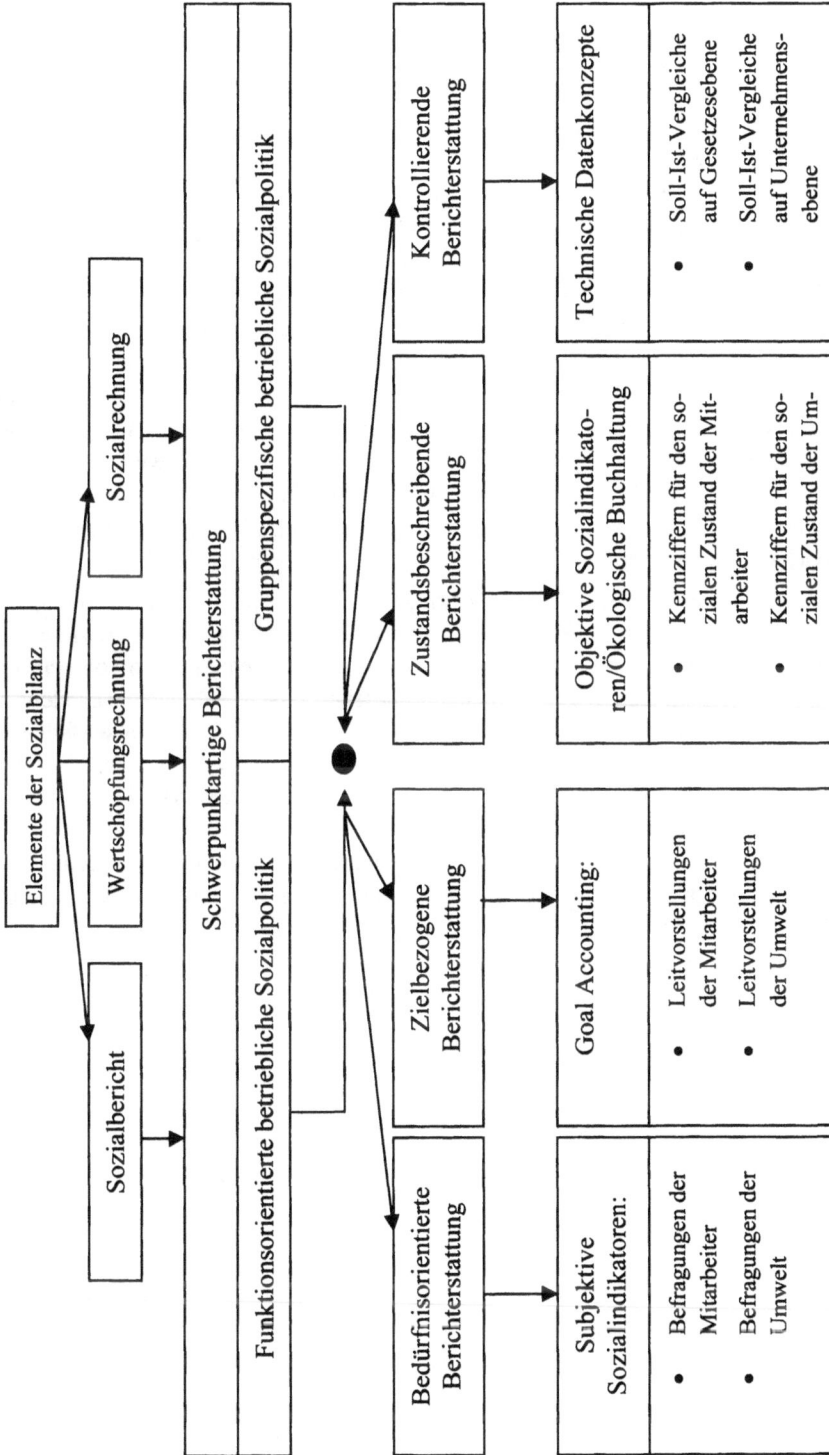

Abb. 3.19: Elemente der Sozialbilanz in integrierter Sichtweise

Elemente der Sozialbilanz

- Sozialbericht
- Wertschöpfungsrechnung
- Sozialrechnung

Schwerpunktartige Berichterstattung

Funktionsorientierte betriebliche Sozialpolitik | Gruppenspezifische betriebliche Sozialpolitik

Bedürfnisorientierte Berichterstattung

Subjektive Sozialindikatoren:
- Befragungen der Mitarbeiter
- Befragungen der Umwelt

Zielbezogene Berichterstattung

Goal Accounting:
- Leitvorstellungen der Mitarbeiter
- Leitvorstellungen der Umwelt

Zustandsbeschreibende Berichterstattung

Objektive Sozialindikatoren/Ökologische Buchhaltung
- Kennziffern für den sozialen Zustand der Mitarbeiter
- Kennziffern für den sozialen Zustand der Um-

Kontrollierende Berichterstattung

Technische Datenkonzepte
- Soll-Ist-Vergleiche auf Gesetzesebene
- Soll-Ist-Vergleiche auf Unternehmensebene

Erweiterte Kosten- und Leistungsrechnung

Ein Ausbau der Kosten- und Leistungsrechnung wird insbesondere dann als notwendig erachtet, wenn im Unternehmen eine aktive (offensive) Umweltpolitik betrieben wird. In den Vordergrund rücken in diesem Fall die externen Kosten (und auch Nutzen) sowie mögliche Maßnahmen zu ihrer Vermeidung und zu ihrem Abbau.[158] Für die Betriebswirtschaftslehre, die ja eine starke Praxisorientierung aufweist, hat dies zur Konsequenz, dass die herkömmlichen Kostenbegriffe, die nur den betrieblichen Produktionsmittelverbrauch widerspiegeln - nicht dagegen den betriebsbedingten Wertverzehr, der bei der Erstellung der Betriebsleistung außerhalb der Unternehmung anfällt - erweitert werden müssen.[159]

"Aus gesamtwirtschaftlicher Sicht stellt jede Umweltbeanspruchung einen „Verzehr an Gütern und Diensten" und damit Kosten dar".[160] Nach einzelwirtschaftlicher (betriebswirtschaftlicher) Auffassung ist derjenige Güter- und Dienstleistungsverzehr als leistungsbedingt und damit den Kosten zugehörig einzustufen, der auf den Prozess der Leistungserstellung zwangsläufig einwirkt, so dass diese ohne ihn nicht zustande kommt. Zweifellos wäre die einzelwirtschaftliche Leistungserstellung nicht ohne den Leistungsverzehr möglich, der sich in den sozialen Kosten (negativen externen Effekten) ausdrückt. Demzufolge müssten nach betriebswirtschaftlicher Kostenlehre auch diese Kosten einbezogen werden.[161]

Mit den herkömmlichen Kostenbegriffen pagatorischer und wertmäßiger Art lassen sich die sozialen Kosten nicht erfassen.[162] Allerdings muss an dieser Stelle darauf hingewiesen werden, dass bereits Schmalenbach sich bei seinen kostentheoretischen Arbeiten von dem Prinzip der gemeinwirtschaftlichen Wirtschaftlichkeit hat leiten lassen. Schmalenbach stellt heraus, dass privatwirtschaftlicher und gesamtwirtschaftlicher Nutzen oft auseinanderfallen. Die Betriebswirtschaftslehre müsse demzufolge exakt feststellen, durch welche Abrechnungsmethoden und durch welche Preispolitik der größte Gesamtnutzen erzielt wird.[163] Als logische Konsequenz sind dann diejenigen Güterverzehre, die nicht marktmäßig entgolten und die unter den gegebenen Marktverhältnissen nicht freiwillig und verhaltenswirksam einbezogen werden, mit Hilfe von umweltpolitischen Maßnahmen (Steuern, Gebühren, Auflagen, Verboten etc.) faktisch in eine Erweiterung des (wertmäßigen) Kostenbegriffs

---

[158] Kloock, a. a. O., S. 139

[159] Eichhorn, Umweltschutz aus der Sicht der Unternehmenspolitik, S. 636 f.

[160] Schreiner, Ökologische Herausforderungen an die Kosten- und Leistungsrechnung, S. 199

[161] Pfriem, Ansatzpunkte für ein ökologisches Rechnungswesen im Unternehmen, S. 64

[162] Heinen/Picot, a. a. O.,. S. 349 ff.

[163] Ebenda, S. 359 ff.

Aufwand		Umweltkosten
Neutraler Aufwand	Zweckaufwand	B

Grundkosten	Zusatz- und Anderskosten finanzwirtschaftlich	Zusatz- und Anderskosten durch Umweltbeanspruchung

pagatorische
Kosten

Substanzielle Kosten
(wertmäßiger Kostenbegriff)

Ökologische Kosten

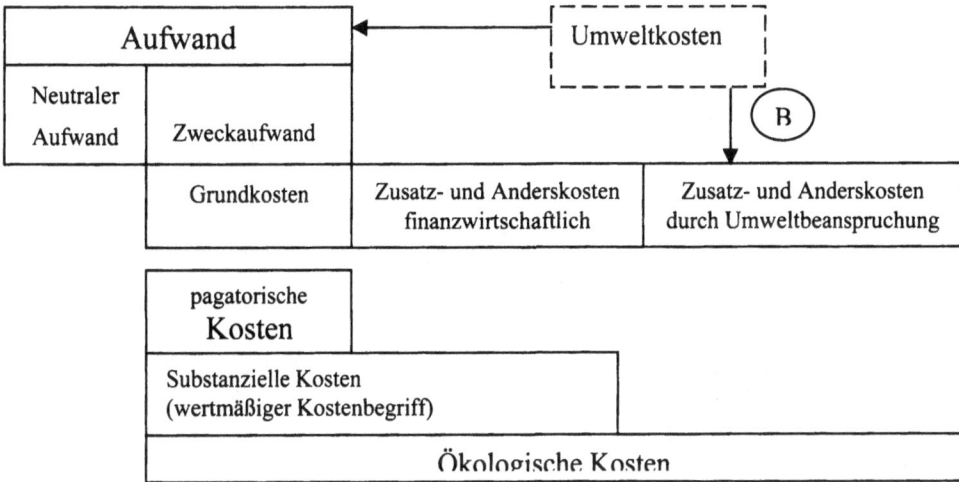

A: periodengerechte internalisierte Umweltkosten und Umweltkosten aus früheren Perioden
B: Externalisierte Kosten; von anderen Wirtschaftssubjekten zu tragen oder intertemporal
  verlagert

Abb. 3.20: Kostenbegriffe[164]

einzufügen. Eine gemeinwirtschaftliche Erfolgsrechnung hätte dementsprechend die negativen und positiven externen Effekte der unternehmerischen Aktivitäten widerzugeben.[165]

Aus der Diskussion um einen erweiterten Kostenbegriff kann das Fazit gezogen werden, dass der Kostenbegriff mengen- und wertmäßig um die ökologische Dimension erweitert oder ein neuer Begriff, parallel zum herkömmlichen Kostenbegriff Verwendung finden muss, um als Planungs-, Steuerungs- und Kontrollgröße für das betriebliche Umweltschutzziel fungieren zu können. Ein derart erweiterter Kostenbegriff müsste jeglichen Verzehr an Gütern und Diensten durch die betriebliche Leistungserstellung und -verwertung umfassen und die Bewertung müsste nach ökologischen Knappheitskalkülen erfolgen.[166] Die Konkretisierung könnte darin bestehen, dass sich die Kostenbewertung am Ziel einer umweltverträglichen Substanzerhaltung orientiert.[167] Als Höchstwert könnten die Kosten zur Wiederherstellung von Ausgangszuständen dienen, während der Niedrigstwert auf die Kosten der Vermeidung von Belastungen der Biosphäre bezogen werden könnte.[168]

---

[164] Schreiner, Ökologische Herausforderungen an die Kosten- und Leistungsrechnung, S. 200 f.
[165] Eichhorn, Gesellschaftsbezogene Unternehmensrechnung, S. 77
[166] Ebenda, S. 200
[167] Ebenda, S. 202 f.
[168] Betge, a. a. O., S. 532 ff.

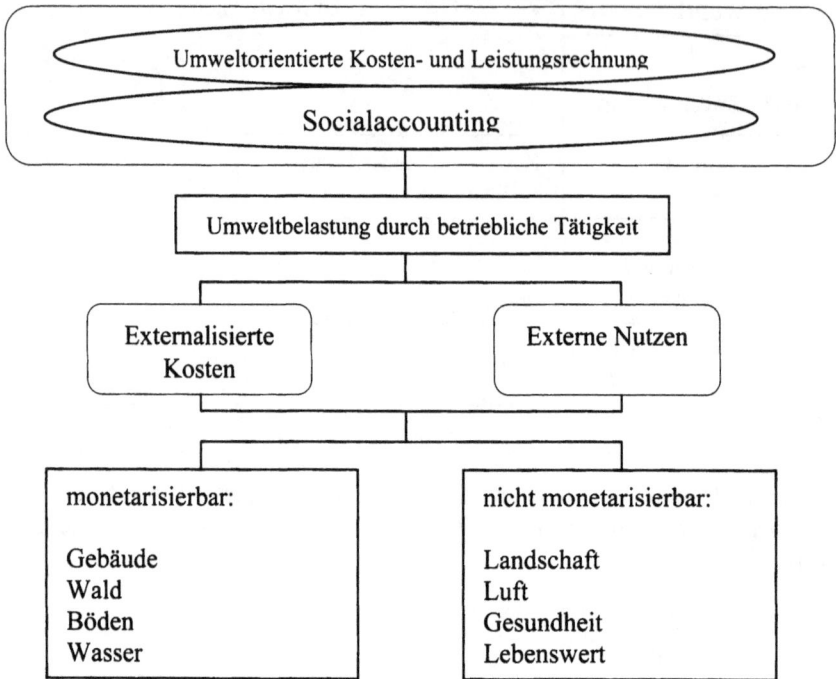

Abb. 3.21: Erweiterte Kosten- und Leistungsrechnung

Für das betriebliche Rechnungswesen würde dies bedeuten, dass insbesondere die Kosten- und Leistungsrechnung neben dem differenzierten Ausweis von Umweltschutzkosten und -leistungen einen gesonderten Rechnungszweig erhält, der als „Social Accounting" um die externen Effekte erweitert wird.[169] Zielsetzung ist es, noch nicht internalisierte Umweltbelastungen vollständig und systematisch zu erfassen und mit einem Kostensatz zu bewerten. Aus Unternehmenssicht stellen die damit verbundenen sozialen Kosten potentielle, künftige Kosten dar, sobald sie durch externe Umweltschutzauflagen internalisiert werden. „Es bietet sich daher an, die noch nicht internalisierten Umweltbelastungen aus Unternehmenssicht mit den Ausgabenbeträgen (Preisen oder Kosten) zu bewerten, die erforderlich sind, um diese Umweltbelastungen zu vermeiden, einer umweltverträglichen Verwertung zuzuführen oder zu entsorgen. Soziale Kosten sind daher mit betriebsnotwendigen Umweltschutzkosten bewertete, (sachzielorientierte), nicht internalisierte Umweltbelastungen.[170]

Falls zur Bewertung des Kostensatzes keine mögliche Umweltschutzaktion herangezogen werden kann, ergeben sich die anzusetzenden betriebsnotwendigen Umweltschutzkosten aus den Gewinneinbußen der dann zum Abbau von Umweltbelastungen stillzulegenden Produk-

---

[169] Schreiner, Umweltmanagement in 22 Lektionen, S. 253
[170] Frese/Kloock, a. a. O., S. 15

tionen. Dieser Ansatz einer ökologieorientierten Kostenrechnung ermöglicht eine Kostenpotentialanalyse, die

- künftige zusätzliche Umweltschutzkosten je Bezugsobjekt eines Unternehmens aufzeigen,
- besonders hohe Umweltschutzkostenpotentiale als mögliche Schwachstellen identifizieren sowie
- fehlende oder zu teure Umweltschutzaktionen aufdecken kann,

um auf Basis dieser Informationen eine flexible, den Handlungszwang externer Umweltschutzauflagen vermeidende und innovative Umweltschutzpolitik zu entwickeln und abzusichern.[171] Folgende Varianten für den Aufbau von operativen Umweltkostenrechnungen können daraus abgeleitet werden (siehe Abb. 3.22):[172]

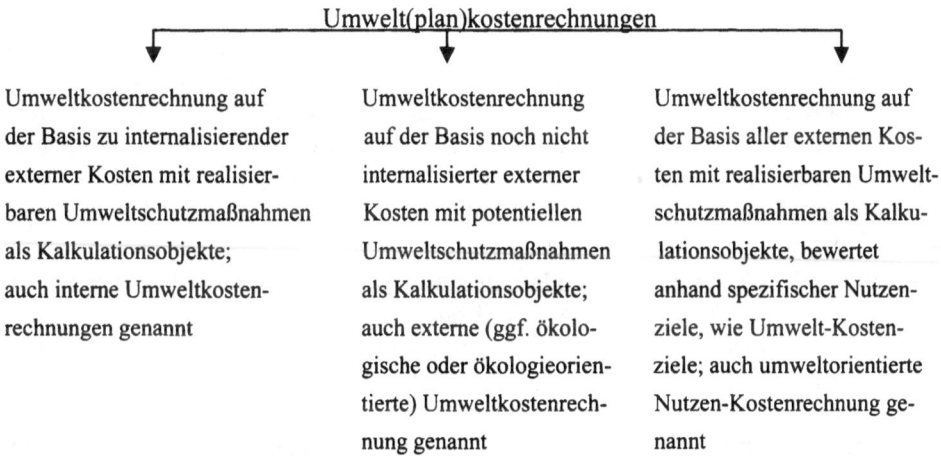

Umwelt(plan)kostenrechnungen		
Umweltkostenrechnung auf der Basis zu internalisierender externer Kosten mit realisierbaren Umweltschutzmaßnahmen als Kalkulationsobjekte; auch interne Umweltkostenrechnungen genannt	Umweltkostenrechnung auf der Basis noch nicht internalisierter externer Kosten mit potentiellen Umweltschutzmaßnahmen als Kalkulationsobjekte; auch externe (ggf. ökologische oder ökologieorientierte) Umweltkostenrechnung genannt	Umweltkostenrechnung auf der Basis aller externen Kosten mit realisierbaren Umweltschutzmaßnahmen als Kalkulationsobjekte, bewertet anhand spezifischer Nutzenziele, wie Umwelt-Kostenziele; auch umweltorientierte Nutzen-Kostenrechnung genannt

Abb. 3.22 Varianten operativer Umweltkostenrechnungen

Für den Aufbau einer ökologischen Kostenrechnung sind insbesondere die folgenden drei Probleme zu lösen:[173]

- Genaue Definition und Abgrenzung der nicht internalisierten Umweltbelastungen, ausgehend vom jeweiligen Stand der Technik. Dabei sind bereits gesetzlich vorgeschriebene bzw. bald zu erwartende Höchstbelastungswerte zu berücksichtigen;
- Erfassung aller möglichen Umweltschutzmaßnahmen (möglichst stellenspezifisch), die zur Vermeidung oder zum Abbau noch nicht internalisierter Umweltbelastungen geeignet und gemäß dem Stand der Technik realisierbar sind;
- Bewertung der künftigen betrieblichen Vermeidungs- und Abbauplankosten, einschließlich notwendiger Sicherheits- und Kontrollplankosten.

---

[171]   Ebenda, S. 16

[172]   Kloock, a. a. O., S. 140 ff.

[173]   Ebenda, S. 151

Diese ökologieorientierte Erweiterung der Kosten- und Leistungsrechnung wird als grundsätzlich geeignet angesehen, in eine Grenzplankostenrechnung integriert werden zu können.[174] Ebenso denkbar wäre eine Zurechenbarkeit betriebsexterner Umwelteinwirkungen als relative Einzelkosten, gemäß dem Ansatz von Riebel.[175] Damit könnte das gegenwärtig gebräuchliche Verursacherprinzip wegen seiner nicht zu gewährleistenden Willkürfreiheit umgangen werden.

Besonders interessant sind die Vorschläge zum Aufbau einer Umwelt-Budget-Rechnung, bei denen die planerische Komponente in den Vordergrund gerückt und versucht wird, das Rechenkonzept für umfassende Internalisierungen umweltschutzrelevanter externer Kosten, aber auch Erlöse, zu öffnen.[176] Die Umwelt-Budget-Rechnung basiert auf der sogenannten Pool-Rechnung. Ausgangspunkt der Pool-Rechnung sind Kosten-Pools, die mit Bezug auf die jeweiligen (Investitions-) Projekte als „fiktive Konten,, zwischen die Kostenstellen- und Kostenträgerrechnung geschaltet werden. Diese Konten nehmen sämtliche projektbezogenen Gemeinkosten (und auch Einzelkosten) auf und ordnen diese dann einzelnen Projekten zu. Sinnvoll ist eine Ergänzung durch Erlös- oder Nutzen-Pools.[177] Eine derart aufgebaute Umwelt-Budget-Rechnung ist als parallel zur bestehenden Kosten- und Erlösrechnung angelegtes Informationssystem zu charakterisieren, das darauf abzielt, zum einen Informationen über die noch nicht beachteten Umwelteinwirkungen betrieblicher Handlungen aufzubereiten sowie andererseits umweltschutzrelevante Kosten- und Erlöspositionen, die die bestehenden Erfolgsrechnungen bereits enthalten, transparent und damit plan- und steuerbar zu machen.[178]

Der Aufbau einer solchen Umwelt-Budget-Rechnung setzt eine differenzierte Grundrechnung der Kosten- und Erlösarten gemäß dem Konzept der Einzelkosten- und Deckungsbeitragsrechnung von Riebel voraus, die durch alle umweltrelevanten Kosten- und Nutzenwirkungen zu ergänzen ist (siehe dazu: Abb. 3.23 auf der übernächsten Seite).[179] Als negative externe Effekte gehen die Umweltbelastungen, bewertet einmal mit der Abgabenhöhe bzw. mit kalkulierbaren Größen (noch) fiktiver Emissionsverminderung oder Schadenssanierung, ein. Die positiven externen Effekte sind mit den rechenbaren Ansprüchen des Unternehmens an die Allgemeinheit zu bewerten.[180] Der Anteil der noch nicht an Projekte weitergegebenen Größen in den Kosten- und Nutzenpools weist auf künftige Betätigungsfelder für Umweltschutzaktivitäten hin.

Bei der Einbeziehung externer Effekte in eine umweltorientierte Kosten- und Leistungsrechnung ergeben sich ungelöste Abgrenzungs-, Erfassungs- und Bewertungsprobleme (siehe dazu: Kap. 2.3.3), die die Praktikabilität dieser Ansätze erheblich in Frage stellen.[181] Heinen/Picot sehen zwar auch die Problematik der Bewertung sozialer Kostengüterverzehre,

---

[174] Frese/Kloock, a. a. O., S. 12 ff.; Kloock, a. a. O., S. 144 ff.

[175] Betge, a. a. O., S. 522 f.; Riebel, Einzelerlös-, Einzelkosten- und Deckungsbeitragsrechnung als Kern einer ganzheitlichen Führungsrechnung, S. 925

[176] Wagner, Kosten der Umwelterhaltung in ihrer Bedeutung für die Unternehmenspolitik, S. 925

[177] Wagner/Janzen, a. a. O., S. 124 ff.

[178] Ebenda, S. 126

[179] Ebenda, S. 125; Meffert/Kirchgeorg, a. a. O., S. 11 ff.; Riebel, Einzelerlös-, Einzelkosten- und Deckungsbeitragsrechnung als Kern einer ganzheitlichen Führungsrechnung, S. 255 und S. 267 ff.

[180] Wagner/Janzen, a. a. O., S. 126 ff.

[181] Ebenda, S. 129; Meffert/Kirchgeorg, a. a. O., S. 121

meinen jedoch, dass damit ihre prinzipielle geldmäßige Bewertbarkeit nicht in Frage gestellt wäre. Als Ersatzkriterien könnten u.a. Vermeidungskosten für den einzelwirtschaftlich bewirkten Verzehr sozialer Kostengüter dienen. Mit Hilfe von kalkulatorischen Zusatzkosten könnten die sozialen Verzehrsarten ebenfalls rechenbar gemacht werden.[182]

Die Hoffnung, dass durch den Ansatz von Zusatzkosten umweltfreundlicheres Verhalten der Unternehmen angeregt wird, dürfte allerdings trügerisch sein. Solange das Gut „Umweltnutzung" unentgeltlich und in unbeschränktem Umfang erhältlich ist, können die dafür angesetzten Kostenwerte nur fiktiven Inhalts sein und deshalb bei unternehmerischen Entscheidungen keine Lenkungsfunktion ausüben. Das bedeutet, dass damit die Dispositionen nicht beeinflusst und insbesondere das Gewinnstreben zu Lasten der Umwelt nicht eingeschränkt werden.[183]

Diese Ansätze können außerdem die mehrfach aufgezeigten Mess- und Bewertungsprobleme nicht beseitigen. Erfolgsversprechender erscheinen dagegen Ansätze, die von vornherein bei sozialen Kosten auf eine monetäre Bewertung verzichten. Bei einer „bonitären" Verrechnung der sozialen Kosten stehen die Planung und Kontrolle des Mengenverbrauchs (z.B. Schadstoff- und Abfallmengenplanung und -kontrolle) im Vordergrund des Interesses.

Als Nebenrechnung kann damit eine informative Ergänzung der klassischen Kostenrechnung geschaffen werden. Die Problematik der Bestimmung eines Kostenwerts wird umgangen.[184] Mit Hilfe einer zielabhängigen ordinalen Gewichtung können die ermittelten Verbrauchsmengen in entscheidungsrelevante Informationen transformiert werden.[185]

Nach Heinen/Picot kommt der statistisch-mengenmäßigen Einbeziehung und qualitativen Bewertung von einzelwirtschaftlich bedingten sozialen Verbrauchsarten wegen des vereinfachten Vorgehens eine hohe praktische Bedeutung zu. Sowohl die Einführung von Schwellenwerten im Rahmen der Umweltschutzpolitik als auch die Erstellung unternehmensindividueller Umweltberichte basieren auf dieser Sichtweise.[186] Es verwundert deshalb nicht, dass die mengenbezogene Umweltbetrachtung starken Einfluss auf bestimmte Formen der Ökobilanzierung (siehe Kap. 3.3.2.) genommen hat.[187]

---

[182]   Heinen/Picot, a. a. O., S. 362

[183]   Strebel, Umwelt und Betriebswirtschaft, S. 65 f.

[184]   Heinen/Picot, a. a. O., S. 363

[185]   Der Verfasser sieht im Gegensatz zu Heinen/Picot (S. 363) in der Gewichtung keine Mussvorschrift

[186]   Heinen/Picot, a. a. O., S. 363

[187]   Siehe dazu: Pfriem, Ansatzpunkte für ein ökologisches Rechnungswesen im Unternehmen, S. 66

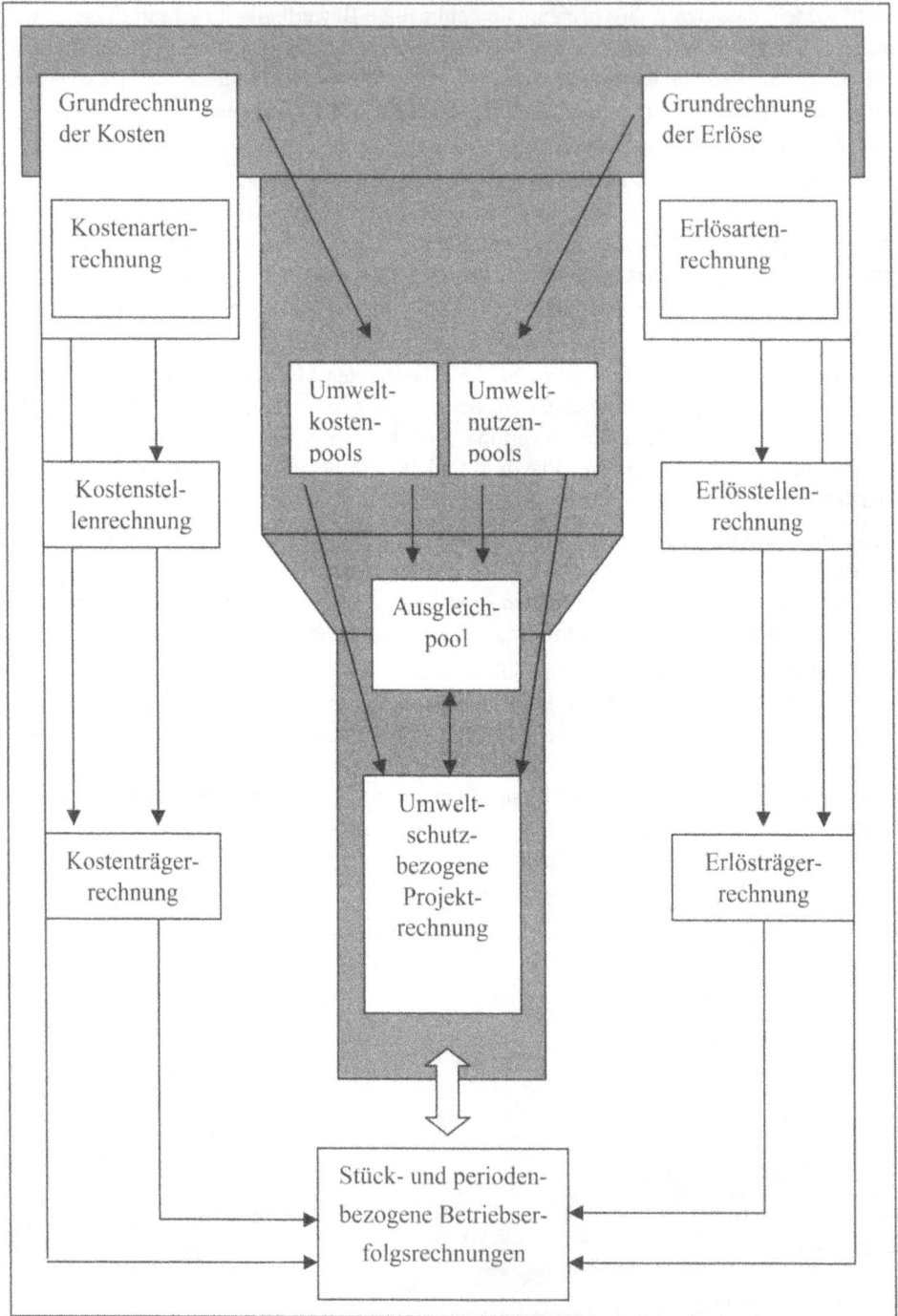

Abb. 3.23: Aufbau der Umwelt-Budget-Rechnung

Diese Ausrichtung an den mengenmäßigen Stoff- und Energieflüssen in Unternehmen – weg von einer rein monetären Bewertung – beherrscht seit gut 10 Jahren die betriebswirtschaftliche Diskussion i.V.m. Umweltkostenrechnungssystemen. Der Schwerpunkt wird dabei mehr auf eine prozessorientierte Betrachtungsweise gelegt, die vorrangig auf ein Umweltkostenmanagement zielt, welches versucht, Umweltkosten gezielt zu beeinflussen. Wie schon herausgearbeitet worden ist, wird einer vollständigen Erfassung externer Effekte bzw. sogenannter sozialer Kosten wegen der erwähnten Mess- und Bewertungsprobleme keine große Realisierungschance eingeräumt

Einen Überblick zu den Ansätzen einer „modernen" Umweltkostenrechnung liefert die folgende Abbildung.[188]

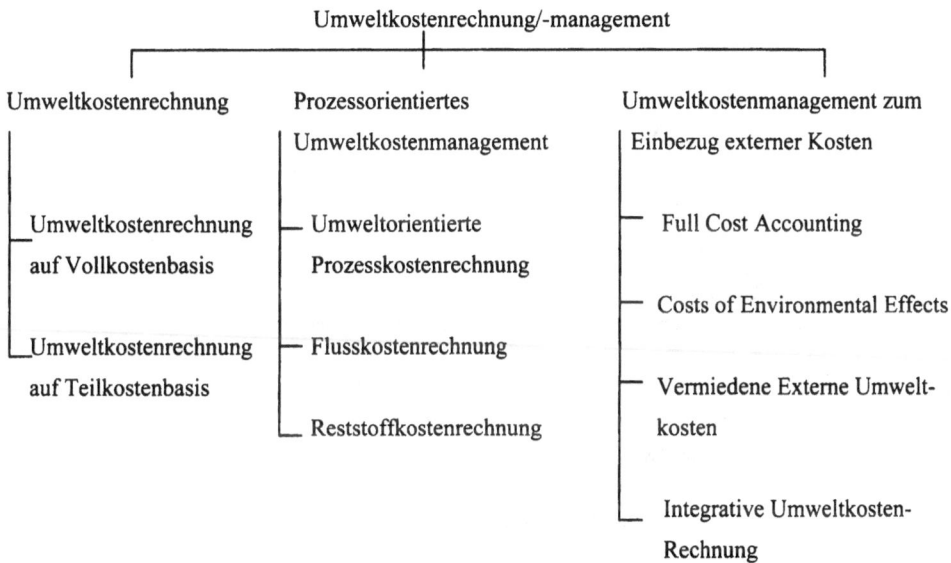

Umweltkostenrechnung/-management

Umweltkostenrechnung

Prozessorientiertes
Umweltkostenmanagement

Umweltkostenmanagement zum
Einbezug externer Kosten

Umweltkostenrechnung
auf Vollkostenbasis

Umweltkostenrechnung
auf Teilkostenbasis

Umweltorientierte
Prozesskostenrechnung

Flusskostenrechnung

Reststoffkostenrechnung

Full Cost Accounting

Costs of Environmental Effects

Vermiedene Externe Umweltkosten

Integrative Umweltkosten-
Rechnung

Abb. 3.24: Überblick zu Ansätzen betr. Umweltkostenrechnung/-management

Umweltkostenmanagementansätze, die den Einbezug externer Kosten propagieren, scheitern an unlösbaren Mess- und Bewertungsproblemen. Zudem sind externe Schäden für die Praxis nicht entscheidungsrelevant, da Unternehmen in aller Regel soziale Kosten nicht in ihr einzelwirtschaftliches Kalkül einbeziehen.[189] Prozessorientiertes Umweltkostenmanagement setzt bei der Erfassung der betrieblichen Stoff- und Energieströme an. Wie bei der Ökobilanzierung werden anhand eines Input-Output-Schemas die betrieblichen Stoff- und Energieflüsse (Wertschöpfung im Betrieb) vor allem für Produktionsstandorte bzw. einzelne Betriebsprozesse zugrundegelegt.[190]

---

[188]   Burschel/et al., a. a. O., S. 462
[189]   Fischer, Umweltkostenmanagement. Kosten senken durch praxiserprobtes Umweltcontrolling, S. 14 ff.
[190]   Kreeb, Umweltkostenmanagement, S. 467; Strobel/Wagner, a. a. O., S. 28 ff.

Input   Wertschöpfung/-vernichtung   Output

Produktmaterial		Produkt
Verpackungsmaterial		Verpackung
Betriebsstoffe		
Wasser		Reststoffe
Luft		
Energie		Abwärme

I - Interner Stoff- und Energiefluss - I

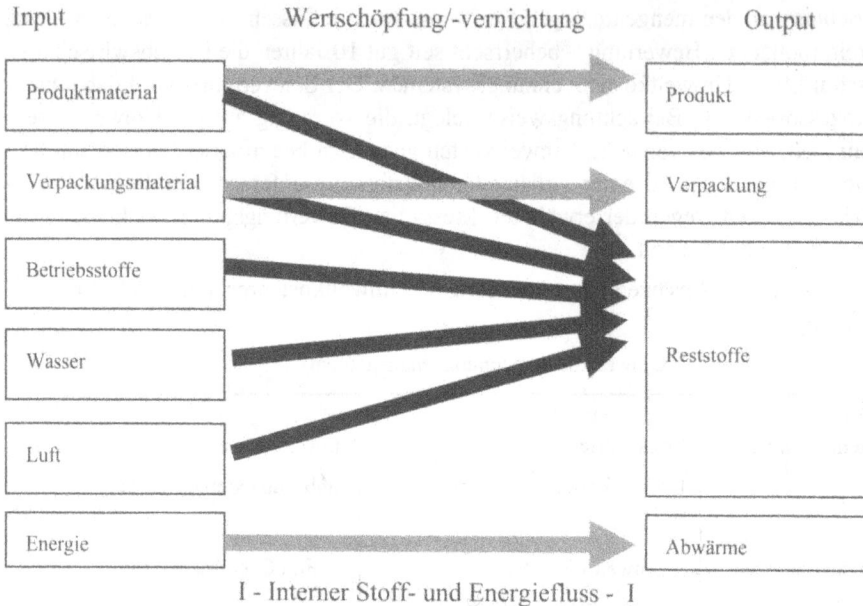

Abb. 3.25: Input-Output-Schema zu den betrieblichen Stoff- und Energieflüssen

In der ursprünglichen Form wird eine klassische Prozesskostenrechnung verwendet.[191] Der Schwerpunkt der Prozesskostenrechnung liegt in den indirekten Leistungsbereichen, in denen Gemeinkosten im Wesentlichen anfallen – dies gilt auch für die Umweltkosten. Für einzelne Hauptprozesse, die Umweltschutzaktivitäten beinhalten, werden nun die einzelnen Teilprozesse erfasst. Entscheidend für eine Beeinflussung dieser Umweltschutz-Prozesse ist das Auffinden der Kostentreiber, die letztlich die Umweltkosten verursachen. Für den Prozessbereich Entsorgungsabwicklung sind beispielhaft Prozesse und Tätigkeiten dargestellt.[192]

Diese Herangehensweise bringt zwar Transparenz in den indirekten Leistungsbereichen und die dort verursachten Gemeinkosten, eine umfassende Erhebung prozessbezogener Umweltkosten ist damit jedoch nicht zu erwarten. Hierzu ist als Grundlage zunächst eine Stoff- und Energiebilanzierung für Standorte bzw. besonders belastende Betriebsprozesse von Nöten. Als Hilfsmittel dient durchaus die Prozesskostenrechnung.

Die Flusskostenrechnung, als eine Variante der prozessorientierten Umweltkostenrechnungen, trägt der Tatsache Rechnung, dass Stoffkosten bei vielen Unternehmen einen großen, wenn nicht gar den größten Teil der Kosten ausmachen.[193] Gesamtwirtschaftlich betrachtet, betragen die Kosten des Materialdurchsatzes (Materialkosten + Folgekosten) im verarbeitenden Gewerbe im Durchschnitt mehr als das Zweifache der Personalkosten.[194]

---

[191] Zur Prozesskostenrechnung, Müller, Gemeinkosten-Management – Vorteile der Prozeßkostenrechnung
[192] Holze, a. a. O., S. 211 ff.
[193] Burschel/et al., a. a. O., S. 483
[194] BUND/et al., a. a. O., S. 348

Prozessbereich: Entsorgungsabwicklung		
Hauptprozesse	**Teilprozesse**	**Tätigkeiten**
Demontage (HP1)	• Zerlegung der Altprodukte und Reststoffe in Einzelteile und Stoffgruppen (TP 1)	• filtrieren, destillieren, absorbieren und magnetische Trennung • sicherstellen der Demontierfreundlichkeit
Deponierung (HP 2)	• Verträge mit Fremdentsorgern abschließen (TP 2)	• Verträge ausarbeiten • Entsorger auswählen
	• Abfallsammlung (TP 3)	• sammeln von deponierbaren Abfällen • aufstellen von Sammelbehältern • sortieren der Abfälle
	• Transportvorbereitung (TP 4)	• Transportmöglichkeiten zur Verfügung stellen • Verladung vorbereiten • lagern der Abfälle
Stoffliche Wiederverwendung (HP 3)	• Behandlung der Reststoffe (TP 5)	• entwässern, zerkleinern, verfestigen, oxidieren, hydrieren, einbinden von Stoffen • Bereitstellen der unterschiedlichen maschinellen Voraussetzungen

Abb. 3.26: Prozesse und Tätigkeiten im Prozessbereich „Entsorgungsabwicklung"

Flusskosten resultieren aus der horizontalen Addition sämtlicher Kosten, die auf dem Weg der innerbetrieblichen Leistungserstellung vom Input zum Output anfallen.[195] Flusskosten sind somit all diejenigen Kosten, die mit den betrieblichen Stoff- und Energieflüssen zusammenhängen. Darin enthalten sind die

- Ausgaben für die Inputfaktoren Material und Energie, interne Flusskosten genannt;
- Ausgaben, die für Transport, Lagerung und Bearbeitung von Stoffen entstehen
- sowie Outputeinnahmen bzw. -ausgaben, die für den Verkauf der Produkte bzw. die Entsorgung von Abwässern und Abfällen anfallen.[196]

Die Zielsetzung besteht darin, die mit den Stoffströmen verbundenen Kosten verursachergerecht zuzuordnen und die kostenverursachenden Einflussfaktoren zu bestimmen. Bei der Flusskostenrechnung wird berücksichtigt, dass nahezu jeder betriebliche Funktionsbereich bei seinen Entscheidungen auf die Materialflüsse einwirkt. Trifft beispielsweise die Beschaffungsabteilung beim Einkauf von Verpackungen ihre Entscheidung preisorientiert, so versucht sie damit ihr Abteilungsoptimum zu erlangen. Werden allerdings durch diese Verpa-

[195] Burschel/et al., a. a. O., S. 483
[196] Ebenda, S. 482 f.

ckung in der Versandabteilung ein erhöhter Ausschuss bzw. Qualitätsprobleme erzeugt, so ist die Beschaffungsentscheidung aus ganzheitlicher Sicht suboptimal.[197]

Häufig gilt, dass die Summe der Einzeloptima noch lange kein Gesamtoptimum ergibt. Zunächst geht es darum, eine Stoff- und Energiebilanzierung für den Standort, eine Abteilung, einen Prozess oder ein Produkt vorzunehmen. Dabei sind drei Schritte wesentlich:[198]

1. Festlegung der Systemgrenzen, z.B. Standortabgrenzung;

2. Feststellung und Kategorisierung der ein- und ausgehenden Stoff- und Energieflüsse (Bilanzstruktur);

3. Feststellung der Flussmengen (Datenerhebung).

Die Erstellung eines Flussmodells basiert zunächst auf einer Standortbilanz, die die Stoff- und Energieflüsse auf der Input- und Outputseite erfasst.[199] Der Betrieb (Standort) wird noch als Blackbox behandelt. Stoffflussmodelle öffnen nun diese Blackbox und zeigen die Beziehungen zwischen Input- und Outputströmen auf. Wegen der hohen Komplexität betrieblicher Prozesse werden sich Stoffflussmodelle i.d.R. auf ausgewählte Flussläufe bzw. -segmente beschränken. Die Grundstruktur derartiger Flussmodelle ergibt sich dann aus einer Erhebung und Analyse der Prozesse, die die Stoff- und Energieflüsse direkt beeinflussen. In der folgenden Abbildung ist ein Flussmodell bezogen auf Produktmaterial eines Pharmaunternehmens gegeben. Die Erfassung dieser mengenbezogenen Daten beruht auf Datenbeständen aus der Materialwirtschaft (z.B. Stücklisten) bzw. dezentralen Datenbanken, wie z.B. Produktionsstatistiken, Abfall-, Abwasser- und Gefahrstoffdaten.

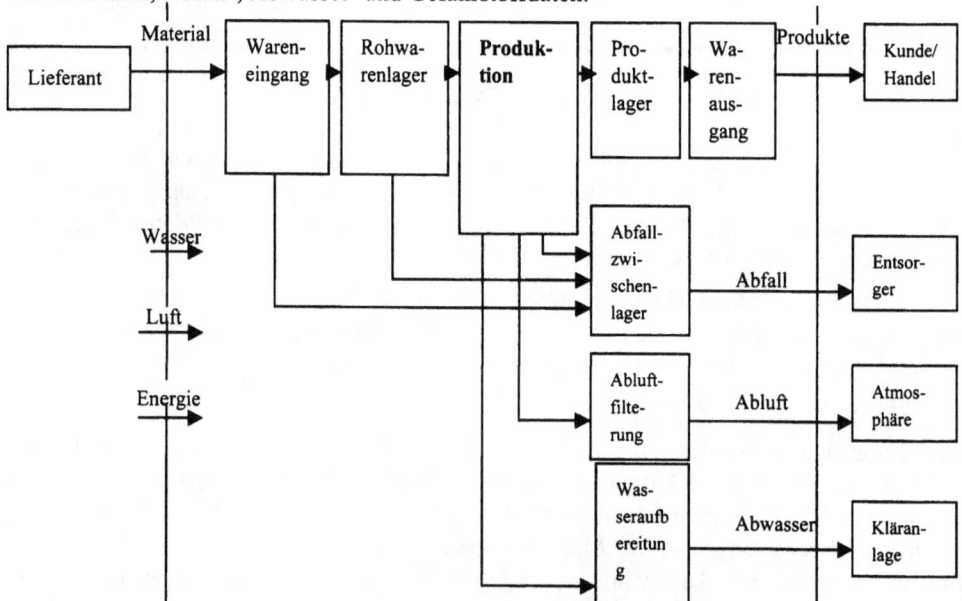

Abb. 3.27: Flussmodell für Produktmaterial eines Pharmaunternehmens

---

[197] Ebenda, S. 486

[198] Strobel/Wagner, a. a. O., S. 33 ff.; auf die Stoff- und Energiebilanzierung wird in Kap. 3.3.2.4 noch näher eingegangen

[199] Strobel/Wagner, a. a. O., S. 39-54; Burschel/et. al., a. a. O., S. 484 f.

In einem zweiten Schritt werden die Stoffflüsse mit ihren Kosten bewertet.[200] Dies geschieht, indem jedem Fluss der reine Materialwert inklusive der Materialnebenkosten zugerechnet wird. Auch für innerbetriebliche Flüsse erfolgt diese Kostenzuordnung, ebenso wie für Flüsse, die das Unternehmen in Form von Abfall verlassen. Des Weiteren werden den Stoffflüssen die Bearbeitungskosten zugewiesen, die in den Mengenstellen bzw. als Prozesskosten entstehen. Die Kosten in den Mengenstellen[201] werden durch die Aufrechterhaltung und den Betrieb der jeweiligen Mengenstelle verursacht – in erster Linie sind dies Personalkosten und Abschreibungen. Diese Bearbeitungskosten werden anhand von bestimmten Schlüsseln auf die von einer Mengenstelle ausgehenden Flüsse verteilt. Zu guter letzt werden den Flüssen, die das Unternehmen verlassen, die Entsorgungskosten zugewiesen; neben den direkten Entsorgungskosten (z.B. Gebühren) gehören dazu auch eventuelle Nebenkosten, wie z.B. Transportkosten.

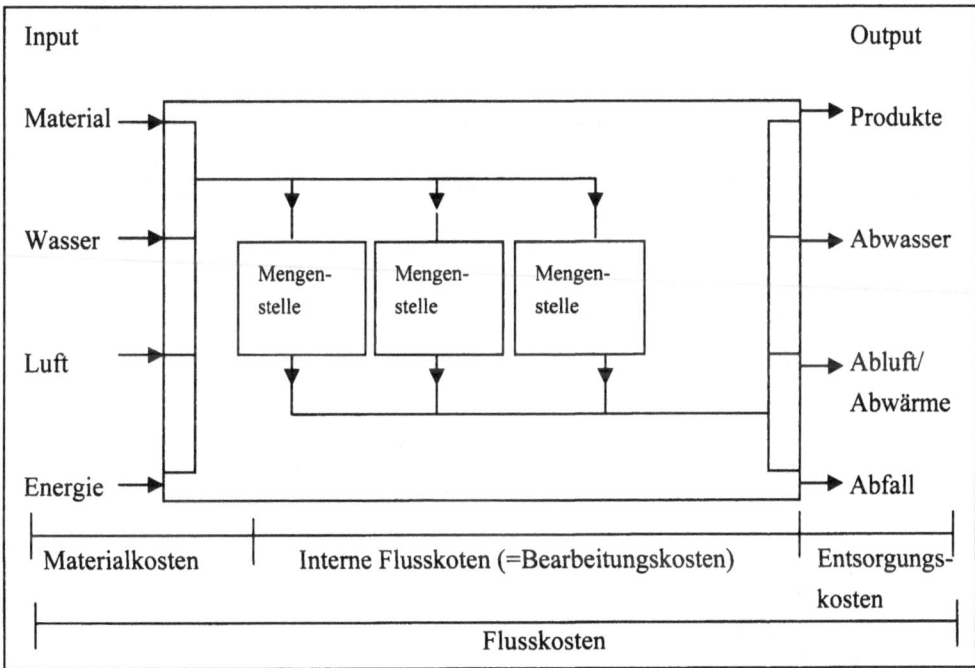

Abb. 3.28: Flusskostenrechnungssystem

---

[200] Einen Überblick liefert Abb. 3.28, in: Strebel/Wagner, a. a. O., S. 53; Burschel/et al., a. a. O., S. 484

[201] Mengenstellen sind Einheiten, an denen Material und Energie anfällt, z.B. Lager, Produktions- und Kläranlagen

Mit Hilfe einer Flusskostenmatrix, welche die Flusskosten anhand der Outputs differenziert, kann ein strukturierter Überblick über die jeweiligen Kosten der Flüsse gewonnen werden.[202]

Kosten-block	Material-kosten	Bearbeitungskosten (=anteilige Mengenstellenkosten)		Entsor-gungskosten	Flusskosten gesamt	
Fluss-etappe	Input	Vor Pro-duktion	Produktion	Nach Produktion	Output	Summe	Anteil an Herstell-kosten
Produkt	100 Tsd. €	9 Tsd. €	40 Tsd. €	1 Tsd. €		150 Tsd. €	75 %
Verpackung	10 Tsd. €	1 Tsd. €	2 Tsd. €	1 Tsd. €	2 Tsd. €	16 Tsd. €	8 %
Reststoffe	19 Tsd. €	2 Tsd. €	5 Tsd. €	2 Tsd. €	2 Tsd. €	30 Tsd. €	15 %
Energie	3 Tsd. €	1 Tsd. €				4 Tsd. €	2 %
Summe	132 Tsd. €	13 Tsd. €	47 Tsd. €	4 Tsd. €	4 Tsd. €	200 Tsd. €	100 %

Abb. 3.29: Flusskostenmatrix

Die Vor- und Nachteile der Flusskostenrechnung sind aus der folgenden Auflistung ersichtlich.[203]

- Die Flusskostenrechnung zeigt auf, dass ein verbesserter Umweltschutz durch veränderte und verringerte Stoff- und Energieströme zu insgesamt geringeren Kosten führen kann.
- Die Kostentransparenz wird erhöht. Es werden Kostentreiber und Kostensenkungspotentiale aufgedeckt, die im Einflussbereich des Unternehmens liegen.
- Umweltauflagen werden nicht als treibender Faktor von Umweltschutz dargestellt.
- Die Flusskostenrechnung kann auch die Kosten unterlassenen Umweltschutzes abbilden.
- Es findet eine flussorientierte Gesamtoptimierung und keine isolierte Teilbereichsoptimierung statt.
- Eine Aufspaltung der Kosten in umweltschutzbedingt und nicht umweltschutzbedingt ist nicht erforderlich. Daher ergeben sich keine Abgrenzungsprobleme, was insbesondere für die Bewertung integrierter Umweltschutzverfahren von Bedeutung ist.

Nachteile einer Flusskostenrechnung:

- Der Aufwand für eine Flusskostenrechnung ist relativ hoch, da eine hohe Transparenz der Stoff- und Energieströme sichergestellt werden muss.
- Material- und Entsorgungskosten können gut einzelnen Strömen zugerechnet werden. Schwieriger ist die Erhebung und Zurechnung der internen Fließkosten. Während bei den physischen Fließkosten (Lagerung, Bearbeitung, Transport) eine Zuordnung auf

---

[202]   Fichter/ et al., Flusskostenmanagement, S. 73
[203]   Ebenda, S. 75 f.; Burschel/et al., a. a. O., S. 487

- Basis der Material- und Energieströme noch relativ verursachergerecht möglich ist, ist dies bei der Zuordnung der informatorischen Fließkosten (Kosten aus Materialbeschaffung und Disposition) weitaus problematischer.
- Der hohe Aufwand hält viele Unternehmen davon ab, die Flusskostenrechnung dauerhaft in das Managementsystem zu integrieren.

Ein weiterer prozessorientierter Ansatz soll noch kurz dargestellt werden, die Reststoffkostenrechnung. Es ist davon auszugehen, dass durch ein Zurückverfolgen der Reststoffströme (Abfälle, Abwasserfrachten, Ausschuss) zum Ausgangspunkt ihrer Entstehung und eine genauere Ursachenanalyse sich häufig erhebliche Kostensenkungspotentiale erschließen lassen.[204]

Im Werk Mindelheim der KUNERT AG, einem umweltbewussten Unternehmen der „ersten Stunde", haben sich als die wichtigsten Reststoffkosten-Verursacher und Themen die folgenden Probleme herauskristalisiert:[205]

1. Qualitätsprobleme in Form von Maschinenausfall und Nacharbeit;
2. Umadjustieren und Umfärben von Waren, die aus verschiedenen Gründen neu etikettiert, umgepackt bzw. neu gefärbt werden mussten;
3. Abwasser;
4. Abwärme.

Die Analyse dieser Reststoffkosten bestätigt, dass die Entsorgungskosten nicht den wesentlichen Anteil an den Umweltkosten ausmachen, sondern die Einkaufswerte der Materialien, die in der ersten Position „Maschinenausfall und Nacharbeit" steckten.

Demzufolge ergeben sich allgemein als relevante Reststoffkosten,[206]

- Kosten für die Vermeidung von Umweltbelastungen, die als Zusatzkosten für einen integrierten Umweltschutz des Unternehmens entstehen. Beispielsweise gehören dazu erhöhte Kosten für umweltfreundliche Reststoffe bzw. höhere Investitionsausgaben für reststoffarme Fertigungsanlagen. Da diese Vermeidungskosten nicht anfallen würden, hätte das Unternehmen auf Umweltschutzmaßnahmen verzichtet, ist ihre Bestimmung aufwendig, selten eindeutig und objektivierbar.
- Kosten für die Produktion von Reststoffen beinhalten den Aufwand, den die Reststoffe vor dem Punkt ihres Anfalls verursachen, z.B. anteilige Einkaufs-, Lager- und Transportkosten. Auch hier fehlt es an einer vollständigen und unternehmensweiten Erfassung.
- Kosten für die Entsorgung umfassen den gesamten Aufwand, der für die anfallenden Reststoffe entsteht. Hierunter fallen Personalkosten sowie Investitions- und Betriebskosten im end-of-pipe Umweltschutz, aber auch Zahlungen in Form von Abfallgebühren etc.. Diese Kosten gelten allgemein als entscheidungsrelevante Umweltkosten, sind jedoch „eklatant unvollständig". Jeder vermiedene Reststoff vermeidet auch Einkaufs-, Lager- und Transportkosten; somit sind die Kosten für die Produktion von Reststoffen ebenfalls entscheidungsrelevant.
- Externe Kosten der Umweltbelastungen verkörpern eine monetäre Bewertung der Schäden, den die betrieblichen Reststoffe an Flora und Fauna oder an der menschlichen Ge-

---

[204] Strobel/Wagner, a. a. O., S. 42

[205] Wucherer/et al., a. a. O., S. 96 f.

[206] Fischer, a. a. O., S. 14 f.

sundheit beispielsweise verursachen. Die Bewertung dieser Schäden ist mit großen Aufwand und erheblichen Datenunsicherheiten verbunden. Wie schon erwähnt, beziehen Unternehmen soziale Kosten nur in Ausnahmefällen in ihr einzelwirtschaftliches Kalkül – externe Kosten sind somit keine geeignete Grundlage für ein kostenorientiertes Umweltmanagement.

Reststoffkosten sollten nicht als Umweltkosten bezeichnet werden.[207] Damit werden nämlich Umweltschutz bzw. gesetzliche Umweltschutzauflagen als Kostentreiber gesehen, was einer defensiven Umweltpolitik Vorschub leistet.

Für die Beeinflussung von Reststoffen sind vielmehr folgende Kostentreiber bedeutsam:[208]

Kostenentstehungs -und Kostensenkungsanalyse		
Output-Art	Output-Grund	Kosten-Treiber
Produkt	Betriebszweck	Produktvielfalt (Produktverpackung) Formenvielfalt (Produktverpackung)
Produktverpackung	Schutzfunktion	Materialgewicht
	Verkaufsfunktion	Materialvielfalt
Infozettel		Handling
Beileghefte	Informationsfunktion Informationsfunktion	
Transportverpackung	Schutzfunktion	Art, Menge, Vielfalt
Reststoffe Produkte	Produktionsausschuss Verfall Lagerschaden	Auftragsgröße (Charge) Fehlcharge, Verschnitt Produktvielfalt Disposition/Lagerbestand
Produktmaterial	Retouren Verfall Lagerschaden	Transport Haltbarkeit
Umverpackung Transportverpackung Werbematerial Betriebsstoffe Restenergie	Anlieferungen Lagerschaden Verfall, Überalterung Nutzung Energieumwandlung	

Abb. 3.30: Kostenentstehungs- und Kostensenkungsanalyse

Wie an dieser Darstellung deutlich wird, erfordert die Erfassung und Zuordnung der Rohstoffkosten eine „durchgängige" Transparenz bezogen auf die Stoffströme,[209] da entlang des

---

[207] Ebenda, S. 16

[208] Strobel/Wagner, a. a. O., S. 56

[209] Fischer, a. a. O., S. 17 f.

Reststoffstromes – vom Wareneingang bis zur Abholung durch den Entsorger – relevante Kosten entstehen.

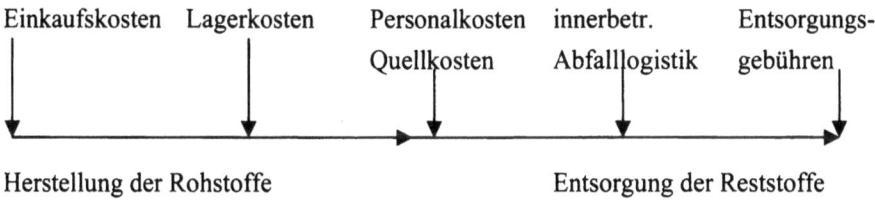

Einkaufskosten Lagerkosten   Personalkosten innerbetr.   Entsorgungs-

                                Quellkosten   Abfalllogistik gebühren

Herstellung der Rohstoffe   Entsorgung der Reststoffe

Abb. 3.31: Erfassung von Reststoffkosten

Zusätzlich muss bekannt sein, welche Einsatzstoffe der Reststoff in welcher Menge enthält, wo er zum ersten Mal als Reststoff auftritt und welche relevanten Kostenstellen die enthaltenen Stoffe vor und nach ihrem Anfall als Reststoff durchlaufen. Dazu sollte transparent gemacht werden, mit welchen Produkten seine Entstehung vorrangig verbunden ist.

Reststoffkosten betragen in der betrieblichen Praxis immerhin 5 bis 15 % der Gesamtkosten. Allerdings wird im konventionellen Rechnungswesen nur die Spitze des Eisberges gemessen, i.d.R. nur Entsorgungsgebühren und ein Teil der internen end-of-pipe-Kosten. Vergleichbar mit der Flusskostenrechnung schreckt der immense Aufwand Unternehmen davon ab, eine Reststoffkostenrechnung zu implementieren.

3.3.1.3 Kennzahlen(systeme) und Indikatoren

Kennzahlen und Kennzahlensysteme sowie Indikatoren gelten in allen Funktionsbereichen wie auch für Querschnittsfunktionen als beliebte Steuerungsinstrumente in der betrieblichen Praxis. Kennzahlen verkörpern quantitative Größen, die die Realität komprimiert widergeben. Kennzahlensysteme fassen Einzelkennzahlen zu einem System gegenseitig abhängiger und sich ergänzender Größen zusammen. Indikatoren sind indirekte Anzeiger von Entwicklungen.[210] In der Praxis werden die Begriffe nicht strikt getrennt, dies gilt insbesondere für Kennzahlen und Indikatoren. Indikatoren liegen häufig in quantifizierter Form vor, sie können aber auch als qualitative Einflussfaktoren, wie z.B. Konsumentenstimmungen, auftreten. In Verbindung mit einem betrieblichen Umweltmanagement können Kennzahlen auf der Grundlage der eingesetzten Instrumente und Methoden abgeleitet werden. So können Umweltkostenrechnungssysteme, aber gerade auch Stoff- und Energiebilanzen auf verschiedenen Ebenen die Basis für die Kennzahlenbildung liefern.

Allgemein werden betriebswirtschaftliche Kennzahlen in dreifacher Hinsicht angewendet:[211]

* Als Maßzahlen dienen sie der Darstellung betrieblicher Istvorgänge;
* Richtzahlen geben einen Anhaltspunkt für Quervergleiche, z.B. mit dem Branchendurchschnitt;
* Standardzahlen besitzen Vorgabecharakter, d.h. sie stellen Normwerte dar.

---

[210]   Müller, Grundzüge eines ganzheitlichen Controllings, S. 213 ff.
[211]   Eichhorn, Gesellschaftsbezogene Unternehmensrechnung und betriebswirtschaftliche Sozialindikatoren, S. 159 f.

Kennzahlen, die sich ausschließlich an den getätigten Umweltschutzaufwendungen orientieren, besitzen wenig Aussagekraft. Mit ihnen können die belastenden Einwirkungen auf die natürliche Umwelt nicht vollständig angegeben werden. Beispielsweise stellt das Verhältnis der Umweltschutz-Kosten zu den Gesamtkosten keine valide Messgröße für die Umweltperformance der Organisation dar. Allgemein sind monetäre Größen durch kurzfristige Angebots- und Nachfrageverhältnisse verzerrt, drücken kaum die absolute Knappheit aus und enthalten keine externen Kosten.[212]

Aussagekräftige ökologische Kennzahlen für das Unternehmen ergeben sich vor allem dann, wenn auf der Basis von Stoff- und Energiebilanzen stofflich-energetische Maßgrößen und Kennzahlen ermittelt werden können. Dementsprechend kann ein relativ einfach aufgebautes Kennzahlensystem zu den folgenden Bereichen entwickelt werden:[213]

- Material,
- Energie,
- Abfall,
- Emissionen in Luft und Wasser.

Die Maßeinheiten werden hierbei aus physikalischen Größen, wie z.B. Kilogramm, abgeleitet.

Für den einzelnen Bereich empfiehlt es sich z.B., folgende Kennzahlen zu bilden,

- Materialkennzahlen:[214]

$$\text{Stoffeffizienz} = \frac{\text{Produkt/Prozessoutput}}{\text{Stoffinput}}$$

wobei für Roh-, Hilfs- und Betriebsstoffe gesonderte Effizienzkennzahlen ermittelt werden können.

$$\text{Recyclingquote} = \frac{\text{Anteil des recycelten Materials p. a.}}{\text{Gesamtmaterialverbrauch pro Jahr}}$$

- Energiekennzahlen:[215]

$$\text{Energieträgerquote} = \frac{\text{Energieeinsatz (je Energieträger)}}{\text{Gesamtenergieeinsatz}}$$

Energieeinsatz (je Energieträger)

---

[212] Stahlmann, Ökocontrolling, S. 378

[213] Schreiner, Ökologische Herausforderungen an die Kosten- und Leistungsrechnung, S. 213; Hallay, Aufbau eines betrieblichen Umwelt-Controllings, S. 48 ff.; Stahlmann, Ökocontrolling, S. 378 ff.

[214] Hallay, Aufbau eines betrieblichen Umwelt-Controllings, S. 49; Stahlmann, Umweltorientierte Materialwirtschaft. Das Optimierungskonzept für Ressourcen, S. 141 ff.

[215] Hallay, Aufbau eines betrieblichen Umwelt-Controllings, S. 50

$$\text{Energieeffizienz} \quad = \quad \frac{}{\text{Produkteinheiten/Laufzeit der Masch}}$$

- Abfallkennzahlen:[216]

$$\text{Abfallkategoriequote} \quad = \quad \frac{\text{Abfallmenge (je Kategorie)}}{\text{Gesamtabfallmenge}}$$

$$\text{Reinheitsquote} \quad = \quad \frac{\text{Sortenreine Abfallmenge (je Kategorie)}}{\text{Gesamtabfallmenge (je Kategorie)}}$$

$$\text{Erfassungsquote} \quad = \quad \frac{\text{Erfasste Abfallmenge (je Kategorie)}}{\text{Reale Menge (je Kategorie)}}$$

Für die reale Abfallmenge kann eine verallgemeinerungsfähige Stichprobe dienen.

- Kennzahlen zu Emissionen in Luft und Wasser:[217]

Zunächst können für die einzelnen Belastungsarten Einzelquoten gebildet werden, z.B. Emissionsmenge je Outputeinheit. Für den Wasserverbrauch empfiehlt es sich eine Kategoriequote und eine Effizienzkennzahl zu bestimmen.

$$\text{Wasserkategoriequote} \quad = \quad \frac{\text{Wasserinput (je Kategorie)}}{\text{Wassergesamtverbrauch}}$$

$$\text{Wassereinsatzeffizienz} \quad = \quad \frac{\text{Wasserinput (je Kategorie bzw. gesamt)}}{\text{Produkteinheiten/Leistung (je Periode)}}$$

Für die eingesetzten Stoffe, die relevante Luftemissionen verursachen, ist ebenfalls jeweils die Einsatzeffizienz zu bestimmen.

Für einen metallverarbeitenden Industriebetrieb sind folgende betriebsbezogene Kennzahlen ermittelt worden:[218]

---

216 Ebenda, S. 50 f.

217 Ebenda, S. 51 f.

218 Ebenda, S. 53

| 1. Einsatzrohstoffverbrauch:
-Rohstoffe
-Hilfsstoffe

2. Einsatzstoffeffizienz
-Rohstoffe
-Hilfsstoffe
-Betriebsstoffe

3. Gefahrstoffeinsatz
-Anzahl
-Menge
-durchschnittliche Lagerdauer | 4. Energieeinsatz
-Energieverbrauch
-Energieträger

5. Wasserverbrauch
-Wassereffizienz
-CSB/BSB5 Durchschnitt

6. Luftbelastung
-Menge und Einsatzeffizienz für die Parameter:
Lösemittel (Halogenhaltig)
Lösemittel (Halogenfrei)
Kohlendioxid
No_x (Stickoxide)
Schwefeldioxid |

Abb. 3.32: Betriebsbezogene Kennzahlen für einen metallverarbeitenden Betrieb

Diese relativen Kennzahlen eignen sich in erster Linie für Zeit- und Quervergleiche. Der eintretende Erfolg in der Reduzierung von Umweltbelastungen wird damit nicht hinreichend dokumentiert, da Mengenerhöhungen des Outputs Umweltentlastungswirkungen kompensieren können.[219] Deshalb ist es erforderlich, neben die relativen Kennzahlen die Entwicklung der absoluten Werte zu stellen. Die Problematik bei der Anwendung solcher Kennzahlensysteme liegt einmal darin, geeignete Richt- und Standardvorgaben zu finden. Für eine umweltorientierte Unternehmensstrategie könnten die Unternehmenszielsetzungen im Hinblick auf die Umweltschutzziele darin bestehen, vorhandene bzw. in der Öffentlichkeit diskutierte Grenzwerte um einen bestimmten (erheblichen) Prozentsatz zu unterschreiten, soweit die technischen Möglichkeiten dazu gegeben sind. Zum anderen gewinnt ein solches Kennzahlensystem in dem Umfang an Funktionsfähigkeit, wie im Unternehmen die Erfahrungen über Wirkungszusammenhänge einzelner ökologischer Faktoren (Kennzahlen) zunehmen.[220] Ein zentrales Problem bei Effizienzkennzahlen besteht darin, dass die Effizienzverbesserungen laufend durch Mengeneffekte überkompensiert werden. Zwar wird beispielsweise die Effizienz der Verbrennungsmotoren ständig verbessert, gleichzeitig steigen aber Motorenleistung und Fahrleistungen im Individualverkehr (gerade auch global betrachtet).[221]

Während betriebliche Kennzahlensysteme sich meistens logisch-deduktiv aus dem Zielbegriff der klassischen Erfolgsrechnung (Gewinn als Oberziel) ableiten, sollen mit Hilfe sozialer Indikatoren begrifflich wenig präzisierte Zielinhalte wie Lebens- oder Umweltqualität etc. überhaupt erst operationalisiert werden.[222]

Sozialindikatoren erweisen sich dann als sinnvoll, wenn mit ihnen ein Urteil über den Erfüllungsgrad eines oder mehrerer Ziele gefällt werden kann. Voraussetzung dafür ist die Kennt-

---

[219] Clausen, Ökologische Kennzahlen für Unternehmen, S. 10

[220] Hallay, Aufbau eines betrieblichen Umwelt-Controllings, S. 48

[221] Stahlmann, Ökocontrolling, S: 379; siehe auch: Kanning, a. a. O., S. 20 f.

[222] Picot, Betriebswirtschaftliche Umweltbeziehungen und Umweltinformationen, S. 207 f

nis der gesellschaftlichen (hier umweltbezogenen) Ziele des Unternehmens.[223] Dies verlangt eine normative Präzisierung des Zieles „Umweltschutz" durch exakt beschriebene Zwischen- und Unterziele, um die sozialen Erfordernisse und die Effizienz der Unternehmensaktivitäten auf dem Gebiet des Umweltschutzes quantifizieren und messen zu können.[224]

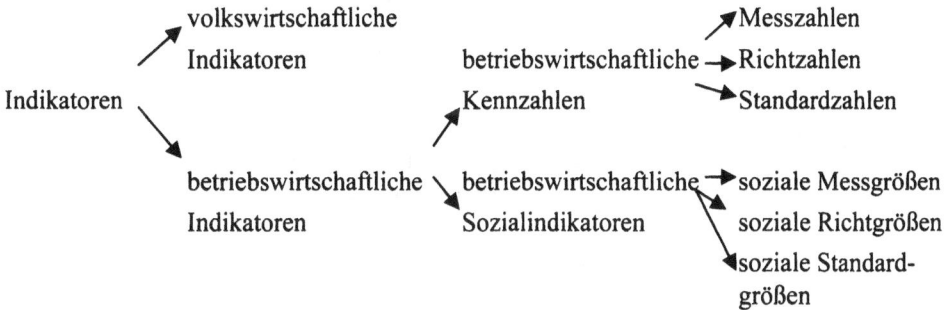

```
                    volkswirtschaftliche                    ↗Messzahlen
               ↗    Indikatoren          betriebswirtschaftliche →Richtzahlen
Indikatoren                              Kennzahlen  ↗          ↘Standardzahlen
               ↘                        ↗
                    betriebswirtschaftliche  ↘   betriebswirtschaftliche →soziale Messgrößen
                    Indikatoren                  Sozialindikatoren        ↘soziale Richtgrößen
                                                                           ↘soziale Standard-
                                                                             größen
```

Abb. 3.33: Betriebswirtschaftliche Sozialindikatoren

Seit etwa 20 Jahren werden vom Mannheimer Institut für Umfragen, Methoden und Analysen (ZUMA) Umweltindikatoren im System Sozialer Indikatoren erhoben und weiterentwickelt.[225] Mit diesem Indikatorensystem wird auf die Wohlfahrtsmessung und die Beobachtung zentraler Tendenzen des sozialen Wandels gesetzt. Ein Teil der Indikatoren kann sicherlich als Grundlage für einzelwirtschaftliche Zielsetzungen und Analysen dienen. Wie aus der Abb. 3.3.4 auf der folgenden Seite ersichtlich wird, liegen z.T. quantifizierte Umweltindikatoren vor, wie z.B. die Kohlendioxid-Emission in einer Periode. Zum anderen werden aber auch qualitative Indikatoren erhoben, wie z.B. die Zufriedenheit mit dem Umweltschutz oder die Besorgnis um den Schutz der Umwelt.

Für Unternehmen können Umweltindikatoren neben derartigen gesamtwirtschaftlichen Indikatorenkatalogen auch aus folgenden Informationsquellen gewonnen werden:

- Umweltrecht bzw. Gesetzesvorhaben, wenn das Unternehmen beispielsweise in Luft und/oder Wasser emittiert, relevante Abfallmengen oder Sondermüll generiert bzw. mit Gefahrstoffen umgeht;
- Stoffdatenbanken;
- Technologie-/Verfahrensdatenbanken;
- Fachgesprächen mit Wissenschaftlern, Politikern und Umweltgruppen, um Trends in Bezug auf die Umweltschutzgesetzgebung etc. frühzeitig genug erkennen zu können.[226]

---

[223] Eichhorn, Gesellschaftsbezogene Unternehmensrechnung und betriebswirtschaftliche Sozialindikatoren, S. 166
[224] Beschorner, Betriebswirtschaftliche Instrumente ökologischer Bilanzierung, S. 32
[225] Burschel/et al., a. a. O., S. 63 f.
[226] Müller-Witt, Betriebliche Umwelt-Informationssysteme, S. 236

Dimension	Indikator
Versorgung mit Umweltgütern	Waldflächenanteil
	Siedlungs- und Verkehrsflächenanteil
Qualität der Umweltbedingungen	Kohlendioxid – Emissionen
	Schwefeldioxid – Emissionen
	Stickoxid – Emissionen
	Staub – Emissionen
	Anteil der geschädigten Waldfläche
Subjektive Wahrnehmung und Bewertung der Umweltbedingungen	Zufriedenheit mit dem Umweltschutz
	Besorgnis um den Schutz der Umwelt
	Klage über die Qualität des Trinkwassers
	Klage über mangelnden Zugang zu Grünflächen
	Klage über Landschaftszerstörung
	Klage über Luftbelastungen
	Besorgnis über die Luftverschmutzung
	Besorgnis über die Klimaveränderungen
	Besorgnis über die Verschmutzung von Gewässern
Umweltbeeinträchtigende Aktivitäten	Hausmüllaufkommen
	Fahrleistung im Individualverkehr
Sicherung der Umweltqualität	Menge Behälterglas – Sammlung
	Anteil der Ausgaben für Umweltschutz am BSP
	Anteil der staatlichen Ausgaben für Umweltschutz am BSP
	Flächenanteil von Naturschutzgebieten
	Sanktionierte Straftaten gegen die Umwelt

Abb. 3.34: Umweltindikatoren gemäß ZUMA

Exemplarisch soll an dieser Stelle eine Matrix zur ökologischen Produktbewertung dargestellt und diskutiert werden, die über den gesamten Lebensweg eines Produktes anhand von Umweltindikatoren die Umweltverträglichkeit beurteilen soll (siehe dazu: Anlage2).[227] Die Hauptkriterien sind darin zu folgenden Gruppen zusammengefasst worden: Rohstoffe, Energie, Umweltmedien (Luft, Wasser, Boden), Lärm, Konstruktion und Verpackung. Allerdings reicht es nicht aus, beispielsweise Luftemissionen zu messen – damit können die damit verbundenen externen Effekte (sozialen Kosten) noch nicht in ihrer Höhe ausgedrückt werden. Erst mit Hilfe einer sozialen Messgröße, besser noch durch Vergleich der Messergebnisse mit sozialen Richt- oder Standardgrößen, kann der gesellschaftliche Bezug hergestellt werden.[228] Die Operationalisierung der Merkmalsausprägungen kann erfolgen, indem für jedes ökologische Kriterium Skalen erstellt werden, die eine Messung auf kardinalem, ordinalem bzw. nominalem Niveau ermöglichen. Als Beispiel soll eine kardinale Skala zur Bewertung der Schwefeldioxydbelastung am Arbeitsplatz auf Basis des MAK-Wertes (Maximale Arbeitsplatzkonzentration) dienen:[229]

---

[227] Türck, Das ökologische Produkt. Ansatzpunkte seiner Beschreibung und Erfassung, S. 66 ff.

[228] Eichhorn, Gesellschaftsbezogene Unternehmensrechnung und betriebswirtschaftliche Sozialindikatoren, S. 163 ff.

[229] Türck, a. a. O., S. 67 ff.

Schwefeldioxyd (SO_2) am Arbeitsplatz [mg/m^3]	Bewertung
> 5	-2
3,5 < 5	-1
2 < 3,5	0
0,5 < 2	+1
< 0,5	+2

Abb. 3.35: Bewertungsskala für Schwefeldioxyd am Arbeitsplatz

Im Zusammenhang mit der Erstellung derartiger Skalen werden Grenzwerte festgelegt, die die maximale oder minimale Ausprägung des jeweiligen Umweltindikators beschreiben. Diese nutzwertanalytischen Bewertungsverfahren dienen letztlich dazu, eine umweltbezogene Gesamtbewertung des betrachteten Produktes vorzunehmen.[230] Problematisch bei diesen Ansätzen, die eine Gesamtbewertung eines Produktes bzw. Verfahren beinhalten, ist wiederum die Bewertungsmethode. Insbesondere die starke Anlehnung an das Grenzwert-Konzept ist zu kritisieren (siehe dazu: Kap. 2.3.3.2). Dennoch können aus den Umweltschutzzielen abgeleitete Kennziffern dem Unternehmen wertvolle Hinweise im Rahmen von Zeit- und Quervergleichen liefern, ob die angestrebten Zielvorgaben erreicht werden konnten. Hierzu ist keine Gesamtbewertung erforderlich.

Indikatoren gewinnen vor allem dadurch an Bedeutung, wenn es mit ihnen gelingt, eine umweltbezogene Früherkennung zu bewerkstelligen. Als Informationsquellen sind insbesondere geeignet:[231]

• Gesetzesvorhaben hinsichtlich Luft- und Wasseremissionen, Abfällen, Sondermüll, Gefahrstoffen;
• Stoffdatenbanken sowie Technologie-/ Verfahrensdatenbanken für „kritische" Stoffe, Technologien und Verfahren;
• Gespräche mit Experten und Umweltgruppen.

Für Produkte sollten (Früh-) Indikatoren alle Phasen des Lebenszyklusses umfassen. Zur Identifizierung von Frühindikatoren stehen neben den Früherkennungssystemen, insbesondere die Szenariotechnik und eine entsprechend fokussierte SWOT-Analyse zur Verfügung.

Seit einigen Jahren stehen Standardisierungsarbeiten wie die ISO 14031 zur Umweltleistungsbewertung oder die Indikatoren für eine Nachhaltigkeitsberichterstattung der Global Reporting Initiative (GRI) zur Verfügung.[232] Dadurch wird zwar eine bessere Vergleichbarkeit erzielt, dennoch bleibt abzuwarten, ob damit nicht der Informationsgehalt der Berichte darunter leidet. Auf jeden Fall besteht die Notwendigkeit, angesichts der vielfältigen interdependenten Beziehungen zwischen den Dimensionen Nachhaltigen Wirtschaftens, integrierte Kennzahlen zu entwickeln.[233]

---

[230] Ebenda, S. 70
[231] Faßbender-Wynands/Seuring, Grundlagen des Umweltcontrolling - Aufgaben, Instrumente, Organisation, S. 144 f; allgemein: Müller A., Frühaufklärungssysteme im Rahmen des Marketing-Controlling, S. 17-43
[232] Burschel/et al., a. a. O., S. 213 f.
[233] Pianowski, Nachhaltigkeitsberichterstattung, S. 119 f.

Vor allem an Einsatz von Kennzahlen(systemen) hat sich massive Kritik entzündet:[234]

*   Kennzahlen liegt eine kurzfristige, ja kurzsichtige Betrachtungsweise zugrunde;
*   im Regelfall basieren Kennzahlen auf Vergangenheitswerten, die aus dem betrieblichen Rechnungswesen kommen;
*   der massivste Kritikpunkt besteht darin, dass Kennzahlen nur „Resultanten" verkörpern, die eigentlichen Vorsteuergrößen (Erfolgspotenziale) bleiben damit intransparent;
*   häufig stellt sich bei den Managern eine „blinde Zahlengläubigkeit" ein, die in Verbindung mit Fehlinterpretationen zu krassen Fehlentscheidungen führen kann.

Verbesserungen können nur erwartet werden, wenn die Wechselwirkungen zu den Vorsteuergrößen herausgearbeitet werden können. Hierzu kann die Methodik des vernetzten Denkens aber auch das Balanced-Scorecard-System wertvolle Hilfestellungen leisten. Bei Einsatz qualitativer Messgrößen treten die bereits mehrfach monierten Bewertungsprobleme auf – bei einer Anwendung von Scoring-Modellen im Team sind diese „subjektiven" Einschätzungen nach Ansicht des Verfassers jedoch akzeptabel.

3.3.2   Ansätze einer umfassenden Ökobilanzierung

In der betriebswirtschaftlichen Literatur und zunehmend in der betrieblichen Praxis gibt es eine Fülle von Ansätzen, die die Thematik der Ökobilanzierung zum Inhalt haben, wobei sich die Ansätze teilweise doch erheblich im Umfang und der inhaltlichen Ausgestaltung unterscheiden. Deshalb soll im Folgenden versucht werden, den Begriff Ökobilanzierung einzugrenzen, indem die wesentlichen damit verbundenen Schwerpunkte und Zielsetzungen herausgearbeitet werden.

Generell stellt die Entwicklung von Öko-Bilanzen den Versuch dar, die überfällige betriebswirtschaftliche Instrumentierung für eine ökologische Unternehmenspolitik voranzubringen.[235] Dabei wird allgemein unter Öko-Bilanzen ein betriebliches Informationssystem zur Abbildung und Bewertung der ökologischen Wirkungen der Unternehmensaktivitäten verstanden.[236]

Im Mittelpunkt der Betrachtung steht demnach die Bilanzierung und Bewertung ökonomischer Tätigkeiten nach ökologischen Gesichtspunkten, wobei dies in Form von Währungseinheiten, Äquivalenzziffern (Ökologische Buchhaltung), Punkten bzw. Skalenwerten geschehen kann.[237] Das bedeutet, dass die relevanten Größen sowohl quantitativer als auch qualitativer Natur sein können.[238] Die Ökobilanz kann durch eine Analyse ergänzt werden, die es erlaubt, die erfassten und bewerteten Umwelteinwirkungen auszuwerten, um Schwachstellen festzustellen. In einer im Auftrag des Bundesministers für Umwelt, Naturschutz und Reaktorsicherheit im Jahre 1985 durchgeführten Studie zur Umweltbilanzierung wird bewusst von ökonomisch-ökologischer Bilanzierung ausgegangen. Dabei geht es um eine Erweiterung der "ökonomischen Unternehmensdaten derart, dass auch Belastungen,

---

[234]   Müller, Grundzüge eines ganzheitlichen Controllings, S. 217 ff.

[235]   Pfriem, Die Ökobilanz – Ein betriebliches Informationsinstrument, S. 36

[236]   Wicke/Haasis/Schafhausen/Schulz, a. a. O., S. 492; Pfriem, Ansatzpunkte für ein ökologisches Rechnungswesen im Unternehmen, S. 66

[237]   Wicke/Haasis/Schafhausen/Schulz, a. a. O., S. 493 f.

[238]   Faßbender-Wynands/Seuring, a. a. O., S. 141

Umweltverzehr oder umweltbezogene externe Effekte in die Gewinn/Verlust-Bilanzierung wirtschaftlicher Aktivitäten aufgenommen werden.[239] Theoretische Grundlage ist, wie schon beim Kostenbegriff, ein Ansatz von Schmalenbach – die „Dynamische Bilanz" – die als Zweck der Bilanz weniger die Vermögensübersicht, sondern vielmehr die Erfolgsermittlung herausstellt. Insofern können Öko-Bilanzen als methodische Antworten auf die Frage nach dem ökologischen Erfolg eines Unternehmens verstanden werden.[240] Wichtig in diesem Zusammenhang ist die Festlegung des Umfangs von Öko-Bilanzen, wobei davon ausgegangen wird, dass mit diesem Instrumentarium die Umwelteinwirkungen des gesamten Betriebes, aber auch von Produktionsverfahren/-prozessen und Produkten sowie (neu einzurichtender) technischer Anlagen beurteilt werden können.[241]

Die Zielsetzung und daraus abgeleitete Aufgabenstellung im Zusammenhang mit einer ökonomisch-ökologischen Bilanzierung besteht darin, ökonomische Prozesse/Produkte und deren umweltrelevante Auswirkungen einzuschätzen und anhand der gewonnenen Daten gezielte Maßnahmen zur umweltfreundlicheren Prozess- und Produktgestaltung zu planen und durchzusetzen.[242] Neben dieser internen Funktion der Öko-Bilanz, die die ökologische Planung, Entwicklung umweltverträglicherer Produkte und Produktionsverfahren sowie Steuerung und Kontrolle beinhaltet, soll die externe Funktion für einen Dialog zwischen Unternehmen und Umfeld sorgen.[243]

Mit der Ökobilanz sollen jedoch nicht nur die erforderlichen Daten für eine operative Planung, Steuerung und Kontrolle des Betriebsgeschehens unter Umweltgesichtspunkten geliefert werden, sondern über die damit verbundene Schwachstellenanalyse sollen ökologische Aspekte in die strategische Planung einfließen. Die Schwachstellenanalyse erlaubt eine Beurteilung der Stärken und Schwächen bzw. Chancen und Risiken, die für die Formulierung einer präventiven betrieblichen Umweltpolitik genutzt werden kann.[244]

Zusammenfassend können allgemeine Kriterien und Grundprinzipien für eine ökonomisch-ökologische Bilanzierung genannt werden:[245]

- Ausgangspunkt ist eine Schwachstellenanalyse bezüglich der Umwelteinwirkungen des Unternehmens, wobei eine ganzheitliche Betrachtungsweise anzulegen ist;
- im Rahmen dieser Schwachstellenanalyse sind die Umweltbelastungen/-entlastungen nicht nur mittels wirtschaftlicher Kenngrößen zu erfassen, sondern auch in stofflich-energetischen Maßeinheiten;
- sofern dies naturwissenschaftlich möglich und angemessen ist, sind die Umwelteinwirkungen zu quantifizieren. Nicht-quantifizierbare Belastungen/Entlastungen sind qualitativ zu erfassen;

---

[239] Bechmann/Hofmeister/Schultz, Umweltbilanzierung – Darstellung und Analyse zum Stand des Wissens zu ökologischen Anforderungen an die ökonomisch-ökologische Bilanzierung von Umwelteinflüssen, S. 6

[240] Pfriem, Die Ökobilanz - Ein betriebliches Informationsinstrument, S. 37

[241] Günther, Öko-Bilanzen als Grundlage eines Umwelt-Auditings, S. 62

[242] Bechmann/Hofmeister/Schultz, Umweltbilanzierung – Darstellung und Analyse zum Stand des Wissens zu ökologischen Anforderungen an die ökonomisch-ökologische Bilanzierung von Umwelteinflüssen, S. 14 und S. 30

[243] Beschorner, Öko-Bilanz: Entscheidungshilfe für eine umweltfreundlichere Wirtschaftsweise?, S. 163; Pfriem, Ansatzpunkte für ein ökologisches Rechnungswesen im Unternehmen, S. 66

[244] Pfriem, Die Ökobilanz – Ein betriebliches Informationsinstrument, S. 43; Hopfenbeck, a. a. O., S. 899; Beschorner, Öko-Bilanz: Entscheidungshilfe für eine umweltfreundlichere Wirtschaftsweise?, S. 165

[245] Siehe dazu: Held, a. a. O., S. 10 f.

- eine Bewertung der verschiedenen Arten von Umwelteinwirkungen ist unumgänglich, um Aussagen zur ökologischen Relevanz treffen zu können. Allerdings sind dabei Bewertungsansätze zu wählen, die weniger problematisch und für eine praktische Anwendung eher geeignet sind;
- anzustreben ist eine permanente Analyse der Umwelteinwirkungen des Unternehmens, wobei die Systemgrenzen erst dort beginnen sollten, wo ein maßgeblicher Einfluss des bilanzierenden Unternehmens nicht mehr abgeleitet werden kann;
- wie bei jeder Datenerfassung, -verarbeitung und -auswertung ist der angestrebte Nutzen mit dem damit verbundenen Aufwand abzustimmen. Allerdings erlaubt die
- Brisanz der Umweltproblematik keine kleinliche Abwägung;
- sinnvoll wäre es, eine überbetriebliche Vergleichbarkeit von Öko Bilanzen zu erreichen. Dies darf jedoch nicht bedeuten, unnötige Zeit verstreichen zu lassen, nur weil von Gesetzgeber dazu noch keine allgemeinverbindlichen Normen aufgestellt wurden.

Nicht unerwähnt bleiben darf in einer Einführung zum Thema Ökobilanzierung, dass damit erhebliche Probleme verbunden sind, die sich im Wesentlichen auf zwei Schwerpunkte konzentrieren:[246]

- Zum einen ist das Komplexitätsproblem zu lösen (im Regelfall liegt eine Vielzahl eingesetzter Stoffe und Belastungsarten vor, bei denen noch dazu Synergieeffekte auftreten);
- hinzukommt die Bewertungsproblematik bei der Frage nach der ökologischen Relevanz der Umwelteinwirkungen.

Die Aussagekraft einzelner Ökobilanzen nimmt i.d.R. mit einer Ausweitung der Bilanzgrenzen (Breite der Untersuchung, Bilanzierungsraum, Bezugsgrößen, Bezugsjahre) und der Systemgrenzen (Tiefe der Untersuchung, Anzahl der untersuchten Umwelteinwirkungen, Intensität der Bewertung) zu. [247] Allerdings erhöhen sich dadurch der Aufwand und die Unübersichtlichkeit wie auch die Komplexität, so dass in der Praxis eine eher pragmatische Vorgehensweise vorherrscht. In der betriebswirtschaftlichen Literatur werden verschiedene Ansätze angeführt, die zum Konzept der Ökobilanzierung zu rechnen sind.

Neben den bereits dargestellten Ansätzen, wie der erweiterten Wirtschaftlichkeitsrechnung, der Kosten-Nutzen-Analyse und den Umweltindikatoren werden folgende Instrumente und Methoden besonders häufig im Zusammenhang mit der Ökobilanzierung genannt:[248]

- Checklisten und Merkmalsprofile,
- Ökobilanzen und -profile für funktionsgleiche Produkte,
- Ökologische Buchhaltung (Müller-Wenk) und
- Stoff- und Energiebilanzierung.

Die im Folgenden vorgestellten Ansätze der Ökobilanzierung sind gerade daraufhin zu beurteilen, inwieweit sie geeignet sind, die angesprochenen Probleme einer praktikablen Lösung zuzuführen.

---

[246] Wagner, Umweltbewusste Unternehmensführung, S. 41; siehe auch: Rautenstrauch, a. a. O., S. 320 ff.

[247] Stahlmann, Ökocontrolling, S. 373

[248] Siehe dazu stellvertretend: Pfriem, Ökologische Unternehmensführung, S. 56 ff.; Günther, Öko-Bilanzen als Grundlage eines Umwelt-Auditings, S. 68 ff.

3.3.2.1 Anwendungen von Checklisten und Merkmalsprofilen

In der Praxis sind Checklisten zur operativen Umsetzung des Umweltmanagements relativ weit verbreitet.[249] Bekannt geworden ist dieses Instrument vor allem durch die Pionierarbeit des Unternehmensführers G. Winter (ehemaliger Vorsitzender des Vorstandes des Bundesdeutschen Arbeitskreises für umweltbewusstes Management = B.A.U.M.), der die Durchsetzung einer umweltorientierten Unternehmensführung mit Hilfe von verschiedenen Checklisten vorschlägt.[250] Mit dem Einsatz von Checklisten wird das Ziel verfolgt, möglichst umfassend Informationsbereiche für die Analyse umweltrelevanter Probleme zu erfassen und anhand von Maßnahmenkatalogen Gestaltungsempfehlungen abzuleiten.[251] Diese Checklisten eignen sich insbesondere für einen Einstieg in ein betriebliches Umweltcontrolling.[252] Durch die strukturierte Auflistung und Abfrage zahlreicher Problembereiche kann ein Abbild des ökologischen Problemfeldes geschaffen und damit ein Übersehen wichtiger Aspekte vermieden werden.[253]

Für die betriebliche Praxis lassen sich verschiedene Arten von Checklisten unterscheiden:[254]

- Funktionsbezogene Checklisten, die umweltrelevante Informationen und Maßnahmen in den Bereichen Beschaffung, Produktion, Marketing u.s.w. eruieren helfen;
- produktbezogene Checklisten für den Lebenszyklus eines Produktes;
- nach unternehmensexternen und -internen Informationsbereichen differenzierte Checklisten sowie
- Grobchecklisten für den Einstieg und Detail-Checklisten für eine vertiefende Analyse von spezifischen Problembereichen (z.B. in Bezug auf Gefahrstoffe etc.).

Zum Aufbau und zur Umsetzung eines betrieblichen Umweltinformationssystems (UIS) kann beispielsweise die in Anlage 3 aufgeführte Checkliste dienen.[255]

Falls ökologische Merkmale von Produkten, Produktionsverfahren oder technischen Anlagen – ohne monetären Bewertungsansatz – in einer Checkliste zusammengefasst und anhand einer Beurteilungsskala für jedes Merkmal eingestuft werden, liegt eine Checkliste mit einem Merkmalsprofil vor.[256] Für die ökologische Beurteilung eines Erzeugnisses können für den Lebensweg folgende Kriterien angegeben werden:[257]

- Kriterien für die Produktionsphase:
    1. Verbrauchte Menge an natürlichen Ressourcen wie Wasser und Luft,
    2. Energiebedarf pro Arbeitsstunde oder produzierte Einheit,
    3. Energiebedarf pro Produkteinheit,
    4. produzierte Abfälle, die weiter verwendet werden können,
    5. produzierte Abfälle, die nicht weiter verwendet werden können.

---

[249] Meffert/Kirchgeorg, a. a. O., S. 110

[250] Winter, a. a. O., S. 11 ff.

[251] Ebenda, S. 13; Meffert/Kirchgeorg, a. a. O., S. 110

[252] Schulz/Schulz, a. a. O., S. 627 ff.

[253] Dyckhoff/Souren, Nachhaltige Unternehmensführung, S. 163 ff.

[254] Meffert/Kirchgeorg, a. a. O., S. 110 f.

[255] Heinz, a. a. O., S. 15 f.

[256] Strebel, Umwelt und Betriebswirtschaft, S. 133 ff.

[257] Hertz, a. a. O., S. 42 ff.

- Kriterien für die Verwendungsphase
    1. Jahresbedarf an Energie,
    2. Energiebedarf während der gesamten Lebensdauer,
    3. Wirtschaftlichkeit bei der Energie-Nutzung,
    4. weiterverwendbare Abfälle,
    5. nicht verwendbare Abfälle.
- Kriterien für die Vernichtungsphase
    1. Reaktivierungsmöglichkeit des vernichteten Produktes,
    2. Energiebedarf bei der Reaktivierung,
    3. nicht verwendbare Abfälle,
    4. Energiebedarf für die Abfallvernichtung.

Als Beurteilungsskala empfiehlt der Autor:

- Hoher positiver Umweltbeitrag,
- positiver Umweltbeitrag,
- neutraler Beitrag (das Produkt beeinflusst die Umwelt nicht),
- negativer Umweltbeitrag,
- hoher negativer Umweltbeitrag.

Eine umfassendere und detailliertere Checkliste für die Bewertung der Umweltrelevanz von Produkten ist aus Abbildung 3.36 ersichtlich:[258]

---

[258] Wicke/Haasis/Schafhausen/Schulz, a. a. O., S. 444

Checkliste zur Bewertung der Umweltrelevanz von Produkten			
Phasen			
Produktion und Vorproduktion	Verwendung	Entsorgung	Übergreifende Kriterien
- Ressourcenverkehr - spezifischer Energiebedarf - spezifische Emissionen - Abfallaufkommen - Recyclingmaterial - Kuppelprodukte	- spezifische Emissionen - spezifischer Energiebedarf - Recyclierbarkeit - Abfallvolumen - Wartungsfreundlichkeit	- Wiederaufbereitungspotential - Energie und Ressourcenaufwand bei Entsorgung - Kuppelproduktion	- Energie- und Ressourcenaufwand während des gesamten Lebenszyklus - Umfang des Kreislaufs

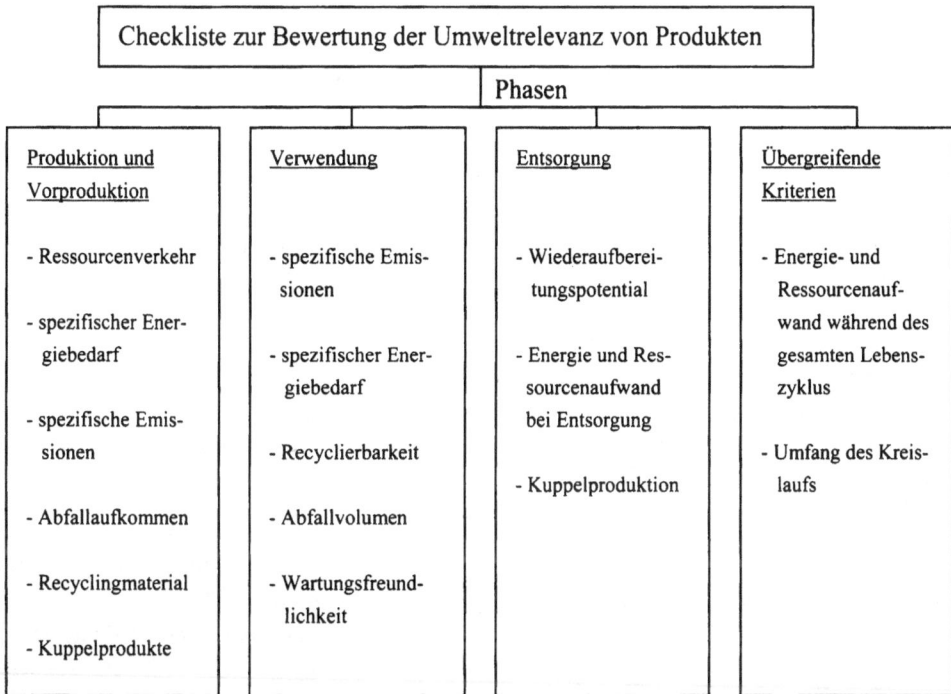

Abb. 3.36: Checkliste zur Beurteilung der Umweltrelevanz von Produkten

Für die ökologische Beurteilung von Unternehmen gemäß dem Good Company Ranking wird eine Checkliste benutzt, die mit einem Punktwertverfahren hinsichtlich des Erfüllungsgrades verknüpft ist.[259] An verschiedene Einzelkriterien werden ökologische Indikatoren und Scoringregeln angelehnt, beispielsweise für

- die Integration von Umweltaspekten in Geschäftsprozesse, die Kriterien A_1 „Ist in den allgemeinen Unternehmensleitlinien der Umweltschutz enthalten?" oder A_{4a} „Hat das Unternehmen ein Umweltmanagementsystem, das anerkannte Standards erfüllt und validiert oder zertifiziert ist?"
- Die betriebliche Umweltleistung wird z.B. abgefragt mit B_1 „Werden die direkten Umweltaspekte des Unternehmens (in einer Sachbilanz) erfasst?" oder B_4 „Wurden Umweltmaßnahmen zur Verbesserung der Umweltleistung durchgeführt?"
- Umweltaspekte entlang der Wertschöpfungskette werden beispielsweise in C_{1a} „Werden umweltbezogene Anforderungen an Lieferanten gestellt?" beurteilt.
- Ökologische Innovationen werden u.a. in D_1 „Ist die F&E im Unternehmen umweltorientiert ausgerichtet (meint auch Produktentwicklung)?" überprüft.

Auf den ersten Blick scheinen Umwelt-Checklisten und Merkmalsprofile für die betriebliche Praxis geeignete Ansätze zur Beurteilung der Umweltrelevanz von Produkten etc. zu sein. Wie bei den Umweltindikatoren sind Checklisten und Merkmalsprofile prinzipiell methodisch offen für alle ökologischen Schadens- oder Nutzenbeiträge des Unternehmens. Als

---

[259] Günther/Meier, a. a. O., S. 23 ff.

Informationsinstrumente ökologischer Unternehmenspolitik gehen sie sogar darüber hinaus, sofern die Beurteilungsgesichtspunkte zusammengefasst und skaliert werden. Es können also nicht-monetarisierte oder monetarisierte Faktoren einbezogen und dennoch der Versuch einer praktisch folgenreichen Aggregation gemacht werden.[260]

Allerdings ergeben sich aufgrund von Informationsdefiziten häufig Probleme beim Einsatz in der betrieblichen Praxis. Meistens liegen nur recht grob angelegte Checklisten vor, sodass die Gefahr besteht, durch eine unreflektierte Anwendung zentrale Problembereiche im Unternehmen nicht zu erfassen.[261] Demzufolge können Checklisten in der Regel nicht ohne Expertenwissen eingesetzt werden.[262] Checklisten, die sich beispielsweise nur auf wenige Fertigungsstufen beziehen oder die Systemgrenzen zu eng setzen – falls die Einsatzstoffe oder die Verwendungsphase z.B. nicht berücksichtigt werden – können nur einem beschränkten Verwendungszweck dienen.[263]

Hinsichtlich der Bewertung gilt, dass Checklisten noch keine Regeln zur Gewichtung von Kriterien und zur Verarbeitung der kriterienweise abgegebenen Wertungen liefern. Damit ist der Bewertungs- und Entscheidungsprozess auf der Grundlage von Checklisten nur in Ansätzen festgelegt und folglich auch nicht nachvollziehbar. Der Nutzen von Checklisten bei der Entscheidungsvorbereitung liegt darin, dass die Bewertungsgesichtspunkte (lückenlos) erfasst und innerhalb der Bewertungs- und Entscheidungsgremien zumindest „Meinungsbilder" über die zu beurteilenden Sachverhalte gewonnen werden können.[264]

Festzuhalten bleibt, dass Checklisten auf Betriebs-, Funktions-, Prozess- und Produktebene für den Einstieg in den Aufbau eines betrieblichen Umweltinformationssystems zunächst einmal unerlässlich sind. Für die Beurteilung der Umwelteinwirkungen, die von einem Unternehmen ausgehen, reichen sie allerdings nicht aus.

Erfahrungen mit Öko-Bilanzen auf Produktebene

„Öko-Bilanzen" sind vor allem im Zusammenhang mit der umweltbezogenen Betrachtung und Beurteilung von Produkten einer breiteren Öffentlichkeit bekannt geworden. Das Grundschema von Umweltbilanzen (hier identisch mit Öko-Bilanzen) für Produkte sieht folgendermaßen aus:[265]

---

[260] Pfriem, Ökobilanzen für Unternehmen, S. 215 f.
[261] Dyckhoff/Souren, a. a. O., S. 165
[262] Meffert/Kirchgeorg, a. a. O., S. 111
[263] Strebel, Umwelt und Betriebswirtschaft, S. 110 f.
[264] Ebenda, S. 143 f.
[265] In Anlehnung an: Franke, Umweltauswirkungen durch Verpackungen - Systemvergleich, S. 3

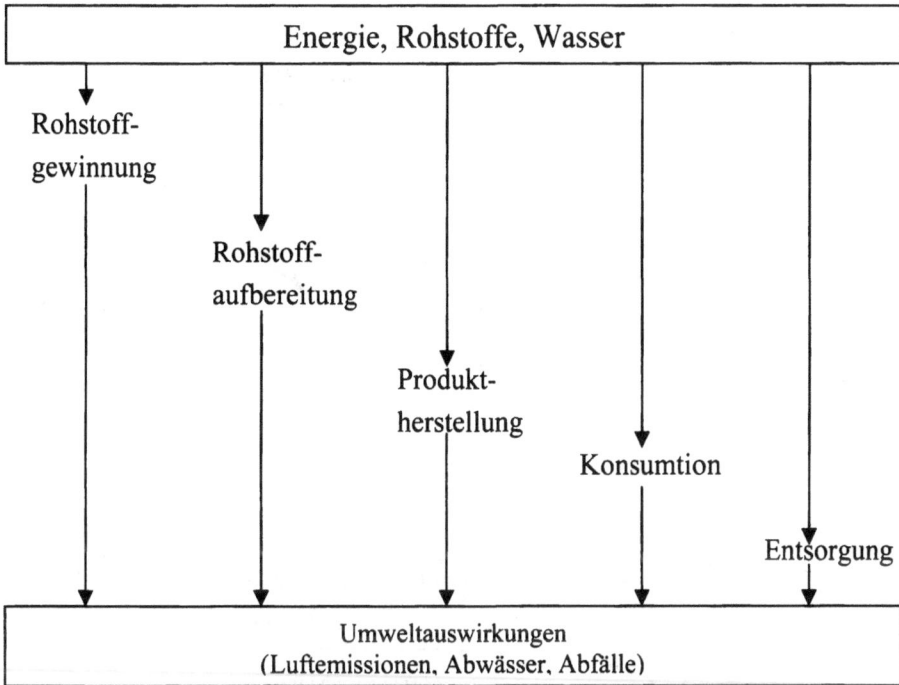

Abb. 3.37: Grundschema von Umweltbilanzen für Produkte

Basis dieser Umweltbilanzen auf Produktebene sind die über den gesamten Lebenszyklus zu erfassenden Stoff- und Energieströme (Input) sowie die Outputgrößen, wie Luftemissionen. Besonders häufig wurden von verschiedensten Instituten bisher Öko-Bilanzen für Verpackungssysteme aufgestellt. Zielsetzung war dabei in der Regel, Grundlagen für eine vergleichende Beurteilung verschiedener Verpackungssysteme in Bezug auf die Umweltverträglichkeit zu bekommen. Für Verpackungen kann folgendes allgemeine Schema zur Erfassung der Umwelteinwirkungen dienen:[266]

---

[266] Schorb, a. a. O., S. 19. Im Folgenden werden Ökobilanzen von Verpackungssystemen näher beleuchtet, da hierzu ein umfangreiches Schrifttum vorliegt, eine mehrjährige Erfahrungsbasis vorhanden ist und die Ergebnisse auch auf andere Produkte übertragbar sind.

AUS VORGESCHALTETEM PROZESS

vorgeschaltete Prozesse werden nicht betrachtet

Vorprodukt(e)   Energie   aufbereitetes Wasser   Hilfs- und Betriebsstoffe

Ressourcen
- Minerale
- Energierohstoffe
- Wasser

AUS DER UMWELT

(Energetische Emissionen)

Abluft

Abwasser

Ablagerungen

IN DIE UMWELT

Produkte   Energie   Reststoffe   zu behandelndes Abwasser   zu behandelnde Abluft

IN NACHGESCHALTETEN PROZESS

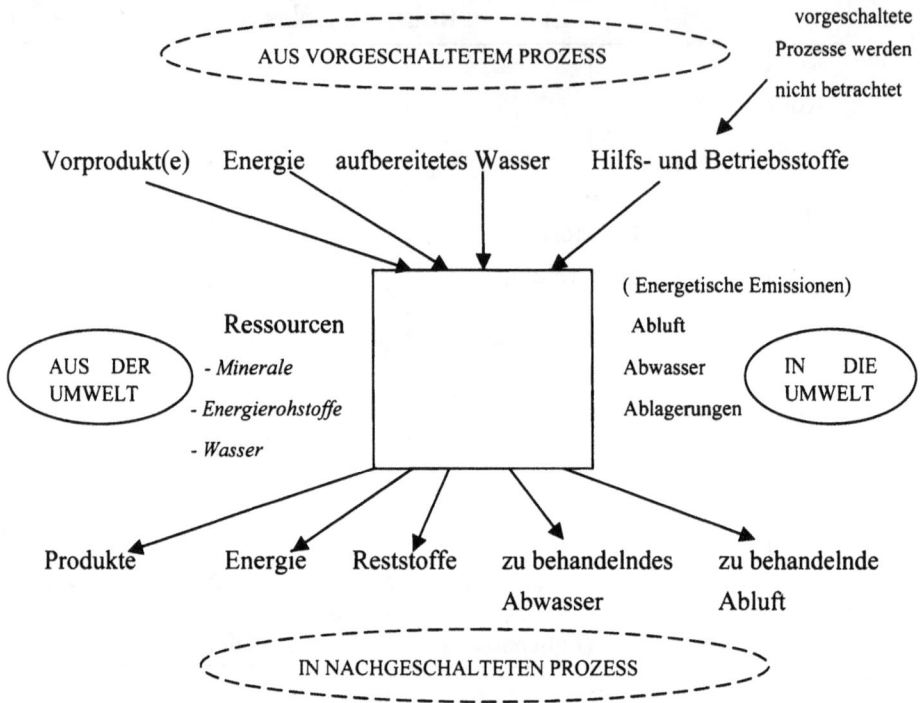

Abb. 3.38: Schema zur Erfassung von Umwelteinwirkungen für Verpackungen

Erste Versuche einer vergleichenden Beurteilung verschiedener Verpackungssysteme im Hinblick auf ihre Umweltverträglichkeit liegen schon relativ lange zurück.[267] Ausgangspunkt für die ökologische Beurteilung bildete eine Input-Output-Analyse, wobei als Input die Rohstoffe sowie die thermische bzw. elektrische Energie und als Output die Produkte, Luftemissionen, Abwasser und Abfälle erfasst wurden (siehe Anlage 4 zur Ökologie von Verpackungen). Für die Bewertung wurden Geldeinheiten angesetzt und zwar für

- den Rohstoffbedarf die spezifischen Rohstoffkosten;
- den Energiebedarf die spezifischen Energiekosten (einschließlich des Energiebedarfs für den Transport);
- die Luftbelastungen eine in den USA vorgeschlagene Abgabe für SO_2-Emissionen, wobei die einzelnen Schadstoffe entsprechend ihren MIK-Werten auf $SO_2 = 1$ bezogen und in SO_2-Einheiten ausgedrückt wurden;
- die Abwasserbelastung anhand einer in Deutschland diskutierten Abwasserabgabe;
- den Abfall die spezifischen Sammlungs-, Transport- und Beseitigungskosten.[268]

Damit wurden Verpackungsalternativen mittels der kumulierten Inanspruchnahme der Umwelt vergleichbar gemacht, wobei jedoch nur in den Funktionen ähnliche Verpackungssysteme einem Vergleich unterzogen werden sollten. Die wohl bekannteste und am weitesten

---

[267]   Siehe dazu: v. Bruck/Cmelka/Wolf, Verpackung aus der Sicht des Herstellers, S. 37 ff.
[268]   Ebenda, S. 42 f.

verbreitete, deutschsprachige Öko-Bilanz – ebenfalls zu Packstoffen – wurde im Auftrag des eidgenössischen Bundesamtes für Umweltschutz (BUS) im Jahre 1984 erarbeitet.[269] Während bei vergleichbaren Öko-Bilanzen vorwiegend energetische Fragen über den gesamten Produktlebensweg im Vordergrund standen, wurden in der BUS-Bilanz erstmals Datenaggregationen im Emissionsbereich vorgenommen. Mit der Zielsetzung, verschiedene Verpackungsmaterialien im Hinblick auf ihre Umweltauswirkungen vergleichen zu können (Ökoprofile), wurden zunächst physikalische Daten zu den vier Belastungsgruppen (Summenparameter)

- Energieverbrauch,
- luftbelastende Schadstoffe,
- wasserbelastende Schadstoffe,
- Volumen der bei der Produktion des Packstoffes anfallenden festen Abfälle erhoben.[270]

Der Versuch zu einer Gesamtbeurteilung der Umweltbelastung eines Packstoffes, etwa in Form einer Indexzahl, zu kommen, wurde wegen der damit verbundenen Schwierigkeiten und subjektiven Bewertungen fallen gelassen. Allerdings beruht die Öko-Bilanz auf Kennzahlen/Indikatoren, die die jeweilige Inanspruchnahme oder den „Verbrauch" der natürlichen Umwelt bewerten.[271] Die Berechnung dieser Kennzahlen/Indikatoren wurde anhand der folgenden Bewertungsbasis durchgeführt:[272]

- für feste Abfallstoffe das benötigte Deponievolumen;
- für Luftschadstoffe die „kritischen Luftvolumina";
- für Wasserschadstoffe die „kritischen Wasservolumina" (entsprechend der Kumulativ-/ Ratenknappheit im Konzept der „Ökologischen Buchhaltung" von Müller-Wenk);
- für den Energieverbrauch die Vereinheitlichung der unterschiedlichen Dimensionen durch Umrechnung auf ein thermisches Energieäquivalent.

Der Verbrauch an Rohmaterialien wurde in stofflichen Größen erfasst, geht jedoch nicht direkt in die Öko-Bilanz ein. Noch heute werden quasi als „Standard" in Produkt-Bilanzen häufig die vom BUS eingeführten „kritisch werdenden Mengen" verwendet.[273] Ausgangsbasis dafür sind die für die Umweltmedien Luft und Wasser bestimmten Grenzwerte, die aufgrund bestimmter biologischer Kriterien die zulässigen Höchstkonzentrationen der jeweiligen Schadstoffe angeben. Die Zusammenfassung der Umweltbelastung erfolgt dann derart, dass für jeden in Luft oder Wasser abgegebenen Schadstoff berechnet wird, welches Volumen dieses Mediums durch diesen Schadstoff bis zu einem gegebenen Grenzwert belastet wird (kritische Belastung). In einem nächsten Schritt werden die für die einzelnen Schadstoffe berechneten Teilvolumina zu einem gesamten „kritischen Volumen" addiert.[274]

---

[269] Schorb, a. a. O., S. 15; Alber, Ökobilanzen von Verpackungssystemen, S. 36 ff.; BUS, Ökobilanz von Packstoffen, S. 1 ff.

[270] Beschorner, Öko-Bilanz: Entscheidungshilfe für eine umweltfreundlichere Wirtschaftsweise?, S. 168; Hallay, Aufbau eines betrieblichen Umwelt-Controllings, S. 5 ff.

[271] Hofmeister, a. a. O., S. 69

[272] BUS, a. a. O., S. 13 ff.

[273] Hopfenbeck, a. a. O., S. 955

[274] Beschorner, Öko-Bilanz: Entscheidungshilfe für eine umweltfreundlichere Wirtschaftsweise?, S. 168 f.. Die Grenzwerte haben die Dimensionen Masse/Volumen, so dass die Division eine Volumengröße ergibt; siehe dazu: Hopfenbeck, a. a. O., S. 955

	10 L -Kanister	10 L bag in box	2 L -Dosierflasche	20ml-Beutel
Energiebedarf MJ th eq	30,83	11,90	14,52	21,57
Krit. Luftmenge m^3	272.138	168.976	154.598	280.176
Krit. Wassermenge dm^3	190,16	218,87	167,36	260,26
Volumen fester Abfälle cm^3	14,40	10,93	6,50	17,58

Abb. 3.39: Belastungswerte der Verpackungssysteme bei der Herstellung der Packstoffe

Dieses kritische Volumen gibt beispielsweise in Form der kritischen Luftmenge nicht an, wie viel Kubikmeter Luft durch die Produktion, Nutzung und Entsorgung einer Produkteinheit verschmutzt werden. Jedoch wird damit eine Aussage über die Gesamtbelastung ermöglicht.[275] Die Beurteilung der weiteren Phasen des Produktlebenszyklusses wird zum Teil mit sicherlich angreifbaren Prämissen getroffen. So wird bei der Ermittlung des Energieverbrauchs und der Schadstoffbelastung durch den Transport unterstellt, dass als Transportmittel ausschließlich LKW einer bestimmten Größe verwendet werden, wobei die durchschnittliche Entfernung vom Hersteller zum Abnehmer 300 km beträgt. Als Gesamtergebnis der vergleichenden Beurteilung von Packstoffen kommt gemäß der BUS-Studie 1984 folgende Verteilung in den vier Belastungsarten zustande (siehe Abb. 3.40 auf der nächsten Seite).[276]

Im Jahre 1989 wurde vom (inzwischen in BUWAL umbenannten) schweizerischen Bundesamt die Eidgenössische Technische Hochschule in Zürich beauftragt, die BUS-Studie zu überarbeiten. Die Finanzierung des Forschungsvorhabens übernahmen dabei die Handelskonzerne MIGROS und COOP-Schweiz.[277] Bei der neuen BUWAL-Bilanz wurde ein geändertes Bewertungsverfahren eingeführt. Pro Verpackungsvariante werden Öko-Punkte vergeben, die direkt die entsprechende Gesamt-Umweltbelastung ausdrücken.[278] Durch diesen Ansatz wird eine eindeutigere ökologische Beurteilung erwartet, als sie durch die Öko-Bilanzierung der 1. Generation gegeben war. Zunächst einmal werden die einzelnen Umweltbelastungen mit einem „Gradmesser der ökologischen Knappheit", dem Öko-Faktor, beurteilt, wobei dieser Öko-Faktor sich aus der Beziehung zwischen gesamter Belastung (in einer Region) und maximal zulässiger Belastung jeder betrachteten Umwelteinwirkung errechnet. Die Multiplikation der jeweiligen Umweltbelastung mit dem entsprechenden Öko-Faktor ergibt das ökologische Gewicht, ausgedrückt in Punkten ökologischer Belastung, den Öko-Punkten.[279] Insgesamt werden 16 Umwelt-Parameter mit Hilfe dieses einheitlichen Bewertungsmaßstabes zu einer eindimensionalen Punktematrix aggregiert.[280]

---

[275] Hallay, Aufbau eines betrieblichen Umwelt-Controllings, S. 6

[276] BUS, a. a. O., S. 70; siehe auch: Mosthaf, Aufgabe und Struktur einer Ökobilanz, S. 191 f.

[277] Schorb, a. a. O., S. 15

[278] Ahbe/Braunschweig/Müller-Wenk, Methodik für Ökobilanzen, S. 3 ff.. Auf die Basis dieser „Ökobilanz der 2. Generation", nämlich die Ökologische Buchhaltung, wird im Kapitel 3.3.3 näher eingegangen

[279] Ebenda, S. 8

[280] Schorb, a. a. O., S. 15

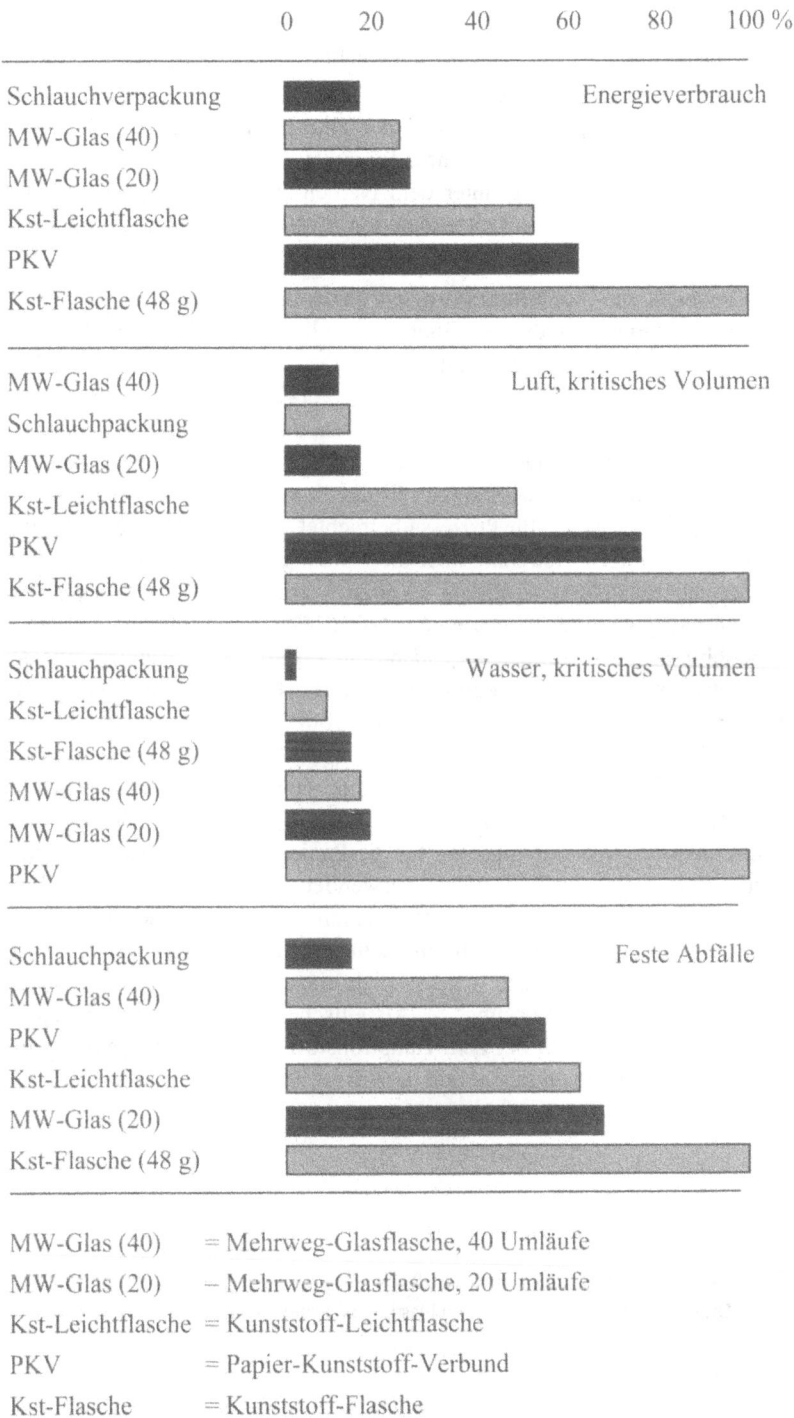

Abb. 3.40: Gesamtergebnis der Ökobilanzierung (BUS 1984)

Ein Vergleich zweier Verpackungssysteme anhand der Methode der Öko-Bilanzierung alter Prägung (1. Generation) bzw. der neuen Öko-Bilanzierung (2. Generation) ergibt stark unterschiedliche Ergebnisse hinsichtlich der Art der Umweltbelastung (siehe dazu: Anlage 5).[281]

Mittlerweile gibt es einige Anwendungsbeispiele aus der betrieblichen Praxis. Insbesondere die Handelskette MIGROS verwendet die Methodik der Öko-Bilanzierung, die das BUS bzw. BUWAL entwickelt haben, zur Gestaltung ihres Produktsortiments.[282] Seit 1991 bietet das BUWAL ein Computerprogramm dazu unter dem Namen „Oekobase II" an, das von MIGROS entwickelt wurde und bereits von Dutzenden von Firmen im In- und Ausland verwendet wird.[283]

Aus der Vielzahl der Beispiele zur Öko-Bilanzierung auf Produktebene soll noch die relativ bekannte und kontrovers diskutierte Studie des Bundesumweltamtes (UBA) über den Vergleich von Tragetaschen aus Polyethylen (PE) und Papier näher beleuchtet werden. Die Untersuchung wurde an mehrere Institute mit der Zielsetzung vergeben, die Umweltbelastungen, die durch die Produkte auf deren „Lebensweg" entstehen, darstellen und die damit verbundenen Auswirkungen solcher Umwelteinflüsse analysieren zu lassen.[284] In die Analyse wurden alle Stoff- und Energieströme, – beginnend mit der Entnahme aus der Umwelt und endend mit der Abgabe an die Umwelt – für Prozesse betrachtet, die unter Normalbedingungen in allen Produktphasen von der Herstellung über die Nutzung bis zur Entsorgung, inklusive Transport und Energiebereitstellung, auftreten. Explizit wurde dabei auf eine Prozessbetrachtung, auch vor- und nachgelagerter Prozesse, abgehoben. Das Ablaufschema der UBA-Studie ist anhand der Abbildung 3.41 auf der folgenden Seite ersichtlich.[285] Als Ergebnis der Studie wurde ermittelt, dass in kaum einem ökologischen Merkmal die Papiertragetasche der PE-Tragetasche überlegen ist.[286] Ein Gegengutachten, das vom Verband Deutscher Papierfabriken in Auftrag gegeben wurde, kommt zu vollkommen anderen Ergebnissen, was die Umweltverträglichkeit der verglichenen Tragetaschen angeht. Das damit beauftragte Institut für Papierfabrikation der TU Darmstadt kritisiert an der UBA-Studie, dass in der Untersuchung überholte Emissionswerte und Energiedaten für die Papierherstellung aus den siebziger Jahren, noch dazu aus der Schweiz (BUS 1984), verwendet wurden. Bei der Beurteilung der PE-Tragetaschen wurden dagegen für die Herstellungsphase neueste Daten verwendet. Außerdem sind zur Beurteilung der Umweltverträglichkeit unzulässigerweise nur der Energieeinsatz und die Emissionen herangezogen worden, nicht dagegen Aspekte wie „erneuerbarer Rohstoff", „Recycling" oder „Entsorgung".[287] Als entscheidender Vorteil der Papiertragetasche wird angesehen, dass es sich bei dem Hauptrohstoff Holz – im Gegensatz zum Erdöl bei der PE-Tragetasche – um einen regenerierbaren Stoff handelt.[288]

---

281 Ahbe/Braunschweig/Müller-Wenk, a. a. O., S. 36

282 Brokatzky, a. a. O., S. 76 f.

283 Haber, Öko-Wettkampf der Lebensmittelverpackungen, S. 70 ff.

284 Schorb, a. a. O., S. 17; Umweltbundesamt, Ökobilanz von Plastik- und Papiertragetaschen, S. 1 ff.

285 Schorb, a. a. O., S. 17

286 Siehe dazu: Mosthaf, a. a. O., S. 193

287 Institut für Papierfabrikation, Gutachten über Vergleich der Umweltverträglichkeit von Papier- und Polyethylentragetaschen und -säcken, S. 27 f.

288 Ebenda, S. 27; Hamm/Putz/Göttsching, Erkenntnisse aus einer Ökobilanz: Tragetaschen aus Papier und Kunststoff, S. V 164 ff.

Phase I Methodenanalyse

Bestandsanalyse	Recherche

Erarbeitung von
Methodenrastern

Phase II Diskussion und Abgleich

Expertenanhörung
Methodenfestlegung

Phase III Basisdatenerhebung Grundstoffe

Papier Glas Kunststoff Aluminium Weißblech	Verbrauch und Umwelt- belastung Energie Rohstoffe Transport

Phase IV Basisdatenerhebung Produkte

Herstellung Distribution Nutzung Entsorgung	Verbrauch und Umwelt- belastung Energie Grundstoffe Transport

Phase IV Ökobilanz Getränkeverpackung

Produkt 1	Produkt 2	……..	Produkt n
Herstellung Distribution Nutzung Entsorgung	Herstellung Distribution Nutzung Entsorgung	Herstellung Distribution Nutzung Entsorgung	Herstellung Distribution Nutzung Entsorgung

Bewertung

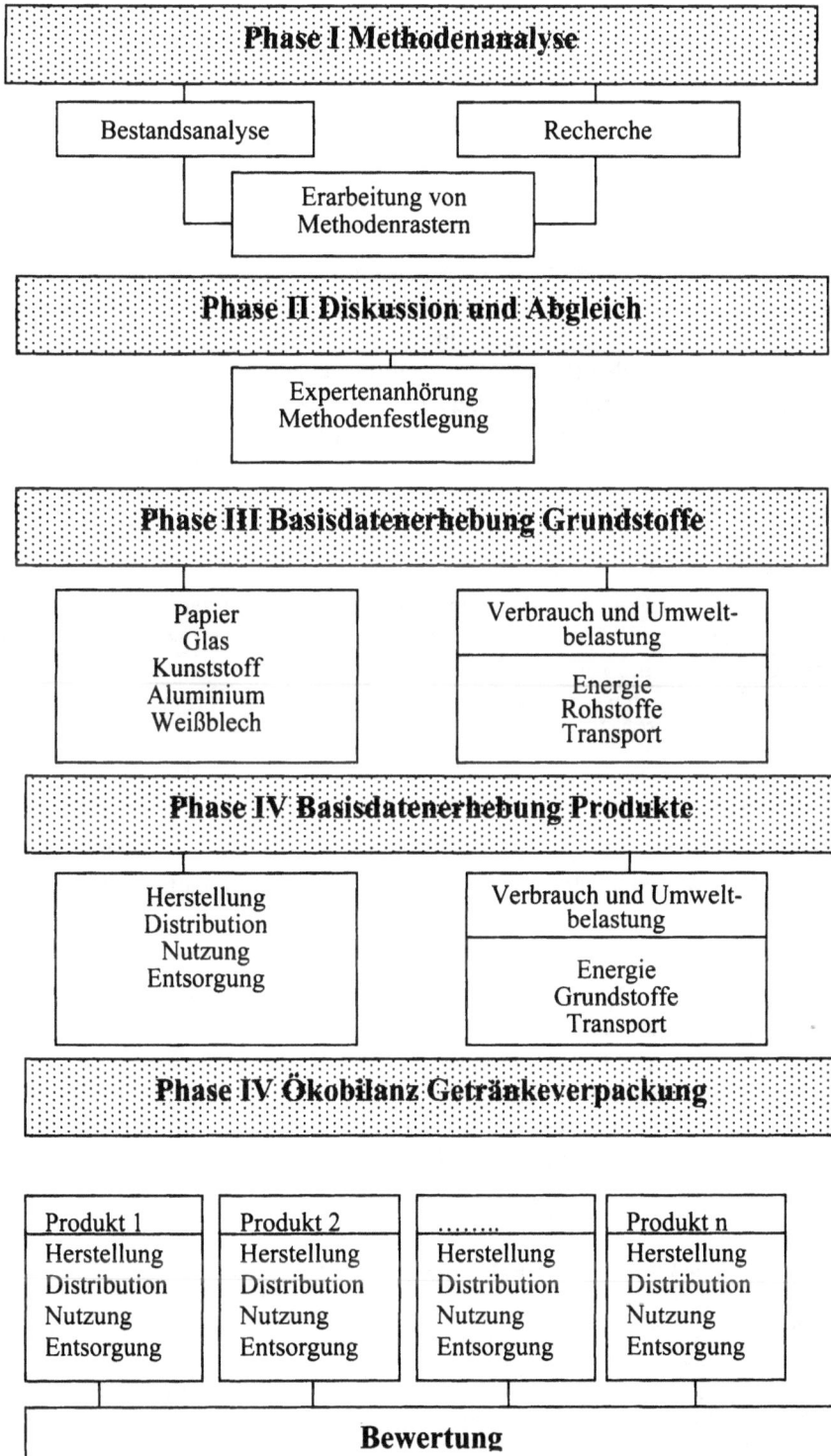

Abb. 3.41: Ablaufschema der UBA-Studie

Ende 1992 hat die Projektgemeinschaft „Lebenswegbilanzen", bestehend aus dem Fraunhofer-Institut für Lebensmitteltechnologie und Verpackung München, der Gesellschaft für Verpackungsmarktforschung Wiesbaden und dem ifeu-Institut für Energie- und Umweltforschung Heidelberg, einen Zwischenbericht zu ihren Arbeiten auf dem Gebiet der Erstellung von Ökobilanzen für Verpackungen vorgelegt.[289] In dieser Studie geht es darum, eine Methode zu entwickeln, die es erlaubt, Verpackungssysteme hinsichtlich der Umweltbeeinflussungen einheitlich zu untersuchen. Damit verbunden ist eine Primärdatenerhebung zu Lebenswegbilanzen für die wichtigsten Packstoffe und Packmittel. Möglichkeiten zur gewichtenden Bewertung verschiedenartiger Umweltbeeinflussungen sind nicht Gegenstand dieser Untersuchung, allerdings wird eine zusammenfassende Bewertung als notwendig erachtet. Nach Ansicht der Projektgemeinschaft können Bewertungen erst integriert werden, wenn sich über die anzuwendenden Bewertungsvorschriften eine Lösung mit politischem Konsens abzeichnet. Basis der Primärdatenerhebung ist eine Input-Output-Analyse über den gesamten Lebensweg des Verpackungssystems, wobei die vorgeschlagene Methode auf umweltbeeinflussende Größen zurückgreift, die in Regelwerken, insbesondere Gesetzen oder Verordnungen, festgelegt sind.[290] Neben der Bewertungsproblematik ist bisher die Einbindung von bislang quantitativ nicht berücksichtigten Umweltbeeinflussungen, wie z.B. der Flächenbelegung und Stoffeinträge in Böden, ungeklärt.[291]

Die vorgestellten Ansätze und Praxisbeispiele der Öko-Bilanzierung auf Produktebene werden in der Literatur überwiegend kritisch beurteilt. Zum Teil wird sogar soweit gegangen, von sogenannten „Gefälligkeitsökobilanzen" zu sprechen – welcher Stoff den Bilanzvergleich gewinne, ließe sich häufig nahezu beliebig manipulieren.[292] Eine etwas differenziertere Betrachtungsweise offenbart drei wesentliche Schwachpunkte:[293]

1. Die Systemgrenzen des betrachteten Produktes auf der Ebene der rein physischen Umweltauswirkungen werden uneinheitlich gezogen (siehe hierzu: Kap. 2.3.3.1).

2. Einzelne Teilaspekte, z.B. die Flächenbelegung, werden unterschiedlich tief behandelt.

3. Die Bewertung unterschiedlicher Umweltbeeinflussungen hinsichtlich ihrer Schädlichkeit erfolgt nicht anhand eines allgemein anerkannten und praktikablen Bewertungsverfahrens (siehe dazu: Kap. 2.3.3.2).

Verbesserungsvorschläge zielen vor allem in zwei Richtungen:

*   Zum einen wird eine umfassende Informationserfassung der mit dem Produktlebensweg verbundenen Stoff- und Energieströme gefordert;[294]

*   hinsichtlich der Frage der Bewertung der Umweltverträglichkeit von Produkten scheiden sich die Geister, wobei eine Gruppe eine Gesamtbewertung gemäß dem Prinzip der Ökologischen Buchhaltung vorschlägt, die andere Gruppe auf der Basis von Stoff- und Ener-

---

[289]   Holley, Methode für Lebenswegbilanzen von Verpackungssystemen

[290]   Ebenda, S. 85 ff.

[291]   Ebenda, S. 90

[292]   O.V., Grünes Licht für harte Rechner, S. 44

[293]   Siehe dazu: Hopfenbeck, a. a. O., S. 955; Schorb, a. a. O., S. 16 ff.; Beschorner, Öko-Bilanz: Entscheidungshilfe für eine umweltfreundlichere Wirtschaftsweise?, S. 174 f.;
        Eschke, Ökobilanz – der Schritt in die richtige Richtung?, S. 52 f.

[294]   Schorb, a. a. O., S. 18.; Hallay, Aufbau eines betrieblichen Umwelt-Controllings, S. 7; Hofmeister, a. a. O., S. 7 ff.

giebilanzen, unterstützt durch nutzwertanalytische Überlegungen, die Umweltverträglichkeit (ohne Gesamtaggregation) zu beurteilen versucht.[295]

Mit der ISO-Reihe 14040 ff. zum Life Cycle Assessment (LCA) ist ab dem Jahr 1997 ein Normierungsansatz entwickelt worden, der die einzelnen Schritte einer ökologischen Bilanzierung beschreibt:[296]

- Die Norm 14040 gibt den Rahmen für eine Produkt-Ökobilanz vor,
- in der ISO 14041 geht es um die Festlegung von Zielen und dem Untersuchungsrahmen, sowie die Aufstellung von Sachbilanzen;
- die ISO 14042 behandelt die Notwendigkeit von Wirkungsabschätzungen und
- in der ISO 14043 wird die Auswertung thematisiert.

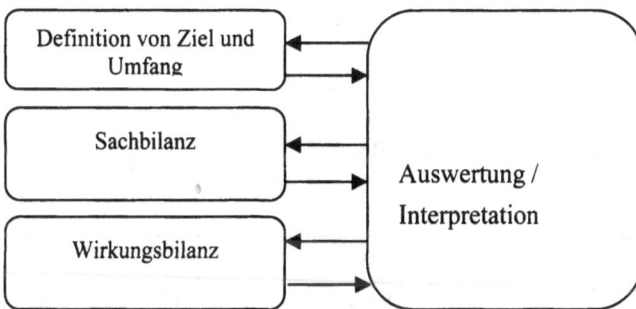

Definition von Ziel und Umfang	Auswertung / Interpretation
Sachbilanz	
Wirkungsbilanz	

Abb. 3.42: Rahmen einer Produkt-Ökobilanz (Quelle: ISO 14040 1997)

Zweck der Produkt-Ökobilanz gemäß ISO 14040 ist in erster Linie die Aufdeckung von ökologischen Schwachstellen und deren Beseitigung.[297] In einem ersten Schritt werden das Bilanzierungsziel und die Untersuchungsprämissen vorgegeben. Hierzu muss zum einen das Bilanzsystem abgesteckt werden – im Vordergrund steht die Eingrenzung aller betrachteten Prozesse des Produktlebenszyklusses. Die Systemgrenzen müssen in diesem Zusammenhang in räumlicher, sachlicher und zeitlicher Hinsicht festgelegt werden. Hier hilft nur ein pragmatisches Vorgehen, da sich das Netzwerk vor- und nachgelagerter Prozesse beliebig ausdehnen lässt.

Ein wichtiges Selektionskriterium könnte sein, inwieweit sich der betrachtete Prozess durch den Bilanzierenden ökologisch beeinflussen lässt. Zu Beginn ist auch festzulegen, welches Objekt, z.B. eine Produktgruppe, analysiert werden soll.

Im nächsten Schritt ist eine Sachbilanz zu erstellen. In der Norm ISO 14040 ist dazu formuliert: „Sachbilanzen umfassen Datensammlung und Berechnungsverfahren zur Quantifizie-

---

[295] Diese vor allem in der Bewertungsfrage vollkommen unterschiedlichen Ansätze werden in den Kapiteln 3.3.2.4/5. bzw. 3.3.3 näher beleuchtet.

[296] Siehe im Folgenden: Pick/et. al., Die Methodik der Ökobilanzierung, S. 162 ff.; Stahlmann, Ökocontrolling, S. 374 ff.; Dyckhoff/Souren, a. a. O., S. 167 ff.; Klüppel, Umweltmanagement für kleine und mittlere Unternehmen. Die ISO-14000-Normen und ihre Umsetzung, S. 31 ff.; Seuring/et al., Ökobilanzierung..., S. 117 ff.; Fischbach, a. a. O., S. 507 ff.

[297] Seuring/et al., Ökobilanzierung..., S. 125

rung relevanter Input- und Outputzuflüsse eines Produktsystems".[298] Die Sachbilanz entspricht somit der herkömmlichen Stoff- und Energiebilanzierung, d.h. es sind sämtliche Stoff- und Energieströme des Bilanzraums als Input- und Outputströme sowie sämtliche Umweltbeeinträchtigungen zu erfassen. Bei komplexen Produkten wird es i.d.R. unumgänglich sein, sich auf bestimmte Umweltaspekte, Produktionsprozesse und Stoffe zu beschränken, um die Datenmenge und damit den Erfassungsaufwand in Grenzen zu erhalten.

An die Aufstellung einer Sachbilanz schließt sich die Ableitung einer Wirkungsbilanz an. Dieser Schritt wird im Rahmen der theoretischen Diskussion zur Ökobilanzierung am meisten problematisiert. Die ISO-Normen 14040/14042 liefern hierzu keine konkreten Hinweise, sondern geben Hinweise zur allgemeinen Struktur der Vorgehensweise. Gemäß der Norm ISO 14040 dient die Wirkungsbilanz (Life-Cycle Impact Assessment) „der Beurteilung der Bedeutung potentieller Umweltwirkungen mit Hilfe der Ergebnisse der Sachbilanz".[299] Auf der Grundlage naturwissenschaftlicher Erkenntnisse sind die wesentlichen Auswirkungen der Stoff- und Energieflüsse auf die Natur abzuschätzen. Dies soll anhand einer Zuordnung zu Umweltwirkungskategorien, wie z.B. dem Treibhauseffekt oder der Human- und Umwelttoxizität, geschehen. Die so klassifizierten Daten werden mit Hilfe von Wirkungsindikatoren umgerechnet und aggregiert – beispielsweise können die Kohlendioxid- und Methanemissionen zu einem Wirkungsindikator Treibhauseffekt zusammengefasst werden.[300]

Wirkungskategorie	Stoffströme	Index
Energieressourcen	Energieverbrauch	Primärenergieäquivalent. Alle Energieformen auf Primärenergie zurückrechnen, unterschieden in fossile, nukleare und erneuerbare Energieträger
Deponievolumen	Feste Abfälle	Summenbildung, unterteilt nach vorgegebenen Kategorien der Abfallverordnung z.B. Feststoffdeponie, Hausmülldeponie, Sonderabfalldeponie
Treibhauseffekt	Treibhausrelevante Gase	Umrechnung über Global-Warming-Faktoren (GWP) auf CO_2
Photooxidantien	Gase, die zur photochemischen Ozonbildung beitragen	Umrechnung mit Wirkungsfaktoren auf kg Ethylen (C2H4)-Äquivalent

Abb. 3.43: Beispiele für Wirkungskategorien und Methoden zur Charakterisierung

Ein Kernproblem besteht darin, dass verschiedene Methoden zur Wirkungsbilanzierung existieren, die eine Vergleichbarkeit der Produktökobilanzen stark beeinträchtigen. Dies gilt insbesondere auch für die Auswertung und Interpretation der Wirkungsbilanz. Hierzu gibt es

---

[298] Zitiert in: Pick/et al., a. a. O., S. 164
[299] Seuring/et al., Ökobilanzierung..., S. 123 f.
[300] Pick/et al., a. a. O., S. 165

folgende methodische Ansätze, die eine Bewertung der Umweltschädlichkeit von Stoff- und Energieflüssen ermöglichen:[301]

- Schadensfunktionorientierte Methoden,
- grenzwertorientierte Methoden,
- monetäre Methoden,
- verbal-argumentative Methoden.

Bei der Ökobilanzierung sind generell Grundsätze zu beachten, die den Grundsätzen ordnungsgemäßer Bilanzierung in der finanzwirtschaftlichen Bilanzierung ähneln:[302]

- Klarheit und Übersichtlichkeit – die interessierte Öffentlichkeit muss sich in angemessener Zeit einen Überblick über Ursachen und Wirkungen von Umweltbelastungen eines Produktes etc. verschaffen können. Die eingesetzten Methoden der Bewertung wie auch der Untersuchungsumfang müssen transparent sein.
- Kontinuität und Vergleichbarkeit – die ursprünglich gewählte Form der Darstellung und die Bewertungsmethode sind beizubehalten, damit die einzelnen Bilanzierungspositionen von Jahr zu Jahr vergleichbar sind.
- Wahrheit – es geht um eine vollständige und richtige Erfassung der Umwelteinwirkungen, das bedeutet auch, dass Probleme nicht verschleiert werden dürfen.

Stoff- und Energiebilanzierung

Ein der Produktfolgenabschätzung und Produktlinienanalyse verwandtes Konzept ist das der Stoff- und Energiebilanz. Auch diesem Vorschlag liegt das Anliegen einer umfassenden ökologischen Folgenabschätzung betrieblicher Prozesse zugrunde, wobei im Mittelpunkt der Betrachtung die stofflichen und energetischen Umwandlungsprozesse in der Produktion stehen. Etliche moderne Konzepte und Methoden umweltorientierter Rechnungslegung wurden auf der Basis der erfassten Stoff- und Energieströme entwickelt:[303]

- Die Ökologische Buchhaltung,
- produktbezogene Ökobilanzen, wie z.B. die BUS-Studie 1984,
- Ökobilanzen auf Betriebs- und Prozessebene sowie
- Flusskosten- und Reststoffkostenrechnungssysteme.

In diesem Kapitel geht es darum, Ansätze der Stoff- und Energiebilanzierung als eigenständige Konzepte und Methoden darzustellen und kritisch zu beleuchten.

Als theoretische Bezugsgrundlage für eine naturale Bilanzierung von Stoffen und Energie dienen die physikalischen Sätze der Masse- und Energieerhaltung. Danach bleiben in einem geschlossenen System die Summen aller Massen und Energie konstant. Wird der Produktionsprozess als ein solches geschlossenes System betrachtet, bedeutet dies, dass der Input, stofflich-energetisch gesehen, dem Output quantitativ entspricht, es findet lediglich eine qualitative Veränderung statt. Somit ist es prinzipiell möglich, auf der Grundlage einer naturalen Erfassung des Inputs an Stoffen und Energie deren Verbleib in der Produktion sowie im marktlichen und aussermarktlichen Output nachzuspüren, falls nur eine entsprechende

---

[301] Stahlmann, Ökobilanzierung, S. 168; auf die verschiedenen Methoden wird in den folgenden Kapiteln noch näher eingegangen.

[302] Ebenda, S. 374

[303] Hallay, Die Ökobilanz. Ein betriebliches Informationssystem, S. 20 f.

mengenmäßige und qualitative Erfassung erfolgt.[304] Mit der Gegenüberstellung (Bilanzierung) von Input und Output werden diejenigen Stoff- und Energiemengen aufgedeckt, die ansonsten unbewusst an die natürliche Umwelt abgegeben werden. Dies ist in zweifacher Hinsicht für das Unternehmen bedeutsam: Erstens werden diese Stoffe und Energie im Hinblick auf einen sparsamen, verantwortlichen Umgang mit den natürlichen Ressourcen vergeudet und zweitens verursachen sie möglicherweise ökologische Schäden.[305] Vor dem Hintergrund dieser theoretischen Grundlagen kann die Stoff- und Energiebilanz als Gleichung von Eintrag (Input) und Austrag (Output) unter Berücksichtigung der Akkumulation und der Umwandlung dargestellt werden (siehe dazu Abb. 3.44 auf der nächsten Seite).[306]

Mit der Stoff- und Energiebilanzierung kann einerseits der industrielle Transformationsprozess transparent und kontrollierbar (über eine entsprechende Planung) gemacht werden. Zum anderen wird eine Basis für eine umfassende Einschätzung der ökologischen Auswirkungen des betrachteten Prozesses geschaffen.[307] Im Mittelpunkt der Betrachtung stehen demnach Prozesse, wobei eine besondere Funktion des Konzeptes stofflich-energetischer Bilanzierung darin besteht, für industrielle Prozesse eine effiziente Instrumentalisierung der ökologischen Schwachstellenanalyse zu bieten.[308] Letztendlich sollen daraus Umweltschutzmaßnahmen abgeleitet werden, die zu einer Verbesserung der Umweltsituation führen.[309]

Im Rahmen einer Stoff- und Energiebilanzierung gibt es zwei verschiedene Ansätze. In einer engeren Fassung erfolgt eine Beschränkung auf die Gegenüberstellung aller stofflichen und energetischen In- und Outputs technologischer Prozesse im Sinne von Produktionsverfahren, während in der weiteren Fassung versucht wird die Produktqualität einzubeziehen.[310]Der erste Ansatz ist dadurch gekennzeichnet, dass das Interesse an einer rationellen Wirtschaftsweise dominiert – auf der Inputseite geht es um eine Kostenreduzierung durch sparsamen Material- und Energieverbrauch, während auf der Outputseite Aspekte wie Stoffrecycling, Minimierung von Entsorgungsproblemen im Vordergrund stehen.[311] Beim zweiten Ansatz tritt neben den wirtschaftlichen Aspekt eine um die Erhaltung der natürlichen Umwelt erweiterte Betrachtungsweise hinzu. Die umfassende und exakte stofflich-energetische Analyse wird einerseits als Voraussetzung für die Einschätzung der Umweltverträglichkeit des Betriebes gesehen. Außerdem wird damit die Grundlage geliefert, technische Maßnahmen zur Vermeidung von Umweltbelastungen systematisch entwickeln zu können.[312] Wie bereits mehrmals angedeutet wurde, besteht zwischen der Stoff- und Energiebilanz und der bereits vorgestellten Input-Output-Analyse (siehe dazu: Kap. 3.1.2.) eine große Ähnlichkeit. Wäh-

---

[304]   Freimann, Instrumente sozial-ökologischer Folgenabschätzung im Betrieb, S. 123; Immler, Die Notwendigkeit von Stoff- und Energiebilanzen im Betrieb, S. 831; Hofmeister, a. a. O., S. 41 f.; Stahlmann, Ökocontrolling, S. 375

[305]   Hofmeister/Schultz, a. a. O., S. 25

[306]   Hofmeister, a. a. O., S. 43; Strebel, Material- und Energiebilanzen, S. 10; während mit dem Akkumulationstherm eine Aussage über die Änderung der im Bilanzraum vorhandenen Menge ausgedrückt werden soll, gibt der Umwandlungstherm die Bildung der Menge bzw. ihre Umwandlung in andere Formen an.

[307]   Bechmann/Hofmeister/Schultz, Leistungsfähigkeit der Stoff- und Energiebilanz als Instrument der umweltbezogenen Planung betrieblicher Prozesse, S. 88

[308]   Bechmann/Hofmeister/Schultz, Umweltbilanzierung…, S. 95

[309]   Rautenstrauch, a. a. O., S. 325

[310]   Pfriem, Ökobilanzen für Unternehmen, S. 218

[311]   Stellvertretend für diese Sichtweise: Jetter, Anleitung zum Erstellen von Material- und Energiebilanzen im Produktionsbetrieb, S. 31 und S. 57

[312]   Hofmeister/Schultz, a. a. O., S. 26

rend die Input-Output-Analyse ihren Stammplatz mehr auf volkswirtschaftlicher Ebene inne-
hat, werden Stoff- und Energiebilanzen als Grundlage für ein umweltbezogenes Rechnungswesen auf betrieblicher Ebene vorgeschlagen und auch angewendet.

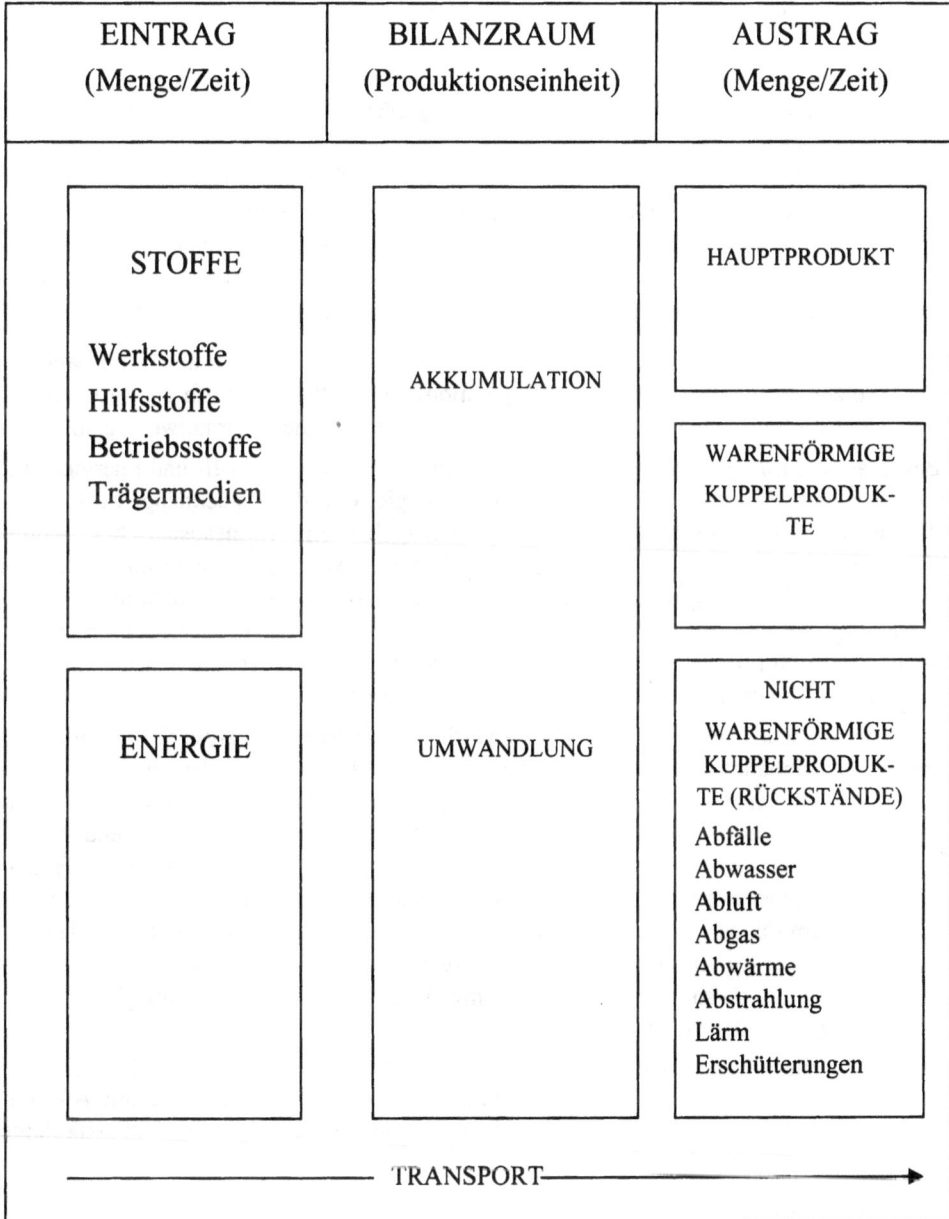

EINTRAG (Menge/Zeit)	BILANZRAUM (Produktionseinheit)	AUSTRAG (Menge/Zeit)
STOFFE Werkstoffe Hilfsstoffe Betriebsstoffe Trägermedien	AKKUMULATION	HAUPTPRODUKT WARENFÖRMIGE KUPPELPRODUK-TE
ENERGIE	UMWANDLUNG	NICHT WARENFÖRMIGE KUPPELPRODUK-TE (RÜCKSTÄNDE) Abfälle Abwasser Abluft Abgas Abwärme Abstrahlung Lärm Erschütterungen
TRANSPORT →		

Abb. 3.44: Schema einer Stoff- und Energiebilanz

Die Vorgehensweise bei der Erstellung einer Stoff- und Energiebilanz lässt sich anhand der folgenden Schritte beschreiben:[313]

- Ausgangspunkt ist zunächst eine Analyse der stofflich-energetischen Struktur des gesamten Produktionsverfahrens. Dabei wird der Prozessverlauf in räumliche, technische und funktionelle Prozesseinheiten gegliedert, um deren strukturelle Verbindungen zueinander und zur Umwelt zu erkennen.
- In einem zweiten Schritt werden auf der Basis der Strukturanalyse unter besonderer Berücksichtigung der gesundheitlichen und ökologischen Risikobereiche die Bilanzräume definiert (siehe auch: Kap. 2.3.3.1.).
- Danach werden zur Erstellung der Teilbilanzen die Stoff- und Energieflüsse an Eingang und Ausgang der als Bilanzräume ausgewiesenen Prozesseinheiten erfasst.
- Zum Schluss werden die Teilbilanzen zu einer Gesamtverfahrensbilanz zusammengefasst. Erst danach können die stofflichen (energetischen) Beziehungen zwischen dem Produktionsprozess und der durch ihn betroffenen Umwelt qualifiziert werden.

Mit diesen Schritten muss gewährleistet werden, dass die Stoffbilanz alle Informationen enthält, die zur Prüfung des Verhaltens (Exposition) der emittierten Stoffe und Stoffverbindungen in der Natur und zur Bestimmung ihrer Wirkungen auf die Natur notwendig sind.

In Bezug auf die Energiebilanz beschränken sich die Verfechter der Stoff- und Energiebilanzierung auf eine Bilanzierung der thermischen Energie, d.h. der Berechnung des mit den Stofftransport- und -umwandlungsprozessen einhergehenden Wärmeaustausches, womit schwerwiegende ökologische Veränderungen einhergehen können.[314] Entsprechend der aus ökologischen Anforderungen abgeleiteten Zielsetzung – Analyse von Produktionsprozessen, Abschätzung der entsprechenden Umweltauswirkungen und Planung umweltschonender Verfahren – sind im Rahmen einer Stoff- und Energiebilanzierung weitere Schritte zu unternehmen, damit überhaupt (Teil-) Bilanzen aufgestellt werden können:[315]

1. Eine betriebliche Datenerfassung, die die verfahrenstechnische Analyse des Produktionsprozesses beinhaltet. Dabei sind die Schnittstellen Betrieb/Umwelt möglichst weitgehend in die Analyse einzubeziehen. Auf der Inputseite sind demzufolge die Umwelteinwirkungen bei der Gewinnung und Herstellung der Stoffe zu berücksichtigen, während auf der Outputseite die Abfallbehandlung (Deponierung-Verbrennen) zu analysieren ist. Hinzukommen müssen noch die Einbeziehung von Betriebsstörungen mit umweltrelevanten Schadstoffemissionen sowie Umwelteinwirkungen durch Lärm, Transport und Flächenverbrauch. Eine Einschätzung des Gebrauchswertes des betrachteten Produktes ist insofern wichtig, als versucht werden kann, umweltverträgliche Produkte mit gleichen Gebrauchseigenschaften zu entwickeln.

2. Eine umweltbezogene Datenerfassung, die die betrieblichen Umwelteinwirkungen abschätzen soll. Dazu ist eine Analyse der eingesetzten Stoffe nach Transport- und Ausbreitungsverhalten, Persistenz und Akkumulationsverhalten mit Hilfe der Ökotoxikologie

---

[313] Hofmeister, a. a. O., S. 47 ff. und S. 90 ff.
[314] Ebenda, S. 51 ff.
[315] Bechmann/Hofmeister/Schultz, Umweltbilanzierung – Darstellung und Analyse zum Stand des Wissens zu ökologischen Anforderungen an die ökonomisch-ökologische Bilanzierung von Umwelteinflüssen, S. 89; Hofmeister/Schultz, a. a. O., S. 26 ff.;
Bechmann/Hofmeister/Schultz, Leistungsfähigkeit der Stoff- und Energiebilanz als Instrument der umweltbezogenen Planung betrieblicher Prozesse, S. 89 ff.; Wicke/Haasis/Schafhausen/Schulz, a. a. O., S. 557

erfor derlich. Wichtig ist es einen räumlichen Bezug herzustellen, um Kenntnisse über die zu erwartenden ökologischen Veränderungen in der Umwelt zu gewinnen.

3. Die Ableitung von Planungsaussagen ist nun aus den gewonnenen betrieblichen Daten sowie der Kenntnis der zu erwartenden Umwelteinwirkungen möglich geworden. Damit können zielgerichtet umweltpolitische Maßnahmen geplant werden.

Diese Vorgehensweise hat sich in einigen Anwendungsbeispielen als geeignet erwiesen, die untersuchten Prozesse einer ökologischen Schwachstellenanalyse zu unterziehen und darüber hinaus verschiedene Produktionsverfahren, die zur Herstellung desselben Produktes dienen, im Hinblick auf ihre Umweltverträglichkeit zu vergleichen.[316] Auf der folgenden Seite befindet sich in Abbildung 3.45 ein Überblick zu der in einigen Anwendungsbeispielen erprobten Methodik für eine Stoff- und Energiebilanzierung, wie sie vom Institut für Landschaftsökonomie der TU Berlin abgeleitet wurde.[317] Empfehlenswert ist es, die Stoff- und Energiebilanz mit Fließbildern zu kombinieren. Damit wird eine Verbindung von stofflich-energetischer Analyse, technischem Prozess und der Darstellung der Emissionsquellen und -mengen ermöglicht.[318] Flussmodelle bieten in diesem Zusammenhang eine wertvolle Hilfestellung (siehe dazu Kap. 3.3.1.2). Für die Stoffmengen bringt eine Gliederung und Auflistung in verschiedenen Tabellen, wie Input-, Haupt- und Nebenprodukt-, Abfallprodukttabellen, eine größere Übersichtlichkeit.

Zur Abschätzung umweltbeeinträchtigender Wirkungen durch Störfälle mit potentiellen Schadstoffemissionen empfiehlt es sich, eine Liste der Störfallmöglichkeiten zu erarbeiten.

Bei der Stoff- und Energiebilanzierung lassen sich folgende Bilanzarten unterscheiden:

- Prozessbezogene Bilanzen umfassen den Produktionsprozess als technisches Verfahren der Stoff- und Energieumwandlung;
- stoff- und stoffgruppenbezogene Bilanzen beinhalten die Wege einer einzelnen Stoffart (z.B. Cadmium) oder einer Stoffgruppe (z.B. Schwermetalle) innerhalb eines abgegrenzten Bilanzraumes (Betrieb, Region, Land etc.), die analysiert werden;
- produkt- bzw. produktgruppenbezogene Bilanzen umfassen eine auf diverse aneinander gereihte Umwandlungsprozesse gerichtete Bilanzkette, die den gesamten Lebensweg umschließt.[319]

in einer Standortbilanz können strukturelle Eingriffe des Betriebsstandorts auf die Umwelt abgebildet werden, z.B. Nutzung der Bodenfläche.[320]

---

[316] Hofmeister/Schultz, a. a. O., S. 28

[317] Bechmann/Hofmeister/Schultz, Leistungsfähigkeit der Stoff- und Energiebilanz als Instrument der umweltbezogenen Planung betrieblicher Prozesse, S. 91

[318] Ebenda, S. 92; Hofmeister/Schultz, Industrie: Methodische Aspekte der Stoff- und Energiebilanz am Beispiel eines Chemiewerkes, S. 73 ff.

[319] Hofmeister, a. a. O., S. 61 ff.

[320] Pick/et al., a. a. O., S. 167 f.

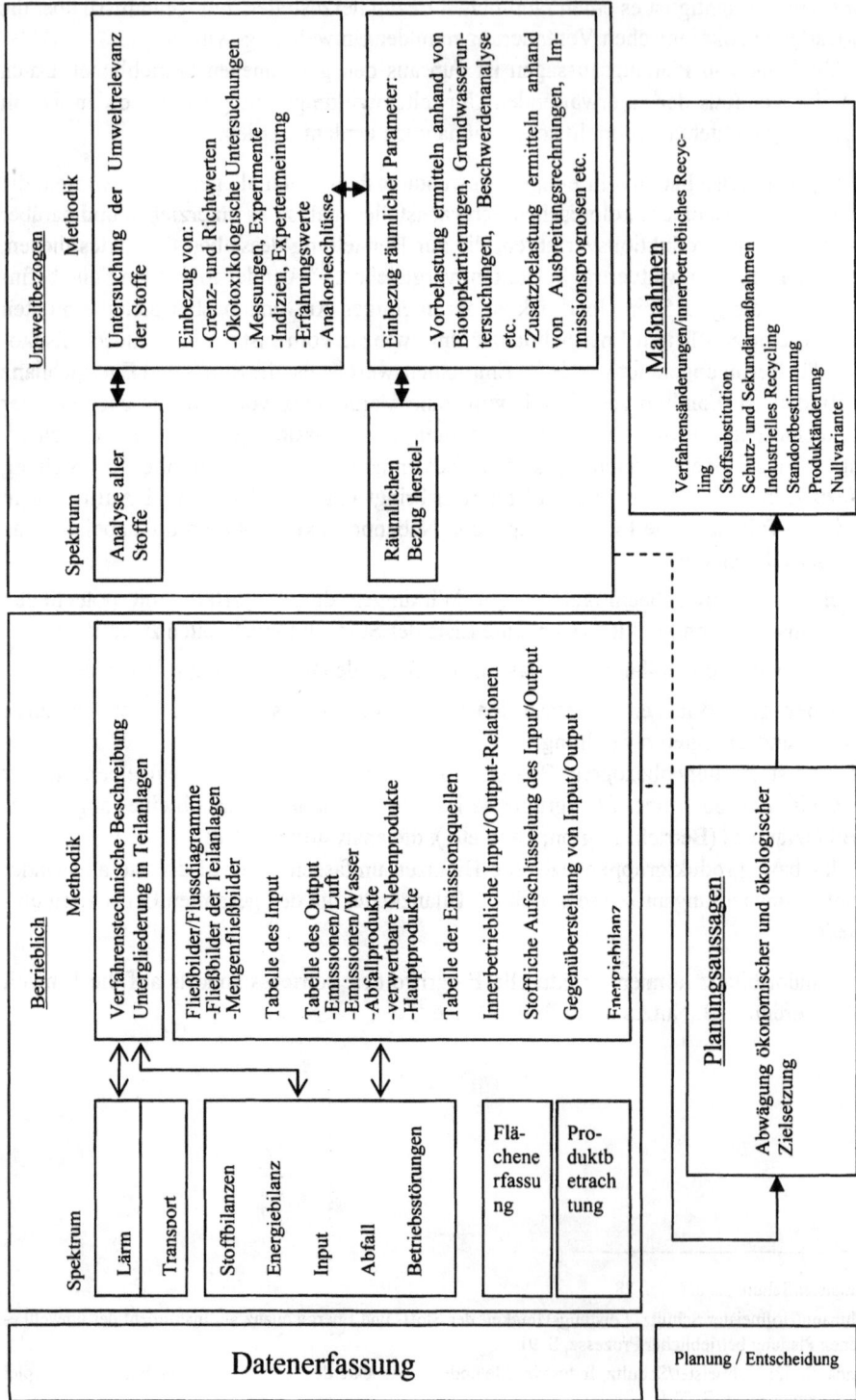

Abb. 3.45: Prototyp einer Stoff- und Energiebilanz als umweltpolitisches Konzept

Versuche, das physische Bilanzprinzip auf Regionen bzw. sogar Volkswirtschaften zu übertragen, stoßen auf immense Schwierigkeiten, die hier nicht näher diskutiert werden können.[321] Hinsichtlich der Bewertung verzichtet das Konzept der Stoff- und Energiebilanzierung, wie es vom Institut für Landschaftsökonomie der Technischen Universität Berlin (Bechmann/Hofmeister/Schultz) vorgeschlagen wird, vom Betrieb ausgehende Umwelteinwirkungen mit Preisen, Äquivalenzkoeffizienten oder Punktesystemen zu erfassen und einer Beurteilung zu unterziehen.[322] In älteren Ansätzen der betrieblichen Input-Output-Analyse wurde versucht, wichtige Posten der Bilanz monetär zu bewerten (Jetter für Brauereien), womit die „ökologischen Verluste", die durch die physische Stoff- und Energiebilanzierung aufgezeigt werden sollten, nur sehr eingeschränkt im Blickwinkel ökonomischer Verluste verarbeitet wurden.[323] Zusammenfassend sind folgende umweltrelevante Informationen in eine betriebliche Stoff- und Energiebilanz einzubeziehen:

- Umwelteinwirkungen, die bei Gewinnung/Herstellung der Inputstoffe auftreten,
- Transformationsvorgänge von Stoffen und Energien aller betrieblichen Anlagen, Prozesse etc. einschließlich der Betriebsstörungen,
- außerbetriebliche Abfallbehandlung (Deponien, Verbrennung etc.),
- umweltrelevante Wirkungen des Hauptproduktes sowie Analysen zum Gebrauchswert des Produktes (in Relation zu den potentiellen Umwelteinwirkungen) sowie
- nicht unmittelbar stofflich-energetische Umwelteinwirkungen wie Lärm, Transport und Flächenverbrauch.[324]

Zum Konzept der Stoff- und Energiebilanz gibt es durchaus einige wesentliche Schwachpunkte, die beachtet werden müssen. Für Dienstleistungsbetriebe – außer Handelsbetrieben – erscheint das physische Bilanzprinzip kaum sinnvoll anwendbar, ebenso für handwerkliche und landwirtschaftliche Betriebe.[325] Allenfalls eine vereinfachte Input-Output-Rechnung, die die ökologischen Schwachstellen des Betriebes aufdecken helfen soll, ist denkbar.[326] Bisher hat sich das theoretisch einfach anmutende Konzept der Stoff- und Energiebilanzierung in der praktischen Durchführung als relativ schwierig erwiesen.[327] Zum einen gestaltet sich die Datenbeschaffung als problematisch. Die Analyse des Transformationsprozesses erfordert eine systematische Einbeziehung und Untersuchung aller Stoffe auf der Input- und Outputseite des Betriebes bzw. Prozesses.[328] Allerdings würde eine zu enge Auslegung dieser Anforderung die Notwendigkeit zur Aufstellung einer Weltbilanz nach sich ziehen. Deswegen wird aus Praktikabilitätsgesichtspunkten vorgeschlagen, Prozessstufen, die nur indirekt an der Entstehung des betrachteten Produktes in vor- oder nachgelagerten Prozessen beteiligt sind, nicht zu beachten – beispielsweise würden dann bei der Rohölgewinnung als Vorstufe zum Rohstoffverbrauch für die Kunststoffherstellung die Investitionen in Förder-

---

[321] Hofmeister, a. a. O., S. 180 ff. und S. 219 ff.

[322] Wicke/Haasis/Schafhausen/Schulz, a. a. O., S. 555

[323] Bechmann/Hofmeister/Schultz, Leistungsfähigkeit der Stoff- und Energiebilanz als Instrument der umweltbezogenen Planung betrieblicher Prozesse, S. 18 ff.

[324] Ebenda, S. 42 f.

[325] Hofmeister, a. a. O., S. 230 ff.

[326] Hofmeister/Schultz, Stofflich-energetische Bilanzierung..., S. 29

[327] Freimann, Instrumente sozial-ökologischer Folgenabschätzung im Betrieb, S. 124

[328] Bechmann/Hofmeister/Schultz, Umweltbilanzierung – Darstellung und Analyse zum Stand des Wissens zu ökologischen Anforderungen an die ökonomisch-ökologische Bilanzierung von Umwelteinflüssen, S. 75

einrichtungen und Pipelines sowie ihre Herstellung nicht berücksichtigt, sehr wohl aber der Energiebedarf zum Betrieb derselben (Ein-Schritt-Zurück-Regel).[329] Als besonders problematisch erweisen sich die Erfassung von Spurstoffen, die stoffliche Aufschlüsselung von Input und Output sowie die Bilanzierung von diskontinuierlichen Prozessen.[330] Dazu notwendige detaillierte Beschreibungen zur Zusammensetzung der Stoffe, sind nur unter großen Mühen und häufig nur für einen Teil der eingesetzten Materialien von den Lieferanten zu bekommen, wie die Erfahrungen von Unternehmen, die eine Umweltbilanzierung durchgeführt haben, gezeigt haben.[331] Die Weiterverfolgung der den Produktionsprozess verlassenden Stoffe und Energien vom Austrittsort zum Wirkungs- bzw. Beseitigungsort sowie die Einschätzung der damit verbundenen ökologischen Auswirkungen bereitet immense Probleme für die bilanzierenden Unternehmen.

Die physische Stoff- und Energiebilanzierung sagt noch nichts über die ökologischen Folgen der untersuchten Fertigungsprozesse aus. Hierzu sind intensive naturwissenschaftlich-technische Forschungen erforderlich, die von einem einzelnen Unternehmen nicht geleistet werden können.[332]

Die derzeitigen Forschungsergebnisse sind gekennzeichnet durch,

- unzureichendes Wissen über ökotoxikologisches und ökosystemares Verhalten von Stoffen sowie
- unzureichendes Wissen über stofflich-energetische Transformationsprozesse im Ökosystem.[333]

Somit stößt das Konzept der Stoff- und Energiebilanzierung in seiner praktischen Anwendung dort an seine immanenten methodischen Grenzen, wo auch die Analysetechnik ihre Grenzen hat.[334] Zudem lassen sich Umwelteinwirkungen nicht ohne Bezugnahme auf Indizien, Risikoabschätzungen, Erfahrungswerte und Analogieschlüsse beurteilen.[335] Häufig sind Prämissen über Recyclingquoten, Distributionsentfernungen für Warentransporte und die Art der Abfallverwertung (Deponierung – thermische Verwertung) erforderlich. Allgemein wird der Erfassungsaufwand und das notwendige Expertenwissen, insbesondere für Klein- und Mittelbetriebe, als kaum tragbar angesehen.[336] Der Forderung nach Einbeziehung sogenannter freier Güter konnte in der bisherigen Praxis auch nicht entsprochen werden.

Isoliert betrachtet ist die Stoff- und Energiebilanz nicht geeignet, ökonomische Kalküle einzubringen. Denkbar wäre allerdings die Ermittlung von Stoff- und Energiestandards für Produkte und Verfahren nach dem jeweiligen „Stand der Technik", die als Zielgrößen Vorgabecharakter erhalten. Ökonomische Kalküle hätten dann die Frage zu beantworten, wie diese

---

[329] Schorb, a. a. O., S. 18

[330] Bechmann/Hofmeister/Schultz, Umweltbilanzierung…, S. 78 ff.

[331] Beispiele dafür sind der Verpackungsmittelhersteller Bischof & Klein sowie der Textilhersteller Kunert, die im folgenden Kapitel kurz dargestellt werden.

[332] Strebel, Umwelt und Betriebswirtschaft, S. 144 f.

[333] Hofmeister/Schultz, Industrie: Methodische Aspekte der Stoff- und Energiebilanz am Beispiel eines Chemiewerkes, S. 79

[334] Hofmeister, a. a. O., S. 305

[335] Hofmeister/Schultz, Industrie: Methodische Aspekte der Stoff- und Energiebilanz am Beispiel eines Chemiewerkes, S. 79

[336] Meffert/Kirchgeorg, a. a. O., S. 114 ff.; Wicke/Haasis/Schafhausen/Schulz, a. a. O., S. 557 f.

Standards auf dem betriebsspezifisch kostengünstigsten Weg zu erreichen sind.[337] Bisher ist es jedoch so, dass das Interesse am Schutz der natürlichen Umwelt vor Belastungen und Schäden durch die Produktion und Konsumtion im Regelfall als überbetriebliches gesellschaftliches Interesse nur durch Intervention von außen Bestandteil des einzelwirtschaftlichen Kalküls wird.[338]

In den ersten Ansätzen zu einer Stoff- und Energiebilanzierung wurde gefordert, die Einführung betrieblicher Stoff- und Energiebilanzen gesetzlich zu verankern und staatlich überwachen zu lassen. Eine Kontrolle der naturalen Inputs und Outputs im Betrieb würde jedoch in letzter Konsequenz nichts anderes als eine direkte Kontrolle der produzierten Waren, des gesamten Produktionsapparates und sämtlicher Produktionsverfahren bedeuten und damit einen Schritt zu einer neuen gesellschaftlichen Produktionsweise darstellen.[339] Damit würden wiederum die Grenzen eines marktwirtschaftlichen Systems gesprengt werden. Dennoch liegt es im wohlverstandenen Eigeninteresse der Unternehmen in Planungsüberlegungen zu neuen Produkten, Fertigungsverfahren und Anlagen die möglichen ökologischen Folgen einzubeziehen und negative Umwelteinwirkungen weitgehendst zu vermeiden. Zum einen könnte damit die derzeitige Produktionsweise in aufgeklärter Weise abgesichert werden und darüberhinaus die Akzeptanzchancen für Informationssysteme, die über die traditionellen Denkmuster hinausweisen, erhöht werden.[340]

Ökobilanzierung gemäß dem Konzept des IÖW
In diesem Kapitel soll das Konzept des Instituts für ökologische Wirtschaftsforschung (IÖW), Berlin vorgestellt und kritisch beleuchtet werden. In Zusammenarbeit mit dem Arbeitskreis „future", in dem umweltbewusste Unternehmer, Führungskräfte der Wirtschaft und Personen des öffentlichen und wissenschaftlichen Lebens zusammengeschlossen sind, hat das IÖW ein praxiserprobtes Konzept der Öko-Bilanzierung entwickelt, dessen Fernziel darin besteht, ein umfassendes betriebliches Öko-Controlling zu ermöglichen.[341] Damit soll, in Anlehnung an die Finanzbuchhaltung, kontinuierlich, umfassend und nach verbindlichen Verfahrensvorschriften eine ökologische Bilanzierung auf verschiedenen Ebenen erfolgen.[342] Für die Öko-Bilanzierung lassen sich zwei Kategorien von ökologisch relevanten Informationen unterscheiden:[343]

- Informationen zur Darstellung der Stoff- und Energieströme im Unternehmen über den ökologischen Lebenszyklus der Produkte sowie
- Informationen zu den Umwelteinwirkungen, die durch die Austauschbeziehungen der Betriebe bzw. Produkte mit der Umwelt entstehen.

[337] Schreiner, Umweltmanagement in 22 Lektionen, S. 269
[338] Hofmeister, a. a. O., S. 128 f.
[339] Immler, a. a. O., S. 832 ff.
[340] Freimann, Instrumente sozial-ökologischer Folgenabschätzung im Betrieb, S. 125
[341] Günther, Öko-Bilanzen als Grundlage eines Umwelt-Auditings, S. 65 ff.
[342] Hopfenbeck, a. a. O., S. 1064
[343] Hallay, Die Ökobilanz. Ein betriebliches Informationssystem, S. 24

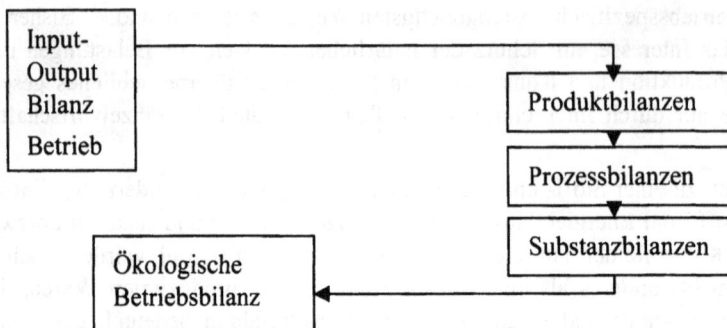

Abb. 3.46: Typen der Öko-Bilanz nach dem IÖW

Ausgangspunkt der Entwicklung einer Öko-Bilanz für das Unternehmen ist die Erstellung einer „Input-Output-Bilanz Betrieb", aus der schrittweise der Umfang und die Art betrieblicher Umwelteinwirkungen abgeleitet werden.[344] In Anlehnung an eine Stoff- und Energiebilanz liegt der Input-Output-Bilanz folgende Systematik zugrunde:[345]

Input-Output-Systematik Stoff- und Energiebilanz	
Input	Output
I. STOFFE 1. Rohstoffe 2. Hilfsstoffe 3. Betriebsstoffe 4. Weitere Materialien II. ENERGIEN 1. gasförmig 2. flüssig 3. fest	I. Produkte 1. Primärprodukte 2. Kuppelprodukte II. STOFFLICHE EMISSIONEN 1. Abfall 2. Abwasser 3. Abluft III. ENERGETISCHE EMISSIONEN 1. Abwärme 2. Lärm

Abb. 3.47: Input-Output-Systematik

Die stofflichen Inputs werden nach der betrieblichen Materialwirtschaftssystematik weiter aufgegliedert in

- Materialklassen 1.Ordnung (Rohstoffe, Hilfsstoffe, Betriebsstoffe, Kaufteile, Handelsware),
- Materialklassen 2. Ordnung (Detaillierung der Rohstoffe etc.) sowie
- Stofflisten, die Materialien unterscheiden nach Materialbestandteilen, Spuren von Stoffen in Materialien und ökologischen Merkmalen.

---

[344] Pfriem, Die Ökobilanz – Ein betriebliches Informationsinstrument, S. 38 f.

[345] Hallay, Die Ökobilanz. Ein betriebliches Informationssystem, S. 34 ff.; siehe auch: Hopfenbeck, a. a. O.; S. 1066 f.

Ebenso lassen sich für die Outputseite sinnvoll Untergliederungen der Produkte und Emissionen bilden. Insbesondere folgende Elemente führen zu einer detaillierten Betrachtung,

- Stofflisten: Die eingesetzten Materialien sind hinsichtlich ihrer Bestandteile und deren ökologischer Relevanz weiter zu analysieren;
- Wasser- und Energieeinsatz: Daraus ergeben sich Ansatzmöglichkeiten für ein entsprechendes ressourcensparendes Management;
- Produktzusammensetzungszertifikate: Damit kann die Zusammensetzung der Produkte untersucht werden;
- stoffliche Emissionen und abgegebene Energien: Hierauf ist eine genauere Analyse des weiteren ökologischen Lebenszyklusses dieser Stoffe und Energie aufzubauen;[346]
- Flussmodelle beziehen sich auf eine Erhebung und Analyse der Prozesse, die die Stoff- und Energieflüsse direkt beeinflussen (siehe Kap. 3.3.1.2).

Die Black-Box, die der Betrieb bei der Erstellung der Input-Output-Bilanz (Betriebsbilanz i.e.S) immer noch bleibt (siehe Anlage 6)[347], wird im nächsten Schritt weiter aufgehellt durch die Erstellung von Produkt- und Prozessbilanzen. Produkt- und Prozessbilanzen dienen dazu, die Umweltverträglichkeit bestimmter Produkte und Produktionsverfahren des Unternehmens zu überprüfen und gegebenenfalls durch Substitution mit vergleichbaren Produkten oder Verfahren zu ökologisch optimalen Lösungen zu kommen.

Die Prozessbilanz soll einen ökologischen Einblick in die betriebsspezifischen Abläufe (Transformationsvorgänge) geben. Voraussetzung dafür ist eine detaillierte Betrachtung anhand des Input-Output-Schemas.[348] Der eigentlichen Datenerfassung muss demnach eine geeignete und redundanzfreie Analyse des Gesamt-Betriebsprozesses mit Zerlegung in seine Teilprozesse vorausgehen. In Anlage 7 befindet sich ein Fließschema für den Prozess „Fertigung eines Kunststoff- Spezialsackes" (Fa. Bischof & Klein) als Beispiel für die Prozessbetrachtung im Rahmen der Öko-Bilanzierung.[349] Anhand dieses Anwendungsbeispiels lassen sich folgende Schritte bei der Erstellung von Prozessbilanzen festhalten:

- Geeignete und redundanzfreie Abgrenzung der einzelnen Prozesse im Betrieb,
- Untergliederung in Teilprozesse,
- Prozessbeschreibung in Formblättern,
- Darstellung des Prozessablaufs in einem Fließdiagramm,
- prozessbegleitende Erfassung der In- und Outputs in den jeweiligen Teilprozessen auf entsprechenden Formblättern und
- Zusammenfassung der Daten aus den Formblättern zu einer Input-Output-Bilanz für den jeweiligen Prozess.[350]

Die Produktbilanz soll die Produkte des Unternehmens über den gesamten ökologischen Produktlebenszyklus einer Beurteilung unterziehen.[351] Der wesentliche Unterschied zu den bereits vorgestellten Methoden einer Öko-Bilanzierung auf Produktebene besteht darin, dass

---

[346] Hallay, Die Ökobilanz. Ein betriebliches Informationssystem, S. 33

[347] Umwelterklärung 2008, Peguform GmbH, Werk Neustadt, S. 20

[348] Pick/et al., a. a. O., S. 166 f.

[349] Hallay, Die Ökobilanz. Ein betriebliches Informationssystem, S. 31, S. 37 f. und S. 96

[350] Ebenda, S. 93 f.

[351] Pfriem, Die Ökobilanz – Ein betriebliches Informationsinstrument, S. 41

beim IÖW-Ansatz Produktbilanzen nur einen Teilbereich einer betrieblichen Öko-Bilanz verkörpern und keine Gesamtbewertung durch Verwendung von Äquivalenzkoeffizienten etc. angestrebt wird. Mit der Substanzbilanz werden von den anderen Bilanzarten nicht erfasste dauerhafte umweltrelevante Aspekte des Betriebes untersucht. Hierzu gehören dauerhafte betriebliche Umweltnutzungen, wie Flächennutzung, Bebauung und Landschaftseinschnitte, die nach ihrer Art, Intensität und anderen Kriterien analysiert werden. Des Weiteren sind dauerhafte Beeinträchtigungen der Umwelt durch den Betrieb, wie Boden- und Grundwasserverunreinigungen zu erfassen.[352] Zusammenfassend kann die Systematik der Öko-Bilanzierung nach dem IÖW-Konzept folgendermaßen dargestellt werden.[353]

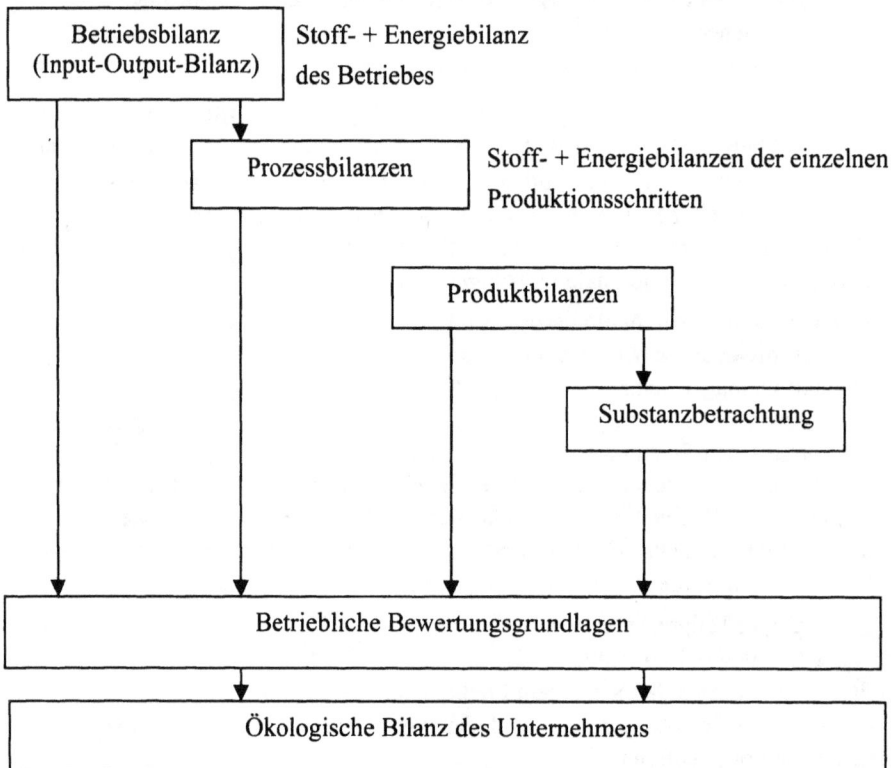

Abb. 3.48: Ökobilanz-Systematik des IÖW

Dieses IÖW-Ökobilanzkonzept ist im Laufe der Zeit erweitert worden. Entsprechend einer umfassenden Betrachtung der Wertschöpfungskette von Wirtschaftsunternehmen werden mittlerweile vor- und nachgelagerte Stufen im Sinne von Produktlinienbilanzen betrachtet.[354]Die Problematik bei der Erweiterung von Systemgrenzen, insbesondere bei der Erfassung und Bewertung der damit verbundenen Umwelteinwirkungen, wurde bereits mehrfach herausgestellt.

---

[352]   Hallay, Die Ökobilanz. Ein betriebliches Informationssystem, S. 39 f.

[353]   In Anlehnung an: Ebenda, S. 33

[354]   Pick/et al., a. a. O., S. 168; Stahlmann, Ökocontrolling, S. 375 ff.

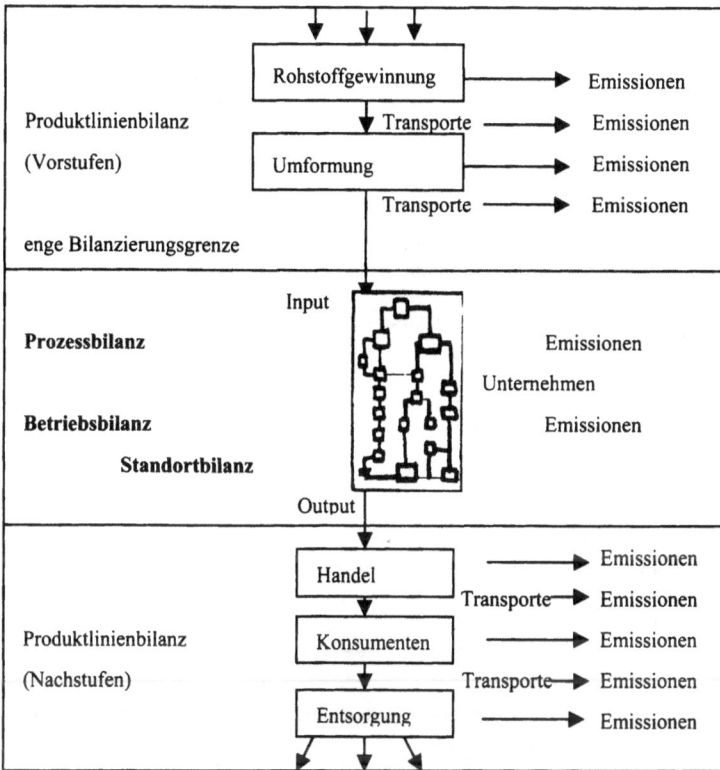

Abb. 3.49: Bausteine einer Unternehmens-Ökobilanz

Wie bereits beim Konzept der Stoff- und Energiebilanzierung kritisch bemerkt wurde, sagt die bloße physische Darstellung der Stoff- und Energieströme sowie der Produkte und Emissionen noch nichts über die Umweltverträglichkeit der dahinterstehenden Prozesse und Produkte aus. Als Bewertungsmethode wird eine Art ABC-Analyse vorgeschlagen, die unter maßgeblicher Mitarbeit von Stahlmann/Fachhochschule   Nürnberg erarbeitet wurde. Für die Beurteilung der Umweltverträglichkeit werden verschiedene Kriterien verwendet, die zusammen mit der ABC-Klassifizierung ein Bewertungsraster abgeben.[355]

Die einzelnen ABC-Einstufungen entsprechen dabei eher der Methodik von nutzwertanalytischen Instrumenten und sind somit nur bedingt im Sinne der klassischen ABC-Analyse zu interpretieren.[356] Ausgehend von der Betriebs- und Prozessanalyse werden die im Unternehmen eingesetzten Stoffe und Energie sowie die Emissionen (bzw. andere Umwelteinwirkungen) anhand der angegebenen Kriterien einzeln bewertet (siehe Abb. 3.50 auf der folgenden Seite).[357]

---

[355]   Siehe dazu: Pfriem, Ökologische Unternehmensführung, S. 63; IÖW, Umwelt-Controlling, S. 13 ff.;
        Stahlmann, Ökologisierung der Unternehmenspolitik durch eine umweltorientierte Materialwirtschaft, S. 9

[356]   Stahlmann, Entfaltung von Umweltaktivitäten durch eine Integrierte Materialwirtschaft, S. 283

[357]   Siehe dazu: Hopfenbeck, a. a. O., S. 1072; Stahlmann, Ökocontrolling, S. 377

ABC / Kriterien	A	B	C
Umweltrechtliche/-politische Kriterien: ABC 1 Anforderungen aus dem Umweltrecht, Grenzwerte, Verordnungen, etc.	gesetzliche Grenzwerte eines Stoffes werden überschritten, Vorschriften der Lagerungen werden missachtet	Vom Gesetzgeber sind Grenzwertverschärfungen, Anwendungsverbote u. ä. vorgesehen Momentan gültige Grenzwerte werden kurzfristig überschritten „announcement effects"	Stoffe werden vorschriftsmäßig eingesetzt. Keine Auflagen bzw. Auflagenverschärfungen zu erwarten
ABC 2 **Gesellschaftliche Anforderungen:** (Kritik von Bürgerinitiativen, Akzeptanz u. ä.)	Stoff steht unter nachhaltiger Kritik (obwohl gesetzliche Vorschriften befolgt), lokale „hot spots", Medienkritik, Bürgerinitiativen	neutrale Institute warnen vor Verharmlosung und fordern schärfere Bestimmungen „Frühwarnfunktion"	Stoff steht außerhalb jeglicher gesellschaftlicher Kritik
Einzelwirtschaftliche Kriterien: ABC 3 Produktivitätsverluste (Abwärme, Abfälle etc.) ABC 4 Internalisierte Umweltkosten	Stoff wird mit großen Material-/Energieverlusten eingesetzt Kontroll-/Handlingaufwand hoch, hohe Abschreibungen	mittlere Materialverluste mittlerer Kontrollaufwand	kaum Materialverluste kein/kaum Kontrollaufwand
Ökologische Kriterien: ABC 5 Erschöpfung nicht regenerativer Ressourcen bzw. regenerativer (von Ausbeutung bedroht) ABC 6 Beeinträchtigung von Umweltmedien, Arten (Stofflinienbetrachtung)	kurzfristig erschöpft RW < 30 Jahre Stoff, der auf der gesamten Produktlinie zu Umweltbelastungen führt	Ressourcen mittelfristig erschöpft RW 30-100 Jahre Umweltbelastung in Teilbereichen der Stoff-Logistik	Primärrohstoffe langfristig verfügbar RW > 100 Jahre kaum Umweltbeeinträchtigungen bekannt
XYZ / Kriterien	X	Y	Z
XYZ Einsatzrelevanz (Volumeneffekt der Inputstoffe)	hoher Verbrauch/Jahr	mittlerer Verbrauch/Jahr	untergeordnete Bedeutung im Verbrauch

Abb. 3.50: ABC-XYZ-Klassifizierung der Umweltverträglichkeit von Stoffen

Ein detailliertes Bewertungsraster mit Erläuterungen zu den einzelnen Bewertungskriterien befindet sich in (Anlage 8/1-5).[358] Stahlmann hat in einer aktuellen Veröffentlichung weitere Bewertungskriterien für die ökologische ABC-Analyse genannt:

- Gefährdungs- und Störfallpotenzial sowie
- negative externe Effekte auf Vor- und Nachstufen.

---

[358] Entnommen aus: Umweltbewußte Unternehmensführung. Konzeption, Realisierung, Erfolgspotentiale, S. 44 ff.

Diese Art der Öko-Bilanzierung wurde nach und nach anhand einiger Anwendungsfälle in verschiedenen Unternehmen entwickelt und erprobt. Bekanntestes Beispiel für die praktische Anwendung des IÖW-Ansatzes ist die Firma Bischof & Klein, ein Verpackungsmittelhersteller, der mit ca. 2.000 Beschäftigten flexible Verpackungen herstellt. Als vermutlich erster Verpackungsmittelhersteller hat sich Bischof & Klein bereits Mitte der achtziger Jahre einer aktiven, ökologisch orientierten Unternehmenspolitik verschrieben.[359] In einem Zweigbetrieb wurde erst einmal der Versuch unternommen, Informationsgrundlagen und -verfahren für eine ökologische Bilanzierung zu schaffen. Dabei kristallisierten sich fünf Problemphasen heraus:[360]

• Die Vorbelastung der Produkte durch umweltschädigende Vorlieferungen,
• der Einsatz von Rohstoffen und Energie in den Produktionsverfahren,
• die Entstehung von Schadstoffen und Abfällen durch die Produktion,
• die Umweltbelastungen durch Produktgebrauch und -entsorgung sowie
• die negativen ökologischen Effekte durch produktionsinduzierte Transportvorgänge.

Das angewendete Verfahren ähnelt damit in starkem Maße dem Ansatz der bereits vorgestellten Stoff- und Energiebilanzierung. Mit diesen Informationen wird der Unternehmensleitung ein „Belastungsprofil" sowohl für die untersuchten Produkte als auch Prozesse bzw. das Gesamtunternehmen geliefert. Bei der Durchführung der Analyse stellten sich folgende Probleme heraus.[361] Zum einen erwiesen sich die bestehenden Informationsinstrumente und betrieblichen Kommunikationsstrukturen für eine umfassende Erhebung der Stoff- und Energieströme als unzureichend. Des Weiteren war die Öko-Bilanz zu einem nicht unwesentlichen Teil nur mit Hilfe externer Informationsquellen zu erstellen. Insbesondere bei der Datenerhebung zur Produktbilanz lagen die Schwierigkeiten bei der Informationsbereitschaft von Lieferanten und Kunden. Hinzukommt noch, dass nicht für alle problematisch eingestuften Stoffe staatlich festgelegte Grenzwerte vorliegen, die zumindest einen Orientierungsmaßstab abgeben könnten.[362]

Grundsätzlich ist ein Vergleich verschiedener Produkte bzw. Prozesse bei unterschiedlichen Belastungsarten nicht möglich, etwa wenn ein Prozess zu einer relativ stärkeren Luftbelastung, ein anderer zu einer relativ höheren Abwasserbelastung führt. Dennoch ergaben sich, trotz der Unvollständigkeit der Datenerhebung und des fehlenden Bewertungsmaßstabes, vielfach Ansatzpunkte für ökologische Optimierungspotentiale bei Produkten und Produktionsprozessen und möglichen Veränderungen des Informationssystems des Unternehmens, um zukünftig ökologische Schwachstellen besser und frühzeitiger erkennen zu können.[363]

Externe Umweltberichterstattung

Die nachfolgenden Praxis-Beispiele externer Umweltberichterstattung stellen nicht nur die interne Funktion eines betrieblichen Umwelt-Informationssystems, wie der Öko-Bilanz, in den Vordergrund, sondern setzen ebenso auf die Vorteile der externen Funktion mit Hilfe eines veröffentlichten Öko-Berichts. Durch den Umwelt-Bericht sollen sicherlich in erster

---

[359] Hallay, Die Ökobilanz. Ein betriebliches Informationssystem, S. 42 ff. und S. 72 ff.
[360] Steger, Umweltmanagement, S. 205 f. und S. 263 ff.
[361] Hallay, Die Ökobilanz. Ein betriebliches Informationssystem, S. 111 f.
[362] Steger, Umweltmanagement, S. 206
[363] Hallay, Die Ökobilanz. Ein betriebliches Informationssystem, S. 112

Linie ökologieorientierte Kundengruppen für die Produkte und Dienstleistungen des Unternehmens gehalten bzw. neu gewonnen werden.

Einen ähnlichen Ansatz zur IÖW-Vorgehensweise stellt die (externe) Öko-Berichterstattung des Textilherstellers Kunert dar, der im Jahre 1991 in Zusammenarbeit mit B. Wagner / Universität Augsburg „die erste Öko-Bilanz eines deutschen Unternehmens" veröffentlichte.[364] Das „Augsburger Rahmenkonzept zur Öko-Bilanz" basiert ebenfalls auf einer Stoff- und Energiebilanz, wobei im Gegensatz zum IÖW-Ansatz noch jeweils ein Verbrauchs- bzw. Bestandsaudit gesondert durchgeführt wird.[365]

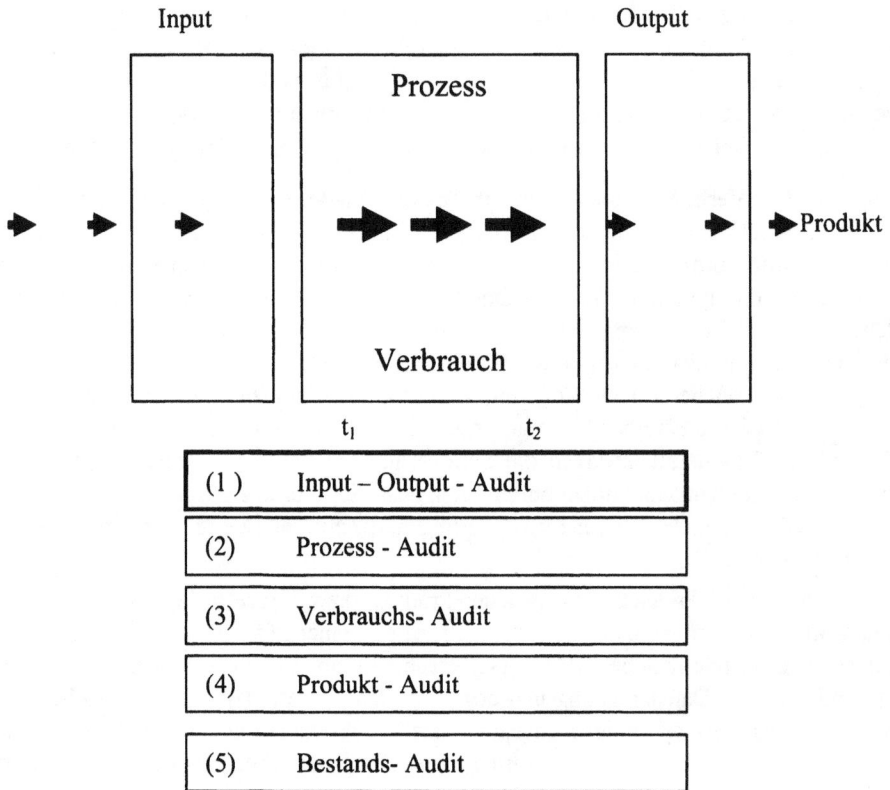

Abb. 3.51: Das Augsburger Rahmenkonzept zur Öko-Bilanz

Die Verbrauchsbilanz umfasst die tatsächlichen jährlichen Verbräuche an Inputgütern für alle betrieblichen Prozesse. Nicht enthalten sind: Lagerbestände, Transport, Lagerverluste, Leckagen etc.. In der Bestandsbilanz geht es um die ökologische Beurteilung der

- Investitionsgüter (Zustand und Haltbarkeit; bei Anlagen und Maschinen Recyclingfähigkeit, Energieverbrauch, Emissionen etc.),
- Lagerbestände (Gefahrstoffe, Toxizität, Wiederverwertbarkeit, Entsorgungsmöglichkeit etc.),
- Altlasten (Belastungsart, Belastungsgrad, Sanierungsmöglichkeiten)

---

[364] Kunert AG, Ökobericht 1992, S. 3 ff.
[365] Wagner, Umweltbewußte Unternehmensführung, S. 21 ff.

- und der Wirkungen auf das ökologische und soziale Umfeld (Verkehr, bauliche Ästhetik, kommunale Entwicklung, Flächennutzung, Kleinklima).

Ähnlich wie bei den IÖW-Anwendungsbeispielen in der betrieblichen Praxis ergaben sich auch bei der Kunert AG Probleme bei der Datenerhebung und es wurde auf eine Gesamtbewertung der Umwelteinwirkungen verzichtet. Vielmehr wurde im Rahmen des veröffentlichten Ökoberichts auf Problembereiche kommentierend zu den dargestellten Tabellen hinge-wiesen (siehe dazu: Anlage 9).[366] Beispielsweise gelang es die dominierende Modefarbe Schwarz weitgehend chromfrei anzubieten, womit die Färbereiabwässer erheblich entlastet werden konnten. Bei den Outputgütern konnten große Fortschritte bei der Vermeidung und Wiederverwertung erzielt werden, z.B. bei den Abfällen durch Reduktion der Folien- und Papierdicke. Mittlerweise hat KUNERT eine „Öko-Datenbank" entwickelt, in der alle eingesetzten Farbstoffe und Chemikalien nach 18 ökologischen und toxikologischen Kriterien bewertet werden.[367] Gemäß dem „Begin-of-the-pipe"-Prinzip kann jetzt der Zentraleinkauf zusammen mit der Produktion die ökologisch bedenklichen Stoffe herausfiltern. Die Zulieferer verpflichten sich dementsprechend zur Einhaltung schriftlich festgelegter Umweltstandards.

Ein weiteres interessantes Praxisbeispiel aus dem Ausland stellt die Ökobilanz der Swissair dar, die ebenfalls für den Standort Zürich-Kloten und über alle Luftemissionen der Flugzeug-Flotte im Jahre 1991 in Form eines veröffentlichten Umweltberichts publiziert wurde.[368]Die fachliche Beratung für dieses Projekt wurde von der Firma Ökoscience AG, Zürich geleistet. Als Lösungsansatz wurde eine „handlungsorientierte Ökobilanz" gewählt, die von vier zentralen Grundsätzen ausgeht:[369]

- Systematische Erfassung von sämtlichen umweltrelevanten Aktivitäten der Firma und deren Vernetztheit;
- wo es wegen der Vielfalt der Probleme und Aktivitäten nicht möglich ist, eine vollständig quantitative Erfassung zu erreichen, wird eine qualitative Beschreibung der bestehenden Umweltbelastungen vorgezogen. Bei der Erfassung ist es wichtig, nicht nur Umweltbelastungen zu erheben, sondern auch firmeninterne Strukturen und Verursacher;
- auf eine quantitative Bewertung der zahlreichen, komplexen Umweltbelastungen wird wegen der damit verbundenen Schwierigkeiten bewusst verzichtet;
- durch den aktiven Einbezug von verantwortlichen Mitarbeitern bereits bei der Datenbeschaffung und -auswertung und durch das systematische Suchen nach Handlungsmöglichkeiten wird das Projekt zwangsläufig handlungsorientiert. Die realen Handlungsmöglichkeiten stehen somit im Mittelpunkt des Interesses.

Als Instrument der Erfassung der umweltrelevanten Aktivitäten der Firma wurde in Anlehnung an die Methodik der Finanzbuchhaltung das Konzept der Öko-Buchhaltung,[370] basierend auf einem entsprechenden Kontenplan, entwickelt. Die Öko-Bilanz der Swissair setzt sich dann aus den folgenden Bestandteilen zusammen (siehe dazu: Abb. 3.52 auf der folgenden Seite):

---

[366] Ebenda, S. 24 ff.; Kunert AG, a. a. O., S. 10 ff
[367] Siehe dazu: Wucherer/et al., a. a. O., S. 68 f.
[368] Swissair, Ökobilanz, S. 1ff.; O.V., Pilotprojekt für Flieger, S. 50
[369] Keller/Wyss, a. a. O., S. 6 ff.
[370] Dieses von Ökoscience entwickelte Konzept ist nicht mit dem Konzept der Ökologischen Buchhaltung von Müller-Wenk zu verwechseln!

- Einer „Ökobilanz", die die umweltrelevanten Bestände (Immobilien, Maschinen, Lager) umfasst, welche zu umweltrelevanten Aktivitäten führen;
- einer Erfolgsrechnung, die für eine bestimmte Zeitperiode alle umweltbezogenen Aktivitäten, welche durch die Bestände verursacht werden, erfasst (z.B. Transportkilometer, Betriebszeiten, Stoffumsätze);
- einer Belastungsrechnung, die die Umweltbelastungen durch die Aktivitäten (z.B. Lärm-Emissionen) beinhaltet
- sowie einer Sonderrechnung, die die Umwelteinwirkungen außerhalb der Firma (z.B. Emissionen der Fernwärmezentrale außerhalb der Gemeinde) umfasst.

Anhand der Ergebnisse der ökologischen Bilanzierung konnte die Geschäftsführung der Swissair einige konkrete Maßnahmen zur Verbesserung der Umweltsituation einleiten, wie z.B. eine Reduzierung der Abfallmengen im Catering (Verpflegungswesen).[371] Die dargestellten Ansätze einer Öko-Bilanzierung basieren bei Produktionsbetrieben auf einer Stoff- und Energiebilanz. Auf eine problematische Gesamtbewertung wird bewusst verzichtet. Wie das Beispiel Swissair zeigt, ist auch für Dienstleistungsunternehmen eine systematische und umfassende Bilanzierung der ökologischen Einwirkungen möglich. Kritik an dieser Form der Öko-Bilanzierung entzündet sich vor allem an zwei Punkten:[372]

- Zum einen sei die Methodik der Ökobilanzierung noch nicht so weit entwickelt, dass sie sich als detailliertes Raster zur Erfassung aller betrieblichen Aktivitäten und deren Umweltwirksamkeit eigne;
- außerdem sei die Frage der Bewertung der erhobenen Daten der Ökobilanz noch völlig ungeklärt.

Zum ersten Punkt ist zu bemerken, dass insbesondere der IÖW-Ansatz für eine weitgehend einheitliche Handhabung in der betrieblichen Praxis geeignet erscheint. Auch die ISO-Normen 14040 wie die EMAS-Verordnung bieten durchaus Unterstützung bei der Ökobilanzierung. Probleme bereitet vor allem die Festlegung der Systemgrenzen, die betriebsindividuell erfolgen muss. Da diese praxiserprobten Ansätze einer Öko-Bilanzierung auf Betriebsebene das Bilanzierungsgebiet von Werkstor zu Werkstor im Regelfall festlegen, kann der Anforderung nach einer Gesamtbetrachtung des Produktlebensweges nicht umfassend entsprochen werden. Während vorgelagerte Stufen (Rohstoffherstellung und Transport) noch ohne grundsätzliche Probleme einbezogen werden können, werden die Gebrauchs- bzw. Verbrauchsphase sowie die Entsorgungsphase nur unzureichend abgedeckt. Hier ist eine Ergänzung durch andere ökologische Informationsinstrumente von Nöten.

---

[371] Swissair, Ökobilanz, S. 16 ff.; O. V. Pilotprojekt für Flieger, S. 50; Keller/Wyss, a. a. O., S. 6 f.
[372] Wicke/Haasis/Schafhausen/Schulz, a. a. O., S. 563

Ökobilanz

Umweltrelevante Bestände

1. Flächen/Lebensräume
2. Lebewesen
3. Bauten
4. Feste Anlagen
5. Mobile Anlagen
6. Ressourcen Lagerbestände (inkl. Altlasten, inkl. Schadstoffgehalte)
7. Sozio – ökonomische Bestände (Strukturen)

Öko-Rechnung

Umweltrelevante Aktivitäten

1. Veränderungen der Flächen + Lebensräume
2. Zu-/Abnahme der Lebewesen pro Jahr
3. Zu-/Abnahme der Bauten
4. Umweltrelevante Aktivitäten der Anlagen (z.B. Betriebsstunden pro Jahr)
5. Umweltrelevante Aktivitäten der motorisierten Anlagen (z.B. km pro Wagen)
6. - Jahresverbrauch der Ressourcen
   - Jahresverbrauch aller gelagerten Güter
7. Zu-/Abnahme in den Sozioökonomischen Beständen

Belastungsrechnung

Umweltbelastungen

1. Veränderungen der Landschaft/Städtebild
3. Emissionen feste Abfälle
4. Emissionen flüssige Abfälle
5. Emissionen Gase etc.
6. Emissionen Lärm
7. Emissionen Erschütterungen
8. Emissionen Strahlung

Beteiligung an Umweltbelastungen

Emissionen KVA in Nachbargemeinde

Emissionen der Fernwärmezentrale außerhalb der Gemeinde

Abb. 3.52: Konzept der Öko-Bilanzierung bei Swissair

Der Verfasser sieht gerade im Verzicht auf eine Gesamtbewertung einen wesentlichen Vorteil dieser Ansätze. Damit jedoch die Öko-Bilanzierung nicht die gleiche Unwirksamkeit „erlebt" wie der verunglückte Versuch der deutschen Sozialbilanzpraxis, müsste allerdings von staatlicher Seite ein gesetzlicher Verpflichtungsrahmen geschaffen werden, der verhindert, dass diese Ansätze auch wieder zu Public-Relation-Instrumenten verkommen.[373] Die 14040-Regelung bzw. EMAS sind bisher nur auf freiwilliger Basis einsetzbar. Im Zuge der Nachhaltigkeitsdebatte entwickeln z.B. in der Global Reporting Initiative (GRI) diverse Stakeholder globale Standards für Nachhaltigkeitsberichte von Unternehmen und ihren Wertschöpfungsketten.[374] Für einzelne Sektoren, wie den Tourismus oder die Automobilindustrie gibt es bereits spezifische Richtlinien und für KMU's ist ein Handbuch zur Unterstützung konzipiert worden. Besonders wichtig ist es, die Wechselwirkungen, Synergien und Zielkonflikte zwischen den Teilbereichen Ökologie, Soziales und Ökonomie kritisch darzulegen und entsprechend Optimierungsmaßnahmen zu erläutern.[375]

Ein Praxisbeispiel zur Nachhaltigkeitsberichterstattung der Fa. Henkel soll kurz vorgestellt werden. Folgende Kapitelüberschriften sind dazu im Bericht 2006 zu finden:[376]

- Nachhaltigkeitsbilanz (Innenseite des Berichts);
- Gemeinsam nachhaltig handeln (kurzes Statement des Vorsitzenden der GF);
- Henkel kurz gefasst (2 Seiten);
- Werte und Management (8 Seiten);
- Nachhaltige Produkte und Ressourceneffizienz (22 Seiten);
- Mitarbeiter und Arbeitsplätze (7 Seiten);
- Gesellschaftliches Engagement (5 Seiten);
- Externe Bewertungen und
- Kontakte und Impressum (jeweils 1 Seite).

Umweltberichte bzw. Umwelterklärungen gemäß EMAS haben einen ähnlichen Aufbau, wobei Anhang III 3.2 inhaltliche Vorgaben zur Umwelterklärung enthält, die auch für Umweltberichte empfohlen werden.[377]

Im Einzelnen sollen folgende Angaben auf jeden Fall in der Umwelterklärung gemacht werden:

- Beschreibung der Organisation und Zusammenfassung ihrer Tätigkeiten, Produkte und Dienstleistungen;
- Umweltpolitik und Umweltmanagementsystem;
- wesentliche Umweltaspekte;
- Umweltziele und
- Umweltleistung.

---

[373] Hopfenbeck, a. a. O., S. 1075

[374] BUND/et al., a. a. O., S. 501 f.

[375] Pianowski, a. a. O., S. 109 f.

[376] Henkel, Nachhaltigkeitsbericht 2006

[377] Pianowski, a. a. O., S. 116 f.

Produktlinienanalyse

Ebenfalls zu den produktbezogenen Umweltinformationssystemen zählen die von Müller-Witt konzipierte Produktfolgenabschätzung und die von der Projektgruppe ökologische Wirtschaft am Öko-Institut Freiburg entwickelte Produktlinienanalyse.

Bereits im Jahre 1985 wurde die Produktfolgenabschätzung vorgestellt, die zum Teil auf bereits vorher bekannten Ansätzen der Produktbeurteilung mit Hilfe von Umwelt-Checklisten basiert (siehe hierzu: Kap. 3.3.2.1).

Das Konzept der Produktfolgenabschätzung bezieht sich allerdings auf den gesamten Produktlebenszyklus, der die folgenden Phasen umfasst:[378]

- Materialbeschaffung,
- Herstellungs-/Verarbeitungsprozess,
- Transport, Verteilung,
- An-/Verwendung, Gebrauch sowie
- Verbrauch, Entsorgung, Beseitigung.

Ausgangspunkt des Konzepts ist die These, dass die wachsende Umweltzerstörung und ebenso die strukturelle Arbeitslosigkeit nur überwunden werden können, wenn ein umfassender gesellschaftlicher Lernprozess einsetzt und sich verbreitet, der zu einer sozial-ökologischen Handlungsorientierung führt, indem systematisch eine umfassende Folgenabschätzung des einzel- und gesamtwirtschaftlichen Handelns vorgenommen wird.[379] Mit dieser Einschätzung kann die Produktfolgenabschätzung durchaus in die Nähe von Ansätzen Nachhaltigen Wirtschaftens gebracht werden. Kernstück des Vorschlags von Müller-Witt ist die Produktfolgenmatrix, die als Spalteneinteilung die Produktlebensphasen und als Zeileneinteilung Fragen zur Ressourcenintensität und Qualität, zur ökologischen Belastung und zur sozialen Verträglichkeit beinhaltet.

In Bezug auf die Bewertung werden für die Produktfolgenabschätzung zwei unterschiedliche Verfahren vorgeschlagen:[380]

- Die numerische Bewertung der Matrixfelder kann anhand einer Skala mit den Stufen zwischen -5 und +5 vorgenommen werden. Zusätzlich kann eine Kriteriengewichtung mit einem von 1 bis 3 abgestuften Gewichtungsfaktor erfolgen, womit sogar auf Spalten- und Zeilenebene ein Gesamtwert ermittelt werden kann.
- Die deskriptive Bewertung hält Müller-Witt für vorteilhafter, da sie keine Objektivität vorspiegelt und außerdem die Möglichkeit zu einer qualitativen Bewertung eines Produktes eröffnet.

---

[378] Müller-Witt, Produktfolgenabschätzung als kollektiver Lernprozeß, S. 282 ff.

[379] Freimann, Sozial-ökologische Folgenabschätzung im Betrieb, S. 116

[380] Ebenda, S. 298

Lebenszyklus des Produktes soziale und ökologische Auswirkungen	Materialbeschaffung	Herstellung/ Verarbeitung	An-, Verwendung/ Gebrauch	Verbrauch, Entsorgung/ Beseitigung	Σ
Fragen zur Ressourcenintensität und Qualität: • regenerierbarer Rohstoff • nicht regenerierbarer Rohstoff • recycelter Rohstoff • Belastung aus Vorprodukt • Kapitalintensität • Energieintensität • Neben-, Folge- oder Fernwirkungen sonstiger Art					

Fragen zur ökologischen Belastung:
• Bodenbelastung
• Boden-/ Flächenverbrauch
• Luftbelastung
• Lärmbelastung
• Gewässerbelastung
• Wasserverbrauch
• Belastung von Pflanzen
   Tieren
   Menschen
• Abwärmebelastung
• Neben-, Folge- oder Fernwirkungen sonstiger Art					

Fragen zur sozialen Verträglichkeit: • Arbeitsintensität • Gesundheitsbelastung am Arbeitsplatz • Monotonie am Arbeitsplatz • Fehlerfreundlichkeit • Reparaturfreundlichkeit • Gebrauchsintensität • Neben-, Folge- oder Fernwirkungen sonstiger Art					
Σ					Σ Σ

Abb. 3.53: Produktfolgenmatrix im Konzept der Produktfolgenabschätzung[381]

---

[381] Müller-Witt, Konzept einer Produktfolgenabschätzung, S.64ff; entnommen aus: Wicke/ Haasis/ Schafhausen/ Schulz a. a. O., S. 559

Die Produktlinienanalyse kann als Weiterentwicklung der Produktfolgenabschätzung angesehen werden. Die Notwendigkeit der Produktlinienanalyse wird aus den Defiziten der bestehenden Informationsinstrumente des volkswirtschaftlichen und betriebswirtschaftlichen Rechnungswesens abgeleitet.[382] Mit diesem Instrument wird das Ziel verfolgt, „anhand von verschiedenen Produktalternativen für ein bestimmtes Bedürfnis die Konsequenzen der Alternativen für den einzelnen und die Gesellschaft, für Natur und Wirtschaft aufzuzeigen und so eine umfassende Bewertung in ökologischer und sozialer Hinsicht als Gegengewicht zur heute noch vorherrschenden wirtschaftlichen Bewertung zu ermöglichen".[383] Die Erweiterung der Produktlinienanalyse gegenüber der Produktfolgenabschätzung besteht in

- der Einführung einer Dimension „Wirtschaft" im Rahmen der Produktlinienmatrix,
- der Bedürfnisorientierung und
- der Ablehnung einer numerischen Bewertung.

Außerdem ist die Produktlinienanalyse weitaus detaillierter.[384] Die einfache Produktlinienmatrix ist dann folgendermaßen aufgebaut (siehe Abb. 3.54):[385]

Die verfeinerte (allgemeine) Produktlinienmatrix ist in der Anlage 10 aufgeführt.[386]

Horizontale / Vertikale	Dimension Natur / Kriterien	Dimension Gesellschaft / Kriterien	Dimension Wirtschaft / Kriterien
1. Rohstoffgewinnung und -verarbeitung			
2. Transport			
3. Produktion			
4. Transport			
5. Handel/Vertrieb			
6. Konsum			
7. Transport			
8. Beseitigung			

Abb. 3.54: Die einfache Produktlinienmatrix

Im Gegensatz zur Produktfolgenabschätzung, die auf einzelne Produkte abhebt, bezieht sich die Produktlinienanalyse auf wenige grundsätzliche Alternativen, wie z.B. Ölzentralheizung, Elektro-Nachtspeicherheizung und Fernwärme. Diese unterschiedlichen Formen der Befriedigung von (Konsum-) Bedürfnissen werden sowohl im Hinblick auf die sozialen Bedürfnisbestimmungsfaktoren als auch in Bezug auf ihre sozialen, ökologischen und wirtschaftlichen

---

[382] Öko-Institut, Produktlinienanalyse, S. 15

[383] Baumgartner/Rubik/Teichert, Die gegenwärtige Produktpolitik und ihre Umgestaltung mit Hilfe der Produktlinienanalyse, S. 14 f.

[384] Burschel/et al., a. a. O., S. 386

[385] Öko-Institut, a. a. O., S. 19

[386] Ebenda, S. 35

Folgen einer Beurteilung unterzogen.[387] Empfohlen wird, da die Produktlinienanalyse sehr aufwendig zu erstellen ist, Produktlinien mit einem hohen Umweltbelastungspotential wie etwa Autos, Baustoffe, Verpackungen, Waschmittel etc. zu untersuchen.[388] Die Vorgehensweise bei einer Produktlinienanalyse erfolgt anhand der folgenden Schritte:[389]

1. Auswahl des Anwendungsgebietes

2. Analyse des Bedürfnisses

3. Festlegung der Produktvarianten

4. Aufstellung einer Produktlinienmatrix

5. Überprüfung der Matrix-Zeilen

6. Analyse der Produkt-Varianten

7. Auswertung

8. Konsequenzen und Handlungsbedarf

Im Vordergrund der Analyse, inwieweit Produkte bestimmte Bedürfnisse befriedigen können, steht die Fragestellung: „Auf welche Weise lassen sich diese Bedürfnisse so befriedigen, dass die Bedingungen eines sozial- und umweltverträglichen Wirtschaftens beachtet werden?"[390] Zur Überprüfung der Bedürfniserfüllung muss der Gebrauchsnutzen anhand von Indikatoren definiert werden, wobei dieser Schritt parallel zur Prüfung der Umweltverträglichkeit stattfinden muss.[391]

Die Produktlinienanalyse beinhaltet keine Wertzumessung und -aggregation in Form von Produkt-Teilwerten bzw. einem -Gesamtwert mehr. Dieser Aspekt wird als so zentral angesehen und unterliegt auch dem gesellschaftlichen Konflikt über Alternativen, dass es unmöglich ist, Bewertungsregeln unabhängig von den betroffenen und miteinbezogenen Menschen sowie Gruppen und dem zu betrachtenden geographischen Raum aufzustellen. Damit wird der Anwender einer Produktlinienanalyse gezwungen, sich über seine eigenen Bewertungskriterien und die der Gegenpartei klar zu werden und sie offenzulegen.[392]

Deshalb beschränkt sich die Produktlinienanalyse darauf, die Vieldimensionalität der untersuchten Probleme zu analysieren und darzustellen und Bewertungen überwiegend verbal-qualitativ vorzunehmen. Obwohl die Produktlinienanalyse keine eindeutige Anleitung zur Bewertung enthält, werden mögliche Aggregations- und Bewertungsprobleme explizit diskutiert (siehe dazu: Abb. 3.55 auf der folgenden Seite).[393] Eine Aggregation von Daten sollte demzufolge nur innerhalb eines Kriteriums stattfinden.[394]

---

[387] Ebenda, S. 15 f.; Baumgartner/Rubik/Teichert, a. a. O., S. 15; Freimann, Sozial-ökologische Folgenabschätzung im Betrieb, S. 119

[388] Grießhammer/Schmincke, Produktbewertung und Produktlinienanalyse, S. 10

[389] Teichert/Baumgartner, Die Produktlinienanalyse: Konzept und Ansätze zur politischen Implementation, S. 282 ff.; siehe auch: Meffert/Kirchgeorg, a. a. O., S. 123 f.

[390] Ökoinstitut, a. a. O., S. 20

[391] Grießhammer/Schmincke, a. a. O., S. 10

[392] Baumgartner/Rubik/Teichert, a. a. O., S. 18

[393] Ökoinstitut, a. a. O., S. 38 f.

[394] Grießhammer/Schmincke, a. a. O. S. 11

Dimensionen und Kriterien	Dimension Natur			Dimension Gesellschaft			Dimension Wirtschaft		
	Kriterien			Kriterien			Kriterien		
Stufen der Aggregations- und Bewertungsproblematik	1	2	…	10	11	…	20	21	…
1. Interpretation des Zustands bzw. der Veränderung eines Einzelkriteriums									
2. Aggregation eines Kriteriums über alle Lebenszyklusphasen	↕	↕	…	↕	↕	…	↕	↕	…
3. Bewertung aller Kriterien innerhalb einer Dimension	←——→			←——→			←——→		
4. Bewertung aller Kriterien zwischen zwei Dimensionen	←————————→				←————————→					
5. Bewertung aller Kriterien über alle drei Dimensionen	←———————————————————→								

Abb. 3.55: Aggregations- und Bewertungsprobleme bei einer Produktlinienanalyse

Selbst wenn auf Bewertungen und Aggregationen weitgehend verzichtet wird – bereits die Gleichgewichtung der Dimensionen Natur, Gesellschaft, Wirtschaft sowie die Auswahl der Indikatoren beinhaltet implizit Bewertungen – gibt es andere zentrale Schwachpunkte der Produktlinienanalyse, die überwiegend auch für die Produktfolgenabschätzung gelten. Grundsätzlich besteht ein Dilemma bei der Verwendung verschiedener Indikatoren zwischen der Mehrdimensionalität, und damit zwischen Komplexität und Bewertungsoffenheit, und der Eindimensionalität, die Informationsverluste sowie formalisierte und implizite Bewertung bedeutet.[395] In diesem Zusammenhang ist eine Abwägung zwischen Komplexität (und damit schwieriger Handhabbarkeit) und Praktikabilität (und damit einfacher Handhabbarkeit) zu treffen.[396] Weitere Kritikpunkte ergeben sich daraus, dass die Produktfolgenabschätzung und die Produktlinienanalyse keine theoretisch-konzeptionelle Fundierung aufweisen.

Als besonders problematisch hat sich die Festlegung und Messung der Kriterien sowie die Datenfindung erwiesen.[397] Demzufolge gibt es nur wenige Anwendungsbeispiele aus der Praxis.[398] Beide Konzepte sind über die Festlegung und Systematisierung der relevanten Fragen zur Umwelt- und Sozialverträglichkeit hinaus nicht instrumentalisiert.[399]

---

[395] Baumgartner, Die Bewertung von Produkten, S. 23

[396] Ökoinstitut, a. a. O., S. 153

[397] Ebenda, S. 561; siehe auch: Fischbach, Instrumente zur ökologisch orientierten Unternehmenssteuerung, S. 507

[398] Zu Waschmitteln siehe: Grießhammer/Fendler/Lütge/Schmincke, Produktlinienanalyse von Waschmitteln, S. 12 ff.

[399] Bechmann/Hofmeister/Schultz, Umweltbilanzierung – Darstellung und Analyse zum Stand des Wissens zu ökologischen Anforderungen an die ökonomisch-ökologische Bilanzierung von Umwelteinflüssen, S. 34 f.

Die Öko-Bilanz wird als eingeschränkte Form der Produktlinienanalyse, die nur die ökologischen Auswirkungen entlang einer Produktionslinie oder von Vorprodukten/Materialien betrachtet, eingestuft.[400] Generell können die Produktlinienanalyse und damit auch die Produktfolgenabschätzung als Erweiterung vorhandener Methoden, insbesondere der Stoff- und Energiebilanzierung, angesehen werden.[401] Durch die gleichzeitige Berücksichtigung der drei Dimensionen Natur, Gesellschaft und Wirtschaft ist eine gewisse Nähe zu Nachhaltigkeitskonzepten unverkennbar, die genutzt werden sollte.

Von den Verfechtern einer Produktlinienanalyse wird eine verpflichtende Einführung durch den Gesetzgeber gefordert.[402] Damit sollen eine umwelt- und sozialgerechtere Produktion und Konsumtion von Gütern und Dienstleistungen erreicht werden. Eine gesetzlich verankerte Produktlinienanalyse hätte dann folgende Funktionen zu erfüllen:

* Eine Informationsfunktion, die u.a. die Offenlegung von Produktdaten sowie die Errichtung einer Produkt- und Stoffdatenbank nach sich ziehen würde.
* Eine Kontrollfunktion durch erweiterte Mitbestimmungs- und Entscheidungsorgane. Beispielsweise wird vorgeschlagen, Vertreter für den Produktionsfaktor Natur im Aufsichtsrat und Vorstand von Unternehmen aufzunehmen.
* Eine Lenkungsfunktion in Form von produktpolitischen Instrumenten, wie Produktionsverbote, Ökosteuern etc..

Künftig hätten die Unternehmen nach der Entwicklung von neuen Produkten eine Produktlinienanalyse durchzuführen, die durch die erweiterten Mitbestimmungsorgane bzw. bei Nichtkonsens durch einen Sachverständigen Dritten zu begutachten wäre.

Abgesehen von den Problemen einer Offenlegung von Unternehmensdaten im Hinblick auf die (internationale) Konkurrenz sind diese weitgehenden Forderungen im Zusammenhang mit der Verpflichtung zur Erstellung einer Produktlinienanalyse nicht geeignet, einer notwendigen starken Verbreitung des Instruments in der betrieblichen Praxis förderlich zu sein.

Wie am Anfang herausgearbeitet wurde, kann eine verstärkte umweltorientierte Produktion und Konsumtion nur erwartet werden, wenn die Wirtschaftssubjekte – vor allem die Unternehmensführungen – davon überzeugt werden können, dass ihnen umweltfreundlichere Produkte und Dienstleistungen einen entsprechenden Nutzen (im weitesten Sinne) bringen.

Für die Überzeugungsarbeit sind Instrumente umweltorientierter Rechnungslegung erforderlich. Eine derart ausgestaltete Produktlinienanalyse würde in umfassender Weise in die Entscheidungsautonomie des Managements – und auch in die Mitbestimmungsrechte der Betriebsräte und Gewerkschaften – eingreifen, so dass der Rahmen eines marktwirtschaftlichen Systems mit dezentralen Entscheidungsstrukturen gesprengt werden würde. Eine soziale Akzeptanz, die für eine (rasche) Einführung unbedingt erforderlich wäre, kann demzufolge weder vom Management noch von den Arbeitnehmervertretern erwartet werden.[403]

Ende der 1990er Jahre wurde vom Freiburger Öko-Institut für die Firma Hoechst ein „Product Sustainability Assessment (PROSA-Konzept) durchgeführt, das als eine Weiterentwick

---

[400]   Grießhammer, Produktlinienanalyse. Eine Übersicht, S. 4

[401]   Ökoinstitut, a. a. O., S. 32; Bechmann/Hofmeister/Schultz, Umweltbilanzierung – Darstellung und Analyse zum Stand des Wissens zu ökologischen Anforderungen an die ökonomisch-ökologische Bilanzierung von Umwelteinflüssen, S. 35

[402]   Teichert/Baumgartner, a. a. O., S. 283 f.

[403]   Freimann, Sozial-ökologische Folgenabschätzung im Betrieb, S. 121 f.

lung der Produktlinienanalyse angesehen werden kann. Dabei wird der bestehende Zustand sowohl mit gegenwärtigen Alternativen als auch mit künftigen Optionen sowie gesellschaftlichen Zielen verglichen.[404]

Im Rahmen des PROSA-Konzept sind fünf Schritte abzuarbeiten:

1. Systemanalyse (mit einer Untersuchung des gesamten Produktumfelds);
2. Nachhaltigkeitsbezüge und Indikatorenauswahl;
3. Indikatorenanwendung zur Bewertung von Geschäftstätigkeiten

(hierbei dienen als Hilfsmittel Nachhaltigkeitsquadranten):

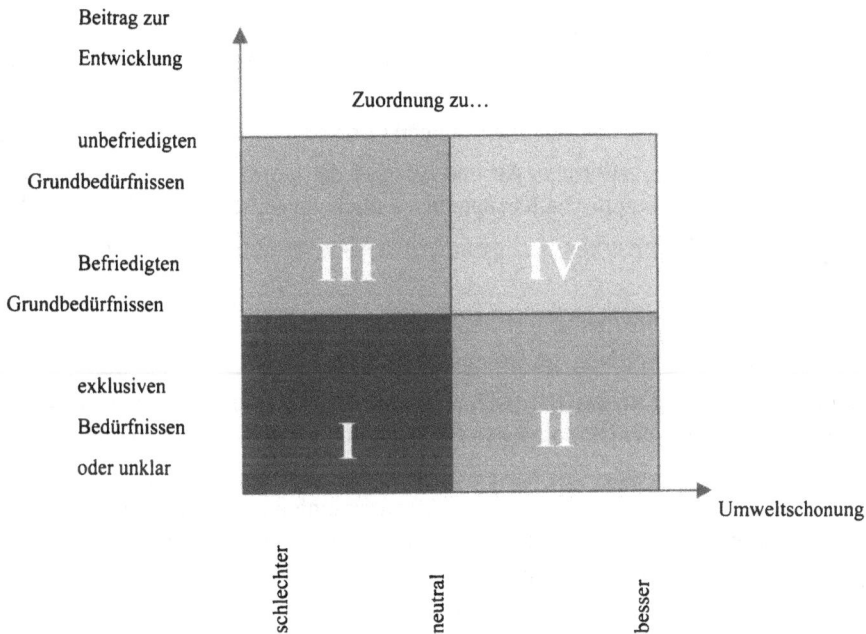

Abb. 3.56: Nachhaltigkeitsquadrant

4. Identifizierung von Einflussfaktoren (in Bezug auf die Umsetzung der Nachhaltigkeitsstrategie);
5. Ableitung konkreter Handlungsoptionen.

3.3.3 Das Konzept der Ökologischen Buchhaltung von Müller-Wenk

Nach herrschender Meinung in der betriebswirtschaftlichen Literatur gilt das Konzept der Ökologischen Buchhaltung, das von Müller-Wenk erstmals im Jahre 1978 einer breiteren Öffentlichkeit im Rahmen eines Buches vorgestellt wurde,[405] als der bisher geschlossenste Vorschlag für ein ökologisches Informationssystem auf Unternehmensebene.[406]

---

[404] Müller/Koplin, Unternehmen und nachhaltige Entwicklung, S. 34 ff.

[405] Müller-Wenk, Die ökologische Buchhaltung, S. 9 ff.

[406] Pfriem, Ökobilanzen für Unternehmen, S. 211

Ausgangspunkt des Konzeptes ist die Feststellung, dass die natürliche Umwelt als Gut knapp geworden ist. Wenn das Führen einer (Geld-)Buchhaltung eine wesentliche Grundlage für den haushälterischen Umgang mit Geld darstellt, so liegt der Gedanke nahe, eine entsprechende Buchhaltung über die Beanspruchung der natürlichen Umwelt einzuführen, eine „Ökologische Buchhaltung".[407] Müller-Wenk erhebt mit seinem Konzept, das seine theoretische Ausgangsbasis im Sozialkostenansatz hat und das statt monetärer Größen eine Art „Öko-Währung" verwendet, den Anspruch, grundsätzlich für Unternehmen in allen Sektoren und für öffentliche Dienstleistungsbetriebe einen Handlungsansatz zu bieten. Auf der Basis einer Ökologischen Buchführung könnten die Umwelteinwirkungen verschiedener Branchen miteinander verglichen und die Wirksamkeit der Umweltschutzmaßnahmen durch den Staat kontrolliert werden.[408]

Folgende Vorgehensschritte werden für die Einführung einer Ökologischen Buchführung vorgeschlagen:

1. Erfassung und Messung der Umwelteinwirkungen (Konten 1- 8/9)

2. Ermittlung von Äquivalenzziffern zu Art und Ausmaß der Umwelteinwirkungen mit Umrechnungsfaktoren = f (ökologische Knappheit; staatliche/gesellschaftliche Normen)

3. Multiplikation der pro Einwirkungsart gemessenen Mengen mit den Umrechnungsfaktoren

   = Maßzahl der Umwelteinwirkungen RE (Rechnungseinheit)

4. Addition aller RE zur Ermittlung der Gesamteinwirkung

Durch die starke Anlehnung an das seit langem praktizierte System der Finanzbuchhaltung lässt sich das Grundkonzept der Ökologischen Buchhaltung relativ einfach beschreiben:[409]

- In einem ersten Schritt werden die einzelnen Umwelteinwirkungen des betrachteten Betriebes wie Energie- und Materialverbrauch, Abwassereinleitungen, Abgabe von Abwärme etc. jeweils separat in den entsprechenden physikalischen Maßeinheiten wie Gewicht, Volumen und Energiemenge gemessen.

- Innerhalb der verschiedenen Kategorien an Umwelteinwirkungen wird getrennt gemessen, etwa nach Art des eingesetzten Materials, nach Art der Gewässerbelastung etc..

- Danach werden die einzelnen festgestellten Mengen dadurch vergleichbar und addierbar gemacht, dass die jeweilige Einheitsmenge mit einem Gradmesser der ökologischen Knappheit der betreffenden Einwirkungsart (Erschöpfungsgrad bei Rohstoffreserven, Beanspruchungsgrad des Aufnahmevermögens der Umwelt bei Emissionen) gewichtet wird. Dieser Gradmesser wird Äquivalenzkoeffizient (AeK) genannt; er hat die Dimension Rechnungseinheit je physikalischer Verbrauchs- bzw. Emissionsgröße.

- In einem letzten Schritt werden die gemessenen Mengen pro Einwirkungsgrad mit dem dazugehörigen Äquivalenzkoeffizienten multipliziert. Damit erhält man eine allgemeine Maßzahl an Umwelteinwirkung, ausgedrückt in Rechnungseinheiten (RE), die addier- bzw. subtrahierbar ist. Über alle Einwirkungsarten oder Konten der Ökologischen

- Buchhaltung addiert, ergibt sich eine Maßzahl der Gesamteinwirkung des Unternehmens auf die natürliche Umwelt während einer bestimmten Periode.

---

[407]   Müller-Wenk, „Ökologische Buchhaltung", S. 13

[408]   Wicke/Haasis/Schafhausen/Schulz, a. a. O., S. 545 f.; Meffert/Kirchgeorg, a. a. O., S. 117

[409]   Müller-Wenk, Die ökologische Buchhaltung, S. 17

Somit kann die Ökologische Buchhaltung als ein Mess-System charakterisiert werden, welches die vom Buchführenden ausgehenden Umwelteinwirkungen umfassend, kontinuierlich und nach einem für alle Anwender einheitlich festgelegten System ermittelt.[410] Müller-Wenk hält es grundsätzlich für erstrebenswert, dass alle Unternehmen und Haushalte die Ökologische Buchhaltung einführen, um auf diese Weise die Gesamtheit der Einwirkungen der Menschen auf die natürliche Umwelt zu erfassen. Aus praktischen Erwägungen muss jedoch auf eine Einbeziehung der Haushalte verzichtet werden – die Umwelteinwirkungen, die durch den Gebrauch der Konsumgüter entstehen, sind durch die betreffenden Unternehmen zu bestimmen.[411]

Zunächst einmal sind die Umwelteinwirkungen in einem Kontensystem zu erfassen.[412] Prinzipiell sind nur dann Einzelkonten für Umwelteinwirkungen einzurichten, falls

- die Umwelteinwirkung aus heutiger Sicht als einigermaßen relevant gelten kann (die Bedeutung der Umweltrelevanz erfolgt dabei anhand des jeweiligen Äquivalenzkoeffizienten) und
- eine relevante Umwelteinwirkung nicht lediglich verbalen Charakter hat.

Die einzelnen Konten werden in folgenden Kontenklassen zusammengefasst:

- Im eigenen Unternehmen die Belastungen aus Materialverbrauch, festen Abfällen, Energieverbrauch, gas- und staubförmigen Abfällen, Abwasser, Abwärme, Denaturalisierung von Boden;
- in Haushalten (bei durchschnittlicher Verwendung und Beseitigung der durch das Unternehmen erzeugten und für Haushalte bestimmten Fertigprodukte) die Belastungen aus Energieverbrauch, festen Abfällen, gas- und staubförmigen Abfällen, Abwasser, Abwärme sowie
- die Entlastungen aus Material-Weiterlieferungen.[413]

Da die Ökologische Buchhaltung nur Umwelteinwirkungen von nachwirkender und großräumiger Art erfasst, fehlen Kontenklassen für Belastungen durch Lärm und Strahleneinwirkungen sowie für Einwirkungen auf die Pflanzen- und Tierwelt. Bis zu diesem Punkt ähnelt das Konzept der Ökologischen Buchhaltung in starkem Maße den bereits vorgestellten Ansätzen, die auf einer Stoff- und Energiebilanzierung basieren. Der entscheidende Unterschied besteht in der Einführung eines nicht-monetären Bewertungssystems mit Hilfe der Bestimmung von Äquivalenzkoeffizienten, wobei diese AeK die relative ökologischen Knappheit eines Rohstoffes oder eines Auffangmediums für Fremdstoffe ausdrücken.[414] Die ökologische Knappheit ist nun als Indikator in der Lage, die verschiedenartigen Umwelteinwirkungen auf einen gemeinsamen Nenner zu bringen und damit vergleichbar zu machen. Sie ist für eine bestimmte Einwirkungsart bzw. das von dieser betroffene Umweltgut definiert, als eine Funktion des gegenwärtigen Ausmaßes der Summe aller Einwirkungen dieser Art innerhalb eines relevanten räumlichen Gebietes sowie des „kritischen" Ausmaßes dieser Einwirkungen, welche zum Übergang des entsprechenden Umweltgutes von einem akzeptablen in

---

[410] Müller-Wenk, „Ökologische Buchhaltung", S. 15

[411] Müller-Wenk, Die ökologische Buchhaltung, S. 23

[412] Ebenda, S. 18 ff.

[413] Ebenda, S. 25. Im Konzept der Ökologischen Buchhaltung stellt das verbrauchte Material bei allen Unternehmen mit Ausnahme der Fertigprodukthersteller quasi einen durchlaufenden Posten dar.

[414] Müller-Wenk, „Ökologische Buchhaltung", S. 17

einen inakzeptablen Zustand führen.[415] „Der AeK als Maß der ökologischen Knappheit drückt nun genau die Knappheit aus, welche in den Marktpreisen ungenügend abgebildet ist: Die Knappheit der noch verfügbaren Belastbarkeit von Umweltqualitäten. Der AeK stellt einen „Ökopreis" pro Einheit Umweltbelastung dar, aber nicht in Franken oder Euro, sondern in „Rechnungseinheiten ökologischer Belastung (RE) pro Belastungseinheit".[416] Allgemein kann unter der ökologischen Knappheit das Verhältnis zwischen der beschränkten Belastbarkeit der natürlichen Umwelt und dem Ausmaß der von der menschlichen Zivilisation ausgehenden Einwirkungen auf diese Umwelt verstanden werden oder anders formuliert ist die ökologische Knappheit gleich der Relation zwischen Belastbarkeit einer Umweltressource und der heutigen Belastung.[417]

Nach Müller-Wenk sind zwei Kategorien ökologischer Knappheit zu bestimmen:[418]

- Die Ratenknappheit ist dadurch charakterisiert, dass für jede Immission oder jeden Verbrauch einer Ressource eine kritische Rate existiert. Wird diese überschritten, so treten Wirkungen auf, die ökologisch nicht mehr akzeptabel sind (z.B. das „Umkippen" eines Sees). Die Knappheit besteht bei dieser Kategorie darin, dass dem Wachstum der tatsächlichen Verbrauchsrate bzw. Immissionsrate durch die kritische Verbrauchsrate bzw. Immissionsrate Grenzen gesetzt sind.

- Die Kumulationsknappheit ist dadurch gekennzeichnet, dass die kumulative Langzeitwirkung eines Verbrauchs oder einer Immission dazu führt, dass die Ressource nach einer endlichen Zahl von Jahren erschöpft ist bzw. das Pollutionsmedium „aufgefüllt" ist. Hierbei handelt es sich um nicht-regenerierbare Güter, wie z.B. Deponieraum für Abfall oder den Verbrauch von Erdöl. Im Gegensatz zur Ratenknappheit trägt bei der Kumulationsknappheit jeder Verbrauch dazu bei, dem unvermeidlichen Erschöpfungszustand einen Schritt näher zu kommen (absolute Knappheit).[419]

Um die Knappheiten miteinander vergleichen zu können, muss für kumulativ knappe Güter eine Annahme getroffen werden, über welchen Zeitraum sie verfügbar sein sollen – Müller-Wenk legt dabei einen Zeitraum von 30 Jahren zugrunde.

Für Fälle der Ratenknappheit ist der Äquivalenzkoeffizient nach der folgenden Formel zu ermitteln:[420]

$$AeK = \frac{1}{F_k - F} * \frac{F}{F_k} * c$$

F = tatsächliche Nutzung des Umweltgutes

F_k = maximal zulässige Nutzung des Umweltgutes

c = dimensionsloser Faktor = 10^{12}, um hohe negative Zehnerpotenzen zu vermeiden

Da diese Funktion einen überproportionalen Anstieg des AeK bei zunehmender Nutzung (F/F_k) ergibt - bei $F = F_k$ strebt sie gegen unendlich und wird bei $F > F_k$ negativ - wird die

---

[415] Ebenda, S. 36

[416] Braunschweig, a. a. O., S. 36

[417] Ahbe/Braunschweig/Müller-Wenk, a. a. O., S. 6

[418] Müller-Wenk, Die ökologische Buchhaltung, S. 37 ff.

[419] Siehe dazu auch: Wicke/Haasis/Schafhausen/Schulz, a. a. O., S. 549; Braunschweig, a. a. O., S. 64

[420] Müller-Wenk, Die ökologische Buchhaltung, S. 40 ff

Funktion bei F = 0,9Fk abgebrochen und der AeK stabil gehalten. Einen möglichen Verlauf in Bezug auf die Nutzung eines Umweltgutes stellt die Abbildung 3.57 dar.

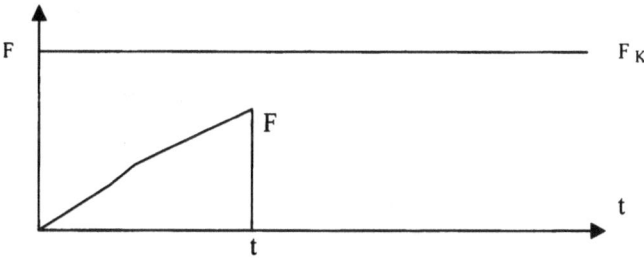

Abb. 3.57: Ermittlung des AeK bei Ratenknappheit

In neueren Ansätzen, die auf dem Konzept der Ökologischen Buchhaltung beruhen, werden Modifikationen bei der Ermittlung des Äquivalenzkoeffizienten für Ratenknappheit vorgenommen. Zum einen wird eine Übernutzung der ökologischen Kreisläufe berücksichtigt, indem die Funktion nicht bei F = 0,9Fk abgebrochen wird.[421]

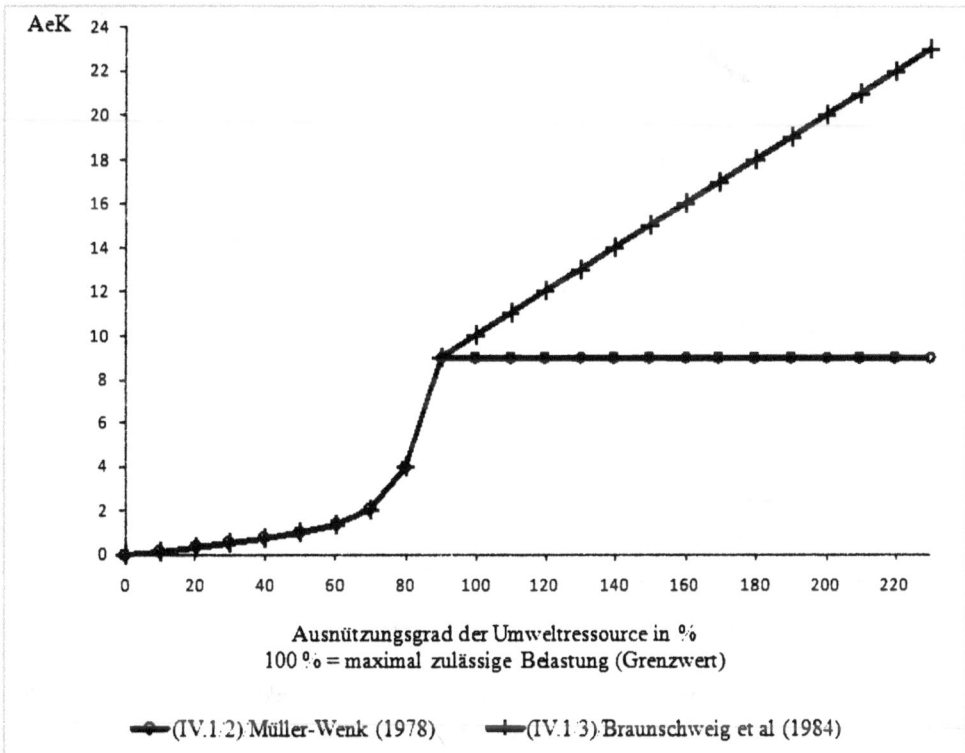

Abb. 3.58: AeK-Verlauf nach Müller-Wenk (1978) und Braunschweig (1984)

---

[421] Braunschweig, a. a. O., S. 66 ff.

Zum anderen wird in Anlehnung an die Darstellung toxikologischer Dosis-Wirkung-Beziehungen statt einer linearen Funktion eine logistische Schadenskurve zugrundegelegt. Dabei wird unterstellt, dass bei tiefer Dosis kaum eine Wirkung festzustellen ist, bei zunehmender Dosis die Schadenswirkung überproportional ansteigt, und bei weiter steigenden Dosen die Wirkungszunahme wieder abflacht.[422]

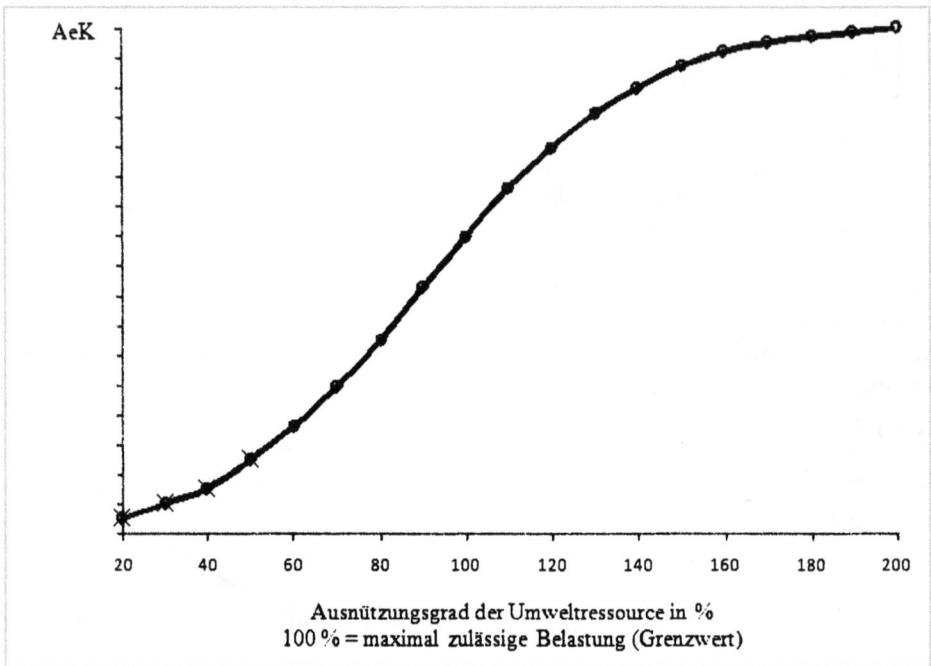

Abb. 3.59: Logistischer Verlauf der AeK-Funktion

Im Falle der Kumulativknappheit wird der Äquivalenzkoeffizient anhand der folgenden Formel bestimmt:[423]

$$AeK = \frac{1}{R - nF} * \frac{nF}{R} * c$$

R   = Gesamtvorrat der Ressource

nF = kumulierter gegenwärtiger Verbrauch (mit n=30)

Die Äquivalenzkoeffizienten erfahren im Konzept Müller-Wenk's noch eine wesentliche Modifikation durch die Einbeziehung eines geographischen Gewichtungsfaktors.[424] Damit soll eine korrekte Beurteilung der jeweiligen Umweltnutzung erreicht werden, die nur anhand ihrer räumlichen Wirkung gewährleistet werden könne.

---

[422] Ebenda, S. 68 ff.

[423] Müller-Wenk, Die ökologische Buchhaltung, S. 42

[424] Ebenda, S. 42 ff.

Es wird dabei unterstellt, dass die ökologische Knappheit auf weltweiter Ebene schwerer wiegt als in einem begrenzten Gebiet. Die Formeln werden demzufolge um einen Multiplikator g ergänzt, der sich wie folgt errechnet:

$$g = \frac{\text{Ausdehnung der für die Bestimmung der ökologischen Knappheit betrachteten Region}}{\text{gesamte Erdoberfläche}}$$

Das Konzept der Ökologischen Buchhaltung kann seine propagierten positiven Einflüsse auf die Erhaltung der natürlichen Umwelt nur entfalten, wenn von übergeordneter Stelle (Staat, internationale Organisationen) erhebliche Eingriffe in das Wirtschaftsgeschehen erfolgen. Der Einbezug ökologischer Gesichtspunkte in die unternehmerischen Entscheidungen kann noch wesentlich verstärkt werden, wenn

- in einer ersten Stufe alle Unternehmen oberhalb einer gewissen Größenordnung verpflichtet werden, die Ökologische Buchhaltung einzuführen und die daraus gewonnenen Ergebnisse zu veröffentlichen und

- in einer zweiten Phase den einzelnen Unternehmen von übergeordneter Stelle Beschränkungen des RE-Verbrauchs pro Jahr auferlegt werden.[425]

Müller-Wenk präferiert dabei eine Zuteilung von RE-Kontingenten nach dem Besitzstand, d.h. die staatliche Zuteilung orientiert sich am bisherigen RE-Verbrauch. Unternehmen, die ihre Kontingente überschreiten oder ihre Ökologische Buchhaltung nicht korrekt führen, müssen mit staatlichen Sanktionen rechnen. Auch für die Ermittlung der Äquivalenzkoeffizienten werden staatliche Vorgaben benötigt, indem anhand von Grenzwerten ökologische Knappheiten berechnet werden bzw. sogar direkt von staatlicher Seite Äquivalenzkoeffizienten festgelegt werden sollen.[426]

Trotzdem das Konzept der Ökologischen Buchhaltung seit etlichen Jahren vorliegt und in der betriebswirtschaftlichen Literatur auch intensiv diskutiert wurde, ist es in der Praxis bisher nur in wenigen Fällen erprobt worden. Den ersten Anwendungsversuch hatte Müller-Wenk zur Untermauerung seines Konzeptes selbst unternommen, als er für die Jahre 1973 und 1975 einen entsprechenden „Abschluss" für die Firma Roco-Conserven Rorschach (Schweiz), einem Hersteller von Dosenkonserven, Speiseeis, Tiefkühlprodukten und Tiernahrung, aufstellte (in Anlage 11 befinden sich die Ergebnisse der Ökologischen Buchhaltung von Roco-Konserven für das Jahr 1975).[427] Danach wurde das Konzept der Ökologischen Buchhaltung in einigen Kommunen, zunächst in Saarbrücken und dann in St. Gallen, Bern sowie Zürich angewendet. Ebenfalls in den achtziger Jahren erfolgten Anwendungsversuche bei einigen Evangelischen Akademien, wobei der Hotelbetrieb im Mittelpunkt des ökologischen Interesses stand.[428] Wie bereits erwähnt wurde, basiert die Methodik für Öko-

---

[425] Ebenda, S. 69 ff.

[426] Ebenda, S. 24; Braunschweig, a. a. O., S. 98 f.

[427] Müller-Wenk, Die ökologische Buchhaltung, S. 54 ff. und S. 61 ff.; Abb. entnommen aus: Wicke/Haasis/Schafhausen/Schulz, a. a. O., S. 547 f.

[428] Braunschweig, a. a. O., S. 57 f. und S. 106 ff.

bilanzen der Arbeitsgruppe beim schweizerischen Bundesamt für Umwelt, Wald und Landschaft (BUWAL) ebenso auf dem Konzept der Ökologischen Buchhaltung.[429]

Es ist nicht weiter verwunderlich, dass das Konzept der Ökologischen Buchhaltung – aufgrund seiner intensiven Behandlung in der betriebswirtschaftlichen Literatur – massiver Kritik ausgesetzt ist. Auf den ersten Blick erscheint das Konzept von Müller-Wenk für Ökonomen besonders attraktiv zu sein, da es eine Gesamtbewertung und einen Vergleich der unterschiedlichsten Umweltbelastungen erlaubt – dies ist eine Selbstverständlichkeit für die unterschiedlichen Vorgänge im Wirtschaftsgeschehen, die durch die einheitliche Dimension „Geldeinheit" vergleichbar und aggregierbar gemacht werden.[430] Der aus ökologischer Sicht wichtigste Kritikpunkt an der Ökologischen Buchhaltung setzt gerade an der Bewertungsbasis, dem Äquivalenzkoeffizienten, an. Bei der Bestimmung des AeK wird der Eindruck vermittelt, es handle sich dabei um eine quasi naturwissenschaftlich objektive Vorgehensweise. Tatsächlich gehen in entscheidenden Punkten folgende politische Bewertungsakte ein, die nicht zuletzt von Mehrheiten, Macht und dem nationalen und internationalen Beziehungsgefüge determiniert sind:[431]

- Die Definition „zulässiger" bzw. „unschädlicher" Belastungsgrenzen,
- die Festlegung der „derzeit bekannten" weltweiten Vorräte an bestimmten Rohstoffen,
- die Eingrenzung des räumlichen Bezugsbereiches für die AeK sowie
- die Einigung auf Zeiträume der erwünschten Nutzung von Vorräten.

Für die Festlegung der Äquivalenzkoeffizienten gibt es keine allgemein anerkannten Kriterien. Zudem würde eine exakte Ermittlung der ökologischen Knappheit eine differenzierte Bestimmung nach den jeweiligen regionalen und lokalen, saisonalen, klimatischen und sonstigen Gegebenheiten erfordern. Ohne die Einschaltung einer fachlich anerkannten übergeordneten Instanz kommt es dabei zwangsläufig zu subjektiv-willkürlichen Ermessensentscheidungen.[432]

Gegen eine allzu detaillierte Analyse der Umwelteinwirkungen spricht der Aufbau des Kontensystems der Ökologischen Buchhaltung, denn die Konten lassen sich nicht beliebig weit auffächern, da damit der Absicht, ein einfaches, praktikables und damit aggregierend bewertendes Instrument zur Verfügung zu stellen, nicht entsprochen werden könnte.[433]

Bei Emissionen beruht die Ermittlung des AeK auf Knappheiten, die durch Immissionswerte definiert werden. Für die Mehrzahl der derzeit emittierten Schadstoffe existieren derartige Werte noch nicht bzw. sie sind noch nicht hinreichend abgesichert, weil es an Kenntnissen über Wirkungszusammenhänge mangelt. Insbesondere bereiten Langzeiteffekte und synergistische Wirkungen mehrerer Schadstoffe zusammen ungelöste Probleme.[434] Demzufolge werden Schadstoffemissionen, die in der Umwelt kumulativ, kombinativ und/ oder synergistisch wirken, mit einer linearen Funktion zur Ableitung des AeK nicht richtig wiedergege-

---

[429] Ahbe/Braunschweig/Müller-Wenk, a. a. O., S. 6 ff.

[430] Held, a. a. O., S. 6 f.

[431] Freimann, Instrumente sozial-ökologischer Folgenabschätzung im Betrieb, S. 87 ; Öko-Institut, a. a. O., S. 27f.; Pfriem, Ökobilanzen für Unternehmen, S. 221; Fischbach, a. a. O., S. 513

[432] Schreiner, Umweltmanagement in 22 Lektionen, S. 269

[433] Bechmann/Hofmeister/Schultz, Ökoinstitut, a. a. O., S. 32; Bechmann/Hofmeister/Schultz, Umweltbilanzierung – Darstellung und Analyse zum Stand des Wissens zu ökologischen Anforderungen an die ökonomisch-ökologische Bilanzierung   von Umwelteinflüssen, S. 35, S. 43

[434] Mierheim, a. a. O., S. 18

ben.[435] Grundsätzlich reicht es nicht aus, lediglich die quantitative Verringerung von Um
weltmedien und Rohstoffen zu analysieren, ohne die qualitativen Wirkungen (z.B. Toxizität)
auf die Wechselbeziehungen und Vernetzung des Ökosystems zu berücksichtigen.[436] Besonders problematisch ist, dass das Konzept der Ökologischen Buchhaltung nur den Anschein
der Vergleichbarkeit erweckt, tatsächlich aber Unvereinbares zusammengefasst wird. Damit
wird der (unterschiedlichen) Natur der verschiedenen Belastungsarten nicht entsprochen.
Wenn die Umweltbelastungen konsequent erfasst und abgebaut werden sollen, ist es notwendig, auf die jeweils spezifischen Merkmale der Belastungsarten einzugehen.[437] Die Gesamtaggregation leistet der Gegeneinander-Aufrechnung eventuell partiell geringer mit auf
anderen Gebieten überhöhter Umweltbelastung Vorschub, die im Gesamtwert der ermittelten
Umrechnungseinheiten nicht mehr sichtbar ist.[438] Grundsätzlich werden lokale Umwelteinwirkungen im System der Ökologischen Buchhaltung geringer bewertet als überregionale
Einwirkungen auf die natürliche Umwelt. Dies ist nicht nachvollziehbar, können doch lokale
Umweltbelastungen (z.B. Lärm am Arbeitsplatz, Belastung des Trinkwassers, Luftbelastung
durch LKW-Transporte) durchaus ein für den Menschen und auch für Flora und Fauna uner-
trägliches Maß annehmen. Selbstverständlich sind globale Auswirkungen, wie Verknappung
der Erdölvorräte und Zerstörung der Ozonschicht, von besonderer Bedeutung für das Überleben, dennoch müsste die Ökologische Buchhaltung sowohl lokale als auch überregionale
Umwelteinwirkungen „richtig" widergeben.

Ein weiterer zentraler Kritikpunkt am Konzept der Ökologischen Buchhaltung besteht darin,
dass mit der Wahl des Knappheitsbegriffs der Gesamtzusammenhang ökologischer Vernetzung verökonomisiert und damit entscheidend eingeengt wird. Daraus folgt, dass das Konzept von Müller-Wenk stark dem status quo ökologischer Belastungen verhaftet ist.[439] Eine
umweltorientierte Vorsorgepolitik wird damit nicht gefördert. Müller-Wenk musste selbst in
einer Diskussion zu seinem Ansatz zugeben, dass die Ökologische Buchhaltung das Wachstum nicht in Frage stellt, ja sogar als „Wachstumsermöglichungsinstrument" bezeichnet
werden kann.[440]

Müller-Wenk hält Vergleiche zu Umwelteinwirkungen sinnvollerweise nur für möglich,
wenn die Auswahl der zu erfassenden Einwirkungsarten sowie die Erfassungsprozeduren
und Berechnungsmethoden nicht der Willkür des einzelnen Unternehmens überlassen werden, sondern allgemeinverbindlich geordnet sind.[441] Ein weiterer Grund für die allgemeinverbindliche Einführung der Ökologischen Buchhaltung besteht darin, dass ein einzelnes
Unternehmen mit einer Ökologischen Buchhaltung die Gesamteinwirkung in Rechnungseinheiten (RE) dadurch verändern kann, dass es Leistungen durch Fremdfirmen ausführen lässt,
statt sie selbst zu erbringen.[442]Selbst wenn das Unternehmen von einer derartigen Verlagerung absieht, wird es ungeheuer schwierig, die umweltrelevanten Daten – Müller-Wenk

---

[435] Öko-Institut, a. a. O., S. 27

[436] Bechmann/Hofmeister/Schultz, Ökoinstitut, a. a. O., S. 32; Bechmann/Hofmeister/Schultz, Umweltbilanzierung – Darstellung und Analyse zum Stand des Wissens zu ökologischen Anforderungen an die ökonomisch-
ökologische Bilanzierung von Umwelteinflüssen, S. 35, S. 49

[437] Held, a. a. O., S. 7; Mierheim, a. a. O., S. 18

[438] Freimann, Plädoyer für die Normierung von betrieblichen Öko-Bilanzen, S. 184

[439] Pfriem, Ökobilanzen für Unternehmen, S. 221 f.

[440] Simonis, Ökonomie und Ökologie, S. 95

[441] Müller-Wenk, Die ökologische Buchhaltung, S. 18

[442] Ebenda, S. 67

verlangt Materialzusammensetzungszertifikate von den Lieferanten – zu den vorgelagerten Produktionsstufen zu bekommen. Auch im Hinblick auf eine Verbesserung der Umweltbedingungen werden staatliche Eingriffe - obligatorische Einführung der ökologischen Buchhaltung in allen „größeren" Unternehmen und Kontingentierung von Umweltbelastungen – als notwendig erachtet, da dem Konzept der Ökologischen Buchhaltung als Messsystem nur ein beschränkter Einfluss auf eine Entlastung der natürlichen Umwelt zugetraut wird.[443] Wie bereits erwähnt wurde, gehen die in diesem Konzept geforderten staatlichen Eingriffe so weit, die Äquivalenzkoeffizienten und damit die ökologischen Knappheiten normativ vorzugeben. Darin kann lediglich eine Verlagerung der Probleme, aber keine Lösung derselben gesehen werden.[444] Außerdem dürften diese umfassenden und tiefgehenden Eingriffe in das Wirtschaftsgeschehen durch übergeordnete Instanzen die Entscheidungsautonomie der Unternehmensführungen derart stark tangieren, dass die Prinzipien des marktwirtschaftlichen Selbststeuerungsmodells in Frage gestellt werden.

Selbst wenn diese staatlichen Eingriffsmöglichkeiten von einer demokratisch gebildeten Mehrheit als notwendig erachtet werden, dürfte die generelle Einführung einer Ökologischen Buchhaltung an Praktikabilitätsaspekten scheitern. Zum einen erfordert die Bestimmung der AeK einen erheblichen Aufwand auf betrieblicher und übergeordneter Ebene.

Außerdem ist eine ständige Aktualisierung erforderlich, um die Aussagekraft der AeK zu erhalten und Verzerrungen in der Struktur der ökologischen Knappheit der Schadstoffe zu vermeiden.[445] Es muss davon ausgegangen werden, dass die Eingangsschwelle zur Anwendung der Ökologischen Buchhaltung zu hoch angesetzt ist, da keine schrittweise Einführung erlaubt ist, sollen ihre Vorzüge voll zur Geltung kommen.[446]

Der Ansatz von Müller-Wenk wurde von Schaltegger/Sturm weiterentwickelt. Kernstück in diesem Ansatz ist eine Ermittlung und Bewertung der Schadschöpfung eines Unternehmens, quasi als Gegenstück zur Wertschöpfung.[447] Dazu wird

- eine ökologische Produkteffizienz, bei der die Schadschöpfung pro Produkteinheit ermittelt wird und
- eine ökologische Funktionseffizienz, bei der die Schadschöpfung pro Funktions- und Zeiteinheit errechnet wird,

bestimmt.[448]

Die Quantifizierung der Schadschöpfung erfolgt dabei durch die nach Art und Menge differenzierte Erfassung von Material- und Energieeinflüssen und die ökologische Gewichtung der stofflichen- und energetischen Emissionen über das gesamte Produktleben. Das relativ umweltfreundlichste Produkt liegt dann vor, wenn es im Vergleich zu allen Alternativen die höchste Produkt- und Funktionseffizienz aufweist. Hierbei müssen auch qualitative Aspekte wie Landschaftsbild, Artenschwund etc. in eine umfassende Betrachtung und Beurteilung

---

[443] Mierheim, a. a. O., S. 17; Pfriem, Ökobilanzen für Unternehmen, S. 220 ff.

[444] Steger, Umweltmanagement, S. 205

[445] Mierheim, a. a. O., S. 18

[446] Held, a. a. O., S. 7

[447] Schaltegger/Sturm, Öko-Effizienz durch Öko-Controlling, S. 19 ff.

[448] Schaltegger/Sturm, Methodik der ökologischen Rechnungslegung in Unternehmen. Forschungsbeitrag und Anleitung für den Praxisgebrauch, S. 1 ff.

einbezogen werden. Der Prozess zur Erstellung einer Schadschöpfungsrechnung ist aus der Abbildung 3.60 auf der nächsten Seite ersichtlich.[449]

Es bietet sich an, die Stoff- und Energieflüsse in einem Kontensystem zu erfassen.[450]

Die aggregierten Emissionen sind dann nach ihrer ökologischen Relevanz zu gewichten, wobei als Gewichtungsfaktoren Qualitätsziele bzw. Immissionsgrenzwerte dienen.[451] Zusätzlich wurde noch eine Expertenbefragung zur Beurteilung des Gewichtungskonzepts durchgeführt.

Zielfestlegung, Systemanalyse und –definition

- Festlegung des Schadschöpfungsträgers
- Festlegung der Schadschöpfungsarten
- Festlegung der Schadschöpfungsstellen

Erfassung der Stoffflüsse

- Inputdaten (Quantität und Qualität)
- Outputdaten (Quantität und Qualität)

Aggregation der Outputdaten

- Emissionen Luft
- Emissionen Wasser
- feste Abfälle
- energetische Emissionen

Bestimmung der Schadschöpfung: Gewichtung der Outputdaten nach ihrer ökologischen Relevanz

- Schadschöpfung Luft
- Schadschöpfung Wasser
- Schadschöpfung Abfall
- gesamte Schadschöpfung

Abb. 3.60: Prozess zur Erstellung einer Schadschöpfungsrechnung

Wie schon bei anderen volkswirtschaftlichen und betriebswirtschaftlichen Ansätzen zur ökologischen Rechnungslegung ausgeführt wurde, stößt jede Form der Bewertung unterschiedlicher Umwelteinwirkungen auf unlösbare Probleme. Dies gilt insbesondere dann, wenn wie beim Ansatz von Schaltegger/Sturm eine Gesamtbewertung der Umwelteinwirkungen – hier in Form der aggregierten Schadschöpfung je Produkteinheit etc. –vorgenommen wird.

---

[449]   Ebenda, S. 10
[450]   Ebenda, S. 16
[451]   Ebenda, S. 18 ff.

3.3.4   Umweltbezogene Beurteilung von Investitionen

Nutzwertanalytische Ansätze

Während in Kapitel 3.2.3. die herkömmlichen monetär-orientierten Investitionsrechenverfahren – mit einer umweltbezogenen Differenzierung der Ein- und Auszahlungsströme – behandelt worden sind, geht es in diesem Kapitel darum, Verfahren aufzuzeigen, die es ermöglichen, nichtmonetär-quantifizierbare Einflussgrößen auf die Vorteilhaftigkeit eines Investitionsvorhabens zu berücksichtigen. In einer allgemeineren Betrachtungsweise können Investitionen durch einen Strom zu verschiedenen Zeitpunkten anfallender positiver und negativer Konsequenzen charakterisiert werden, wobei die Konsequenzen auch nichtmonetäre Nutzen und Kosten bzw. auch nicht-bewertete Mengengrößen umfassen können, die als Ersatzindikatoren der Umweltqualität herangezogen werden können.[452] Grundsätzlich sind einem Investitionsobjekt die Umwelteinwirkungen zuzurechnen, die mit seinem Einsatz im jeweiligen Unternehmen verbunden sind, aber auch Umweltschädigungen in vor- und nachgelagerten Stufen.

Nur bei extrem einfachen Bedingungskonstellationen kann sich die Messung umweltrelevanter Wirkungen von Investitionen mit technischen Größen begnügen und kommt ohne Bewertung aus.[453] In der Praxis werden teilweise Scoringverfahren bzw. Verfahren der Nutzwertanalyse eingesetzt, um nicht in Geldgrößen ausdrückbare bzw. nicht-quantifizierbare Einflussfaktoren in den Entscheidungsprozess einzubeziehen.[454] Allgemein versteht man unter der Nutzwertanalyse ein Bewertungsverfahren, das zur vergleichenden Bewertung von Entscheidungsalternativen oder Projekten dient. Grundlagen der Bewertungen sind:

- Eine möglichst detaillierte Auflistung der Eigenschaften (Prädikate) der Entscheidungsalternativen sowie
- ein detailliertes Ziel- und Wertsystem, mit dessen Hilfe die „empirisch gemessenen Eigenschaften" der Entscheidungsalternativen bewertet werden. Dieses Ziel- oder Wertsystem ist mehrdimensional.

„Eine Nutzwertanalyse ordnet somit einer vorgegebenen Menge von Wertträgern (Alternativen) auf der Grundlage eines Wertsystems (Wertmaßstäbe, Zielsystem) und mit Hilfe von Bewertungsregeln (Bewertungsvorschriften) Güteaussagen (sogenannte Nutzwerte) zu".[455]

Vereinfacht formuliert, zerlegt die Nutzwertanalyse das komplexe m-dimensionale Entscheidungs- bzw. Bewertungsproblem in m-dimensionale Teilbewertungsschritte, deren Ergebnisse auf dem Wege einer anschließenden Gewichtung der Teilwerte und Wertaggregation zu einem Gesamtwert zusammengefasst werden.[456] Das allgemeine Strukturmuster der Nutzwertanalyse ist aus der Abbildung 3.61 auf der nächsten Seite ersichtlich.[457]

---

[452] Rückle, a. a. O., S. 52

[453] Ebenda, S. 55

[454] Auf eine ausführliche Darstellung dieser Verfahren muss in diesem Buch verzichtet werden. Der Verfasser verweist auf die einschlägige Literatur, z.B.: Zangemeister, Nutzwertanalyse in der Systemtechnik

[455] Bechmann, Die Nutzwertanalyse, S. 1 ff.

[456] Freimann, Instrumente sozial-ökologischer Folgenabschätzung im Betrieb, S. 158 ff.

[457] Bechmann, Die Nutzwertanalyse, S. 7

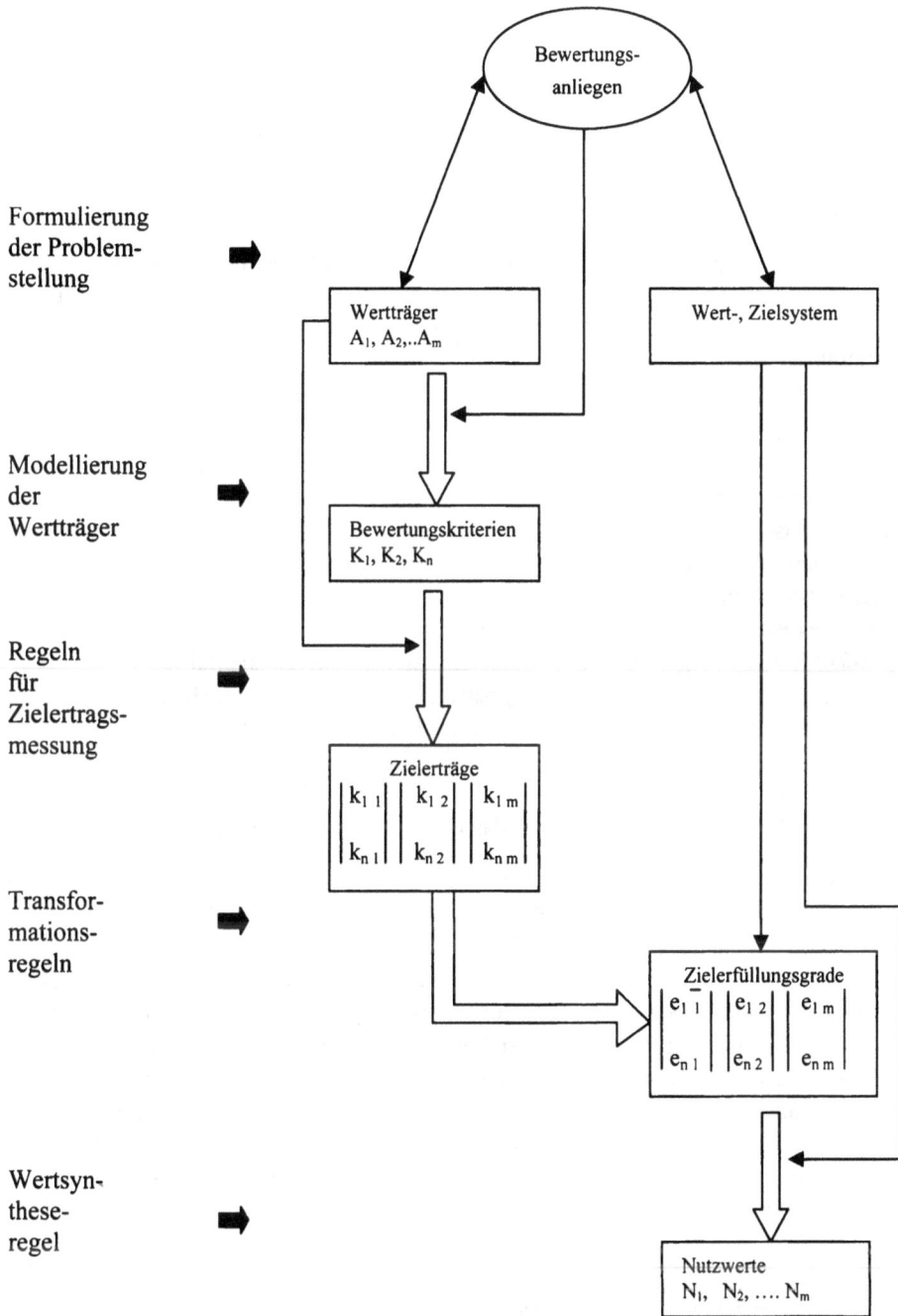

Formulierung
der Problem-
stellung

Modellierung
der
Wertträger

Regeln
für
Zielertrags-
messung

Transfor-
mations-
regeln

Wertsyn-
these-
regel

Bewertungs-
anliegen

Wertträger
$A_1, A_2,..A_m$

Wert-, Zielsystem

Bewertungskriterien
K_1, K_2, K_n

Zielerträge
$\begin{vmatrix} k_{1\,1} \\ k_{n\,1} \end{vmatrix} \begin{vmatrix} k_{1\,2} \\ k_{n\,2} \end{vmatrix} \begin{vmatrix} k_{1\,m} \\ k_{n\,m} \end{vmatrix}$

Zielerfüllungsgrade
$\begin{vmatrix} e_{1\,1} \\ e_{n\,1} \end{vmatrix} \begin{vmatrix} e_{1\,2} \\ e_{n\,2} \end{vmatrix} \begin{vmatrix} e_{1\,m} \\ e_{n\,m} \end{vmatrix}$

Nutzwerte
$N_1, \ N_2, \dots N_m$

Abb. 3.61: Das allgemeine Strukturmuster der Nutzwertanalyse

Je nach Art der vorzunehmenden Bewertung und Wertsynthese werden in der betriebswirtschaftlichen Literatur die Nutzwertanalyse der 1. und 2. Generation unterschieden.[458] Die traditionelle Variante erfordert eine kardinale Bewertung der Zielerträge. „ Die Quantifizierung von Zielerfüllungsgraden, Teilnutzwerten und Nutzwerten auf Kardinalskalen stellt jedoch an das Wertsystem sehr hohe und sehr einengende inhaltliche und strukturelle Anforderungen, die in vielen Bewertungssituationen nicht erfüllt sind".[459] Deswegen gibt die Nutzwertanalyse der 2. Generation die kardinale Nutzenmessung zur Bestimmung der Teilnutzwerte auf und verlangt vom Bewertenden lediglich, die Teilwerte ordinal zu ordnen.

Übertragen auf die Beurteilung der Umwelteinwirkungen von Investitionsvorhaben wäre als Ausgangspunkt eine operationales umweltbezogenes Zielsystem erforderlich (siehe dazu: Kap. 1.3.). Als Einflussfaktoren auf die Investitionsentscheidung könnten folgende Indikatoren (Bewertungskriterien) herangezogen werden:[460]

- Gesetzliche Rahmenbedingen,
- Verhalten der Genehmigungsbehörde,
- Einfluss politischer/gesellschaftlicher Gruppierungen,
- Ergebnisse öffentlicher Anhörungen,
- Nachbarschaftsbeschwerden,
- Prestigesituation, Tradition, Umweltimage des Unternehmens,
- Konkurrenzsituation,
- Verhaltensänderungen bei relevanten Kunden-Zielgruppen,
- technischer Entwicklungsstand einsetzbarer Emissionsminderungsverfahren,
- Einhaltung gesetzlicher bzw. (geringerer) betrieblicher Emissionsvorgaben,
- Anpassungsfähigkeit an umweltpolitische Entwicklungslinien,
- fertigungstechnische Integrationsfähigkeit (Nachrüstung versus Neuanlage),
- Fachkenntnisse des Personals bzw. Beherrschen des Know-Hows,
- Betriebssicherheit (auch im Hinblick auf das Umwelthaftungsrecht) u.s.w..

Die Gewichtung für die Teilziele und Bewertungskriterien kann mit Hilfe der Methode sukzessiver Vergleiche ermittelt werden – dabei werden die Gewichtungsfaktoren nach und nach durch eine Folge von Paarvergleichen bestimmt.[461]

Für die Messung des Zielerreichungsgrades (Zielerträge) könnte eine ähnliche ABC-Klassifizierung gewählt werden, wie beim IÖW-Ansatz der Öko-Bilanzierung (siehe dazu: Kap. 3.3.2.4). Damit ein Vergleich mehrerer Investitionsalternativen ermöglicht wird, müssen die Zielerträge in eine gemeinsame Dimension transformiert werden, indem jedem Zielertrag ein Teilnutzwert zugeordnet wird. In einem letzten Schritt ist dann eine Wertsynthese vorzunehmen. Dazu müssen die Teilnutzwerte mit den Gewichten der jeweiligen Bewertungskriterien multipliziert werden.[462] Anhand des folgenden einfachen Beispiels[463] soll die Vorgehensweise noch einmal verdeutlicht werden:

---

[458] Ebenda, S. 8 ff. und S. 15 ff.; siehe auch: Freimann, Instrumente sozial - ökologischer Folgenabschätzung im Betrieb, S. 159

[459] Bechmann, Die Nutzwertanalyse, S. 15

[460] Haasis, a. a. O., S. 21 f.

[461] Schneider/Schmid, a. a. O., S. 15 ff.

[462] Ebenda, S. 18 ff.

[463] Schreiner, Umweltmanagement in 22 Lektionen, S. 258 f.

	Gewichtungsfaktor	Anlage A	Anlage B	Anlage C
Energieverbrauch	3	10 (30)	5 (15)	3 (9)
Wasserverbrauch	2	5 (10)	6 (12)	7 (14)
Abfälle	2	3 (6)	6 (12)	8 (16)
Lärm	1	5 (5)	5 (5)	7 (7)
Emissionen	3	2 (6)	8 (24)	6 (18)
Ergebnis ungewichtet		25	30	31
Ergebnis gewichtet		57	68	64

Abb. 3.62: Beispiel zur Nutzwertanalyse

Die Bewertungspunkte drücken dabei das jeweilige Ausmaß an Umweltbelastungen aus. Somit würde die Anlage A die geringsten Umweltbelastungen verursachen. Neben den im Beispiel verwendeten, physikalisch messbaren Bewertungskriterien lassen sich selbstverständlich auch nicht-quantifizierbare Einflussfaktoren definieren und deren Zielerträge in die Nutzwertanalyse einbeziehen, beispielsweise Beeinträchtigungen des Landschaftsbildes, gesellschaftliche Akzeptanz etc.. Nach herrschender Meinung in der betriebswirtschaftlichen Literatur können mit Hilfe der Nutzwertanalyse Entscheidungen bei mehrfachen Zielsetzungen in operationaler Weise abgebildet und Bewertungsprobleme in Bezug auf die unterschiedlichen Ziele in formal befriedigender Weise gelöst werden.[464] Allerdings sind die Ergebnisse einer Nutzwertanalyse nur so gut, wie es dem Anwender gelingt, den Anforderungen des Verfahrens, insbesondere bei der Ermittlung der Zielkriterien und bei der Bewertung, zu entsprechen und die für die Bewertung nötigen Informationen zu gewinnen. Grundsätzlich verlangen Qualitätsurteile über Bewertungsverfahren, auch über die Nutzwertanalyse, eine differenzierte, fallbezogene Analyse des Inhalts und der Form des zu beurteilenden Verfahrens.[465]

Insbesondere drei Problembereiche tauchen bei der Anwendung nutzwertanalytischer Verfahren (häufig) auf:

- Durch die Bemessung der Gewichte der Teilziele (sowie bei der Messung der Zielerreichungsgrade) kann das Ergebnis der Bewertung schon weitgehend vorweggenommen werden, was Interessenten bereits beim Modellentwurf einen weiten Spielraum zur
- methodischen Begünstigung der favorisierten Alternative lässt.[466] Deswegen sind die Wertvorstellungen der Bewerter (i.d.R. Experten) möglichst offenzulegen und schriftlich zu dokumentieren.
- Obwohl Verfahren wie die Nutzwertanalyse gerade wegen den an der monetären Bewertung kritisierten Implikationen und Mängeln entwickelt wurden, treffen diese Kritikpunkte auf Verfahren, die Gesamtwerte synthetisieren, in ähnlicher Weise zu. „Insbesondere die einfache additive Aggregation von Teilnutzwerten lässt z.B. „Durchschlageffekte" bestimmter unzureichender Teilwertausprägungen ebensowenig zu wie mögliche Kumu-

---

[464] Freimann, Instrumente sozial-ökologischer Folgenabschätzung im Betrieb, S. 159 ff.; Schneider/Schmid, a. a. O., S. 20

[465] Bechmann, Die Nutzwertanalyse, S. 26 ff.; Bechmann hat zur Beurteilung der Leistungsfähigkeit von Nutzwertanalysen einen differenzierten Fragenkatalog formuliert

[466] Strebel, Umwelt und Betriebswirtschaft, S. 152

lativ- bzw. Synergieeffekte, die in Abhängigkeit von bestimmten Merkmalsausprägungen eintreten oder wegfallen können".[467]

- Das Grundproblem der Quantifizierung von Nutzen ist vom Ansatz her in diesem Verfahren nicht zu lösen. Außerdem ist zu berücksichtigen, dass der Nutzenbegriff in starkem Maße anthropozentrisch orientiert ist (Nutzen für den Menschen!) – Wirkungen auf Tiere, Pflanzen, Boden etc., wie sie bei einer Umweltverträglichkeitsprüfung untersucht werden müssen, können damit nicht ermittelt werden.[468]

Es ist deshalb nicht weiter verwunderlich, das als Lösung der Bewertungsproblematik vorgeschlagen wird, ein gesellschaftliches Wertsystem auf der Grundlage politischer Entscheidungen, etwa das bestehende Umweltschutzrecht, heranzuziehen.[469] Als Alternative zu nutzwertanalytischen Verfahren bleibt das Sozialindikatoren-Konzept, das jedoch ebenfalls prinzipielle Probleme in sich birgt, wie z.B. die Frage der Auswahl der zu berücksichtigenden Indikatoren (siehe dazu auch: Kap. 3.3.1.3.).[470]

Technologiefolgenabschätzung
Nach zeitweiligem Desinteresse ist die Diskussion um die Technologiefolgenabschätzung (= Technology Assessment) Ende der 1980er Jahre des vorigen Jahrhunderts national und international wieder intensiver geworden. Insbesondere durch die verstärkt einsetzende öffentliche Auseinandersetzung mit dem technischen Fortschritt und seiner sozialen Steuerung, d.h. mit der Vermeidung unerwünschter Nebeneffekte, begann die schon seit längerem existente, wissenschaftliche Diskussion der Technologiefolgenabschätzung für die „Öffentlichkeit" und somit auch für die politischen Entscheidungsträger eine neue Qualität zu gewinnen.[471] So wird im Umweltbericht 1990 des Bundesministers für Umwelt, Naturschutz und Reaktorsicherheit die Technologiefolgenabschätzung als wichtiges Instrument zur Abschätzung von Umwelteffekten bezeichnet.[472] Dennoch haben sich die politischen Entscheidungsträger bisher noch nicht zu einer Institutionalisierung der Technologiefolgenabschätzung (TFA) wie in den Vereinigten Staaten (Office of Technology Assessment) bzw. Schweden (Sekretariat für Zukunftsstudien) entscheiden können.[473] Die Technologiefolgenabschätzung ist sicherlich durch die verschärfte Debatte um die Chancen und Risiken der Gentechnik in letzter Zeit wieder befruchtet worden. Im Jahre 2003 ist das Cartagena-Protokoll (… Protocol on Biosafety) in Kraft getreten, welches u. a. festlegt, dass jeder Import genetisch veränderten Materials in ein Land eine Genehmigung und Analyse des sich daraus ergebenden Risikos erfordert.[474]

Als Leitintention für die TFA gilt, dass sie einen sozial akzeptablen Beitrag zur Sicherung und Erhöhung der System- und Lebensqualität in der sich wandelnden Industriegesellschaft leisten soll. Neben die Förderung wünschenswerter technologischer Entwicklungen und

---

[467] Freimann, Instrumente sozial-ökologischer Folgenabschätzung im Betrieb, S. 162

[468] Hübler, Bewertungsverfahren zwischen Qualitätsanspruch, Angebot und Anwendbarkeit, S. 133

[469] Strebel, Umwelt und Betriebswirtschaft, S. 78

[470] Freimann, Instrumente sozial-ökologischer Folgenabschätzung im Betrieb, S. 288 ff.

[471] Böhret/Franz, Technologiefolgenabschätzung. Institutionelle und verfahrensmäßige Lösungsansätze, S. 1

[472] Zimmermann, Technikfolgenabschätzung – Ergänzung des Stabilitätsgesetzes und der Volkswirtschaftlichen Gesamtrechnung?, S. 364

[473] Böhret/Franz, a. a. O., S. 2; Sachse, Technikfolgenabschätzung. Organisation der Verantwortung, S.

[474] Bund/ et al., a. a. O., S. 417 f. und S. 471

Umschichtungen treten der Schutz vor unerwünschten Folgewirkungen des technischen Fortschritts sowie die soziale Akzeptanz technologiepolitischer Entscheidungen und ihrer Umsetzung.[475] Der grundlegende Auftrag für Technology Assessment besteht in der Generierung von adäquaten Informationen über technologische Systeme und Entwicklungen. Demzufolge liegt das zentrale Erkenntnisinteresse in der systematischen Identifikation und Analyse von Auswirkungen auf die Gesellschaft, ihre Institutionen und die natürliche Umwelt, die bei der Einführung, verstärkten Anwendung oder Modifikation von Technologien auftreten können (Konsequenzenanalyse). So gesehen, soll die TFA Hilfestellung bei mittel- und langfristigen Planungs- und Entscheidungsprozessen – gerade bei Investitionsvorhaben – leisten. Dieser langfristig orientierte Denkansatz macht es unerlässlich, bereits vor der Entwicklung von neuen Produkten oder Verfahren den ganzen Produktlebenszyklus (einschließlich Verschrottung oder Recycling) zu betrachten, um mögliche negative Auswirkungen zu verringern oder ganz zu vermeiden.[476] Die Zielrichtung von Technology Assessment äußert sich in der Erhöhung der Entscheidungsfähigkeit der Verantwortlichen in Politik und Wirtschaft mit Hilfe aktueller Informationen, um Risiken, die mit der technologischen Entwicklung verbunden sind, zu vermindern und Handlungsspielräume zu vergrößern.[477] Es ist ein zentrales Anliegen der Technologiefolgenabschätzung, nicht nur die intendierten oder direkten Auswirkungen einer Technik zu beschreiben, sondern auch die unbeabsichtigten, die indirekt und möglicherweise mit großer Zeitverzögerung auftretenden Wirkungen. Mit dieser idealtypischen Vorgehensweise einer TFA-Analyse wird unterstellt, dass kein Teilbereich der Gesellschaft und der natürlichen Umwelt a priori ausgeschlossen wird, sondern dass die Eingrenzung des Untersuchungsfeldes jeweils bewusst und begründet vollzogen wird.[478] Durch die prospektive Erfassung drohender Schäden soll die Technikentwicklung in eine Richtung gedrängt werden, bei der die von der Einführung und Diffusion einer neuen Technik ausgehenden negativen Effekte beherrschbar bleiben, d.h. bei der die Differenz zwischen gesellschaftlichen Nutzen und Kosten maximiert wird.[479]

Bei der betrieblichen Technikfolgenabschätzung geht es einerseits darum, produkt- bzw. verfahrensbezogen unerwünschte Nebenwirkungen zu identifizieren und zu beseitigen. Als wegweisend für die betriebliche Praxis kann die Arbeit des VDI-Ausschusses „Grundlagen der Technikbewertung" angesehen werden,[480] in der Technikbewertung definiert wird als „das planmäßige, systematische organisierte Vorgehen das

- den Stand einer Technik und ihre Entwicklungsmöglichkeiten analysiert;
- unmittelbare und mittelbare technische, wirtschaftliche, gesundheitliche, ökologische, humane, soziale und andere   Folgen dieser Technik und möglicher Alternativen abschätzt;
- aufgrund definierter Ziele und Werte diese Folgen beurteilt oder auch weitere wünschenswerte Entwicklungen fordert;

---

[475] Böhret/Franz, a. a. O., S. 3 ff. und S. 46

[476] Ebenda, S. 10 ff.; Sachse, a. a. O., S. 62; siehe auch: Bahadir/et. al. Technikfolgenabschätzung, S. 1149

[477] Böhret/Franz, a. a. O., S. 23

[478] Jochem, Technikfolgenabschätzung und-bewertung als Instrument und Prozess: Ungenutzte Potentiale zur Bewertung technischer Neuerungen, S. 236

[479] Ewers, Technik- und problemadäquate Steuerungs- und Anreizstrukturen, S. 347

[480] Steger, Umweltmanagement S. 208 f.; siehe auch: Hübner/Jahnes, Perspektiven und Lösungsansätze für ein ökologie-orientiertes Wirtschaften (II), S. 653 ff.; Kornwachs/Niemeier, Technikbewertung und Technikpotentialabschätzung..., S. 1558 ff.

• Handlungs- und Gestaltungsmöglichkeiten daraus herleitet und ausarbeitet, so dass begründete Entscheidungen ermöglicht und gegebenenfalls durch geeignete Institutionen getroffen und verwirklicht werden können". Empirische Untersuchungen belegen, dass Technikbewertungen in der Industrie weiter verbreitet sind als oft angenommen wird, allerdings handelt es sich dabei oft um aus Praktikabilitätsgründen durchgeführte Partialanalysen zu spezifischen Fragestellungen. Eine mehr strategieorientierte Sichtweise der TFA zielt darauf ab, eine entstehende Technologie daraufhin zu analysieren, inwieweit mit deren weiterer Entwicklung Erfolgspotentiale bzw. Gefahren für das jeweilige Unternehmen verbunden sein können – die TFA eignet sich damit auch als Früherkennungsinstrumentarium.[481]

Das Konzept des Technology Assessment besteht im wesentlichen aus drei Teilkomponenten:[482]

• Der technologischen Prognose, die sich mit zukünftigen (unter bestimmten Bedingungen zu erwartenden) Entwicklungen auf technologischem und sozialem Gebiet beschäftigt;
• der Identifikation und Analyse der komplexen Folgen von technologischen Entwicklungen und
• der materiellen Politik-Analyse, die die möglichen (antizipativen oder reaktiven) Handlungsspielräume untersucht.

---

[481] Servatius/Pfeiffer, Ganzheitliche und Evolutionäre Technikbewertung, S. 73 ff.; Kornwachs/Niemeier, a. a. O., S. 1563
[482] Böhret/Franz, a. a. O., S. 18 ff.; Jochem, a. a. O., S. 234 ff.

	- spezifische Beschreibung der zu untersuchenden Tech-nologie und praktikabler (komplementärer/substitutiver) technologischer Alternativen; Definition von Breite und Tiefe der Untersuchung;
Beschreibung	-Beschreibung der physikalischen und sozialen Umwelt, in die die Technologie wirkt/eingeführt werden soll/verstärkt zur Anwendung kommt (Beteiligung der gesellschaftlichen Gruppen);
technologische Vorhersagen, Analyse der Aus-wirkungsaspekte	- Identifikation und Beschreibung von: Faktoren, die die zukünftige Entwicklung der beobachteten Technologie betreffen; Auswirkungen oder Auswirkungsbereiche der Technologien innerhalb der spezifizierten Umwelt;
	- Abschätzung/Evaluation der identifizierten Konsequen-zen
Politik-Analyse	- Ermittlung von möglichen Entwicklungsverläufen;
Entscheidungs-vorbereitung	- Erarbeitung von Kriterien für den Bewertungsprozess;
Technologie Assessment	- Ermittlung von Handlungsempfehlungen, -optionen.

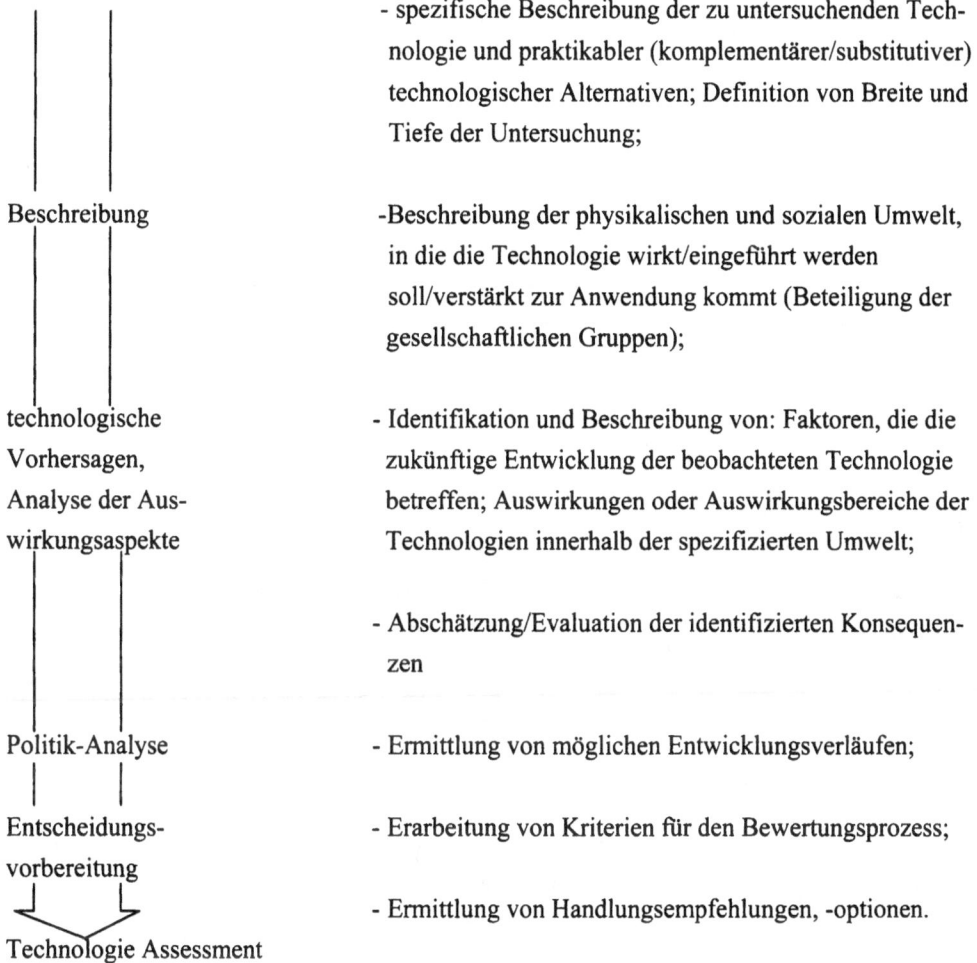

Abb. 3.63: Analyseschritte beim Technology Assessment

Für die praktische Umsetzung der einzelnen Komponenten werden spezifische Techniken herangezogen, wie z.B. Cost-Benefit-Analysis, Simulation, Operations Research-Verfahren, Matrix-Techniken (Cross-Impact-Analysis), Gruppenkonsens-Prozeduren (Delphi-Technik), scenario-writing, Relevanzbaum-Verfahren, Analogietechniken, Partizipationsverfahren etc..

An eine Technologiefolgenabschätzung sind verschiedene methodische Anforderungen zu stellen (siehe Abb. 3.64 auf der nächsten Seite). Eine Objektivierung der TFA ist tendenziell durch eine hohe Transparenz des Analyseprozesses mit einer allgemein verständlichen Of-fenlegung von Arbeitsschritten, -methoden, Annahmen, Auswahlentscheidungen, Ermittlung und Interpretation von Ergebnissen zu erreichen. Partizipationsmöglichkeiten Betroffener schon während des Analyseprozesses und Publizität der Ergebnisse erhöhen die Glaubwür-digkeit „unabhängiger" Wissenschaftler.[483] Eine besondere Problematik ergibt sich – wie bei

---

[483] Böhret/Franz, a. a. O., S. 18 ff.; Jochem, a. a. O., S. 234 ff.

den bereits vorgestellten Ansätzen und Konzepten – durch die Bewertung der Technikfolgen und die damit verbundene Alternativenauswahl.[484] Die Notwendigkeit bewertender Verfahrenselemente tritt in jeder Phase eines TFA-Prozesses auf. Sie beginnt bei der Prioritätensetzung und der Auswahl der zu untersuchenden Technologie und endet bei der Alternativenauswahl mit den damit verbundenen Maßnahmenprogrammen.[485]

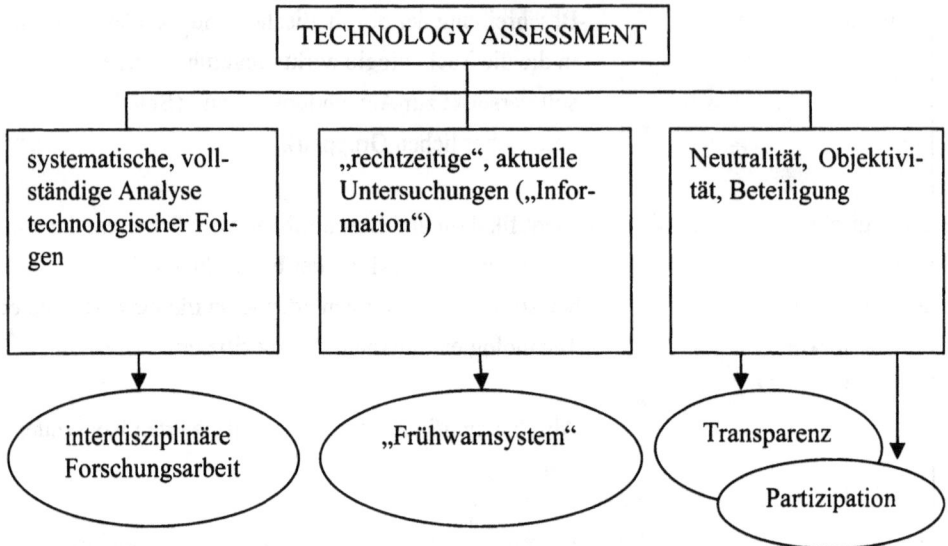

Abb. 3.64: Methodische Anforderungen an eine Technologiefolgenabschätzung

Grundsätzlich müssen zeitgemäße Bewertungskonzepte so ausgelegt sein, dass sie auch auf der Basis unvollständiger Informationen als vorläufige Entscheidungsgrundlage dienen können. Erforderlich wird die frühzeitige Einbeziehung sozio-ökologischer Bewertungsaspekte im Rahmen ganzheitlich orientierter Technologiebewertungsansätze.[486] Folgende Bewertungsparameter können zunächst einmal herangezogen werden (siehe Abb. 3.65 auf der folgenden Seite).[487]

Zur praktischen Umsetzung einer Konsequenzenanalyse im Rahmen einer Technologiefolgenabschätzung gibt es nur spärliche Hinweise in der betriebswirtschaftlichen Literatur. So wird die Umweltverträglichkeitsprüfung zu den Teilinstrumenten der TFA gerechnet.[488] In einer Studie des Gesamtverbands des deutschen Steinkohlebergbaus wurde im Jahre 1982 eine Technologiebewertung auf der Grundlage einer Stoff- und Energiebilanzierung durchgeführt. Untersucht wurden im Hinblick auf ihre Umweltverträglichkeit drei Verfahren zur Vergasung und Verflüssigung von Steinkohle. Die Bewertung erfolgte orientiert an Kriterien

---

[484] Böhret/Franz, a. a. O., S. 21 ff.

[485] Ebenda, S. 28 f.

[486] Servatius/Pfeiffer, a. a. O., S. 78 f.

[487] Ebenda, S. 84. Im Hinblick auf die Ableitung konkreter Bewertungskriterien und die Bewertungsthematik wird auf die vorhergehenden Kapitel und auf Kap. 2.3.3.2 verwiesen.

[488] Zimmermann, a. a. O., S. 364

	Bewertungsbausteine	Inhaltliche Ermittlung/Informationsfacetten
TECHNIKFOLGENPOTENTIAL	Restriktionen der Technologieentstehung	Ethisch-Moralische Forschungsvorbehalte Gesellschaftskritische Diskurse
	Barrieren zur technischen Umsetzung	Unbedenklichkeit eingesetzter Komponenten Unbedenklichkeit angewandter Materialien Ökologisch-gesundheitliche Folgenpotentiale der technischen Umsetzung
	Sozio-ökologische Akzeptanzbarrieren	Soziale Folgen, Ökologische Herstell- und Verwendungsbedingungen, gesundheitliche Folgen u.a. Gesellschaftskritische Anwendungsdiskussion
INNOVATIONSAUFWAND	Integrationsaufwand	Notwendige Umstellungen bei der Integration in bestehende technische Systeme Notwendige Veränderungen in Verfahrens-, Produkt- und Komponentengestaltung
	Folgeinvestitionen	Qualitative Grobeinschätzung des Investitionsaufwandes für induzierte technische und organisatorische Umstellungen

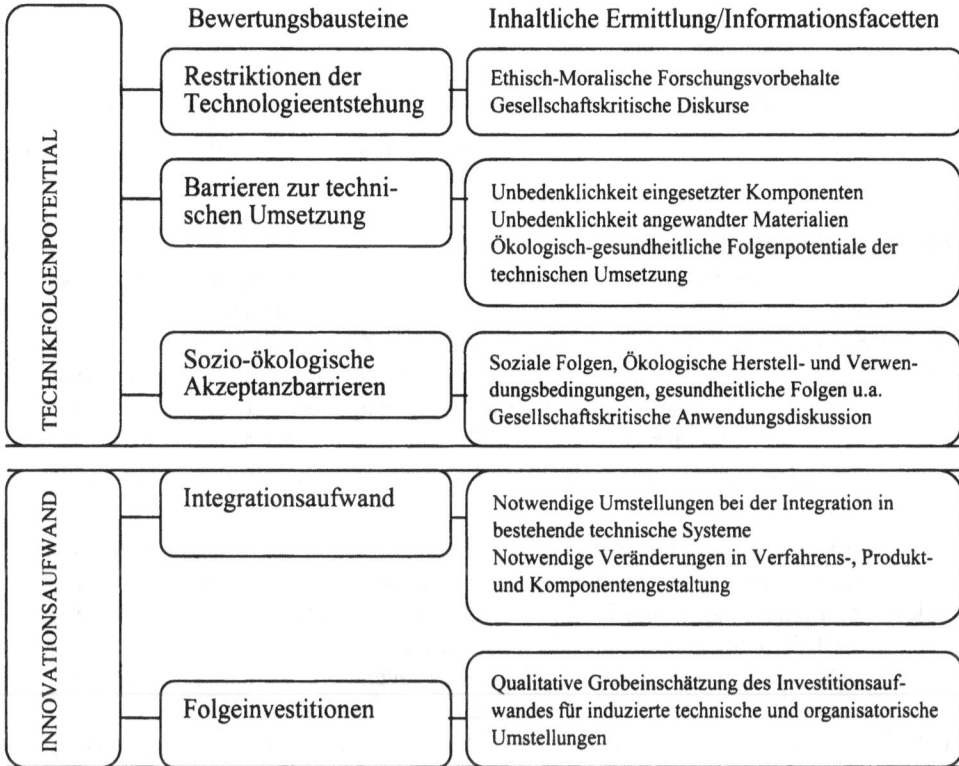

Abb. 3.65: Bewertungsparameter zur ersten Beurteilung von unerwünschten Nebenwirkungen, Technikfolgen und mittelbarem Innovationsaufwand

wie Grenzwerte, gesicherte wissenschaftliche Kenntnisse, Indikatoren (z.B. CSB) und Stand der Wissenschaft bzw. Stand der Technik.[489]

Diese Instrumente können jedoch den hohen Anspruch der Technologiefolgenabschätzung, eine fundierte Aussage zu den Wirkungen von Technologien – nicht nur auf die natürliche Umwelt, sondern auf alle gesellschaftlichen Bereiche – zu liefern, nicht erfüllen. Generell hat die Technologiefolgenabschätzung mit zwei Problemen zu kämpfen:[490] Die Ambivalenz und Unsicherheit, die miteinander verflochten sind. Damit wird eine exakte Prognose der Technikfolgen erschwert und zudem eine nachvollziehbare Bewertung über alle Interessengruppen hinweg verhindert. Summa Summarum bleibt die Technikfolgenforschung auch bei der Anwendung der bestmöglichen Methodik ein unvollständiges und unzulängliches Instrument der Zukunftsvorsorge. Am ehesten könnte noch die Produktlinienanalyse, vom theoretischen Konzept aus betrachtet, diesem Anspruch gerecht werden. Da jedoch die Produktlinienanalyse (siehe dazu: Kap. 3.3.2.6) ebenfalls kein – instrumentell gesehen – ausgereiftes Konzept darstellt, führt diese Anlehnung auch nicht weiter. Insofern muss für eine weitergehende umweltorientierte Beurteilung von Investitionsprojekten mit Hilfe der Tech-

---

[489] Bechmann/Hofmeister/Schultz, Leistungsfähigkeit der Stoff- und Energiebilanz als Instrument der umweltbezogenen Planung betrieblicher Prozesse, S. 13 ff.

[490] Bahadir/et al., a. a. O., S. 1149

nologiefolgenabschätzung die drastische Einschätzung von Ewers geteilt werden, der folgenden Vergleich heranzieht:[491] „Die Propagatoren der Technikfolgenabschätzung sind ständig in der Situation des verzweifelten Pfarrers, der die wenigen erschienenen Beter für die vielen beschimpft, die nicht beten. Dass sie nicht beten, hat etwas mit ihrer Anreizstruktur zu tun. Offenbar sind die den Nichtbetern drohenden Schrecknisse so wenig real, dass sie es vorziehen, ihre Zeit anders zu verwenden".

Umweltverträglichkeitsprüfung
Im Gegensatz zu Öko-Bilanzen, die auf eine systematische Erfassung der Umweltbelastung des Produktes und der laufenden Produktion gerichtet sind, dienen Umweltverträglichkeitsprüfungen eher der Abschätzung von ökologischen Konsequenzen bei (großen) Investitionsprojekten oder Standortentscheidungen. Überwiegend wird dieses Instrument zwar für große Infrastrukturmaßnahmen (beispielsweise Straßenbau oder Kraftwerke) diskutiert, aber auch eine Reihe von Unternehmen hat diese Verfahren regelmäßig oder für besondere Vorhaben schon angewandt, so dass Verfahren und Methoden über einen gewissen Reifegrad verfügen.[492]

Die Umweltverträglichkeitsprüfung (UVP) weist einen einfachen Grundgedanken auf: In allen Zulassungsverfahren für bedeutende öffentliche und private technische Projekte sollen durch systematische Analyse das Risiko unerwünschter Entwicklungen in der Umwelt frühzeitig ermittelt (Vorsorgepolitik) und die Umwelt umfassend geschützt werden. Dabei soll die UVP nicht nur bekannte Gefahren abwehren (Prävention), sondern auch zur Erfassung von noch nicht eindeutig georteten Gefahrenpotentialen für die Umwelt dienen (Prophylaxe). Die bisherigen, oft voneinander getrennten Prüfungen der Belastung von Luft, Wasser, Boden und belebter Natur im Rahmen der stoffbezogenen Umweltgesetze, wie z.B. des Bundes-Immissionsgesetzes, sollen durch eine Gesamtbetrachtung ersetzt werden.[493]

Als gesetzliche Grundlage wurde am 1.8.1990 das UVP – Umsetzungsgesetz vom deutschen Bundestag verabschiedet, das verspätet eine EG-Richtlinie aus dem Jahre 1985 in nationales Recht umsetzt. Damit findet die „nationale" Diskussion auf politischer Ebene mit der erstmaligen Aufnahme der UVP im Umweltprogramm 1971 der Bundesregierung einen gewissen Abschluss. Bestimmte Vorhaben können nun ohne Nachweis ihrer Umweltverträglichkeit nicht mehr realisiert werden, wobei die UVP-pflichtigen Projekte äußerst vielfältig sind – sie reichen von Kraftwerken bis zu Abfalldeponien.[494] Die Umweltauswirkungen eines Projektes müssen demnach mit Rücksicht auf folgende Schutzgüter beurteilt werden:[495]

- Leben, Gesundheit und Wohlbefinden des Menschen,
- Tiere und Pflanzen,
- Boden, Wasser, Luft und Klima,
- Landschaft,
- Kultur- und sonstige Sachgüter.

---

[491] Ewers, a. a. O., S. 345

[492] Steger, Umweltmanagement, S. 206 f.

[493] Kuhlmann, Umweltverträglichkeitsprüfung als Instrument des präventiven Umweltschutzes..., S. 173; Simmleit, Nutzen Sie Verträglichkeitsprüfungen als neues Instrument der betrieblichen Umweltvorsorge? S. 39

[494] Hopfenbeck, a. a. O., S. 1087; Simmleit, a. a. O., S. 38 ff. und S. 47 ff.; Kuhlmann, a. a. O., S. 174 und S. 181 f.

[495] Gassner/Winkelbrandt, UVP. Umweltverträglichkeitsprüfung in der Praxis, S. 19; Simmleit, a. a. O., S. 4

In der „EG-Richtlinie über die Umweltverträglichkeit bei bestimmten öffentlichen und privaten Projekten 85/337/EWG" wird die Verbesserung der Umweltbedingungen als Beitrag zu einer erhöhten Lebensqualität in diesem Zusammenhang ausdrücklich genannt. Die Schutzgüter der UVP werden, soweit sie Naturgüter sind, durch § 1 Abs.1 Bundesnaturschutzgesetz spezifiziert und dadurch vom Gesetzgeber zusätzlich als bedeutsam gekennzeichnet. Diese Schutzgüter sind:

- Die Leistungsfähigkeit des Naturhaushalts, d.h. Erhalt der Reproduktionsfähigkeit des Ökosystems als Grundlage allen Lebens,
- die Nutzungsfähigkeit der Naturgüter,
- die Pflanzen- und Tierwelt sowie
- die Vielfalt, Eigenart und Schönheit von Natur und Landschaft.

Als Grundsätze zur Durchführung einer UVP sind anzuführen:[496]

- Vollständigkeit, d.h. die UVP muss alle vom Projekt betroffenen Schutzgüter erfassen;
- gesamthafte Betrachtungsweise, d.h. es müssen auch die Wechselwirkungen zwischen den Schutzgütern erfasst werden;
- geordneter Ablauf, d.h. alle Schritte müssen methodisch nachvollziehbar und verfahrensmäßig abgesichert sein, einschließlich der Behörden- und Öffentlichkeitsbeteiligung;
- rechtzeitige Durchführung, d.h. alle Ergebnisse müssen so frühzeitig vorliegen, damit sie in der Zulassungsentscheidung berücksichtigt werden können.

Auf zwei wesentliche Einschränkungen des UVP-Rechts muss an dieser Stelle bereits hingewiesen werden: Zum einen ist die zuständige Genehmigungsbehörde nicht an das Ergebnis einer UVP gebunden, sie hat es nur bei ihrer Entscheidung – im Sinne eines Hilfsmittels – zu berücksichtigen.[497] Des Weiteren darf der praktische Zweck einer UVP nur mit Mitteln, d.h. einem Aufwand erreicht werden, der nicht außer Verhältnis zum erstrebten Erfolg steht. Die Umweltverträglichkeitsprüfung hat somit einen Zielkonflikt zwischen einer (notwendiger weise) umfassenden ökologischen Wirkungsanalyse und einer einfachen Handhabung durch den Anwender auszutragen.[498] Dementsprechend unterscheidet das UVP-Gesetz zwischen Mindestangaben, die stets zu erbringen sind und Angaben, deren Beibringung für den Projektträger zumutbar sein muss. Für die Zumutbarkeit kann nur maßgebend sein, ob das absehbare Umweltrisiko den Verzicht auf die Unterlagen gestattet (objektiver Maßstab).[499]

Erweiterungen auf rechtlicher Basis in der Form, dass zusätzlich noch die Sozialverträglichkeit von Projekten geprüft werden muss bzw. die Verträglichkeitsprüfung, zumindest was den Bezug zur natürlichen Umwelt angeht, auch von Klein- und Mittelbetrieben in regelmäßigen Abständen mittels eines Umweltberichts gefordert wird, werden zwar diskutiert, sind aber eher unwahrscheinlich.[500] Mit der Durchführung von Umweltverträglichkeitsprüfungen, gerade auch auf freiwilliger Basis, werden für das Unternehmen bedeutsame Vorteile erwartet:[501]

---

[496] Gassner/Winkelbrandt, a. a. O., S. 21

[497] Hopfenbeck, a. a. O., S. 1088

[498] Hübler, a. a. O., S. 124 f.

[499] Gassner/Winkelbrandt, a. a. O., S. 38 ff.

[500] Anderer Meinung dazu ist: Simmleit, a. a. O., S. 40

[501] Steger, Umweltmanagement, S. 207 f.; Simmleit, a. a. O., S. 40

Einerseits können dadurch langfristig in erheblichen Umfang Kosten eingespart werden und Konfliktpotentiale frühzeitig erkannt werden, um Alternativen bzw. Ausgleichsmaßnahmen zu suchen, die erheblich kostengünstiger sind, als wenn sie zu spät getätigt werden. Zum anderen kann sich das Unternehmen in die Methodik eines effektiven Verfahrensmanagements für Genehmigungen im Umweltbereich früher einarbeiten. Allerdings dürfte es nicht ausreichen, um die Vorteile voll auszuschöpfen, nur zu überprüfen, ob die geltenden Umweltgesetze durch das neue Investitionsprojekt eingehalten werden. Vielmehr sind neben der UVP auch Umfeld- und Szenarioanalysen zur Prognose des natürlichen und des gesellschaftlich-politischen Umfelds miteinzubeziehen.

Bei der Vorgehensweise im Rahmen einer Umweltverträglichkeitsprüfung lassen sich inhaltlich fünf Phasen unterscheiden:[502]

- Die Problemidentifikation mit der Erarbeitung der Fragestellung und der Abgrenzung des Untersuchungsrahmens;
- die Systembeschreibung mit der Beschreibung des Vorhabens und seiner Alternativen sowie der Ausgangssituation der Umwelt;
- die Wirkungsabschätzung mit der Voraussage der zu erwartenden ökologischen Folgewirkungen des Vorhabens und seiner Alternativen;
- die Bewertung der zu erwartenden Umweltveränderungen sowie
- die Handlungsempfehlung über die Durchführung (Modifikation) des Vorhabens oder einer Alternative oder deren Unterlassung.

Der Ablauf einer UVP gemäß den gesetzlichen Bestimmungen ist in Abbildung 3.66 auf der nächsten Seite ersichtlich.[503] Im Mittelpunkt steht dabei die Erstellung des UVP-Gutachtens. Zunächst einmal geht es darum, nachdem die Schritte der Problemidentifikation und der Systembeschreibung vollzogen wurden, das Vorhaben und seine Alternativen in ihren wesentlichen physischen Merkmalen zu erfassen, wie Flächenbedarf, Baukörpervolumen, Ressourcenbedarf (Wasser, Luft etc.), Luftemissionen, Lärm, Abwasser, Abfall, Produkte, Abraum. Im Grunde genommen ist eine Standortbilanz gemäß der IÖW-Ökobilanzsystematik zu erstellen.[504] Nur wenn die Projektauswirkungen nicht quantifiziert werden können, reicht eine qualitative Beschreibung aus.[505] Als Datenbasis können vorhandene Einrichtungen zur Umweltbeobachtung, wie z.B. Luftmessnetze der Länder, genutzt werden.[506] Allerdings ist es erforderlich, regionale Besonderheiten/naturräumliche Potentiale und die spezifischen Nutzungsansprüche und „Empfindlichkeiten" bei den Verursacher-Wirkungs-Beziehungen zu berücksichtigen, um Umwelteffekte von Einzelprojekten oder Plänen/Programmen richtig einschätzen und bewerten zu können.[507]

Allgemein wird der Schritt der Bewertung als der problematischste Teil einer UVP eingestuft.[508] Eine UVP beinhaltet im Grunde genommen drei Bewertungsschritte:[509]

- Die Bewertung des Umweltzustandes,

---

[502] Bechmann, Grundlagen der Bewertung von Umweltauswirkungen, S. 4 f.

[503] Hopfenbeck, a. a. O., S. 1089

[504] Pick/et al., a. a. O., S. 167; siehe auch: Kap. 3.3.2.4

[505] Gassner/Winkelbrandt, a. a. O., S. 51 ff. und S. 70

[506] Knauer, a. a. O., S. 146 f.

[507] Straßer, Regionalisierte Umweltstandards und ihre Anwendung bei Umweltverträglichkeitsprüfungen, S. 133

[508] Kuhlmann, a. a. O., S. 177

[509] Kühling, a. a. O., S. 38

* die Bewertung der Zustandsveränderungen (Prognose ohne Vorhaben) sowie
* die Bewertung der Zustandsveränderungen bei Realisation des Vorhabens.

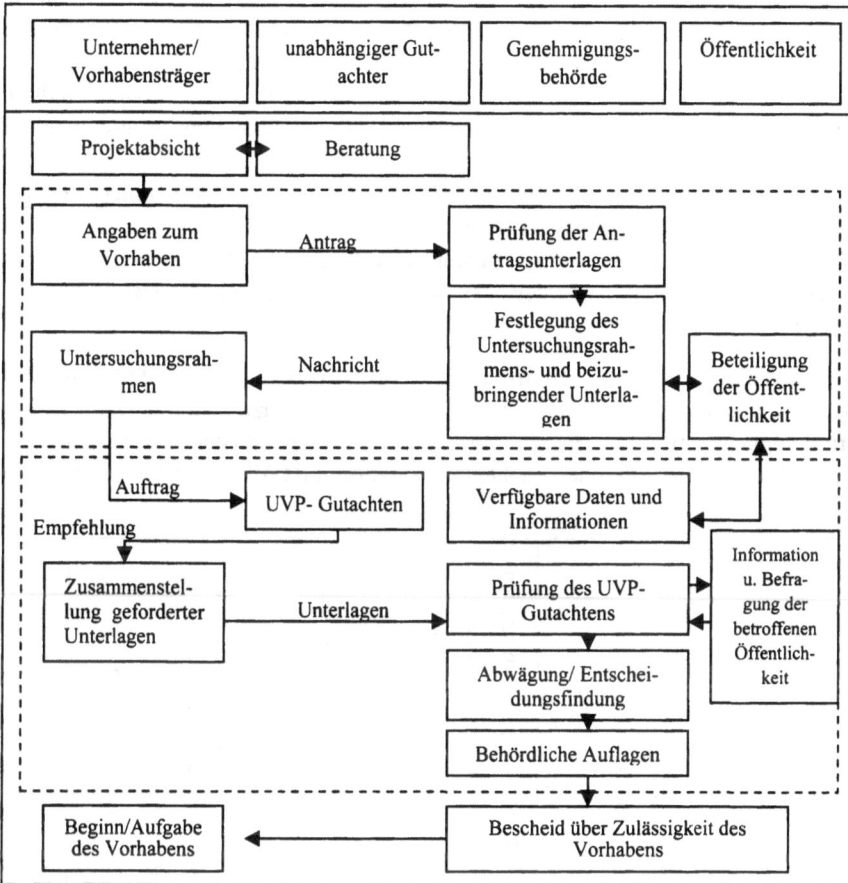

Abb. 3.66: Ablauf einer UVP nach gesetzlichen Bestimmungen

Die Idealvorstellung einer Bewertung im Rahmen einer Umweltverträglichkeitsprüfung ist identisch mit einer Prüfung ohne außerökologische Belange anhand des Vorsorgemaßstabes. Dieses Ideal wird u.a. vom Sachverständigenrat für Umweltfragen und ebenso vom Verein zur Förderung der Umweltverträglichkeitsprüfung hochgehalten.[510] Prinzipiell ist gemäß den Grundsätzen vorsichtiger Bewertung vorzugehen. Das bedeutet, dass ungünstige Annahmen über die Umweltauswirkungen in Rechnung gestellt werden müssen, jedoch nicht der theoretisch ungünstigste Fall, sondern nur die „vernünftigerweise vorhersehbaren" negativen Umweltauswirkungen. Demnach kommt es auf deren Eintrittswahrscheinlichkeit an, wobei den einschlägigen wissenschaftlich anerkannten Methoden Rechnung getragen werden muss.[511]

---

[510] Peters, a. a. O., S. 91

[511] Gassner/Winkelbrandt, a. a. O., S. 185

Hinsichtlich des Bewertungsverfahrens schlägt Kuhlmann ein Vier-Stufen-Konzept für die UVP vor:[512]

- Auf der ersten Stufe hat der Gutachter alles zu erfassen und zu bewerten, was auch bisher schon die Grundlage für die Entscheidung in den jeweiligen Zulassungsverfahren darstellte;
- auf der zweiten Stufe kann der Gutachter i.d.R. auch mit einer Ja/Nein-Aussage kundtun, ob das Vorhaben sich einfügt in einen Umweltzustand, wie er gemäß politisch-exekutiver Planung als erwünscht anzusehen ist;
- auf der dritten Stufe muss der Gutachter nach unter Fachleuten „anerkannten Regeln" urteilen - dazu zählen auch „weiche" Kriterien;
- auf der vierten Stufe sollten die mit hinreichender Wahrscheinlichkeit eintretenden Wirkungen (einschließlich der mit nur geringer Wahrscheinlichkeit eintretenden Störfälle) bewertet werden.

Folgende Matrix, die auch die Wechselwirkungen zwischen den verursachenden Eingriffen und den Folgen für die Bewertungskomponenten berücksichtigt (dazu gehören Transportwege und Übertragungsvorgänge) und die als (verbales) Bewertungsschema dienen kann (z.B. vorteilhaft, neutral, nachteilig, erheblich nachteilig), kann für die UVP genutzt werden.

Bewertungsgrößen	Anlagen (A)	Bauten (a)	Nutzungsänderung (b)	Verkehrsbauten (c)	Emissionen/Immissionen (B)	luftfr. Stoffe/Gerüche (a)	Lärm (b)	Erschütterungen (c)	Licht (d)	Wärme/Abwärme (e)	Abwasser (f)	Abfall (g)	Strahlung (h)	Folgeprojekte (C)	Autobahn (a)	GE-GI-Gebiete (b)	Wohngebiete (c)	Zusammenfassend
Landschaft	3	3	3	2	0	0	0	0	0	0	0	0	0	3	3	1	2	3
Fauna/Flora	3	3	3	1	2	1	2	1	2	0	0	0	0	3	3	2	2	3
Luft	2	2	2	1	1	2	0	0	0	1	0	0	0	2	2	2	2	2
Boden	2	1	2	1	1	1	0	0	0	0	1	1	0	1	1	1	1	1
Wasser	2	2	2	1	1	1	0	0	0	0	1	1	0	1	1	1	1	1
Erholung/Freizeit	3	3	2	3	2	1	2	1	1	0	0	0	0	3	3	1	1	3
Wohnen	2	2	2	1	1	1	1	1	1	0	0	0	0	1	1	1	1	2
Verkehrswege	2	2	2	2	1	0	0	0	1	0	0	0	0	2	2	0	0	2
Nutzwirtschaft	3	0	3	2	1	1	0	0	0	0	0	0	0	2	2	0	1	2
Gewerbe/Industrie	2	0	2	0	0	0	0	0	0	0	0	0	0	0	0	0	0	1

Abb. 3.67: Beispiel eines verdichteten Rasters als Instrument der Umweltverträglichkeitsprüfung

Solche fachliche Bewertungen sind notwendiger Bestandteil eines UVP-Verfahrens, mit denen prognostizierte Umweltveränderungen auf einer Skala angeordnet werden können, der

---

[512] Kuhlmann, a. a. O., S. 177 ff.

ein werthaltiger Maßstab wie z.B. der der Belastung, Beeinträchtigung, Gefährdung etc. zugrunde liegt (siehe dazu: Kap. 2.3.3.2.).[513]

Eine weitere Möglichkeit für die Bewertung im Rahmen einer Umweltverträglichkeitsstudie (UVS) besteht darin, das Prinzip der ökologischen Wirkungsanalyse und eine daraus abgeleitete Risikoeinschätzung als bewertungsmethodische Grundlage zur Einschätzung von Ökosystemveränderungen und -beeinträchtigungen zugrundezulegen.[514] Im Mittelpunkt der Betrachtung stehen die Landschaftspotentiale Boden-, Wasser-, Klima-, Biotop- und Erholungspotential, deren Eigenschafts- und Empfindlichkeitsmerkmale anhand qualitativer Kriterien zusammengestellt und klassifiziert werden. Der Ablauf einer ökologischen Risikoanalyse ist aus der Abbildung 3.68 ersichtlich:[515]

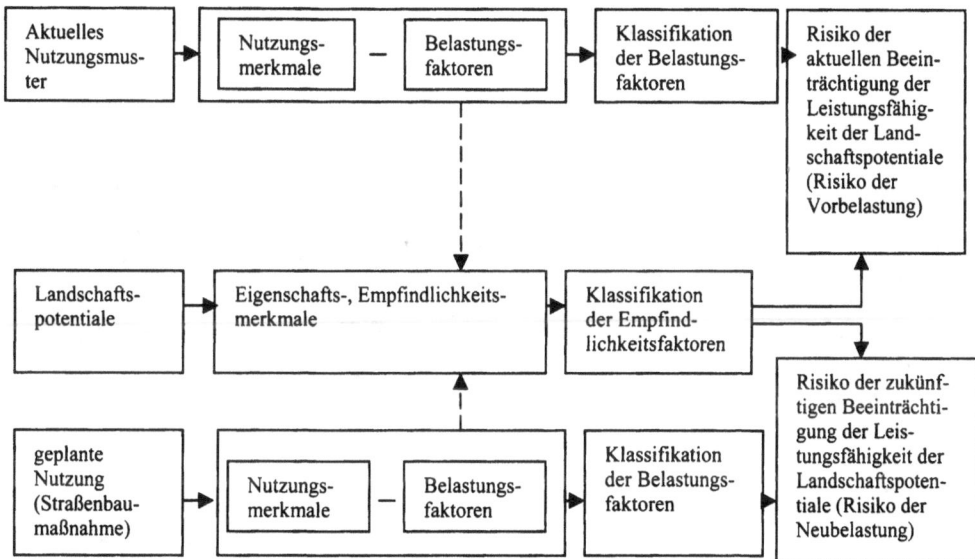

Abb. 3.68: Ablauf der ökologischen Risikoanalyse

Die Bewertung von derzeitigem Zustand, Empfindlichkeit und Entwicklungsmöglichkeiten der Potentiale sollte über möglichst einfach aufgebaute qualitative Bewertungsrahmen erfolgen. Für eine Operationalisierung der ökologischen Risikobeurteilung lassen sich zwei Bewertungsschritte unterscheiden:

- Die Feststellung des Belastungsgrades durch Verknüpfung der zu erwartenden Einwirkungsintensität mit der Empfindlichkeit sowie
- die Feststellung des Risikos für die einzelnen Ressourcen durch Kombination des Belastungsgrades mit der bewerteten Leistungsfähigkeit.[516]

---

[513] Hartlik, a. a. O., S. 96 ff.

[514] Sass, Inhaltliches und methodisches Konzept zur UVS, S. 113 ff.

[515] Ebenda, S. 117 ff.

[516] Ebenda, S. 120

Grundsätzlich gilt es dem ganzheitlichen Anspruch der UVP, d.h. der Forderung, die Netzwirkungen zwischen den Umwelt-(schutz-)gütern zu erfassen, auch bei der Bewertung so weit wie möglich Rechnung zu tragen.[517] Dies kann jedoch nicht durch eine simple Addition der Einzelbewertungen geschehen, da die den Einzelbewertungen zugrundeliegenden Maßstäbe zu unterschiedlich sind. Gegen quantitative Bewertungsansätze, wie die Kosten-Nutzen-Analyse bzw. Nutzwertanalyse, und Monetarisierungsversuche wird eingewendet, dass sie ökologischen Wertsystemen nicht gerecht werden.[518] Größen, die in der gleichen Dimension verfügbar sind, können selbstverständlich kardinal skaliert werden. Zusammenfassend kann festgehalten werden, dass die differenzierten Inhalte, ihre unterschiedliche Erfassung und Gewichtung keine Aggregation der Einzelergebnisse zu einem Gesamturteil über den ökologischen Risikogehalt eines Projektes zulassen.

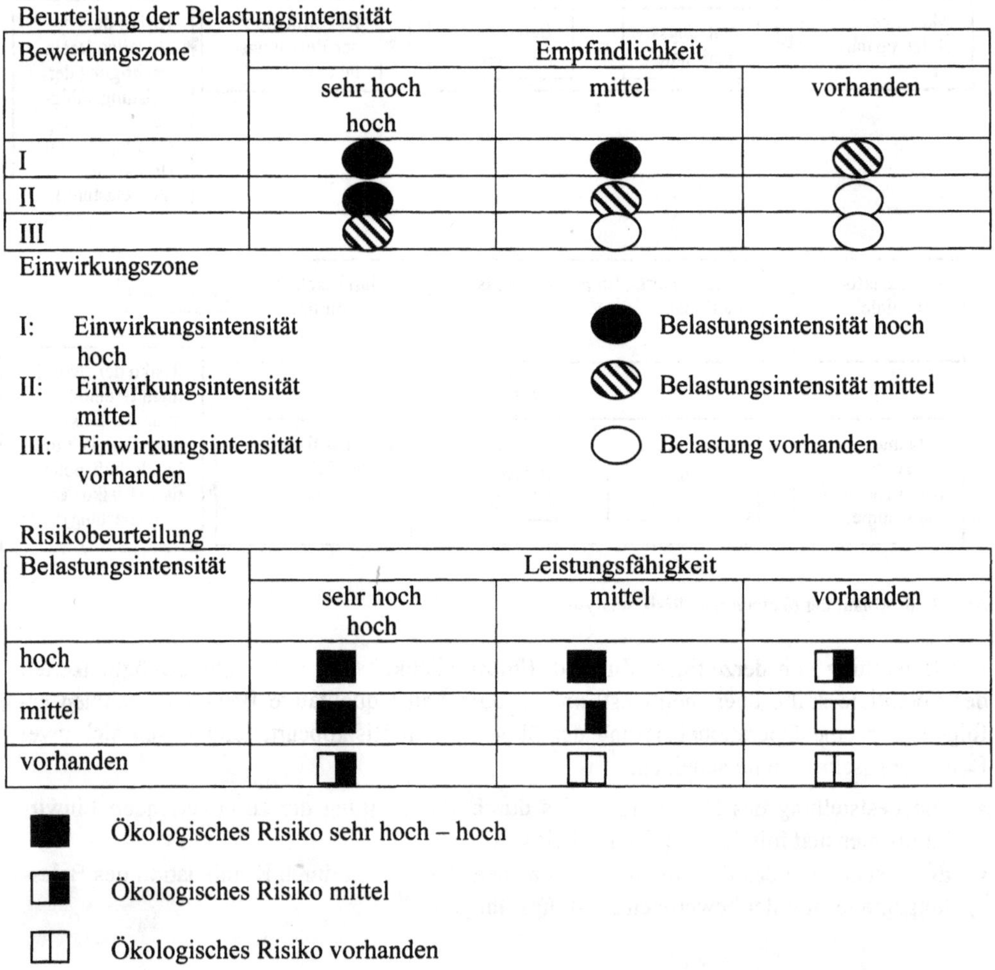

Beurteilung der Belastungsintensität

Bewertungszone	Empfindlichkeit		
	sehr hoch hoch	mittel	vorhanden
I	●	●	◪
II	●	◪	○
III	◪	○	○

Einwirkungszone

I:　Einwirkungsintensität hoch
II:　Einwirkungsintensität mittel
III:　Einwirkungsintensität vorhanden

●　Belastungsintensität hoch

◪　Belastungsintensität mittel

○　Belastung vorhanden

Risikobeurteilung

Belastungsintensität	Leistungsfähigkeit		
	sehr hoch hoch	mittel	vorhanden
hoch	■	■	◧
mittel	■	◧	☐
vorhanden	◧	☐	☐

■　Ökologisches Risiko sehr hoch – hoch

◧　Ökologisches Risiko mittel

☐　Ökologisches Risiko vorhanden

Abb. 3.69: Bewertungsrahmen zur Risikobeurteilung

---

[517]　Gassner/Winkelbrandt, a. a. O., S. 241 ff.
[518]　Ebenda, S. 186; Sass, a. a. O., S. 120 f.

In der Fachliteratur wird deshalb eine Auswirkungsanalyse mit der Zielsetzung vorgeschlagen, zu einer Auswirkungsabschätzung für das Schutzgut insgesamt zu kommen. Das bedeutet, dass am Ende der Aggregation Wirkungsabschätzungen für jedes Schutzgut (Boden, Gewässer etc.) nebeneinander stehen, wobei Intensitätsstufen der Wirkungen für jedes Schutzgut (meistens lediglich auf ordinalem Maßniveau) angegeben werden. Es bietet sich an, das Relevanzbaum-Verfahren anzuwenden, bei dem unterschiedliche Messniveaus in die Struktur integriert werden können, entsprechend der Sacheinschätzung des Gutachters.[519] Ob Umweltbelastungen und Nutzen eines Projektes in einem angemessenen Verhältnis stehen, ist letztlich eine (politische und interessenbedingte) Wertentscheidung.[520] Als Bewertungsmaßstäbe werden demzufolge durch Gesellschaft und Wissenschaft allgemein anerkannte Umweltqualitätsziele als normative Bezugsbasis gefordert.[521] Allerdings ist dabei zu beachten, dass die bestehenden Umweltstandards und -grenzwerte i.d.R. nicht als Maßstäbe der Umweltvorsorge gelten können. Aufgabe der Umweltverträglichkeitsprüfung muss es also sein, standardsetzend zu wirken, d.h. Maßstäbe der Umweltvorsorge als Bewertungsgrundlage zu ermitteln, die über gesetzliche Mindestanforderungen hinausgehen. Dies ist jedoch noch nicht in Form einer allgemein anerkannten Aufstellung von gesellschaftlich anerkannten Normen und Bewertungsskalen zur Messung von Umweltbelastungen geschehen.[522] Was mit einer UVP auf jeden Fall erreicht werden kann, ist eine größere Transparenz der Vor- und Nachteile von Investitionsvorhaben zu erhalten und damit einen gewissen Druck auf eine größere Rationalität der Diskussion zu erzeugen.[523]

Hinsichtlich der Instrumentalisierung der Umweltverträglichkeitsprüfung werden in der einschlägigen Fachliteratur verschiedene Ansätze und Methoden genannt. Durch die gesetzliche Etablierung der UVP wird Druck auf die UVP- durchführenden Institutionen ausgeübt, der in Richtung einer Vereinheitlichung und Harmonisierung der UVP-Verfahrens sowie des -Methodenrepertoirs abzielt.[524] Diese angestrebte Vereinheitlichung und Harmonisierung ist jedoch bei weitem noch nicht erreicht, sodass die Vorschläge zur Instrumentalisierung von Checklisten, Nutzwertanalysen, Öko-Bilanzen, Umwelt-Audits bis zu Produktlebenszyklusanalysen reichen.[525] Häufiger werden Checklisten genannt, ohne dass i.d.R. genauere Angaben dazu erfolgen.[526]

Interessant in diesem Zusammenhang ist die Anwendung einer Umweltverträglichkeitsprüfung für ein Werk der Klöckner Werke AG in Bremen, die mit Hilfe von Stoff- und Energiebilanzen instrumentalisiert wurde.[527] Untersucht wurde eine Kohlegasanlage im Rahmen des immissionsrechtlichen Genehmigungsverfahrens durch den Bremer Senat für Gesundheit

[519] Ebenda, S. 181 ff.
[520] Steger, Umweltmanagement, S. 207
[521] Simmleit, a. a. O., S. 45; Peters, a. a. O., S. 90 f.
[522] Ebenda, S. 94; Hartlik, a. a. O., S. 102 f.
[523] Steger, Umweltmanagement, S. 207
[524] Hartlik, a. a. O., S. 101
[525] Simmleit, a. a. O., S. 41; Hübler, a. a. O., S. 131 ff.
[526] Ebenda, S. 41; Kuhlmann, a. a. O., S. 178 ff.; Gassner/Winkelbrandt, a. a. O., S. 55 ff.
[527] Bechmann/Hofmeister/Schultz, Ökoinstitut, a. a. O., S. 32; Bechmann/Hofmeister/Schultz, Umweltbilanzierung – Darstellung und Analyse zum Stand des Wissens zu ökologischen Anforderungen an die ökonomisch-ökologische Bilanzierung von Umwelteinflüssen, S. 35, S. 67 ff.; dieselben, Leistungsfähigkeit der Stoff- und Energiebilanz..., S. 10 ff.

und Umweltschutz. Zur Durchführung der UVP wurde von der Genehmigungsbehörde mit der Stoff- und Energiebilanzierung ein Verfahren gewählt, welches formal nicht in allen Schritten dem „Verfahrensmuster für die Durchführung einer UVP" folgt (siehe dazu Abb. 3.70 auf der übernächsten Seite). Insbesondere die ökologische und gesundheitliche Bewertung der Auswirkungen wurde nicht durchgeführt.[528] Grundsätzlich sind folgende Unterschiede zwischen einer Umweltverträglichkeitsprüfung und einer Stoff- und Energiebilanzierung festzuhalten. Während die UVP darauf abzielt, den Bewertungs- und Entscheidungsprozess zu systematisieren, indem Folgewirkungen von Vorhaben im Sinne des Modells der rationalen Entscheidung abgeschätzt werden, verfolgt das Konzept der Stoff- und Energiebilanz stärker eine naturwissenschaftlich ausgerichtete, die physikalisch naturalen Vorgänge beschreibende Vorgehensweise.[529]

Einen anderen Ansatzpunkt für die Bewertung von Investitionsvorhaben und Verfahren vom Standpunkt der Umweltverträglichkeit stellt die Vorgehensweise der TU Dresden zur Technologiebewertung dar.[530] Als Maßstäbe zur Beurteilung der Umweltverträglichkeit werden Kennziffern[531] vorgeschlagen, wie z.B. minimaler Einsatz von Rohstoffen, deren natürliche Re-generierbarkeit begrenzt ist. Ein minimales Kennziffernprogramm für die UVP von Verfahren und Erzeugnissen ist aus der Abbildung 3.71 auf der übernächsten Seite ersichtlich.

Das Kennziffernprogramm geht über eine herkömmliche Umweltverträglichkeitsprüfung hinaus, da beispielsweise auch Arbeitsplatzbedingungen und soziale Akzeptanz beurteilt werden. Im Vorfeld der Beurteilung von Investitionsvorhaben werden im Rahmen einer Recherche des Weltstandes (Verfahrens- und Anlagenvarianten mit unterschiedlichen Vor- und Nachteilen) die für eine Einschätzung erforderlichen besten und schlechtesten möglichen Werte (Bestwerte, Nullwerte) ermittelt. Mit Hilfe der Formel für den Kennziffernwert

$$\text{Kennziffernwert} = \frac{\text{Nullwert - Realwert}}{\text{Nullwert - Bestwert}}$$

wird jede Kennziffer bewertet – dem Bestwert wird dabei 100% Umweltverträglichkeit zugewiesen. Außerdem wird die Bedeutung der einzelnen Kennziffern noch einer Gewichtung durch ein interdisziplinär zusammengesetztes Expertenteam mit langjährigen Erfahrungen unterzogen. Konsistenztests bzw. eine Bestimmung der Signifikanz schließen sich der Gewichtung an.

---

[528]   Bechmann/Hofmeister/Schultz, Ökoinstitut, a. a. O., S. 32; Bechmann/Hofmeister/Schultz, Umweltbilanzierung – Darstellung und Analyse zum Stand des Wissens zu ökologischen Anforderungen an die ökonomisch-ökologische Bilanzierung von Umwelteinflüssen, S. 35, S. 71

[529]   Ebenda, S. 96

[530]   Wotte, Umweltverträglichkeitsprüfung, S. 98 ff.

[531]   Kennziffern sind mit Kennzahlen weitgehend gleichzusetzen (siehe Kap. 3.3.1.3)

BETRIEBLICH

-Beschreibung der Anlagenkonzeption
-Stoffflussbild (z.T. qualitativ)
-Ermittlung der Emissionsquellen und technischen Beschaffenheit
-Beschreibung von Art und Umfang der Emissionen (Luft, Wasser, Lärm)
-Ermittlung der Emissionsdaten für die umweltrelevanten Stoffe
-Aufstellung über Art und Umfang der Rest- und Abfallstoffe

UMWELTBEZOGEN

-Zustandsanalyse
-Ermittlung der Vorbelastung des betr. Umweltmediums
-Darstellung der Luftqualität (Immissionsmessungen, Stichprobenmessungen)
-Lärmmesswerte, Lärmkarten
-Klima
-Vegetation und Fauna (Biotopkartierungen)
-Grundwasseruntersuchungen
-Zustandsprognose, aufgrund von bisherigen Erfahrungen
-Ausbreitungsberechnungen
-Untersuchung „ausgewählter Wirkungsfragen"

PLANUNGSAUSSAGEN

-Evaluierung der Konfliktpunkte aufgrund von Wirkungsprognosen
-Abwägung zwischen verschiedenen Handlungsalternativen

Entscheidung   ggf.

MAßNAHMEN

(für Klöckner
Festsetzung von Bedingungen und Einzelempfehlungen)

Datenerfassung	Bewertung + Entscheidung

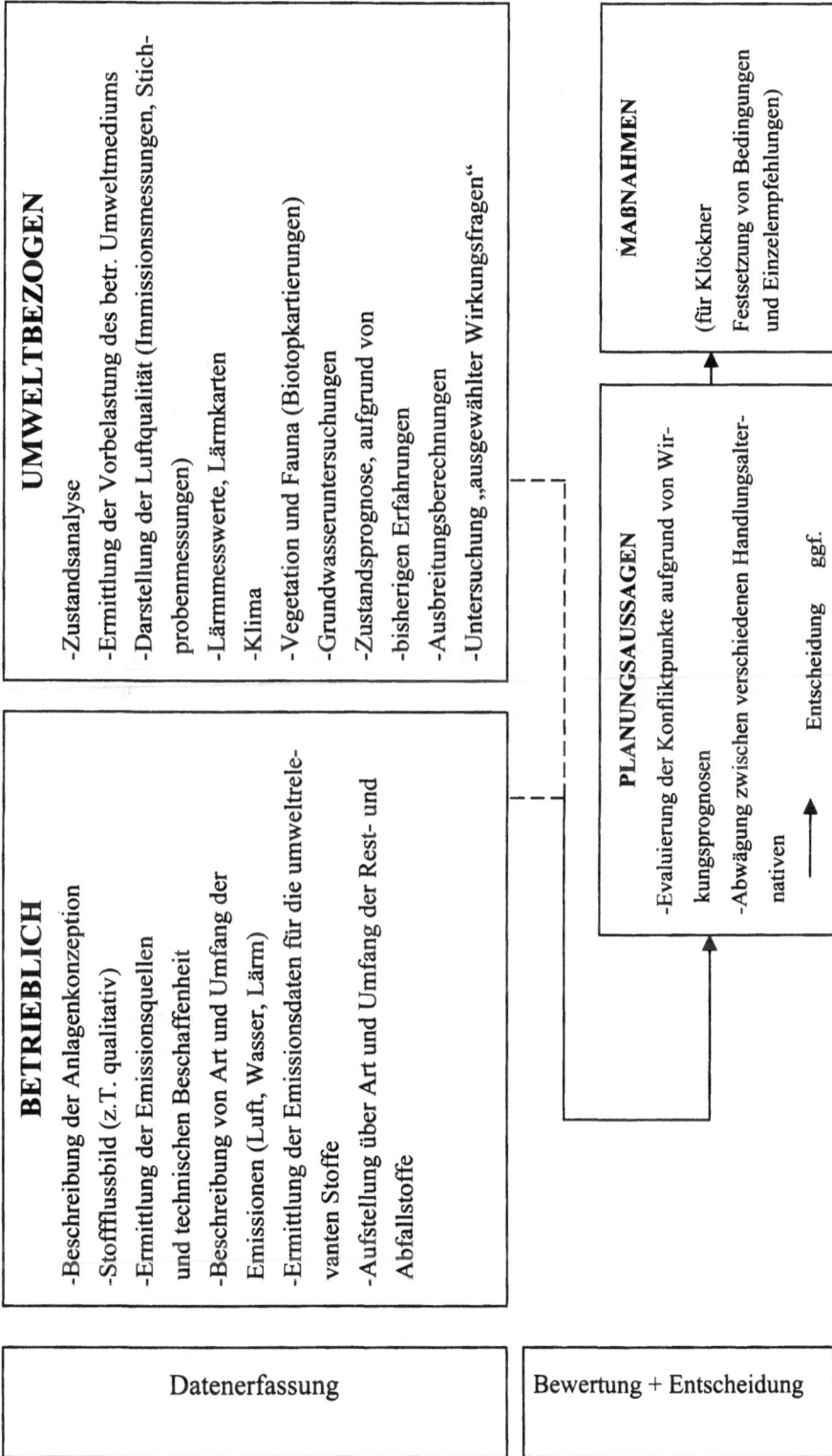

Abb. 3.70: Vorgehensweise bei der Umweltverträglichkeitsprüfung der Kohlegasanlage (Klöckner AG, Bremen)

Investitionsaufwand

Verfügbarkeit
GHM

Verbrauch
GHM

Arbeitsproduktivität

Erzeugnisrentabilität

Abluftbelastung

Abwasserbelastung

Abfallbelastung

Lärmbelastung,
Wärmebelastung

Arbeitsplatzbedingungen

soziale Akzeptabilität

Produktion
Konsumption

**Haupt-
erzeugnis**

Produktion
Konsumption

Nutzungsaufwand

Recyclingausbeute

Umweltqualität

Recyclingproduktivität

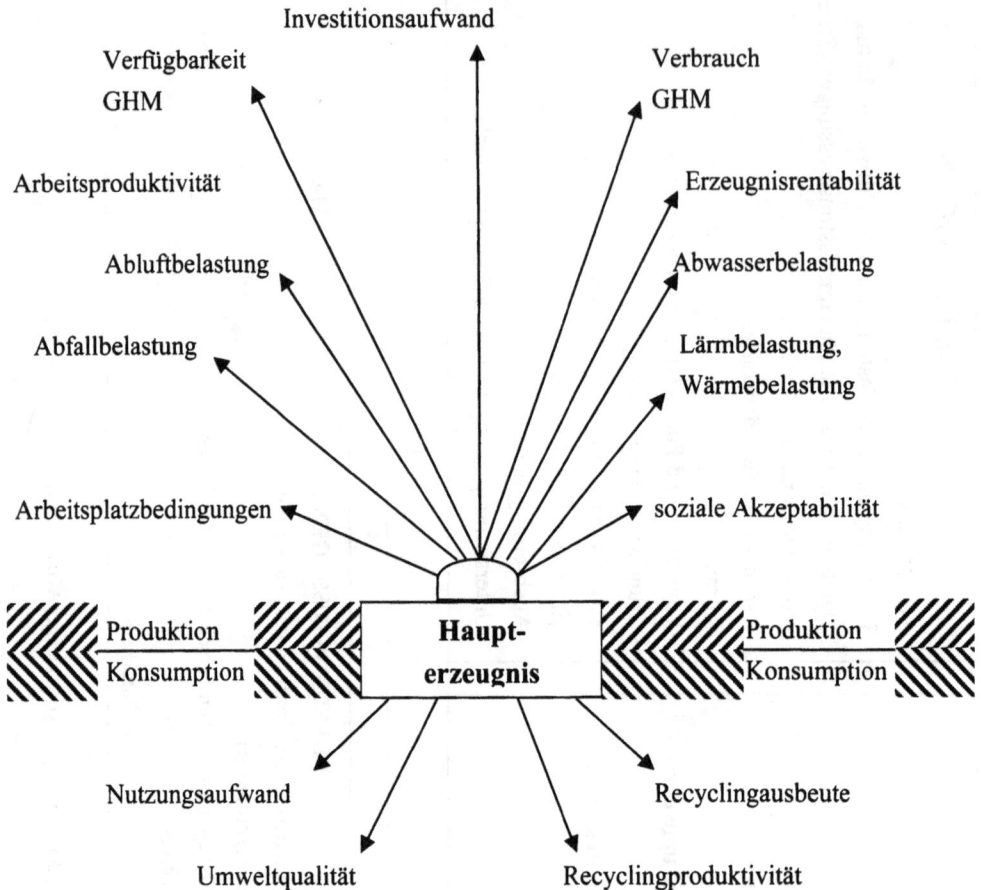

Abb. 3.71: Minimales Kennziffernprogramm für die UVP von Verfahren und Erzeugnissen

In der Begründung zum Gesetzentwurf der Umweltverträglichkeitsprüfung wird zur Bewertung der Umweltauswirkungen eines Vorhabens ausgeführt, dass eine qualitativ-verbale Beschreibung ausreicht. Allerdings ist dabei zu beachten, dass die Vorteile einer relativ einfachen Handhabung etc. erkauft werden durch erhebliche Nachteile, wie

- die Möglichkeit zu einer willkürlichen Festlegung der Bewertungsgegenstände,
- den Informationsverlust durch starke Aggregierung der Aussagen zu Beginn des Bewertungsverfahrens,
- die mangelnde Übersichtlichkeit (und Vergleichbarkeit) sowie
- die schwierige Überprüfbarkeit.[532]

Kritisch zu bemerken ist, dass es bisher noch nicht gelungen ist, eine Vereinheitlichung und Harmonisierung bei den eingesetzten Instrumenten und Bewertungsverfahren zu erreichen.

---

[532] Hübler, a. a. O., S. 128 ff.

Wie schon bei anderen Konzepten und Ansätzen zur Beurteilung der Umweltverträglichkeit von Produkten und Prozessen werfen die Abgrenzung des Untersuchungsfeldes (Systemgrenzenbestimmung) sowie die Bewertung der verschiedenen Umwelteinwirkungen besondere Probleme auf (siehe dazu: Kap. 2.3.3.). Allgemeingültige Bewertungsverfahren müssen erst noch in den nächsten Jahren entwickelt werden. Die Zielrichtung darf dabei jedoch nicht dahin gehen, starre Reglementierungen vorzubereiten; dies würde dem Untersuchungsgegenstand Ökosystem nicht gerecht werden.[533]

Für die praktische Umsetzung der UVP weist das UVP-Gesetz einige gravierende Mängel auf, beispielsweise die zahlreichen Ausnahmen von Bestimmungen des Gesetzes.[534] Außerdem hat die bisherige Praxis gezeigt, dass die UVP oft in einem relativ fortgeschrittenen Planungsstadium durchgeführt wurde, sodass die Nullvariante, d.h. die Ablehnung des Projektes nicht mehr möglich war und nur noch Verbesserungs- oder Kompensationsmaßnahmen als Ergebnis der Studie vorgeschlagen werden konnten.[535]

3.4 Zusammenfassende Beurteilung der diskutierten Ansätze

Die zusammenfassende Beurteilung der vorgestellten Ansätze eines umweltorientierten betrieblichen Rechnungswesen orientiert sich zum einen an den genannten Anforderungen an ein betriebliches Umwelt-Informationssystem, zum anderen an dem Lösungspotential in bezug auf die damit verbundenen Probleme, insbesondere bei der Frage der Bewertung. Als Anforderungen an ein umweltorientiertes betriebliches Rechnungswesen sind noch einmal zu nennen:[536]

- Es sollen möglichst alle vom Unternehmen ausgehenden Einwirkungen auf die natürliche Umwelt umfassend und kontinuierlich erfasst und verarbeitet werden.
- Das Instrumentarium soll eine Identifizierung der ökologischen Schwachstellen erlauben und zur Übersetzung in betriebliche Entscheidungen und Maßnahmen geeignet sein.

Der Bewertung von Umwelteinwirkungen durch die Unternehmenstätigkeit kommt dabei eine herausragende Bedeutung zu.[537] Nach herrschender Meinung ist eine rechnerische Zusammenfassung oder Aufrechnung der unterschiedlichen Einwirkungsarten auf die natürliche Umwelt zu einer Gesamtaussage nicht möglich bzw. überhaupt nicht anzustreben. Ebenso ist von einer strikten Ausrichtung der unternehmerischen Umweltpolitik an staatlichen Vorgaben in Form von Umweltstandards, wegen der damit verbundenen Schwächen, abzuraten. Diese Standards können nur Orientierungsmaßstäbe abgeben, die im Rahmen einer offensiven Umweltpolitik erheblich zu unterschreiten sind.

---

[533] Ebenda, S. 140 f.

[534] Hopfenbeck, a. a. O., S. 1091

[535] Simmleit, a. a. O., S. 39

[536] Siehe dazu: Insbesondere Kap. 2.3.1 und 2.3.2 sowie Kap. 3.3.2

[537] Siehe dazu: Kap. 2.3.3.2

Aufgrund der genannten Anforderungen und der aufgezeigten Bewertungsproblematik scheiden die meisten Ansätze von vorneherein als Basis für ein umweltorientiertes betriebliches Rechnungswesen aus:[538]

- Volkswirtschaftliche Ansätze, wie die Kosten-Nutzen-Rechnung und die Volkswirtschaftliche Gesamtrechnung weisen unlösbare Bewertungsprobleme auf. Dagegen können die Input-Output-Analyse sowie das Sozialindikatoren-Konzept eine hilfreiche Grundlage für ein erweitertes betriebliches Rechnungswesen darstellen.

- Eine reine Differenzierung im Jahresabschluss und in der Kosten- und Leistungsrechnung ist vollkommen unzureichend, die Umwelteinwirkungen während des gesamten Lebensweges eines Produktes zu erfassen und zu beurteilen.

- Die praktizierte Sozialbilanzierung, sowie die theoretische Diskussion dazu, müssen als gescheitert angesehen werden. Zum einen konnte sich keine einheitliche Vorgehensweise etablieren, andererseits werden wiederum nicht die Umwelteinwirkungen vor- und nachgelagerter Stufen berücksichtigt.

- Die um die Berücksichtigung externer Effekte (die noch nicht internalisiert sind) erweiterte Kosten- und Leistungsrechnung kämpft ebenfalls mit unlösbaren Bewertungsproblemen. Prozessorientierte Umweltkostenrechnungen, wie die Flusskostenrechnung, stellen sicherlich einen Fortschritt dar. Häufig scheitert eine Verbreitung in der Praxis jedoch an dem immensen Einführungsaufwand und vor allem auch an dem Aufwand für die laufende Anwendung und Pflege des Systems.

- Checklisten können den Anspruch einer umfassenden Öko-Bilanzierung nicht erfüllen, geben jedoch eine wertvolle Einstiegshilfe zum Aufbau eines betrieblichen Umwelt-Informationssystems ab.

- Öko-Bilanzen, die die verschiedenartigen Umwelteinwirkungen zu einer Gesamtaussage aggregieren, sind wegen der aufgezeigten Bewertungsprobleme untauglich. Die Ökobilanzsystematik des IÖW und auch die Vorgaben der ISO-Normen 14 001 ff. und 14 040 sowie der EMAS II bringen deutliche Fortschritte für die praktische Einsetzbarkeit.

- Die Produktlinienanalyse löst zwar die Anforderung an eine umfassende Betrachtung der Umwelteinwirkungen ein, ihre instrumentelle Umsetzung ist jedoch nicht festgelegt. Außerdem sprengt der damit verbundene Eingriff in die Art der Bedürfnisbefriedigung den Rahmen des marktwirtschaftlichen Systems.

- Die Ökologische Buchhaltung ist besonders wegen der mit der Gesamtaggregation verbundenen Bewertungsprobleme für die betriebliche Praxis abzulehnen.

- Die Technologiefolgenabschätzung ist hinsichtlich der instrumentellen Umsetzung zu unbestimmt, während die Umweltverträglichkeitsprüfung durch die involvierte Gesamtbewertung unlösbare Probleme nach sich zieht.

- Nutzwertanalytische Ansätze zur Investitionsbeurteilung sind ungeeignet qualifizierte Aussagen zu den Umwelteinwirkungen abgeben zu können, da sie in aller Regel nur Teilbereiche der Umwelteinwirkungen umfassen. Außerdem werden in der Praxis häufig die stringenten Anforderungen an die problemadäquate Nutzung dieses Instrumentariums nicht beachtet.

Was übrig bleibt, ist die Stoff- und Energiebilanzierung mittels physikalischer Größen auf Basis einer Input-Output-Analyse. Grundsätzlich bildet die Kenntnis der Input- und Output-

---

[538] Die ausführliche Begründung befindet sich in den jeweiligen Kapiteln.

mengen, gemessen in technisch-physikalischen Maßeinheiten, die Grundlage aller ökologischen Urteile über Produktionsverfahren und Produkte.[539] Als praktikable Ansätze haben sich
vor allem die Konzepte des Instituts für Landschaftsökonomie der Technischen Universität
Berlin (Bechmann/Hofmeister/Schultz) sowie des Instituts für ökologische Wirtschaftsfor-
schung/IÖW (Pfriem/Hallay/Stahlmann) erwiesen. Mit diesen Konzepten ist eine umfassende und kontinuierliche Erfassung der Umwelteinwirkungen gewährleistet, die zudem noch
ökologische Schwachstellen und erforderliche umweltpolitische Maßnahmen aufzeigen
kann. Bewertungen können nicht völlig ausgeschlossen werden, insbesondere bei der Ableitung umwelterhaltender Maßnahmen. Eine Klassifizierung der verschiedenen Umwelteinwirkungen mittels einer ABC-Analyse erscheint vertretbar und bringt wertvolle Hinweise für
die umweltpolitische Prioritätensetzung. Die damit verbundenen Bewertungsprobleme sind
bei fachgemäßer Anwendung nutzwertanalytischer Instrumente vergleichsweise geringfügig,
wenn man einen Vergleich zu den Bewertungsproblemen bei einer Gesamtaggregation zieht.
Eine sinnvolle und notwendige Ergänzung der Stoff- und Energiebilanzierung bietet die
Verwendung von Umwelt-Kennziffern, die in Anlehnung an das volkswirtschaftlich orientierte Sozialindikatoren-Konzept für die betriebliche Praxis entwickelt werden können. Während auf betrieblicher Ebene bereits einfache Kennzahlen-Systeme auch für den Umweltbereich vorhanden sind, bestehen Defizite insbesondere bei der Einbeziehung nachgelagerter
Stufen. Denkbar wären hierbei vor allem Kennzahlen zur Beurteilung der Gebrauchs- und
Entsorgungsphase innerhalb eines Produktlebenszyklusses. Beispiele dafür könnten sein,

- die Ermittlung des Energieverbrauchs je Zeiteinheit bei durchschnittlichem Gebrauch,
- die Messung der Emissionen während der Gebrauchsphase bei verschiedenen Leistungs-
  stufen (z.B. bei Automobilen) je Leistungseinheit (Km), z.B. CO_2-Ausstoß in g/km;
- der Anteil des recyclingfähigen Materials an einem Produkt,
- die Entsorgungskosten je Produkteinheit,
- die problemorientierte Unterscheidung der damit verbundenen Abfallarten (Sondermüll
  etc.) je Produkteinheit u.s.w.

Ein umweltorientiertes betriebliches Rechnungswesen könnte auf der Basis von Stoff- und
Energiebilanzen sowie Umwelt-Kennziffern auf Betriebs-, Prozess-, Bestände- und Produkt-
ebene sowie zur Beurteilung von Investitionsvorhaben wertvolle Hilfestellung für die Umsetzung eines umweltorientierten Managements auf Unternehmensebene leisten. In dieser
Form würde es auch eine wichtige Grundlage für den Aufbau eines betrieblichen Umwelt-
Controllings darstellen. Ein wesentlicher Vorteil dieses kombinierten Ansatzes läge darin,
dass an die praktische Handhabung keine unüberwindbaren Schwierigkeiten geknüpft wären.
Voraussetzung dafür ist jedoch, die Inkaufnahme eines zunächst beträchtlichen Erhebungs-
aufwandes, der angesichts der Brisanz des Themas sicherlich gerechtfertigt wäre und sich
durch aussagefähige Informationen auszahlen würde. Für die Erfüllung der externen Funktion eines umweltorientierten betrieblichen Rechnungswesen eignen sich Umweltberichte auf
der Grundlage der genannten Instrumente, wie sie am Beispiel der Kunert AG und der Swissair vorgestellt wurden.

---

[539] Strebel, Material- und Energiebilanzen, S. 9

4 Ausbau des umweltorientierten Rechnungswesens zu einem effektiven Controllingsystem

In diesem Kapitel wird nicht der Anspruch erhoben, ein geschlossenes Controlling-Konzept zur Planung, Steuerung und Kontrolle der Umwelteinwirkungen des Unternehmens zu entwickeln. Vielmehr geht es darum, Beziehungen zwischen einem umweltorientierten Rechnungswesen und einem darauf aufbauenden Controlling-System aufzuzeigen und die wesentlichen Voraussetzungen und Inhalte eines betrieblichen Umwelt-Controllings herauszuarbeiten.

4.1 Allgemeine Anforderungen an ein Controllingsystem

Controlling stellt sowohl als Funktion als auch als Institution ein Unterstützungssystem des betrieblichen Managements dar. Der Kontext, in dem Unternehmen wie auch andere Organisationen heute und in Zukunft ihre Existenz sicherstellen müssen, ist mit dem von P. Drucker geprägten Ausdruck „age of discontinuity" zu beschreiben. In einem Zeitalter der Turbulenzen muss u.a. davon ausgegangen werden, dass die benötigten Informationen nur unvollständig vorliegen und noch dazu mit Unsicherheiten behaftet sind.[1]

Ausgehend von diesen schwierigen Bedingungen kann eine eigenständige Problemstellung des Controlling damit begründet werden, dass das Management durch adäquate Informationen zu unterstützen ist, um das komplexe und dynamische System Unternehmen unter Kontrolle zu bringen und zu halten.[2]

Für die Betriebswirtschaftslehre als Wissenschaftsdisziplin stellt dies eine naheliegende Problemsicht dar, bedarf doch das Unternehmen einer zielorientierten Lenkung. Dem Controller wird demzufolge die Rolle des Navigators zugewiesen – in einer „age of discontinuity" eine äußerst anspruchsvolle und wichtige Aufgabe. Die Kernaufgabe der Informationsversorgung des Managements kann nur auf der Grundlage einer adäquaten betriebswirtschaftlichen Mess- und Regeltechnik funktionieren. Diesem Controllingverständnis entspricht die in Jahrzehnten entwickelte Controllingauffassung des Internationalen Controllervereins (ICV).[3]

Informationen aus dem betrieblichen Rechnungswesen sind alleine betrachtet unzureichend; sie basieren aus systemtheoretischer Sicht auf reduktionistischen Modellen. Es geht in erster

---

[1] Müller, Grundzüge eines ganzheitlichen Controlling, S. 247 ff.
[2] Müller, Controlling-Konzepte, S. 25 f. und S. 247 ff.
[3] Hauser, Controlling im Wandel der Zeit

Linie um die „Messung" von Erfolgspotenzialen, weak signals, generell um Vorsteuergrößen.[4]

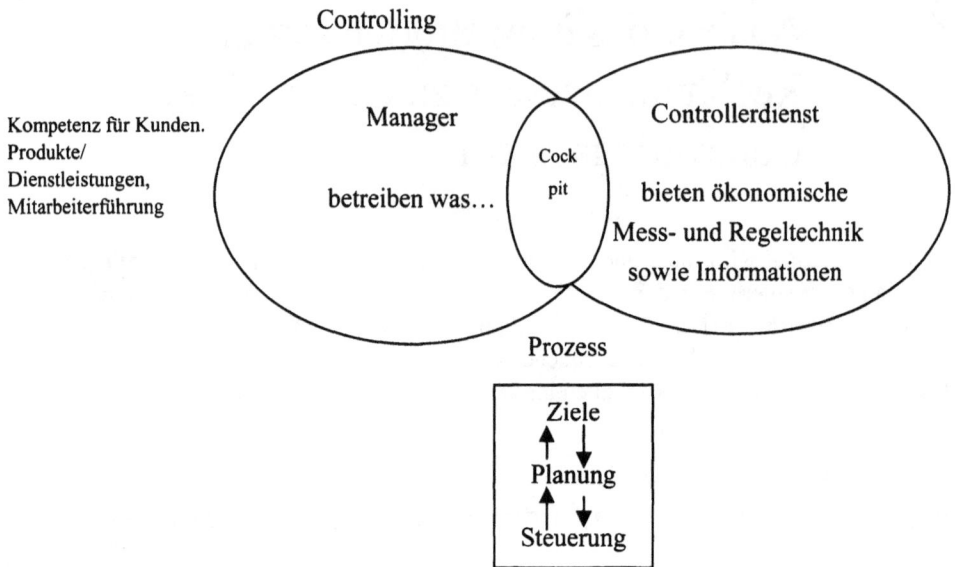

Abb. 4.1: Abgrenzung Management und Controlling

4.2   Gestaltung eines Umweltcontrolling-Systems

Für das Umweltcontrolling bedeutet eine adäquate Mess- und Regeltechnik beispielsweise die Anwendung von Methoden auf der Basis von Stoff- und Energiebilanzen, aber auch die Implementierung eines Balanced Scorecard-Systems. Leitbild des Ökocontrollings muss es somit sein, mit Hilfe eines erweiterten Rechnungswesens und einer funktionstüchtigen Umweltorganisation ein verantwortungsbewusstes Umweltmanagement quasi in einem Regelkreis planen, entscheiden und kontrollieren zu lassen.[5] Das Ökocontrolling muss insofern,

- von Umweltzielen des Unternehmens (und entsprechenden Strategien sowie Maßnahmen) ausgehen und die relevanten Umweltaspekte eruieren, wie z.B. Flächenverbrauch, toxische Stoffe;
- ökologische Schwachstellen unter Zuhilfenahme von Umweltkostenrechnungen, Ökobilanzen sowie Kennzahlen/Indikatoren aufdecken;
- eine entsprechende Berücksichtigung in der Planung und Kontrolle durchsetzen.

Die Umweltcontrolling-Konzeption lehnt sich an die Struktur des klassischen Finanz-Controllings an. Dementsprechend verkörpert das Umwelt-Controlling das Instrument zur Planung, Steuerung und Kontrolle aller umweltrelevanten Entscheidungen und Handlungen des Unternehmens.[6] Ein derart ausgestaltetes Konzept ist dann unerlässlich, wenn Umwelt-

---

[4]   Müller, Controlling von Intangible Assets

[5]   Stahlmann, Ökocontrolling, S. 363 ff.; siehe auch: Müller, Ökocontrolling

[6]   IÖW, a. a. O., S. 9; Hallay, Die Ökobilanz. Ein betriebliches Informationssystem, S. 115

schutz integraler Bestandteil des Unternehmenszielsystems ist.[7] „Es geht um die Indienststellung eines besonderen und qualifizierten Systems der Information, Kommunikation und Analyse für die Bildung und Durchsetzung eines schwachen bzw. gefährdeten Unternehmensziels, hier des betrieblichen Umweltschutzziels".[8] Ein wirksames Öko-Controlling, das Ökonomie und Ökologie auf einen Nenner zu bringen versucht, setzt die Erfüllung folgender Anforderungen voraus:[9]

- Ein offensiv eingestelltes Umweltmanagement, das Umweltschutz als innovativen Faktor und nicht als Belastung begreift;

- Kooperationsbereitschaft und abteilungsübergreifendes Denken, die durch Wertanalyse-Teams, Umweltausschüsse, Qualitätszirkel etc. begründet werden;

- ein Umwelt-Informationssystem, welches ökologische (z.T. „weiche" Informationen) verschiedenen Entscheidungsebenen aufgaben- und zielorientiert aufbereitet.

Von einer derart ausgestalteten Umwelt-Controlling-Konzeption können folgende Chancen und Erfolgspotenziale erwartet werden:[10]

- Marktchancen, durch
- Erhalt alter bzw. Erschließung neuer Kundensegmente,
- Verbesserung der Produktqualität,
- Eröffnung von Wettbewerbsvorteilen,
- Verhinderung von Imageeinbrüchen bzw. Profilierung der Firma in der Öffentlichkeit;
- Existenzsicherung, durch
- Verringerung von Haftungsrisiken (z.B. bei der Konsumentenhaftung),
- Vorwegnahme staatlicher Regelungen,
- Aufbau eines Vertrauensverhältnisses zu Behörden etc.;
- Kostensenkung, durch
- Reduzierung von Rohstoff- und Energiekosten,
- Verminderung von Entsorgungskosten und der Abhängigkeit gegenüber Entsorgungs-
- einrichtungen,
- Reduzierung von Versicherungskosten,
- Vermeidung von Kosten für nachgeschaltete Umwelttechniken;
- Mitarbeitermotivation, durch
- Steigerung der Motivation, Identifikation und des Engagements der Mitarbeiter,
- Erleichterung der Gewinnung neuer Mitarbeiter.

Gerade die Zukunftsorientierung des (umweltorientierten) betrieblichen Rechnungswesens ist für ein ökologisches betriebliches Controlling von besonderer Bedeutung:[11]

- Höchstwerte, Mindestwerte, Bandbreiten sind als vorsorgeorientierte Grenz- und Vorsichtswerte in verschiedener Hinsicht, beispielsweise für Schadstoffemissionen in bestimmten Zeiträumen, zu prognostizieren bzw. zu planen und damit vorzugeben. Als

---

[7]   Schreiner, Umweltmanagement in 22 Lektionen, S. 264; Hopfenbeck, a. a. O., S. 1079
[8]   Seidel, a. a. O., S. 316
[9]   Stahlmann, Öko-Controlling in einer Integrierten Materialwirtschaft, S. 105
[10]   Wagner, Umweltbewußte Unternehmensführung, S. 11
[11]   Seidel, a. a. O., S. 316

- Minimumsektor der Planung zeichnet sich für eine umweltbewusste Unternehmensführung eine absehbare (absolute) Knappheit auf den Beschaffungsmärkten sowie eine begrenzte Umweltbelastbarkeit ab.[12]
- Auf Basis der Planvorgaben und einer permanenten Erhebung der Ist-Daten sind ein regelmäßiger Soll-Ist-Vergleich und eine darauf aufbauende Abweichungsanalyse durchzuführen. Wegen der ungemein schwierigen Operationalisierung ökologischer Effizienz in Bezug auf betriebliches Wirtschaften besteht ein Zwang zu mehrdimensionalem Messen und damit zu einer großen Fülle von Soll-Ist-Vergleichen.
- Eine besondere Herausforderung für das Umwelt-Controlling liegt darin, zu gewährleisten, dass jegliche betriebliche Planung unter Einbezug der relevanten ökologischen Aspekte erfolgt. Ökologische Zielsetzungen sind in die langfristige strategische Planung zu integrieren und über kurzfristige Pläne und die Steuerungsphase handlungsbestimmend zu machen. Umgekehrt ist zu überprüfen, ob die erhobenen Umweltkontrolldaten bei neuen Planungsüberlegungen bzw. Planrevisionen berücksichtigt werden sollen.

Wie bereits herausgestellt wurde, liegt in der Informationsversorgung des Managements die zentrale Aufgabenstellung des (Umwelt-)Controllings. Der Informationsbedarf des Ökocontrollings speist sich dabei aus verschiedenen Datenquellen.[13]

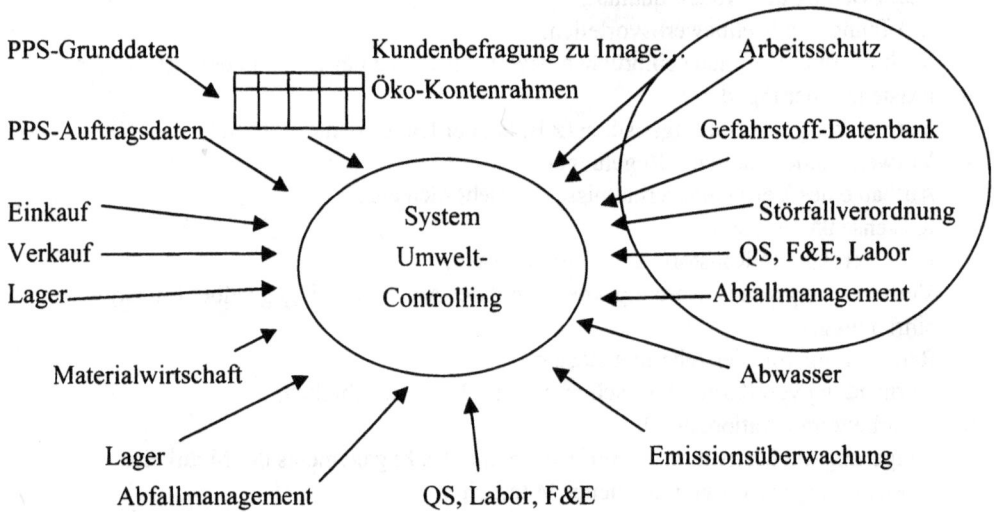

Abb. 4.2: Datenquellen für ein effektives Ökocontrolling (vom Verfasser überarbeitet)

Als Daten stehen somit quantitative Größen, wie z.B. bestimmte Emissionswerte (CO_2-Austoß) und qualitative Größen, wie z.B. Ergebnisse einer Kundenbefragung zu Umweltthemen bezogen auf das eigene Unternehmen, zur Verfügung. Im Wesentlichen sind es dieselben Grunddaten, wie sie auch im Zusammenhang mit einer Stoff- und Energiebilanzierung auf verschiedenen Ebenen von Nöten sind.

---

[12] Stahlmann, Öko-Controlling in einer Integrierten Materialwirtschaft, S. 103
[13] Rautenstrauch, a. a. O., S. 315 f.

4.3 Instrumentelle Umsetzung des Umweltcontrolling-Systems

Das Umweltcontrolling funktioniert dann am effektivsten, wenn es in einem adäquaten System mit den folgenden Komponenten implementiert wird.[14]

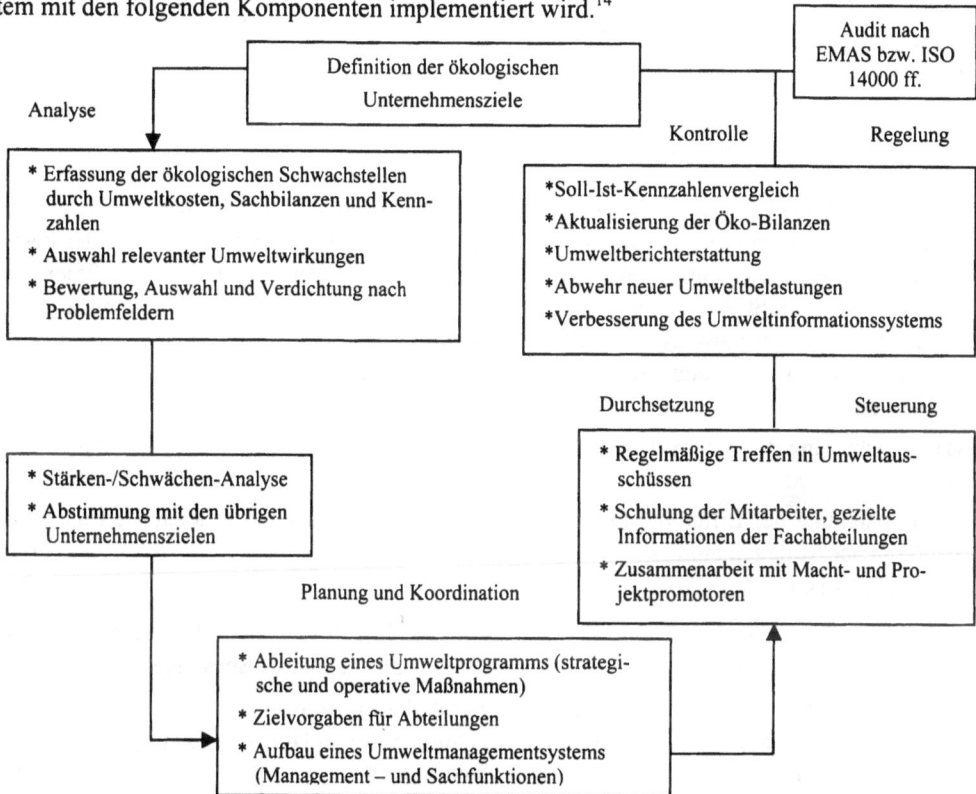

Abb. 4.3: Ökocontrolling als System

Nachdem die ökologischen Unternehmensziele festgelegt, im Unternehmenszielsystem verankert und in das Planungssystem integriert worden sind, geht es darum mittels einer Stoff- und Energiebilanzierung die ökologischen Schwachstellen herauszufinden und die Stärken bzw. Schwächen für die festgestellten Problemfelder deutlich zu machen. Zur Einleitung eines kontinuierlichen Verbesserungsprozesses ist die Aufstellung eines Umweltprogramms mit konkreten Zielvorgaben für die Abteilungen/Bereiche erforderlich.

Um eine dauerhafte Verbesserung der relevanten Prozesse zu erreichen, muss zugleich ein Umweltmanagementsystem aufgebaut werden. Typische Personal- und Organisationsentwicklungsmaßnahmen, wie Schulungen der Mitarbeiter oder Gründung von Umweltausschüssen, sorgen für die Umsetzung des Umweltmanagementsystems. Mit Hilfe von Kontrollinstrumenten, wie Soll-Ist-Vergleichen der gewählten Kennzahlen, einer aktualisierten

---

[14] Stahlmann, Ökocontrolling, S. 365 f.; IÖW, a. a. O:, S. 9 ff.; Pfriem, Ökologische Unternehmensführung, S. 65. Auf die Definition und Konkretisierung ökologischer Unternehmensziele, die Erstellung der Stoff- und Energiebilanz, die Erfassung beurteilungsrelevanter Informationen und die Durchsetzung der Maßnahmen wurde bereits in Kap. 1.3 und Kap. 3.3.2.4 näher eingegangen.

Umweltberichterstattung und einer permanenten Verbesserung der Umweltinformationssysteme, wird der Regelkreis des Umweltcontrollings geschlossen. Regelmäßige Audits, beispielsweise nach EMAS II, unterstützen dieses Umweltmanagement- und Controllingsystem. Im Folgenden sollen nun einzelne Instrumente näher beleuchtet werden, die das Funktionieren des Umweltcontrollings maßgeblich beeinflussen. Dazu gehören Umweltaudits, Früherkennungssysteme, aber auch ein Balanced Scorecard-System. Abgerundet wird diese Betrachtung durch ein paar Gedanken zur Organisationsentwicklung.

4.3.1   Umwelt-Auditing

Umwelt-Auditing kann als ein Verfahren bezeichnet werden, das auf technischer Ebene einer finanziellen Bilanzprüfung stark ähnelt. Somit stellt es eine „Momentaufnahme" der bestehenden Umweltbedingungen dar. Die Internationale Handelskammer (ICC) definiert ein Umweltschutz-Audit wie folgt:[15] „Ein Management-Instrument, das einer systematischen, dokumentierten, periodischen und objektiven Beurteilung dient, wie gut Umweltschutzorganisation, -management und -einrichtungen funktionieren, um den Schutz der Umwelt zu fördern durch:

(I) Erleichterung der Kontrolle von Umweltschutzmaßnahmen durch die Unternehmensführung;

(II) Feststellung der Erfüllung unternehmenspolitischer Vorgaben, was auch die Einhaltung behördlicher Auflagen umfasst."

Eine weitere Definition lautet:[16]

Umwelt-Auditing beinhaltet eine meist widerkehrende Prüfung eines Unternehmens oder einer Organisationseinheit in Bezug auf umweltrelevante Aspekte, insbesondere

- die Einhaltung einschlägiger Vorschriften (Compliance Audit);
- das Erkennen und Bewerten der Umweltleistung, z.B. von Umweltrisiken durch Verwendung und Lagerung von Stoffen (Performance Audit);
- Organisation und Struktur des Managements im Hinblick auf die Verbesserung der Umweltleistung und vorausschauende Planung zur Minderung der Auswirkungen auf die Umwelt (Management-Audit).

Interne Umwelt-Audits dienen zur Information des Managements über Schwachstellen und sollen auch Verbesserungsmöglichkeiten aufzeigen. Externe Umwelt-Audits werden von unabhängigen, externen Umweltautoren,- gutachtern bzw. Verifiern auf der Basis von Vorgaben aus der Gesetzes- und Normgebung durchgeführt.

In der folgenden Abbildung sind die grundlegenden Schritte eines Umwelt-Audits gemäß dem ICC ersichtlich.

---

[15]   O.V., ICC-Positionspapier zu Umweltschutz-Audits, S. 186
[16]   Goebels, Umwelt-Auditing, S. 102

Tätigkeiten vor der Prüfung	Tätigkeiten vor Ort	Aktivitäten nach der Prüfung

AUSWAHL UND EINPLA-NUNG DER ZU PRÜFENDEN ANLAGEN

ausgehend von:
-Auswahlkriterien
-Prioritätenvorgabe

▼

AUSWAHL DER MITGLIE-DER DES PRÜFUNGSTEAMS

-Feststellung ihrer Verfügbarkeit
-Reise- und Unterbringungsvor-
bereitungen
-Zuweisung von Prüfungsverant-
wortlichkeiten

KONTAKTAUFNAHME ZUR ANLAGE UND PRÜFUNGS-PLANUNG

-Erörterung des Prüfungspro-
gramms
-Einholung von Hintergrundin-
formationen
-ggf. Zustellung eines Fragebo-
gens
-Festlegung des Umfangs
-Festlegung der anzuwendenden
Anforderungen
-Bestimmung der Prioritäten
-Änderung bzw. Anpassung der
Protokolle
-Ermittlung des Mittelbedarfs

---

1. SCHRITT: ERFASSUNG UND VERSTÄNDNIS DER MANAGE-MENT-KONTROLLSYSTEME

-Überprüfung der Hintergrundinforma-
tionen
-Eröffnungssitzung
-Orientierungsrundgang durch die
Anlage
-Überprüfung des Prüfungsplans
-Bestätigung des Verständnisses der
internen Kontrollen

▼

2. SCHRITT: BEWERTUNG DER MANAGEMENT-KONTROLLSYSTEME

-Bestimmung der Stärken und Schwä-
chen der internen Kontrollen
-Anpassung des Prüfungsplans und
Mittelzuweisung
-Festlegung der Prüfungs- und Untersu-
chungsstrategien

3. SCHRITT: SAMMELN VON PRÜFBEWEISEN

-Anwendung der Prüfungs- und Unter-
suchungsstrategien
-Datensammlung
-Sicherstellung der vollständigen Aus-
führung der Protokollschritte
Überprüfung aller Feststellungen und
Beobachtungen
-Sicherstellung der sachlichen Richtig-
keit aller Feststellungen
-ggf. Durchführung weiterer Prüfungen

4. SCHRITT: AUSWERTUNG DER PRÜFUNGSERGEBNISSE

-Aufstellung einer vollständigen Liste
der Feststellungen
-Zusammenstellung von Arbeitspapieren
und Dokumenten
-Zusammenstellung und Zusammenfassung der Feststellungen
-Erstellung des Berichts für die Ab-
schlussprüfung

5. SCHRITT: BERICHT DER FEST-STELLUNG AN DEN BETRIEB

-Darlegung der Feststellungen beim
Abschlussgespräch
-Erörterung der Feststellungen mit dem
Anlagenpersonal

ENTWURF EINES BERICHT-ENTWURFS

-korrigierter Bericht
-Festlegung des Verteilers
-Versand des Berichtentwurfs
-Einplanung einer Zeitspanne für
Korrekturen

▼

VERFASSEN DES AB-SCHLUSSBERICHTS

-korrigierter Berichtsentwurf
-Versand des Abschlussberichts
-Hervorhebung der Notwendigkeit
eines Maßnahmenplans
-Festlegung der Frist für die
Ausarbeitung des Maßnahmen-
plans

▼

AUSARBEITEN UND DURCH-FÜHRUNG DES MAßNAH-MENPLANS

-ausgehend von den Prüfungsfest-
stellungen im Abschlussbericht

WEITERVERFOLGUNG DES MAßNAHMENPLANS

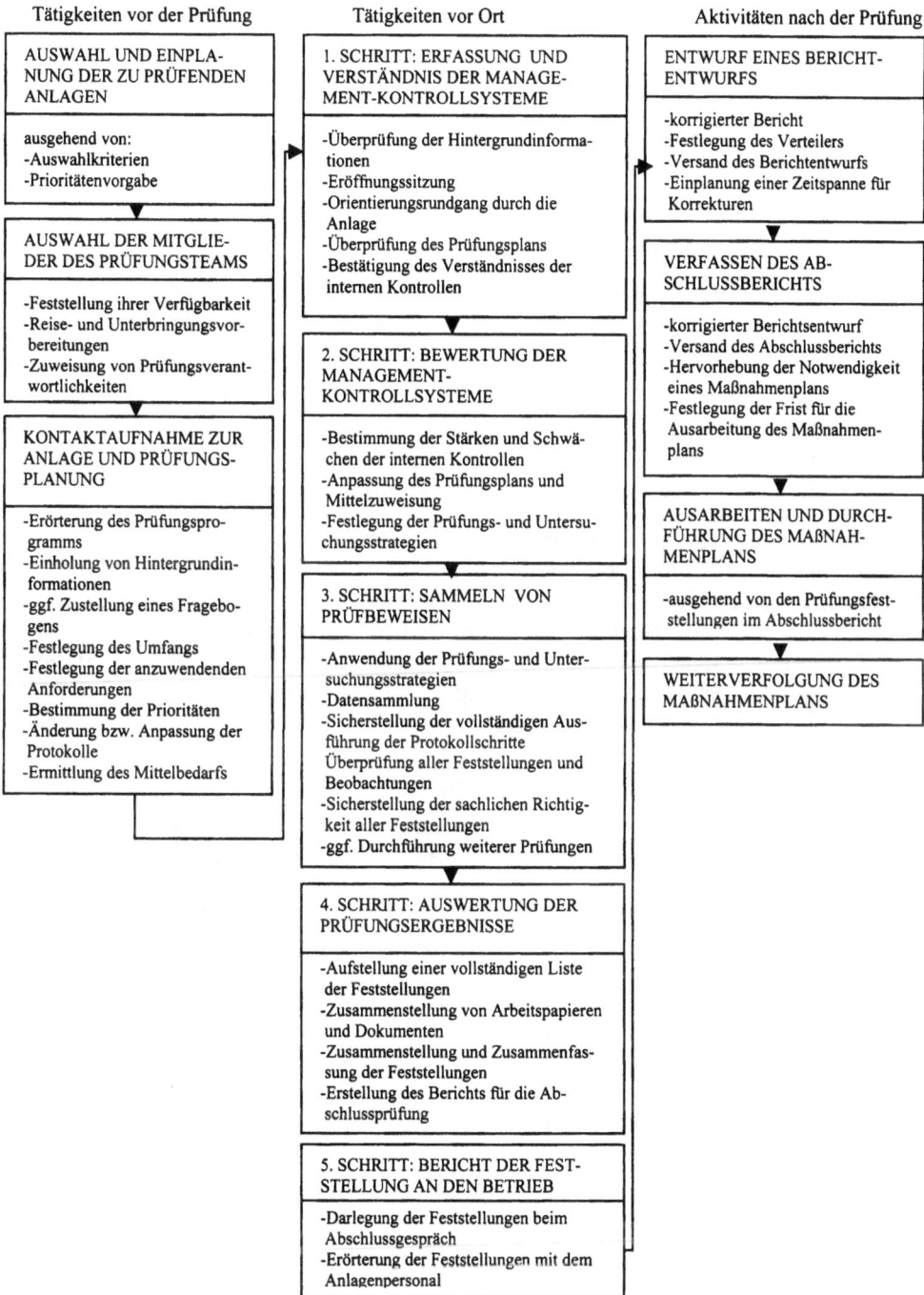

Abb. 4.4: Grundlegende Schritte eines Umwelt-Audits (ICC)

Für die Bestandsaufnahme bieten sich Instrumente wie Checklisten als Hilfsmittel zum Einstieg[17] sowie darauf aufbauend eine detaillierte Erfassung der Stoff- und Energieströme sowie eine Ableitung von Umweltkennziffern an. Umwelt-Audits können damit zu wichtigen Elementen eines umfassenden Umweltmanagements und aktiven Umwelt-Controllings werden und zwar

- auf operativer Ebene mit Hilfe von Soll-Ist-Vergleichen etc. sowie
- auf strategischer Ebene als Instrument des Risiko-Managements, der Schwachstellenanalyse und eines Frühwarnsystems.[18]

Für ein intern orientiertes Umwelt-Auditing können die erhobenen Umweltdaten wirkungsvoll durch Umweltschutzkosten-Wertanalysen ergänzt werden.[19] Für eine Anwendung auf komplexe Umweltschutzprobleme eignet sich die Wertanalyse insbesondere deshalb, weil

- ihr systematisches Vorgehen auf einem Denken in Funktionen basiert,
- bestimmte Kreativitätstechniken Anwendung finden,
- die jeweiligen Probleme ganzheitlich betrachtet werden,
- die Problemlösung über eine interdisziplinäre Teamarbeit gewährleistet wird.[20]

Die Wertanalyse gilt als ein wichtiges interdisziplinäres Instrument zur umweltfreundlichen Verbesserung von Produkten und Verfahren. Die größte Wirkung entfaltet die ökologische Wertanalyse zum Zeitpunkt der Entwicklung/Konstruktion eines Produktes (Produktgestaltung). In dieser Phase werden nicht nur ein Großteil der Kosten, sondern auch die Verfahren (und damit Art und Menge der Emissionen), die Inputstoffe (und damit betriebsinterne und – externe Umweltbelastungen), Recyclingfähigkeit, Entsorgungsprobleme etc. festgelegt.[21] Abgeleitet aus einer ökonomischen Sichtweise der Umweltschutzkosten-Wertanalyse, die vor allem auf die Aufdeckung von Kosteneinsparungspotenzialen abzielt, schlagen Annighöfer/Altenburg folgende Vorgehensweise vor:[22]

- Analyse, Strukturierung und funktionale Zuordnung von Umweltschutzkosten;
- Aufstellung und Gewichtung interner Kriterien (z.B. Know-How) und externer Kriterien (z.B. Gesetze);
- Bewertung von Maßnahmen mittels einer Kriterienbewertungsmatrix (Muss-Maßnahmen, z.B. durch Gesetze erzwungen/Soll-Maßnahmen, z.B. mit einem hohen internen Nutzen/Kann-Maßnahmen, z.B. mit wenig Nutzen);
- Setzen von Prioritäten gemäß der Klassifizierung von Maßnahmen sowie
- Umsetzen in einem Maßnahmenplan.

Einen weitergehenden Ansatz stellt Stahlmann vor, indem er den (ökologischen) „Wert" eines Produktes anhand folgender Aspekte beurteilen will,[23]

- Kostenaspekte, beispielsweise Materialkostensenkungen ohne Funktionsschmälerung oder Eliminierung/Substitution umweltschädlicher bzw. nicht-regenerierbarer Stoffe;

---

[17]   Sietz, a. a. O., S. 46 ff.

[18]   Hopfenbeck, a. a. O., S. 1095 ff.

[19]   Günther, Öko-Bilanzen als Grundlage eines Umwelt-Auditings, S. 80

[20]   Ebenda, S. 76

[21]   Stahlmann, Entfaltung von Umweltaktivitäten durch eine Integrierte Materialwirtschaft, S. 277

[22]   Annighöfer/Altenberg, Kosten in den Griff bekommen, S. 16 und S. 19 f.

[23]   Stahlmann, Entfaltung von Umweltaktivitäten durch eine Integrierte Materialwirtschaft, S. 277 ff.

- absatzpolitische Aspekte, beispielsweise durch die Klärung der Frage, ob die Umweltbedürfnisse der Verbraucher mit den angebotenen Produkten befriedigt werden können;
- Erfüllung der gewünschten Funktionen, durch die Klärung der Frage, ob Bedürfnisse (unbeschadet der Frage nach ihrer ökologischen Vertretbarkeit) nicht auch immateriell befriedigt werden können. Beispielsweise können aufwendige PKW-Fahrten durch Bildschirmkonferenzen überflüssig werden.

Im letzten Punkt ähnelt diese ökologische Wertanalyse stark der Produktlinienanalyse, die ebenfalls die Art der Bedürfnisbefriedigung in den Mittelpunkt der Betrachtung stellt (siehe dazu Kap. 3.3.2.6). Probleme bei der Durchführung von Umwelt-Audits und ökologischen Wertanalysen treten immer dann auf, wenn bei der Bewertung der Umweltverträglichkeit von Produkten, Prozessen etc. nicht objektiv nachvollziehbar und nach allgemein anerkannten Bewertungsregeln und Standards vorgegangen wird. Wie bereits mehrmals herausgestellt wurde, fehlt es gerade an diesen allgemeingültigen Umweltstandards, insbesondere wenn eine vorsorgeorientierte Unternehmenspolitik realisiert werden soll.

Im Gegensatz zum Umweltcontrolling handelt es sich beim Umwelt-Audit um ein Überwachungsinstrument und nicht um ein Steuerungsinstrument. Das Hauptaugenmerk beim Umwelt-Auditing liegt auf

- einer erleichterten Kontrolle von Umweltschutzmaßnahmen durch die Unternehmensführung und
- der Kontrolle der Erfüllung unternehmensinterner Vorgaben und gesetzlicher sowie behördlicher Auflagen.[24]

Beide Systeme sollten sich natürlich ergänzen. Denkbar ist auch, die Aufgaben des Umwelt-Auditings der Funktion Umweltcontrolling organisatorisch zuzuordnen. In den Regelwerken EMAS wie auch ISO 14000 ff. stellen Audits in verschiedenen Formen einen festen Bestandteil dar. Abbildung 4.5 gibt zu den verschiedenen Audittypen einen Überblick.[25] Auf die Unterschiede in den beiden Normen soll dabei nicht eingegangen werden – nähere Angaben befinden sich in der angegebenen Literaturquelle.

---

[24]   Goebel, a. a. O., S. 103
[25]   Ebenda, S. 102 ff

Art der Prüfung	Aufgabe/Ziele
Umweltprüfung	Eine erste umfassende Untersuchung der umweltbezogenen Fragestellungen, Auswirkungen und des betrieblichen Umweltschutzes im Zusammenhang mit den Tätigkeiten einer Organisation.
Umweltbetriebsprüfung	Instrument, das eine systematische, dokumentierte, regelmäßige und objektive Bewertung der Umweltleistung der Organisation, des Managements und der Verfahren zum Schutz der Umwelt umfasst und folgenden Zielen dient: a) Kontrolle von Verhaltensweisen, die eine Auswirkung auf die Umwelt haben könnten b) Beurteilung der Übereinstimmung mit der Umweltpolitik der Organisation
Umweltmanagementsystemaudit	Systematischer, dokumentierter Verifizierungsprozess zur objektiven Ermittlung und Bewertung von Nachweisen, um festzustellen, ob das UMS einer Organisation die selbst festgelegten Auditkriterien erfüllt, sowie die Übermittlung der Ergebnisse an die Leitung der Organisation.
Überwachungsaudit	Überwachungsaudits werden im 1. und 2. Folgejahr einer Zertifizierung zur Kontrolle der Einhaltung der Anforderungen nach ISO 14001 während des Gültigkeitszeitraums des Zertifikates durchgeführt.
Nachaudit	Sollten beim UMS-Audit wesentliche Abweichungen auftreten, kann eine Nachaudit erforderlich sein. Die Zertifikatsvergabe erfolgt dann erst nach erfolgreichem Abschluss des Nachaudits.
Wiederholungsaudit	Zur erneuten Zertifizierung ist ein wiederholtes UMS-Audit notwendig. Hier spricht man von einem Wiederholungsaudit.
Witnessaudit	Gemäß der Akkreditierungsvorschriften der TGA (Trägergemeinschaft für Akkreditierung) kann eine Zertifizierungsstelle im Rahmen eines Witnessaudit durch die TGA überwacht werden.

Abb. 4.5: Audit-Typen gemäß EMAS II und ISO 14000 ff.

4.3.2 Aufbau eines Früherkennungssystems

Frühwarnsysteme werden im Rahmen eines Strategischen Controllings entwickelt. Die Aufgabe von Frühwarnsystemen besteht darin, Informationen zu liefern und Entwicklungen aufzuzeigen, bevor sich diese in Zahlen auswirken. Mit ihrer Hilfe können

- Chancen für Ergebnisverbesserungen (Potentiale) und
- Risiken für Kostensteigerungen oder Ertragsverschlechterungen zum frühestmöglichen Zeitpunkt festgestellt werden.[26]

Die systematische Auseinandersetzung mit möglichen Zukünften dient dazu, Zeit und Optionen für ein überlegtes Handeln zu gewinnen.[27] Früherkennung in Unternehmen hat durch das Gesetz zur Kontrolle und Transparenz im Unternehmensbereich (KONTRAG), das im Jahr 1998 in Kraft getreten ist, erheblich an Bedeutung zugenommen. In § 91 Abs. 2 AktG ist in diesem Zusammenhang die Verpflichtung des Vorstands eingeführt worden,… „geeignete Maßnahmen zu treffen, insbesondere ein Überwachungssystem einzurichten, damit den Fortbestand der Gesellschaft gefährdende Entwicklungen früh erkannt werden".[28] Die Fähigkeit zur Antizipation möglicher externer Entwicklungen (auch interne!) kann als eine der zentralen Fähigkeiten bezeichnet werden, mit denen überlebensfähige Organisationen ausgestaltet sein müssen.[29] Die Folgeschritte einer zielorientierten Früherkennung sind in Abb. 4.6 erkennbar.

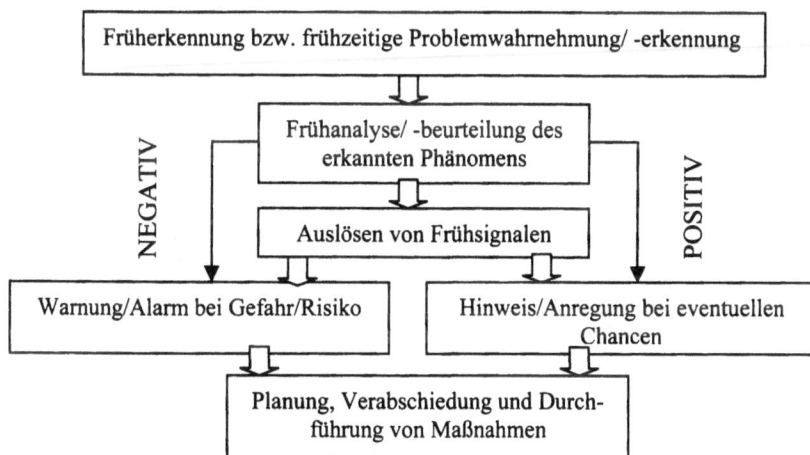

Abb. 4.6: Folgeschritte einer zielorientierten Früherkennung

Ausgehend vom Regelkreisprinzip erfüllt die Früherkennung die Funktion der Feedforward-Steuerung, Chancen und Risiken sollten möglichst frühzeitig entdeckt werden. Zur Handha

---

[26] Schulz/Schulz, a. a. O., S. 582; Seidel/Menn, a. a. O., S. 119 ff.; Wagner/Janzen, a. a. O., S. 121. Die Bezeichnung „Frühwarnsystem" ist etwas unglücklich gewählt, da es auch um das Erkennen von Chancen geht. Demzufolge ist der Begriff „Früherkennungssystem" zutreffender.

[27] Krystek/Müller-Stevens, Frühaufklärung für Unternehmen, S. 2

[28] Siehe im Folgenden: Müller, Frühaufklärungssysteme im Rahmen des Marketing-Controlling, S. 17-43; derselbe, Systematische Gewinnung von Frühindikatoren für Frühaufklärungssysteme, S. 212-222; derselbe, Grundzüge eines ganzheitlichen Controlling, S. 293 - 316

[29] Krystek/Müller-Stevens, a. a. O., S. 232

bung der Früherkennung in der Praxis sind im Laufe der Zeit Generationen an Früherkennungssystemen entwickelt worden. Im Grunde genommen geht es darum, über Indikatorensysteme Entwicklungen frühzeitig zu orten, die für das Unternehmen bedeutsam sind. Dazu ist es erforderlich, schon „weak signals" wahrzunehmen, die sich als Träger von Diskontinuitäten im Anfangsstadium nur sehr vage andeuten. Eine gewisse Dilemmasituation ist in diesem Zusammenhang unverkennbar – die noch sehr „weichen" Frühsignale würden zwar einen hohen Manövrierspielraum für ein bewusstes Handeln eröffnen; aufgrund der hohen Unsicherheit der Daten schreckt aber das Management i.d.R. zurück, Strategien und Maßnahmen auf dieser Basis umzusetzen und wartet bis sich diese „weak signals" verhärtet haben. Auf jeden Fall ist es empfehlenswert, mit Hilfe einer SWOT-Analyse und Diffusionsforschungen, z.B. zur Verbreitung von Meinungen in der Öffentlichkeit, nach solchen Frühsignalen systematisch zu suchen.

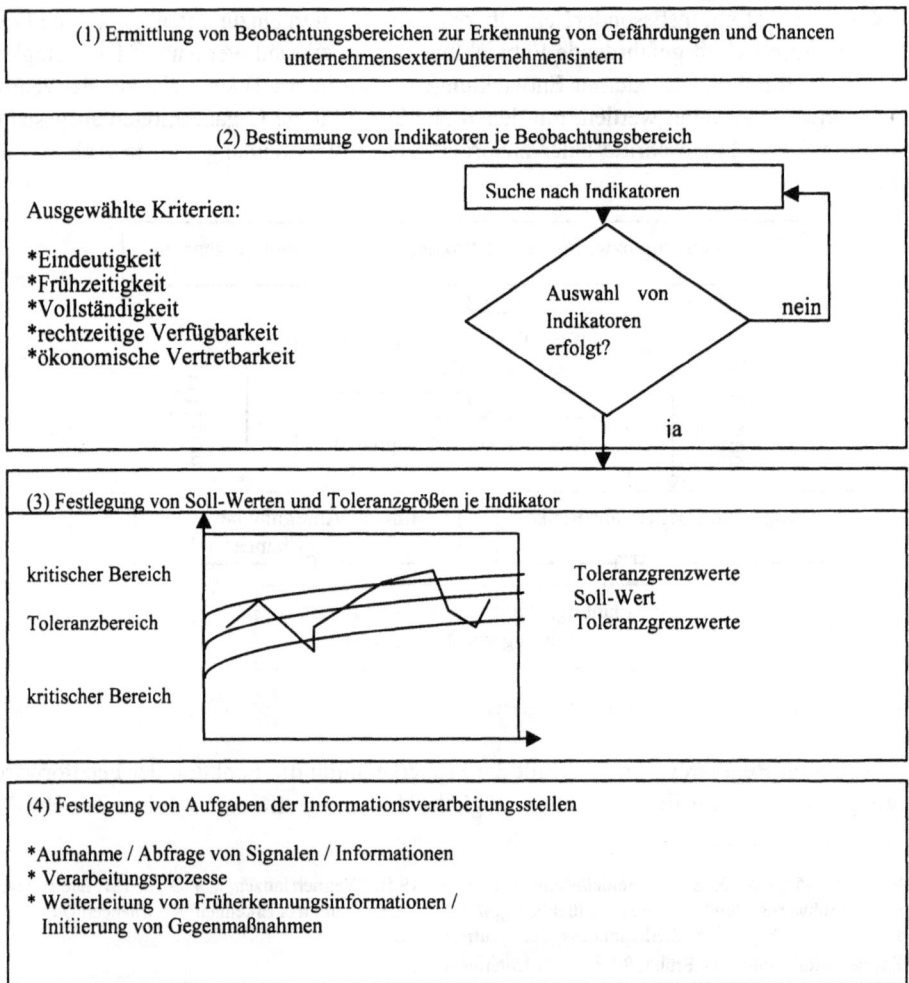

(1) Ermittlung von Beobachtungsbereichen zur Erkennung von Gefährdungen und Chancen
unternehmensextern/unternehmensintern

(2) Bestimmung von Indikatoren je Beobachtungsbereich

Ausgewählte Kriterien:

*Eindeutigkeit
*Frühzeitigkeit
*Vollständigkeit
*rechtzeitige Verfügbarkeit
*ökonomische Vertretbarkeit

Suche nach Indikatoren

Auswahl von Indikatoren erfolgt?   nein

ja

(3) Festlegung von Soll-Werten und Toleranzgrößen je Indikator

kritischer Bereich   Toleranzgrenzwerte
                                                            Soll-Wert
Toleranzbereich   Toleranzgrenzwerte

kritischer Bereich

(4) Festlegung von Aufgaben der Informationsverarbeitungsstellen

*Aufnahme / Abfrage von Signalen / Informationen
* Verarbeitungsprozesse
* Weiterleitung von Früherkennungsinformationen /
  Initiierung von Gegenmaßnahmen

Abb. 4.7: Aufbaustufen des Grundmodells eines indikatororientierten Frühaufklärungssystems

Allgemein kann die Entwicklung eines umfassenden ökologieorientierten Früherkennungs-systems als Versuch verstanden werden, die Komplexität und Vieldimensionalität ökologi-scher Erscheinungen und Ereignisse durch Indikatoren zu erfassen und zu beherrschen.[30]Fol-gende Informationsquellen eigenen sich besonders für die Gewinnung von Frühindikatoren:[31]

- Gesetzesvorhaben in Bezug auf Luft- und Wasseremissionen, Abfallmengen, insbesonde-re Sondermüll sowie Gefahrstoffe;
- Stoffdatenbanken und Technologie- /Verfahrensdatenbanken für „kritische" Stoffe, Technologien und Verfahren;
- Hintergrundgespräche mit Wissenschaftlern und Umweltgruppen.

Für Produkte empfiehlt es sich, Früherkennungsindikatoren auf die folgenden Belastungsbe-reiche zu konzentrieren:[32]

- Die stoffliche Zusammensetzung des Produktes, bei der vor allem Substitutionsmöglich-keiten toxischer Stoffe angezeigt werden müssen;
- die Nutzung des Produktes, bei der insbesondere Leistungs- /Verbrauchsverhältnisse und Grenzleistungsanalysen Indikatoren liefern können;
- die Entsorgung des Produktes, bei der Produktrückstände zu identifizieren und deren Entsorgungsmöglichkeiten zu klassifizieren sind.

Schaltzentrale für das Umweltcontrolling-System wird ein Umweltinformationssystem sein, das quasi die Infrastruktur für das betreffende Früherkennungssystem bildet.[33] Trotz der guten und plausiblen Argumente, die für die Einrichtung eines Früherkennungssystems spre-chen, sind die Grenzen, vor allem bei der Informationsgewinnung, unverkennbar.[34]

1. Problem: Beobachten wird die relevanten Umweltfaktoren?

2. Problem: Kann der Verlauf dieser Faktoren prognostiziert werden?

3. Problem: Sind die Prognosen verlässlich?

4. Problem: Ist das Management überhaupt bereit, sich warnen bzw. auf Chancen aufmerk-

5. sam machen zu lassen?

6. Problem: Ist das Management fähig, Warnungen etc. richtig zu verwenden?

Die Früherkennungssysteme neuerer Art (3. und 4. Generation) können bei der Bewältigung dieser Probleme sicherlich Hilfestellung leisten. In erster Linie geht es um die Sensibilisie-rung des Managements und gerade auch der Mitarbeiter sich auch um „weiche" und „vage" Informationen entsprechend zu kümmern, anstatt nur auf „hard facts" zu warten, denn damit ist eine frühzeitige Gegensteuerung nicht mehr möglich.

---

[30]   Krystek/Behrendt, a. a. O., S. 13

[31]   Müller-Witt, Betriebliche Umweltinformationssysteme, S. 200 f.

[32]   Krystek/Behrendt, a. a. O., S. 10 ff.

[33]   Hopfenbeck, a. a. O., S. 1079; Schulz/Schulz, a. a. O., S. 586

[34]   Rieser, Frühwarnsysteme aufbauen und bereithalten, in: Management Zeitschrift, S. 40 f.

4.3.3   Einführung einer umweltbezogenen Balanced Scorecard

Seit einigen Jahren wird zur Unterstützung des Umweltcontrollings vorgeschlagen, das Balanced Scorecard-System zu nutzen. Da die dazu vorgebrachten Einschätzungen in der Literatur mit erheblichen Mängeln behaftet sind, soll das Balanced Scorecard-Konzept näher beleuchtet werden.[35] Kaplan/Norton haben dieses relativ neue Konzept Anfang der 1990er Jahre des vorigen Jahrhunderts mit 12 US-amerikanischen Firmen aus der Industrie und Dienstleistungssektoren entwickelt. Anlass war die Unzufriedenheit dieser Firmen mit der herkömmlichen rein finanzwirtschaftlichen Unternehmenssteuerung, gerade auch mit Kennzahlen! Des Weiteren wurde festgestellt, dass die Strategieumsetzung in den allermeisten Fällen nicht funktioniert hat – die gewählten Strategien sind bei den operativen Einheiten, die diese realisieren sollten, nicht „angekommen".

Der Grundgedanke der Balanced Scorecard äußert sich darin, dass der Erfolg einer Organisation auf Einflussfaktoren beruht, die quasi hinter den finanziellen Zielgrößen stehen und somit die Zielerreichung ursächlich bestimmen. Die Balanced Scorecard ermöglicht es also, die Vorsteuergrößen des Erfolgs transparent zu machen – andere Bezeichnungen für diese entscheidenden Größen sind: Intangible Assets, Leistungstreiber und „enabler".[36] Daraus folgend verkörpert die Balanced Scorecard zum einen ein Strategisches Managementsystem, zum anderen ein Performance Measurementsystem, welches die Performance einer Organisation nicht nur finanzwirtschaftlich misst, sondern aus der Sicht der Stakeholder, wie z.B. Kunden, Mitarbeiter u.s.w.. Die Strategieorientierung der Balanced Scorecard wie auch die Stakeholder-Sichtweise sprechen somit dafür, dass damit ein integriertes Nachhaltigkeitsmanagement unterstützt werden kann.[37] Ein Performance Measurement-System weist demzufolge erhebliche Unterschiede zu einem Kennzahlensystem auf.[38]

---

[35]   Siehe dazu: Kaplan/Norton, Balanced Scorecard; Müller, Zielgruppenorientiertes Controlling; derselbe, Strategisches Management mit der Balanced Scorecard

[36]   Müller A., Controlling von Intangible Assets

[37]   Mahammadzadeh, Sustainability Balanced Scorecard, S. 181

[38]   Siehe dazu: Müller, Grundzüge eines ganzheitlichen Controlling, S. 327 ff.; anderer Meinung sind: Burschel/ et al., a. a. O., S. 319 ff.

Traditionelle Kennzahlensysteme	Performance Measurement
• Monetäre Ausrichtung (vergangenheitsorientiert)	• Kundenausrichtung (zukunftsorientiert)
• Begrenzt flexibel; ein System deckt interne und externe Informationsinteressen ab	• Aus den operativen Steuerungserfordernissen abgeleitete hohe Flexibilität
• Einsatz primär zur Überprüfung des Erreichungsgrades finanzieller Ziele	• Überprüfung des Strategieumsetzungsgrades; Impulsgeber zur weiteren Prozessverbesserung
	• Leistungsverbesserung
• Kostenreduzierung	• Horizontale Berichtsstruktur
• Vertikale Berichtsstruktur	• Integriert
• Fragmentiert	• Qualität, Zeit und Kosten werden simultan bewertet
• Kosten, Ergebnisse und Qualität werden isoliert bewertet	
• Unzureichende Abweichungsanalyse	• Team-/Gruppenbezogene Leistungsreize
• Individuelle Leistungsanreize	• Lernen der gesamten Organisation
• Individuelles Lernen	

Abb. 4.8 Traditionelle Kennzahlensysteme versus Performance Measurement

Gemäß dem Balanced Scorecard-Konzept erfordert die zielorientierte Gestaltung und Lenkung einer Organisation, dass aus der gewählten Vision/Strategie klar formulierte und messbare Ziel- und Lenkungsgrößen abgeleitet werden, die in den jeweils erfolgsbestimmenden Perspektiven „ausbalanciert", dem Management und den Mitarbeitern zur Einhaltung der vorgegebenen Richtung an die Hand gegeben werden. Diese Ausgewogenheit äußert sich in

- kurz- und langfristigen Zielen,
- monetären und nicht-monetären Messgrößen,
- Spät- und Frühindikatoren sowie
- externen und internen Performance-Perspektiven.

Das Grundmodell der von Kaplan/Norton konzipierten Balanced Scorecard ist auf der nächsten Seite ersichtlich. Dieses Modell ist nicht als Schablone zu verstehen, vier bis sechs Perspektiven gelten als sinnvoll. Wie die Pfeile in Abb. 4.9 andeuten, sind die Wechselwirkungen zwischen den Perspektiven herauszuarbeiten, wobei nicht der Eindruck entstehen darf, dass letztlich die Finanz-Perspektive am wichtigsten einzustufen ist.[39]

---

[39]   Dieser irrigen Meinung sind: Dyllick/Schaltegger, Nachhaltigkeitsmanagement mit einer Sustainability Balanced Scorecard, S. 69 f.

Finanzwirtschaft

Wie sollten wir aus Kapitelgebersicht dastehen?

Strategisches Ziel	Messgröße	Operatives Ziel	Aktivität
Unternehmenswert steigern	Unternehmenswert	um x %	siehe andere Perspektiven

Prozesse

Bei welchen Prozessen müssen wir Hervorragendes leisten?

Strategisches	Messgröße	Operatives Ziel	Aktivität
Entwicklungszeit halbieren	time to market	um x %	Projektcontrolling Tool installieren

Vision und Strategie

Kunden

Wie sollten wir aus Kundensicht dastehen?

Strategisches	Messgröße	Operatives Ziel	Aktivität
Kundenbindung steigern	Umsatzanteil Stammkunden Kundenzufriedenheit	um x %	Treuerabatt einführen

Mitarbeiter, Lernen

Wie können wir flexibel und verbesserungsfähig bleiben?

Strategisches Ziel	Messgröße	Operatives Ziel	Aktivität
Mitarbeiterqualifikation verbessern	Qualifikationsindex	um x %	Anteil HAW-Absolventen/innen

Vision:
Wir wollen bis 2015 das innovativste und kundenfreundlichste Unternehmen weltweit werden!

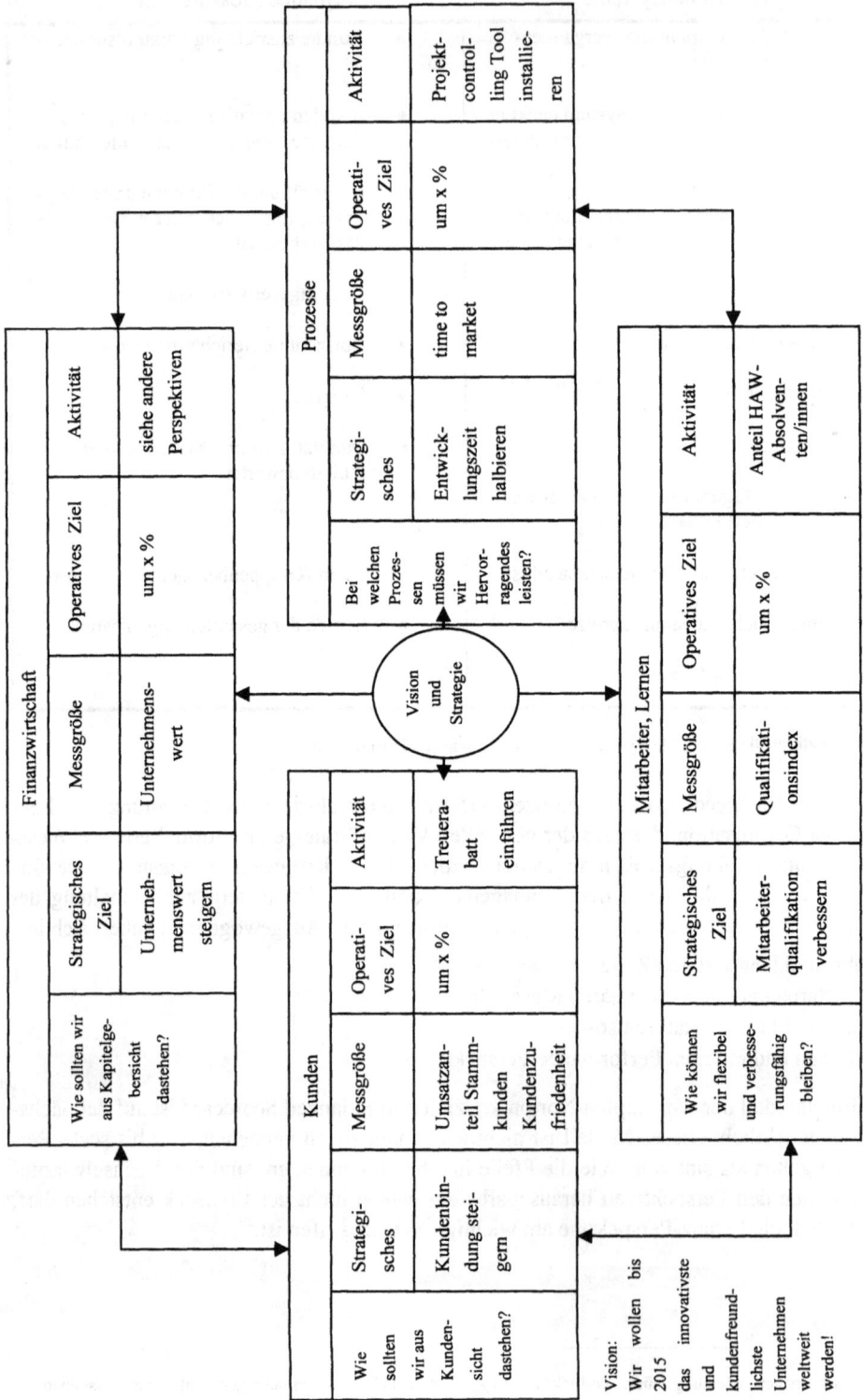

Abb. 4.9: Grundmodell der Balanced Scorecard

In einem marktwirtschaftlichen System dürfte die Kundenorientierung vorrangig sein; unter Nachhaltigkeitsgesichtspunkten sind ökologische und soziale Aspekte von größter Bedeutung (siehe auch Kap. 1.1). Für umweltbewusste Unternehmen gibt es mehrere Möglichkeiten eine „maßgeschneiderte" Balanced Scorecard zu konzipieren:

- Umweltschutzziele können in die anderen Perspektiven, z.B. in die Kunden-Perspektive, integriert werden;
- empfehlenswert ist es, eine gesonderte Öko-Perspektive aufzumachen und die Wechselwirkungen zu den anderen Perspektiven herauszuarbeiten.

Eine Umwelt-Perspektive für ein ökologiebewusstes Nahrungsmittelunternehmen könnte folgendermaßen aussehen:

Strategische Ziele	Messgrößen	Operative Ziele	Maßnahmen
• Umsatzanteil mit Bioprodukten bis 2015 verdreifachen	• Umsatzanteil	• 2010 um 7% steigern	• FuE-Budget steigern • Kooperation mit Zulieferern ausbauen
• Ökoimage verbessern • ...	• Kundenbefragungen	• Index um 5% steigern	• 2x p.a. Befragung durchführen • Werbemaßnahmen intensivieren

Abb. 4.10: Umwelt-Perspektive (auszugweise)

Um eine durchgehende umweltorientierte Strategieumsetzung zu gewährleisten, sind dann die Mitarbeiter entsprechend zu schulen, Lieferanten nach ökologischen Kriterien auszuwählen und die Prozesse effizient i.S. einer Reduzierung der Stoff- und Energieströme zu optimieren.

Die Zielsetzung einer Sustainability Balanced Scorecard besteht darin, die drei Säulen des Nachhaltigkeitskonzepts – Ökonomie, Ökologie und Soziales – in eine erfolgreiche Umsetzung der gewählten Strategie(n) zu integrieren. Dadurch soll die Performance in allen drei Dimensionen verbessert und der unternehmerische Beitrag zur Nachhaltigkeit gesteigert werden.[40] Die klassische Balanced Scorecard wird um eine fünfte Perspektive „Gesellschaft" erweitert, in der die Beziehungen des Unternehmens zu Akteuren abgebildet werden, die Aktivitäten und Erfolg des Unternehmens beeinflussen, ohne notwendigerweise in einer vertraglichen Verbindung stehen.[41] Im Vordergrund steht die Verbesserung von Image und Akzeptanz in der Gesellschaft.

Insgesamt eröffnet das Balanced Scorecard-System die Möglichkeit, die Unternehmensstrategien mit ökologischen und sozialen Zielsetzungen zu erweitern sowie die Unternehmens-Performance entsprechend ganzheitlich zu bewerten.

---

[40]   Schaltegger/Dyllick, Nachhaltig managen mit der Balanced Scorecard; Burschel/ et al., a. a. O., S. 331 ff.

[41]   Burschel/et al., a. a. O., S. 338 ff; Gminder/et al., Nachhaltigkeitsstrategien umsetzen mit einer Sustainability Balanced Scorecard, S. 118 f.

4.3.4   Organisationsentwicklung

Der Aufbau eines Öko-Controlling-Systems erfordert nicht nur eine tiefgreifende Veränderung des Informationsmanagements, sondern ebenso Anpassungen der Ablauforganisation und eine Neubestimmung der funktionalen Zuordnung controlling-relevanter Tätigkeiten.[42] Aus den bisherigen Erfahrungen zur Einführung betrieblicher Umwelt-Controlling-Systeme lassen sich zwei organisatorische Schritte als unabdingbar für das Gelingen des Vorhabens ableiten.[43]

• Die Auslegung des Umwelt-Controllings als personale Funktion im Unternehmen. Zum einen gilt es die Aussage „Umweltschutz ist Chefsache" durch Macht- und Fachpromotoren in die betriebliche Praxis umzusetzen. Zum anderen ist eine möglichst umfassende, viele Mitarbeiter einbeziehende Organisation einschlägigen betrieblichen Lernens erforderlich.[44]
• Die Schaffung eines gesamtbetrieblichen Umwelt-Controlling-Gremiums, wofür es hinsichtlich der Struktur und der personellen Zusammensetzung kein Patentrezept gibt. Zumindest sollten in diesem Gremium (z.B. Umwelt-Ausschuss) die Geschäftsführung, die Betriebsbeauftragten für Umweltschutz, die Leiter der ökologisch besonders relevanten Abteilungen sowie Vertreter des Betriebsrates beteiligt sein. Es reicht demnach nicht aus, die Betriebsbeauftragten für Umweltschutz im Sinne eines offensiven Umweltschutzmanagements allein mit den umfassenden Aufgaben der Organisationsentwicklung zu beauftragen.[45]

So betrachtet, bedeutet Umweltschutzorganisation zum Großteil Organisationsentwicklung.[46] Eine mögliche Organisation des Umwelt-Controllings im Unternehmen ist aus Abbildung 4.11 auf der nächsten Seite ersichtlich.[47] Erfahrungsgemäß funktioniert die Implementation des Umwelt-Controllings nur im Rahmen einer Projektteamarbeit, bei der jeweils in Workshops oder Arbeitsgruppen die einzelnen Phasen vorbereitet, koordiniert, kontrolliert und diskutiert werden. Als positiv hat sich die Einrichtung der Stelle eines Umweltbeauftragten erwiesen, der die Umwelt-Controlling-Aufgaben koordiniert und als Prozesspromotor und betriebsinterner Umweltschutzexperte fungiert.

In der Praxis werden die aufgeführten Aufgaben sehr selten von einer Stelle „Umweltcontrolling" im Unternehmen erledigt.[48] Vielmehr sind dafür organisatorische Einheiten aus dem Bereich Umweltmanagement zuständig, unterstützt bei Teilaufgaben vom Controllerdienst. Hierbei sind Konflikte vorgezeichnet, insbesondere, wenn betrieblicher Umweltschutz sich „wirtschaftlich nicht zu rechnen" scheint. In der Regel dominieren dann die (kurzfristigen) ökonomischen Aspekte.

---

[42]   Hallay, Aufbau eines betrieblichen Umwelt-Controllings, S. 10 ff.
[43]   Ebenda, S. 54 ff.
[44]   Seidel/Menn, a. a. O., S. 121
[45]   Hopfenbeck, a. a. O., S. 1000 ff.
[46]   Pfriem, Öko-Controlling und Organisationsentwicklung im Unternehmen, S. 1 und S. 13 f.
[47]   IÖW, a. a. O., S. 17 f.
[48]   Vester, Wenn ich als Biologe Controller wäre, S. 80 f.

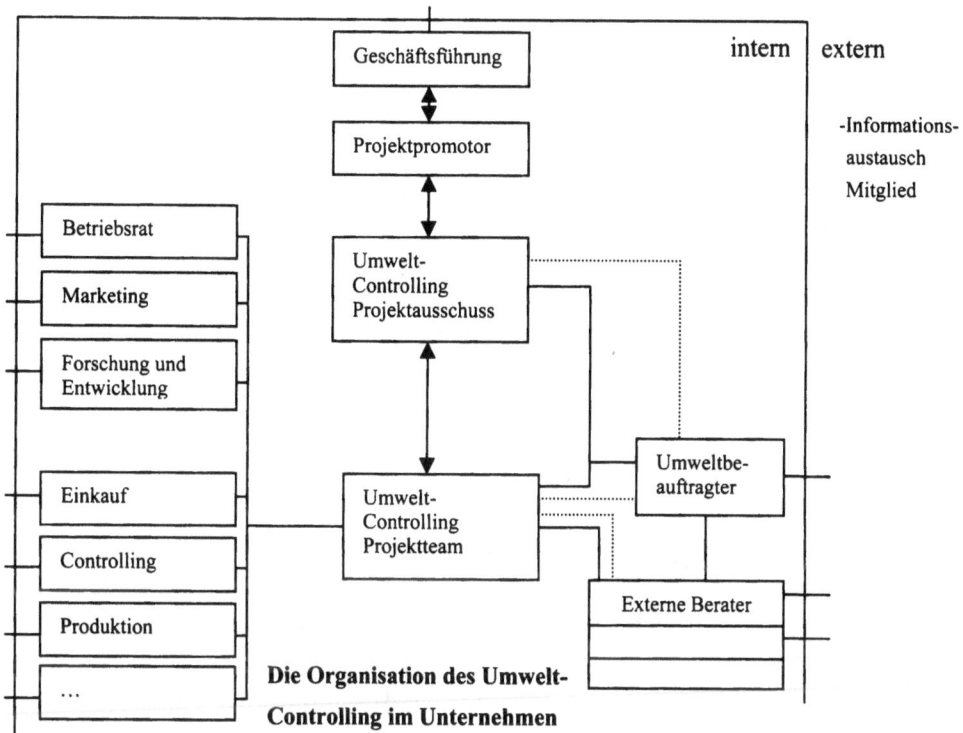

Abb. 4.11: Die Organisation des Umwelt-Controllings im Unternehmen

4.4   Der biokybernetische Ansatz von F. Vester

Mit dem biokybernetischen Ansatz von Frederic Vester werden auch im Hinblick auf das betriebliche Controlling neue Wege bestritten, die sich stark an den Gesetzen der natürlichen Umwelt orientieren.[49] Ausgangspunkt dieses Ansatzes ist das Endziel jeglicher menschlicher Zivilisation, welches nicht in Wirtschaftswachstum, Gewinnmaximierung und dergleichen liegen kann, sondern nur in der Sicherung der Überlebensfähigkeit der Gesellschaft.[50] Dies zieht ein andersartiges Management nach sich, dessen Ansatz als systemisch-evolutionär bezeichnet werden kann und das von der Leitidee der Lebensfähigkeit des Unternehmens ausgeht. Gemäß dieser Denkweise ist davon auszugehen, dass die Ökosystemforderung, die die Entstehung, Struktur und die Dynamik von Wirkungsgefügen untersucht, für die Unternehmensführung in Zukunft möglicherweise wichtiger als die Nationalökonomie sein wird.[51] Vester nennt acht biokybernetische Grundregeln, die darauf abzielen, denjenigen Ordnungs-

---

[49]   Eine Kurzzusammenfassung befindet sich in: Schulz/Schulz, a. a. O., S. 583 ff.

[50]   Vester, Wenn ich als Biologe Controller wäre, S. 80 f.

[51]   Ebenda, S. 85 und S. 110

typ anzustreben, der in Konkurrenz zu anderen Ordnungstypen und Regelsystemen größere Überlebenschancen hat:[52]

1. Negative Rückkopplung muss über positive Rückkopplung dominieren. Das bedeutet, dass in Betriebsabläufen automatische Kontroll- und Steuerungsmechanismen zum Einsatz kommen müssen.

2. Die Systemfunktion muss unabhängig vom Wachstum sein.

3. Das System muss funktions- und nicht produktorientiert arbeiten.

4. Nutzung vorhandener Kräfte nach dem Jiu-Jitsu-Prinzip statt Bekämpfung nach der Boxermethode. Vester führt dazu ein Beispiel an, bei dem es darum geht, Vibrationen und Lärm großer Maschinen möglichst wirksam und ohne große Kosten zu bekämpfen. Wird aus der Maschine, der Verankerung und dem Fundament ein dynamisches System geschaffen, gelingt es die Vibrationen (über ein einfaches Federgerät) sich selbst durch ihre Energie aufheben zu lassen.

5. Mehrfachnutzung von Produkten, Funktionen und Organisationsstrukturen.

6. Recycling: Nutzung von Kreisprozessen zur Abfall- und Wärmeverwertung.

7. Symbiose: Gegenseitige Nutzung von Verschiedenartigkeit durch Koppelung und Austausch.

8. Biologisches Design von Produkten, Verfahren und Organisationsformen durch Feedbackplanung mit der Umwelt.

Während derzeit das traditionelle Denken in Wirkungsketten vorherrscht, für das eine isolierte Betrachtungsweise von Einzelfaktoren, die Dominanz kurzfristiger ökonomischer Ziele etc. typisch sind, involviert der biokybernetische Ansatz ein Denken in Wirkungsnetzen, bei dem eine ganzheitliche Systembetrachtung, Instrumente wie Energie- und Umwelt-Bilanzen etc. dominieren (siehe dazu Abb. 4.12 auf der folgenden Seite).[53]

Im Hinblick auf die Ausgestaltung von Früherkennungssystemen ist dann eine „Früherkennung aus ganzheitlicher Sicht" anzustreben, beispielsweise durch das Abchecken auf Verletzungen der biokybernetischen Grundregeln.[54] Ein „kybernetischer Umweltschutz" würde dann im Gegensatz zu einem „technokratischen Umweltschutz", bei dem durch zusätzliche Maßnahmen bei Beibehaltung der alten Verfahren Kosten entstehen, durch die Vermeidung von Verlusten (i.d.R. Verluste von Abfällen, die die Umwelt verseuchen) Gewinne machen.[55] Die Gedanken von Vester sind vor allem von der „Arbeitsgemeinschaft Wirtschaftswissenschaft und Wirtschaftspraxis im Controlling und Rechnungswesen„ (AWW/Prof. Mayer, FH/Köln) aufgegriffen worden. Sie besitzen gerade aufgrund der Globalisierung von finanz- und ökologischen Problemen nachwievor eine uneingeschränkte Gültigkeit.[56]

[52] Ebenda, S. 94 ff., S. 105 und S. 108 f.
[53] Mayer, Controlling als Denk- und Steuerungssystem, S. 19
[54] Vester, a. a. O., S. 88
[55] Ebenda, S. 106
[56] Siehe dazu: Müller, Grundzüge eines ganzheitlichen Controlling

WIRKUNGSNETZDENKEN BIOKYBERNETISCH	WIRKUNGSKETTENDENKEN TRADITIONELL
Ganzheitliche Systembetrachtung unter Berücksichtigung ökonomischer, sozial-politischer und ökologischer Faktorenverflechtung	Isolierte Betrachtung von Einzelfaktoren und Einzelbereichen
Gleichgewichtsorientierte, rollierende Zielvereinbarungen für eine langfristige Existenzsicherung	Dominanz kurzfristiger ökonomischer Ziele, z.B. Quartals- oder Jahres-ROI in einer Absahnstrategie
Verantwortlicher Technologieeinsatz durch Symbiose und Lernen von der Natur	Unverantwortlicher Technologieeinsatz gegen die Natur
Ergänzung der Handels- und Steuerbilanzen durch eine Strategie-Bilanz, Energie-Bilanz und Umwelt-Bilanz (mit Recycling)	Ergänzung der Handels und Steuerbilanzen durch eine ? ? ?
Gewinnoptimierung für Kapital und Menschen	Gewinnmaximierung primär für das Kapital, den Staat
Unterstützung des biokybernetischen Gleichgewichts der Biosphäre	Negierung des biokybernetischen Gleichgewichts der Biosphäre

Abb. 4.12: Denken in Wirkungsnetzen bzw. Wirkungsketten nach F. Vester

Zusammenfassend stellt Vester folgende biokybernetisch orientierte Anforderungen an ein entsprechendes Controlling-Konzept heraus:[57]

- Die Betrachtung des zu kontrollierenden Systems vor allem als offenes komplexes System in Wechselwirkung mit seiner Umwelt und das Erkennen seiner kybernetischen Dynamik;
- die Durchführung und Beurteilung des klassischen Controllings nur im Feedback mit einem jederzeit einsatzbereiten, auf einer kybernetischen Frühwarnung beruhenden Krisenmanagement;
- die Einführung einer Art Systemverträglichkeitsprüfung, die die biokybernetischen Grundregeln als Checkliste für das Generalziel „Überlebensfähigkeit" benutzt.

Hier schließt sich der Kreis, indem in diesem Buch der Versuch unternommen wurde, praktikable Instrumente für ein umweltorientiertes betriebliches Rechnungswesen anzubieten, die eine „Systemverträglichkeitsprüfung" gestatten.

---

[57] Vester, a. a. O., S. 112 f.

Verzeichnis der Anlagen

Leistungen	Aufwand der STEAG				Nutzen für die Gesellschaft
	72/73 Mio DM	71/72 Mio DM	Veränderung in Mio DM	Veränderung in %	
A. Inneres Beziehungsfeld -Leistungen für Belegschaft	49,37	52,80	-3,43	-6,6	Einkommenssteigerung
-Zuführung zur freien Rücklage	9,50	8,11	1,39	17,1	Sicherung der Arbeitsplätze durch Wachstum und Substanzerhaltung
	58,87	60,91	-2,04	-3,3	
B. Äußeres Beziehungsfeld Leistungen für -Forschung und Entwicklung	9,20	8,25	0,95	11,5	Sicherung der Energieversorgung und Verringerung der Umweltbelastung
-Maßnahmen des Umweltschutzes bei bestehenden Anlagen	11,02	10,34	0,68	6,6	Verringerung von Immissionen
-Beziehungen zur Öffentlichkeit	17,24	16,81	0,43	2,6	Förderung gemeinnütziger Zwecke
	37,46	35,40	2,06	5,8	
C. Summen der Leistungen Inneres und Äußeres	96,33	96,31	0,02	0,02	Diesen Leistungen steht eine an die Aktionäre ausgeschüttete Dividende von unverändert 10 Mio DM (10%) gegenüber
					Der Strompreis blieb mit einer Steigerung von 6,6 % in 12 Jahren praktisch konstant

Anlage 1: Sozialbilanz der STEAG 1971/72 und 1972/73

ökologische Kriterien \ Lebensphasen	Vorproduktgewinung	Herstellung	Transporte	Verwendung	Reparatur/ Wartung	Beseitigung
Rohstoffe						
Art						
Höhe des Verbrauchs						
Effizienz						
Energie						
Art						
Höhe des Verbrauchs						
Effizienz						
Umweltmedien						
Luft Art und Menge der Verschmutzung						
Abbaubarkeit						
Akkumulation						
Ausbreitung						
Geruch						
Verfahren						
Wasser Art und Menge der Verschmutzung						
Höhe des Verbrauchs						
Effizienz						
Verfahren						

Anlage 2/1: Matrix zur ökologischen Produktbewertung (Kurzversion)

Boden	Art und Menge						
Lärm							
	Art der Geräuschemission						
	Höhe der Geräuschemission						
	Ort der Geräuschemission						
Konstruktion							
	Recyclingfähigkeit (Beachtung der Konstruktionsregeln)						
	Lebensdauer (Beachtung der Gestaltungsregeln)						
	Sonstige						
Verpackung							
	Packstoffaufwand						
	Mehrwegverpackungen						
	Recyclingfähigkeit						
Sonstige							
	Kombinationswirkungen						
	Abwärme						
	Erschütterungen						

Anlage 2/2: Matrix zur ökologischen Produktbewertung (Kurzversion)

Checkliste
Aufbau und Umsetzung eines betrieblichen Umwelt-Informationssystems

- Verschaffen Sie sich einen Marktüberblick über EDV-gestützte Expertensysteme im Umweltschutz.

- Unterlegen Sie die Listen ihrer Einkaufsabteilungen für Stoffe und Produkte mit Umweltverträglichkeitskriterien, sogenannten Umweltverträglichkeits-Datenblättern, z.B. indem Sie die Gefährdungsmerkmale der in der Anlage 6 der Gefahrstoffverordnung aufgeführten Stoffe berücksichtigen.

- Verlangen Sie von ihren Lieferanten eine genaue Deklaration der gelieferten Erzeugnisse oder Rohstoffe bezüglich eventuell enthaltener Gefahrstoffe. (Wahrscheinlich sind mehrere Anschreiben notwendig). Sicherheitsdatenblätter nach DIN 52900 beim Lieferanten anfordern! (Vordrucke sind z.B. beim Beuth-Verlag, Berlin erhältlich)

- Legen Sie eigene Datenblätter an für Stoffe und Zubereitungen und integrieren Sie die Sicherheits-Datenblätter und Umweltverträglichkeits-Datenblätter.

- Entwickeln Sie Stoff-Flusspläne zunächst für einzelne Produkte nach dem Muster: Einsatzstoffe, Hilfsstoffe, Prozess plus Emissionen und Abwasserbelastungen, Produkte plus Kuppelprodukte etc.

- Haben Sie eine mengenmäßige Erfassung aller Inputs und Outputs Ihres Produktionsprozesses vorgenommen:

  - Rohstoffe und deren eventuellen Verunreinigungen
  - Produkt
  - Abgase
  - Abwärme
  - Abwasser
  - Lärm

Anlage 3/1: Checkliste zum Aufbau eines Umweltinformationssystems

- Entwickeln Sie Stoff-Flusspläne für größere Betriebseinheiten und schließlich für die gesamte Produktionssphäre des Unternehmens.

- Analysieren Sie alle Bearbeitungs- und Vermischungspunkte von Stoffen und Produkten und versehen Sie die neuen Stoffe, Produkte und Emissionen mit Umweltverträglichkeitskriterien, z.B. unter Berücksichtigung der Anlage 6 der Gefahrstoffverordnung.

- Haben Sie nach Verringerung der ökologischen Einwirkungen gesucht durch:
  - Einsparungen von Stoffen, Wasser, Energie
  - Alternative Einsatzstoffe
  - Modifizierte oder alternative Produktionsprozesse
  - Emissions- und Lärmminderung direkt am Entstehungsort
  - Optimierung von Transportarten und Transportwegen
  - Suche nach Märkten für Nebenprodukte und sonstige Rohstoffe (Abfallbörsen, siehe z.B. Verband der Chem. Industrie, Frankfurt)
  - Innerbetriebliches Recycling
  - Regionale Recycling-Verbände
  - Geregelte und möglichst umweltfreundliche Entsorgung

- Nehmen Sie auf der Basis der Stofflisten und Stoff-Flusspläne eine Risikoanalyse ihrer Läger, Transportvorgänge und Produktionsprozesse vor. (Beratung z.B. durch Versicherungsgesellschaften)

- Stellen Sie sicher, dass der Bereich Forschung und Entwicklung seine neusten Erkenntnisse ständig in die Datenbank des Umwelt-Informationssystems einspeist.

- Stellen Sie eine Nutzung des Umwelt-Informationssystems durch Wertanalyseteams und Quality-Circles sicher.

- Richten Sie ein „Umwelt-Audit" ein und/oder lassen Sie sich extern beraten.

- Integrieren Sie die Bereiche Umweltschutz und Arbeitssicherheit.

- Dokumentieren Sie ihre Entscheidungen und Handlungen in Bezug auf den betrieblichen Umweltschutz.

Anlage 3/2: Checkliste zum Aufbau eines Umweltinformationssystems

Rohstoffreserven

(Erdöl, Erdgas, Eisenerz etc.)

Umwelt- ◄——— Transport ——————— Rohstoffgewinnung ———► Umweltbelastungen
belastung   Energiebedarf

Rohstoffe

(Stahl, Polymere, Zellulose etc.)

Umwelt- ◄——— Transport ——————— Verpackungsherstellung ——► Umweltbelastung
belastung   Energiebedarf

Verpackung (leer)   Reinigung ——► Umweltbelastung

Umwelt- ◄——— Transport ——————— Abpacken
belastung   (Sterilisieren)
                                             Energiebedarf

Transport ——————

Umwelt-
belastung

Umwelt- ◄——Transport——————— Distribution
belastung

Verpackung (gebraucht)   Mehrweg-
                                          Verpackungen

Abfall

Umwelt- ◄——Litter ———————
belästigung

Umwelt- ◄——Transport ——————————————Sammlung
belastung

Recycling

Umweltbelastung

Verbrennung   Kompositierung   Deponie

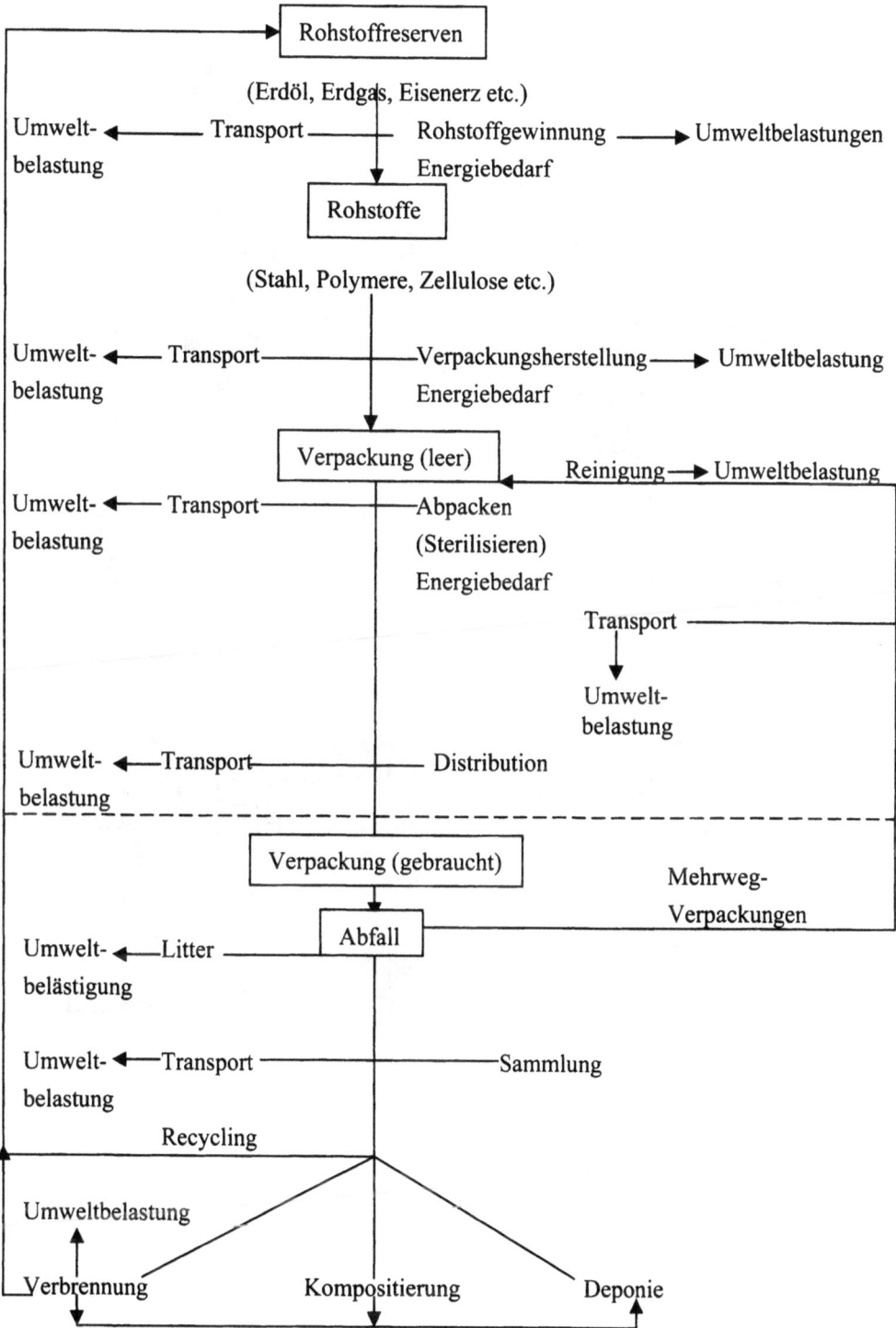

Anlage 4: Ökologie von Verpackungen

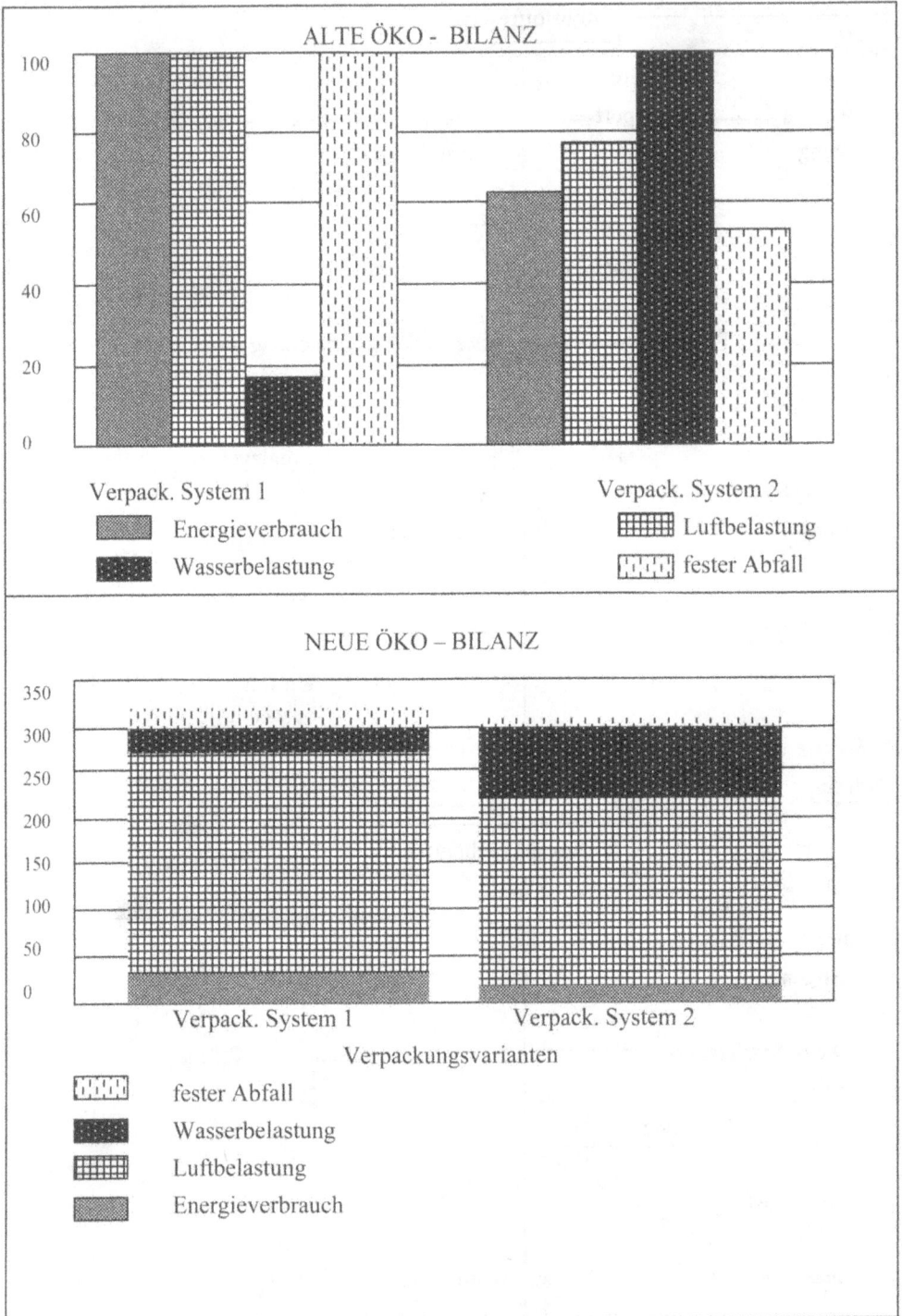

Anlage 5: Vergleich der Öko-Bilanzen von Verpackungssystemen gemäß der BUS- und BUWAL-Studie

Umwelterklärung

pEGUfORM

ᶜ Input/ Outputdaten

INPUT	Einheit	2002	2003	2004	2005	2006	2007
Rohstoffe							
Kunststoffgranulat	to/a	14.148	14.221	14.841	16.270	16.668	18269
Kunststoffsekundärware	to/a	2.061	2.027	2.017	2.467	2.826	3605
PVC	to/a	1.478	1.485	1.353	1.245	1.161	1052
PVC Kaschierfolie	to/a	865	850	890	1.002	1.111	978
Lacke	to/a	865	1.158	1.332	1.519	1.546	1666
Lösemittel	to/a	373	199	120	64	174	155
Lösemittelregenerat	to/a	409	1165	1.311	1.201	1.229	1088
Polyol	to/a	549	597	504	499	470	417
Isocyanat	to/a	242	230	225	225	219	178
Kleber	to/a	138	151	171	140	153	135
Härter	to/a	115	120	124	144	154	180
Hilfs- und Betriebsstoffe							
Hydrauliköl	to/a	53	84	99	67	61	55
Thermalöl	to/a	18	41	15	15	17	21
Säuren und Laugen	to/a	41	23	4,9	25,5	39	46
Flockungsmittel / Entschäumer	to/a	26	72	81	117	132	106
Koaguliermittel	to/a	34	38	11,5	27,2	92,5	53
Verpackungsmaterial							
Kartonagen	to/a	1.300	1.100	1.050	1.000	1.200	1100
Folien	to/a	750	650	700	600	500	500
Medien							
Wasser	m³/a	125.000	130.000	115.928	118.836	128.759	142326
Gas	KWh/a	79.800	76.100	68.529	74.506	76.304	73666
Strom	KWh/a	57.800	65.800	70.721	72.778	72.472	75652

OUTPUT	Einheit	2002	2003	2004	2005	2006	2007
Produkte							
Stoßfänger	Stück/a	1.585.000	1.380.700	1.388 200	1.629.089	1.845.614	2.000.839
Türseitenverkleidungen	Stück/a	1.439.000	1.242.600	1.475.000	1.874.504	1.846.381	1.709.594
Armaturentafel	Stück/a	393.000	369.700	361.000	336.948	321.252	290.998
Schweller	Stück/a	1.143.000	1.282.000	1.559 000	1.621.469	1.795.361	1.952.739
SMC Spoiler	Stück/a			143.000	175.740	301.936	248.350
Kleinteile	Stück/a	440.000	407.000	400.000	480.000	800.000	641.000
Abfälle							
Abfälle zur Verwertung	to/a	6.145	7.739	8.391	8.169	7.651	8.110
Abfälle zur Beseitigung	to/a	18	29	23	25	19	15
Papier und Kartonagen	to/a	340	273	326	285	291	388
Folienabfälle	to/a	57	47	51	62	33	54
Abwasser							
Prozeß- und Sanitärwasser	m³/a	77.800	91.933	80.046	82 194	91.105	123.776
Verdunstung	m³/a	46.000	39.033	35.887	36 642	37.654	18.550
Abluft							
Staub	to/a	7,7*	7,7*	7,7*	7,7*	7,7*	7,7*
Organische Lösemittel	to/a	360*	110*	106*	110*	113*	150*
Gesamt C	to/a	360	108	103	108*	117*	103*
Schall							
Tag	db(A)	43	43	43	43	43	43
Nacht	db(A)	28	28	28	28	28	28

* Werte sind rechnerisch ermittelt

Anlage 6: Input-Output-Analyse (Fa. Peguform)

TP	Prozess :	C-TRANS-Fertigung
	Kostenstellen :	268, 288, 856, 857, 859, 758
	Werk :	B + K Tecklenburg

TP	1	LAGER

- Bereitstellung der benötigten RHB

TP	2	TRANSPORT

- Gabelstapler
- Kran
  - Rollentransport zur Stülpanlage
  - Rollentransport zur Bodenbildung

TP	3	ABWICKELN/STÜLPEN

- Abwickeln des Gewebes von der Rolle
- Stülpen
- Querschneiden
- Längsschneiden

TP	4	BODENBILDUNG

- Inliner einziehen und abschneiden
- Boden auffalten
- Inliner einseitig zuschweißen (Maschine)
- Gewebe-Boden längs- und quervernähen (Maschine) und verkleben (Pistole)

TP	5	SEILEN

- PP-Seil einlegen (Handarbeit)
- PP-Seil einziehen (Maschine)
- verknoten (Hand) und Knoten spannen (Maschine)

TP	6	VERPACKEN

- fertige Säcke in Staplerkiste legen
- Sackfracht pressen (Packvolumen verringern)
  (Gabelstapler und Gewicht)
- Sackfracht incl. Lattenrost zubinden
- Abfall-Folie lose drumlegen

TP	7	TRANSPORT/LAGER

- Transport der verpackten Säcke per Gabelstapler zum Ausgangslager

Anlage 7: Fließschema für den Prozess „Fertigung eines Kunststoff-Spezialsackes"

<u>Bewertungsraster</u>

In der Betriebs- und der Prozessanalyse werden die im Unternehmen eingesetzten Materialien und die Emissionen einzeln nach den angegebenen Kriterien bewertet.

<u>1. Einhaltung umweltrechtlicher Rahmenbedingungen.</u>
(Grenzwerte, Auflagen, Ge- und Verbote, Verordnungen, Vorschriften)
A = werden nicht eingehalten
B = vom Gesetzgeber sind Verschärfungen vorgesehen
C = vorschriftsmäßiger Betrieb, keine Verschärfungen zu erwarten

<u>2. Gesellschaftliche Anforderungen (gesellschaftliche und wissenschaftliche Diskussion,</u>
<u>Kritik bzw. Akzeptanz)</u>
A = starke Kritik vorhanden, bis hin zur Forderung eines Verbotes
B = Kritik vorhanden, Forderung schärferer Bestimmungen
C = keine Kritik vorhanden bzw. bekannt

<u>3. Beeinträchtigungen der Umwelt (ökologisches Normalfallrisiko)</u>
A = besonders relevantes ökologisches Problem
B = ein ökologisches Problem besteht
C = nach vorliegendem Kenntnisstand kein ökologisches Problem

<u>3.2 Wasser</u>
A = besonders relevantes ökologisches Problem
B = ein ökologisches Problem besteht
C = nach vorliegendem Kenntnisstand kein ökologisches Problem erkennbar

<u>3.3 Boden</u>
A = besonders relevantes ökologisches Problem
B = ein ökologisches Problem besteht
C = nach vorliegendem Kenntnisstand kein ökologisches Problem erkennbar

<u>3.4 Toxizität</u>
A = besonders relevantes ökologisches Problem, starke Toxizität, hohe Gesundheitsgefährdung
B = ein ökologisches Problem besteht, mittlere Toxizität, mittlere Gesundheitsgefährdung
C = nach vorliegendem Kenntnisstand kein ökologisches Problem erkennbar, keine Hinweise auf Toxizität bzw. Gesundheitsgefährdung

<u>3.5 sonstige Wirkungen</u>
A = besonders relevantes ökologisches Problem
B = ein ökologisches Problem besteht
C = nach vorliegendem Kenntnisstand kein ökologisches Problem

Anlage 8/1: Bewertungsraster für Umwelteinwirkungen gemäß dem IÖW-Konzept

4. Beeinträchtigungen der Umwelt durch potentielle Störfälle
A = besonders hohe Störfallgefahr bzw. im Störfall besteht ein besonders relevantes ökologisches Problem
B = hohe Störfallgefahr bzw. im Störfall besteht ein ökologisches Problem
C = keine Störfallgefahr bzw. nach vorliegendem Kenntnisstand besteht im Störfall kein ökologisches Problem

5. Internalisierte Umweltkosten (Lager-, Entsorgungskosten, Abgaben, Kontrollaufwand)
A = hoher Aufwand (größer 50 %)
B = mittlerer Aufwand (10-50 %)
C = kein bzw. geringer Aufwand (kleiner als 10 %)

6. Beeinträchtigung der Umwelt im Rahmen der vor- und nachgelagerten Stufen
6.1 vorgelagerte Stufen (Rohstoffgewinnung und Vorproduktion)
A = besonders relevantes ökologisches Problem
B = ein ökologisches Problem besteht
C = nach vorliegendem Kenntnisstand kein ökologisches Problem

6.2 nachgelagerte Stufen (Weiterverarbeitung, Nutzung, Entsorgung)
A = besonders relevantes ökologisches Problem
B = ein ökologisches Problem besteht
C = nach vorliegendem Kenntnisstand kein ökologisches Problem

6.3 Recyclingfähigkeit
A = nicht recyclingfähig, wird nicht recycliert
B = recyclingfähig, wird nicht recycliert
C = recyclingfähig, wird recycliert

7. Produktivität/Verluste
A = hoher Materialverlust (größer 50 %)
B = mittlerer Materialverlust (kleiner 50 %)
C = kein Materialverlust

Zusätzliche Kriterien für die Produktbilanz

8. Beeinträchtigungen durch Entnahme aus der Rückführung in den natürlichen Kreislauf
8.1 Regenerierbarkeit des Rohstoffes
A = größer 30 Jahre
B = 3 – 30 Jahre
C = kleiner 30 Jahre

8.2 Standortveränderung durch die Rohstoffgewinnung
A = starker Eingriff, nicht wiederherstellbare Veränderungen
B = mittlerer Eingriff, mittel – bis langfristig wiederherstellbar
C = geringer Eingriff, kurzfristig wiederherstellbar

8.3 Rückführbarkeit der Entsorgungsrückstände
A = Rückführung nicht schadlos möglich
B = schadlose Rückführung möglich

Anlage 8/2: Bewertungsraster für Umwelteinwirkungen gemäß dem IÖW-Konzept

Erläuterungen zu den einzelnen Bewertungskriterien des Bewertungsrasters mit Hinweisen zur Einstufung

Nachfolgend werden Erläuterungen zu den Bewertungskriterien gegeben. Die zu jedem Kriterium einzelnen zu berücksichtigenden Stoffinformationen werden in den Arbeits-/Fragebögen aufgelistet.

Zu Kriterium 1
Hier werden alle Gesetze und Verordnungen berücksichtigt, die für den Einsatz des Input oder Output im Unternehmen vorgeschrieben sind.
Einstufung B, erfolgt nur, wenn entsprechende Veränderungen vom Gesetzgeber beabsichtigt bzw. festgelegt sind. Diese Einstufung erfolgt nicht im Falle einer diesbezüglichen Diskussion in Öffentlichkeit und Politik (s. Kriterium 2).

Zu Kriterium 2
Dieses Kriterium beurteilt die Akzeptanz eines Input bzw. Output in der breiten Öffentlichkeit, Bürgerinitiativen, politischen Gruppen, Nachbarschaft sowie in der Wissenschaft unter Berücksichtigung der Diskussion bzw. Kritik bezüglich
- des zu beurteilenden Input bzw. Output,
- darin enthaltene (chemische) Stoffe,
- damit verbundene Produkte bzw. Einsatzfelder,
- das Herstellungsverfahren,
- des untersuchten Unternehmens,
- der Branche.

Die zu berücksichtigenden Informationen können zwar vorgegeben werden und ein Anhaltspunkt zur Einstufung liegt vor, eine eindeutige klare Vorgabe zur Einstufung kann aber leider nicht gegeben werden.

Zu Kriterium 3

Zu Kriterium 3.1 Luft
Dieses Kriterium beurteilt das Gefährdungspotential bezüglich der Belastung bzw. Veränderung der Luft bzw. Atmosphäre, das von dem zu bewertenden Stoff ausgeht. Ein eindeutiges vorgegebenes Einstufungsraster liegt hierzu nicht vor, es wird in den konkreten Fällen entschieden.

Zu Kriterium 3.2 Wasser
Dieses Kriterium beurteilt das Gefährdungspotential bezüglich der Belastung des Wassers und den darin existierenden Lebensgemeinschaften, das von dem zu bewertenden Stoff ausgeht. Die Einstufung erfolgt nach der Wassergefährdungsklasse, wenn danach eine Einstufung vorgenommen wurde.
A = WGK 2 und 3
B = WGK 1
C = WGK 0
Eine Mindesteinstufung mit B erfolgt, wenn der Stoff im Sicherheitsdatenblatt mit dem Hinweis vermerkt ist, dass er nicht in die Gewässer gelangen darf.

Anlage 8/3: Bewertungsraster für Umwelteinwirkungen gemäß dem IÖW-Konzept

Zu Kriterium 3.3 Boden
Dieses Kriterium beurteilt das Gefährdungspotential bezüglich der Belastung bzw. Veränderung des Bodens und der darin existierenden Lebensgemeinschaft, das von dem zu bewertenden Stoff ausgeht. Ein eindeutiges vorgegebenes Einstufungsraster liegt hierzu nicht vor, es wird in den konkreten Fällen entschieden.

Zu Kriterium 3.4 Toxizität
Die Bewertung erfolgt vor allem unter Berücksichtigung der krebserzeugenden, erbgutschädigenden, fruchtschädigenden Wirkung, der Einstufung in der GefahrStV und der MAK-Werte.
A = wenn ein Stoff krebserzeugend oder dessen verdächtig, frucht- bzw. erbgutschädigend und/oder in der GefahrStV als sehr giftig, giftig oder mindergiftig eingestuft wird und/oder sonstige irreversible Schäden auftreten können;
B = wenn ein Stoff Gesundheitsbeeinträchtigungen hervorruft, mindestens B wenn für ein Stoff MAK- bzw. TRK-Werte aufgestellt wurden;
C = wenn nach vorliegenden Informationen keine Gesundheitsschäden zu erwarten sind.

Zu Kriterium 4 Störfall
Dieses Kriterium berücksichtigt zum einen das Gefahrenpotential, das von dem Stoff im Störfall ausgeht, d.h. hier wird auch das Kriterium 3 einbezogen. Zum anderen wird das Potential des Stoffes berücksichtigt, selbst einen Störfall auszulösen.
Mit A werden Stoffe bewertet, die beim Kriterium 3 mit A bewertet wurden. Stoffe, die schon bei Normaltemperaturen entzündbar sind, werden auch mit A eingestuft. Eine genaue Vorgabe zur Einstufung darüber hinaus wurde noch nicht vorgenommen. Eine Einstufung unter Einbeziehung des „Gefahrendiamant" im „Hommel" ist zu überprüfen.

Zu Kriterium 6.1 Beeinträchtigung der Umwelt durch vorgelagerte Stufen
Hier werden die vorgelagerten Stufen (Rohstoffgewinnung und Vorproduktion) des zu untersuchenden Stoffes mit ihren Umweltwirkungen grob beurteilt. Eine Einstufung mit A erfolgt, wenn in der Vorproduktion bekannterweise Roh-, Hilfs- und Betriebsstoffe zum Einsatz kommen bzw. entstehen, die nach dem Kriterium 3 mit A eingestuft würden. Entsprechend erfolgt die Bewertung mit B, wenn bekannterweise Roh-, Hilfs- und Betriebsstoffe zum Einsatz kommen bzw. entstehen, die nach dem Kriterium 3 mit B eingestuft würden. Eine Bewertung mit C erfolgt, wenn die Vorproduktion ohne umweltschädigende Wirkungen abläuft.

Kriterium 6.2 Beeinträchtigung der Umwelt durch nachgelagerte Stufen
Für die Weiterverarbeitung gilt die in Punkt 6.1 angegebene Einstufung. Für die Entsorgung wird die Entsorgungsart nach Sonderabfall (A) und Hausmüll-/ähnlichen Gewerbeabfall (B) berücksichtigt.

Kriterium 6.3 Recyclingfähigkeit
Dieses Kriterium soll den Umstand bewerten, inwieweit ein Stoff recycliert wird bzw. die Möglichkeit dazu besteht.

Anlage 8/4: Bewertungsraster für Umwelteinwirkungen gemäß dem IÖW-Konzept

Zu Kriterium 7 Produktivität/Verlust

Hier wird im Vergleich der in der Produktion eingesetzten Materialien und der Materialien in den Endprodukten eine Abschätzung über die Ausnutzung des zu bewertenden Stoffes gemacht. Betrachtet werden dabei auch entstehende Abfälle und sonstige Emissionen.

Zur Beurteilung des Wassereinsatzes (Betriebsstoffe) erfolgt diese qualitativ grob nach der Einstufung

A = Nutzung von Grund- bzw. Trinkwasser

B = Nutzung von Oberflächenwasser

C = Nutzung von (wiederaufbereitetem) Abwasser bzw. Wasser im Kreislaufverfahren

Eine quantitative Einstufung ist erstrebenswert, wurde bisher aber nicht vorgenommen, mit einer genauen ergänzenden Definition

A = hoher Wasserbedarf

B = mittlerer oder niedriger Wasserbedarf

C = kein oder fast kein Wasserbedarf

Auf der Grundlage der hier angeführten Kriterien würde Wasser bei den Kriterien 3.2 bis 3.4 entsprechend der vorgenommenen Einstufung zum Wasserbedarf eingestuft werden, da ein hoher Bedarf an Wasser, vor allem Trink- und Grundwasser zu Beeinträchtigungen der in den Medien Wasser und Boden existierenden Lebensgemeinschaften, aber auch für den Mensch eine Belastung darstellt.

Anlage 8/5: Bewertungsraster für Umwelteinwirkungen gemäß dem IÖW-Konzept

INPUT	1989	1990	1991
I 1. Umlaufgüter (kg)		12.530.749	13.966.024
1.1 Rohstoffe	3.999.664	3.854.584	4.371.740
1.2 Halb- und Fertigware	[1]	2.219.558	2.524.269
1.3 Hilfsstoffe	4.266.716	4.859.858	5.356.363
1.4 Betriebsstoffe	1.893.440	1.596.749	1.713.652
I 2. Anlagegüter			
2.1 Gebäude			
2.2 Produktionsmaschinen			
2.3 Fuhrpark			
2.4 EDV-Anlagen			
I 3. Energie (kWh)	161.000.240	157.874.854	164.211.424
3.1 Gas (kWh)	10.522.500	10.148.282	14.790.205
3.2 Strom (kWh)	45.602.000	47.998.542	50.603.569
3.3 Öl gesamt (kWh-Hu)	91.875.740	86.432.590	85.374.970
3.4 Treibstoff (kWh-Hu)	13.000.000[2]	13.259.440	13.442.680
I 4. Wasser (m^3)	507.340	538.000[3]	596.947
4.1 Stadtwasser	421.507	412.500[3]	457.666
4.2 Rohwasser	85.833	125.500[3]	139.281
I 5. Luft			
I 6. Boden (m^2)	738.924	706.059	706.059
6.1 versiegelt	80.000[2]	64.342	64.342
6.2 grün	524.487	509.489	509.489
6.3 überbaut	134.437	132.228	132.228
6.4 Nutzfläche	114.538	186.100	186.100

[1] Daten wurden 1989 nicht erfasst   [2] Geschätzter Wert   [3] Bereinigter Wert

Kommentar

Die oben stehenden Bilanzen zeigen erstmals die INPUT-OUTPUT-Daten im Vergleich über mehrere Jahre. Für die Auswertung der Öko-Bilanz ist diese jährliche Fortschreibung eine notwendige Voraussetzung. Allerdings kann jederzeit nur von einer Datengenauigkeit von 90 % ± 10 % ausgegangen werden. Die jährliche „Übung" wird diesen Prozentsatz verbessern. Der Begriff „Bilanz" erscheint insofern angemessen, als die Menge der eingehenden Materie und Energie (INPUT) der Menge der abgehenden Materie und Energie (OUTPUT) über die Zeit entsprechen muss. Materie und Energie können nicht verloren gehen*). Sie können nur in umgewandelter Form den Betrieb wieder verlassen. Insgesamt kann bereits eine weitgehende Ausgewogenheit zwischen der eingehenden Menge an Umlaufgütern (12.530.749 kg) und der

*) Erster Hauptsatz der Thermodynamik

Anlage 9/1: Auszug aus dem Öko-Bericht der Kunert AG

OUTPUT	1989	1990	1991
1. Produkte (kg)		8.884.242[3]	8.523.480
1.1 Beinbekleidung	[3]	5.304.233	5.071.868
1.2 Oberbekleidung	[3]	166.966	115.485
1.3 Garne	[3]	118.622	288.005
1.4 Produktverpackung	[1]	3.294.421	3.048.122
2. Abfälle (kg)	3.133.280	2.522.877	2.752.345
2.1 Sonderabfälle	35.280	25.848	25.451
2.2 Wertstoffe	1.372.000	1.389.029	1.690.402
2.3 Restmüll	1.726.000	1.108.000	1.036.492
3. Energieabgabe			
3.1 nutzbare Energie			
3.2 ungenutzte Energie			
3.3 Lärm			
4. Abwässer (m3)	372.185	403.460[5]	418.025
4.1 Menge (m3)	372.185	403.460[5]	418.025
4.2 Belastung			
5. Abluft			
5.1 Menge			
5.2 Belastung			
6. Bodenbelastung			

[4] Daten wurden von 1989 in Stück und nicht nach Gewicht erfasst   [5] Bereinigter Wert

abgehenden Menge an Produkten und Abfällen (11.407.119 kg) festgestellt werden. Die geringere Menge auf der OUTPUT-Seite ist nicht zuletzt dadurch zu erklären, dass die INPUT-Seite, d.h. der Einkauf aus Kostengründen betriebswirtschaftlich traditionell bisher genauer erfasst wurde als die OUTPUT-Scite, insbesondere die Abfallmengen.

Die Bilanzzahlen machen zunächst ein kontinuierliches Wachstum der eingesetzten Rohstoffmengen sichtbar. Dies stimmt mit den gestiegenen Produktions-mengen

überein. Wie die OUTPUT-Seite zeigt, weist die verkaufte Produktmenge, also nicht die produzierte, demgegenüber einen leichten Rückgang auf.

Die Diskrepanz zwischen dem INPUT an Rohstoffen und dem OUT-PUT an Produkten ist zum einen in einem Aufbau von Lagerständen

Anlage 9/2: Auszug aus dem Öko-Bericht der Kunert AG

1.3 Hilfsstoffe
1.4 Farben

Nr. Art.	Prozentanteile		
	1989	1990[2]	1991
I 1.3.1 Farben[1]	100,0	100,0	100,0
1.3.1.1 schwarz	76,0	83,1	81,0
1.3.1.2 gelb	0,9	4,2	4,0
1.3.1.3 rot	0,0	2,8	3,0
1.3.1.4 blau	2,5	6,8	8,1
1.3.1.5 braun	2,7	1,6	1,8
1.3.16 andere Farben	17,9	1,5	2,1

1) Definierte Farben der Fa. CIBA-GEIGY, Hoechst, Bayer etc.
die aus Wettbewerbsgründen nicht benannt werden.

2) Neue Erfassungsstruktur ab 1990

Hinweis: Die Anteile der verschiedenen Farben sind stark mode-
abhängig und ändern sich von Jahr zu Jahr.

Kommentar

Der Trend zur Modefarbe Schwarz ist ungebrochen stark: bis 1991 nahm ihr Anteil um
rund fünf Prozent zu. Daher und durch die ab
1990 getrennt ausgewiesenen Farben „Gelb"
und „Rot" hat sich der Anteil an „sonstigen
Farben" reduziert.

Durch chromfreie Farbmischungen wurde
das Chromproblem der Färbereiabwässer
weitestgehend gelöst. Zunächst gelang es,
die dominante Modefarbe Schwarz chromfrei in den marktnotwendigen
Beständigkeiten zu entwickeln. Diese Farb-
typen sind für alle konventionellen Färbear-
ten geeignet, lediglich die Colorplastanlagen
bedürfen noch der herkömmlichen Farbstoffe. In der gesamten Gruppe ging man nach
diesen Erfolgen daran, die anderen chrom-
haltigen Farben auf neue Rezepturen umzu-
stellen. Auch dies gelang. Diese Initiative
ist, wie wir zwischenzeitlich wissen, verbunden mit Zugeständnissen an Farbbrillanz und
Farbechtheit bei bestimmten Materialien. So
ist z.B. eine brillante chromfreie Schwarz-
färbung der Mikrofaserstrumpfhosen nicht
möglich: Der Markt würde eine „chromfrei
gefärbte" Strumpfhose als unansehnlich
zurückweisen.

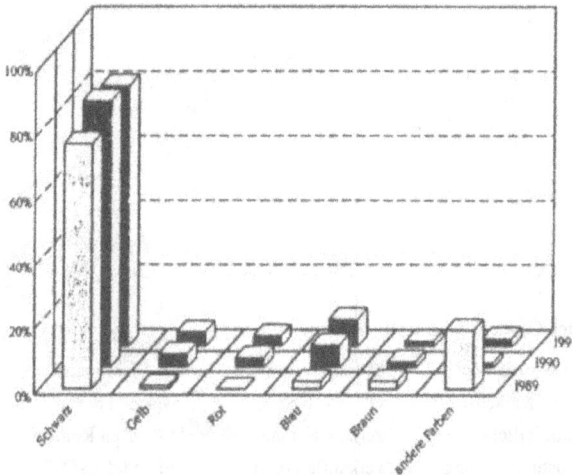

Anlage 9/3: Auszug aus dem Öko-Bericht der Kunert AG

Vertikale (Spalten):
1. Rohstofferschließung und -verarbeitung
2. Transport
3. Vorleistungsproduktion
4. Transport
5. Produktion
6. Handel/Vertrieb
7. Ge- und Verbrauch
8. Transport
9. Beseitigung

Horizontale	1	2	3	4	5	6	7	8	9		
111 Energetischer Aufwand										Rohstoffe (11-19)	Dimension Natur (1-3)
121 Rohstoffverbrauch											
131 Bodenverbrauch											
141 Wasserverbrauch											
151 Abfallaufkommen											
211 Immissionssituation										Umweltmedien (21-29)	
2111 – Emission von festen und gasförmigen Schadstoffen											
2112 – Sonstige Beeinflussung der Immissionssituation											
221 Schadstoffeintrag in den Boden											
231 Emission flüssiger Schadstoffe											
241 Wirkung auf Temperatur, Strahlung und Wind											
311 Flora										Mitwelt (31-39)	
321 Fauna											
331 Beeinflussung zusammenhängender Lebensräume											
411 Arbeitsqualität (i.e.S.)										Arbeitsqualität (41-49)	Dimension Gesellschaft (4-6)
421 Arbeitszufriedenheit											
432 Arbeitsunfälle											
441 Schadstoffbelastung am Arbeitsplatz											
461 Zeitsouveränität											
511 Individuelle Gestaltungsmöglichkeiten										Individuelle Freiheiten (51-59)	
521 Gesundheit/Wohlbefinden											
531 Sicherheit											
541 Förderung des Einzelnen in der Gemeinschaft											
611 Flexibilität/Veränderbarkeit										Gesellschaftliche Aspekte (61-69)	
651 Internationale Beziehungen											
671 Kulturelle Pluralität											
711 Individuelle Kosten										Allokationsaspekte (71-89)	Dimension Wirtschaft (7-9)
721 Produktqualität											
811 Arbeitsvolumen											
8111 – formelles Arbeitsvolumen											
8112 – informelles Arbeitsvolumen											
821 Kapitalaufwand											
823 Rendite											
851 Internationale Arbeitsteilung											
911 Einkommensverteilung										Verteilungswirkungen (91-99)	
921 Vermögensbildung											
931 Öffentliche Haushalte											

Anlage 10: Detaillierte Produktlinienmatrix

Konto	Menge in physikalischen Maßeinheiten	Äquivalenzkoeffizient (AeK)	RE
1. Energieverbrauch			
1.1 Elektrizität	6 803 525 kWh	15,75 RE/MWh	107 156
1.2 Gas	43 890 m³	0,022 RE/m³	966
1.3 Heizöl, leicht	98 292 l	0,013 RE/Liter	1 278
Heizöl, mittel	1 976 780 l	0,013 RE/Liter	25 698
Heizöl, schwer	534 880 l	0,013 RE/Liter	6 953
1.4 Autobenzin	108 322 l	0,013 RE/Liter	1 408
1.5 Dieselöl	177 500 l	0,013 RE/Liter	2 308
Subtotal Energie			145 767
2. Materialverbrauch			
2.1 Weißblech			
bestehend aus:			
Eisen	2 453 800 kg	0,0388 RE/to	95
Zinn	20 700 kg	72,7 RE/kg	1 504 890
Mangan	12 435 kg	0,01565 RE/to	195
2.2 Lötzinn bestehend aus:			
Zinn	5 239 kg	72,7 RE/kg	380 875
Blei	7 111 kg	3,1 RE/kg	22 044
2.3 Aluminium	18 787 kg	66,5 RE/to	1 249
2.4 Polyäthylen, Polystyrol	243 456 kg	0,0144 RE/kg	3 505
2.5 Polyvinychlorid	36 917 kg	0,00654 RE/kg	241
2.6 Glas	913 468 kg	0	0
2.7 Deckel zu Gläsern, aus:			
Eisen	64 248 kg	0,0388 RE/to	2
Zinn	400 kg	72,7 RE/kg	29 080
Mangan	310 kg	0,01565 RE/kg	5
2.8 Papier, Karton	683 166 kg	0	0
Subtotal Material			1 942 181
3. Bodenverbrauch	0 m²		0
4. Feste Abfälle			
4.1 ungiftige, deponierbare	1 445 m³	0,0114 RE/m³	16
5. Abwasser			
5.1 Phosphorgehalt	347 kg	295,32 RE/kg	102 476
6. Gasförmige Abfälle			
6.1 Schwefeldioxid SO_2	81 000 kg	1,12 RE/to	91
6.2 Kohlenmonoxid CO	32 208 kg	61,6 RE/to	1 984
6.3 Kohlendioxid CO_2	8 245 400 kg	0,05 RE/to	412
6.4 Kohlenwasserstoffe	22 242 kg	1401 RE/to	31 161
6.5 Stickoxide	19 614 kg	37,6 RE/to	737
Subtotal Gase			34 385

Anlage 11/1: Ökologische Buchhaltung für die Firma Roco-Konserven

Konto	Menge in physikalischen Maßeinheiten	Äquivalenzkoeffizient (AeK)	RE
7. Abwärme			
7.1 aus Elektrizität	5 851 Gcal	14,76 RE/Tcal	86
7.2 aus Gas	307 Gcal	14.76 RE/Tcal	5
7.3 aus Erdölderivaten	26 356 Gcal	14.76 RE/Tcal	389
Subtotal Abwärme			480
8. Umwelteinwirkungen in Haushalten			
8.1 verbrennbarer Hausmüll (resultierende Verbrennungsrückstände)	994 m³	0,0114 RE/m3	11
8.2 PVC-Abfälle (resultierendes HCl bei Verbrennung)	21 042 kg	9,72 RE/to	205
Subtotal Haushalte			216
9. Materialweiterlieferungen			
9.1 Lieferungen Leerdosen an andere Konservenfabriken bestehend aus:			
Eisen	523 490 kg	0,0388 RE/to	20
Zinn	5 520 kg	72,7 RE/kg	401 304
Mangan	2 640 kg	0,01565 RE/kg	41
Blei	1 520 kg	3,1 RE/kg	4 712
Subtotal Weiterlieferungen			406 077
Rekapitulation			
Energieverbrauch			145 767
Materialverbrauch			1 942 181
./. Materialweiterlieferung			./. 406 077
Feste Abfälle			16
Abwasser			102 476
Gasförmige Abfälle			34 385
Abwärme			480
Einwirkungen bei Haushalten			
Totaleinwirkung			216
Roco 1975			1 819 444

Anlage 11/2: Ökologische Buchhaltung für die Firma Roco-Konserven

Literatur

ABB F./WEEBER J., Systeme sozialer Indikatoren, in: WISU, 4/1989, S. 239 – 243

ADLER H. /DÜRING W./SCHMALTZ K., Rechnungslegung und Prüfung der Aktiengesellschaft. Handkommentar, 4. Auflage, Band 1, 1980

AHBE S./BRAUNSCHWEIG A./MÜLLER-WENK R., Methodik für Ökobilanzen auf der Basis ökologischer Optimierung, Bundesamt für Umwelt, Wald und Landschaft (Hrsg.), Schriftenreihe Umwelt Nr. 133, 1990

ALBACH H., Kosten, Transaktionen und externe Effekte im betrieblichen Rechnungswesen, in: ZfB, 11/1988, S. 1143-1170

ALBER S., Ökobilanzen von Verpackungssystemen: Theoretische Grundlagen, in: Institut für Wirtschaft und Umwelt des Österreichischen Arbeiterkammertages, Informationen zur Umweltpolitik, Nr. 24/1985

ANNIGHÖFER F./ALTENBURG K.G., Kosten in den Griff bekommen, in: Chemische Industrie, 3/1989, S. 16-20

ANTES R., Umweltschutzinvestitionen als Chancen des aktiven Umweltschutzes für Unternehmen im sozialen Wandel, Schriftenreihe des IÖW, 16/1988

BAHADIR M./ PARLAR H./SPITELLER (Hrsg.), Technikfolgenabschätzung (TA), in: Springer Umweltlexikon, 2. Auflage, 2000, S. 1149

BAUMAST A., Betriebliches Umweltmanagement im Jahr 2022 – ein Ausblick, in: Baumast A./ Pape J. (Hrsg.), Betriebliches Umweltmanagement. Theoretische Grundlagen. Praxisbeispiele, 2. Auflage, 2003, S. 255-267

BAUMGARTNER T., Die Bewertung von Produkten, in: Grießhammer R. (Hrsg.), Produktlinienanalyse und Ökobilanzen, Öko-Institut, 1991, S. 22-23

BAUMGARTNER T./RUBIK F., Produktlinienanalyse. Materialien, Kontaktstudium Management, 1991, in: Wagner B., Umweltbewußte Unternehmensführung. Konzeption, Realisierung, Erfolgspotentiale, 1992, S. 7

BAUMGARNTER T./RUBIK F./TEICHERT V., Die gegenwärtige Produktpolitik und ihre Umgestaltung mit Hilfe der Produktlinienanalyse, in: Öko-Institut (Hrsg.), Wertstattreihe Nr. 54, 1989

BECHMANN A., Bewertungsverfahren – der handlungsbezogene Kern von Umweltverträglichkeitsprüfungen, in: Hübler K.H./Zimmermann O. (Hrsg.), Bewertung der Umweltverträglichkeit, 1989, S. 84-103

BECHMANN A., Die Nutzwertanalyse, in: Storm P.-C./Bunge T. (Hrsg.), Handbuch der Umweltverträglichkeitsprüfung (UVP), 9/1988, 3510/ S. 1-23

BECHMANN A., Umweltverträglichkeit als Testkriterium – Argumente für eine ökologische Erweiterung des vergleichenden Warentests, Werkstattberichte des Institutes für Landschaftsökonomie Heft 6, 1985

BECHMANN A./HOFMEISTER S./SCHULTZ S., Leistungsfähigkeit der Stoff- und Energiebilanz als Instrument der umweltbezogenen Planung betrieblicher Prozesse, dargestellt an sieben Fallstudien. Ergänzungsbericht zu: Umweltbilanzierung – Darstellung und Analyse zum Stand des Wissens zu ökologischen Anforderungen an die ökonomisch-ökologische Bilanzierung von Umwelteinflüssen, Band 2, im Auftrag des Umweltbundesamtes, Forschungsbericht 101 04 050, 1985

BECK U., Weltrisikogesellschaft. Die globalen Gefährdungen - vom Terror bis zum Klimawandel, 2007

BECKENBACH F., Die Umwelt im (Zerr-)Spiegel der Innenwelt – Überlegungen zur Monetarisierung des Umweltverzehrs, in: IÖW (Hrsg.), Möglichkeiten und Grenzen der Monetarisierung von Natur und Umwelt, Schriftenreihe des IÖW 20/88, 1989, S. 3-18

BESCHORNER D., Betriebswirtschaftliche Instrumente ökologischer Bilanzierung, in: Held M. (Hrsg.), Ökologisch Rechnen im Betrieb. Umweltbilanzierung als Grundlage umweltfreundlichen Wirtschaftens im Dienstleistungsbetrieb, Tutzinger Materialie Nr. 33, 1986, S. 30-37

BESCHORNER D., Öko-Bilanz: Entscheidungshilfe für eine umweltfreundlichere Wirtschaftsweise?, in: Freimann J. (Hrsg.), Ökologische Herausforderung der Betriebswirtschaftslehre, 1990, S. 163-176

BETGE P. Bestimmung der sozialen Kosten des Einsatzes moderner Produktionstechnologie, in: Zfbf, 6/1988, S. 517-541

BIEDENKOPF K.H., Ökologie in der Sozialen Marktwirtschaft, in: Beschlüsse des 40. Landesparteitages der CDU Westfalen-Lippe vom 10. Dezember 1983

BINSWANGER H.C., Dringlichkeit der Verzahnung von Wirtschafts- und Umweltpolitik, in: Binswanger H.C./Bonus H./Timmermann M. (Hrsg.), Wirtschaft und Umwelt. Möglichkeiten einer ökologieverträglichen Wirtschaftspolitik, 1981, S. 29-83

BLOHM H./LÜDER K., Investition. Schwachstellen im Investitionsbereich des Industriebetriebes und Wege zu ihrer Beseitigung, 7. Aufl., 1991

BÖHRET C./FRANZ P., Technologiefolgenabschätzung. Institutionelle und verfahrensmäßige Lösungsansätze, 1982

BONUS H., Instrumente einer ökologieverträglichen Wirtschaftspolitik, in: Binswanger H.C./Bonus H./Timmermann M. (Hrsg.), Wirtschaft und Umwelt. Möglichkeiten einer ökologieorientierten Wirtschaftspolitik, 1981, S. 84-163

BONUS H., Ökonomisches Umweltverhalten – ein komplexes Lernziel, in: Siemens AG (Hrsg.), Umweltschutz – Versuch einer Systemdarstellung, 1986, S. 45-52

BORDSDORFF A./LIMBACH E., Das neue Umwelthaftungsrecht, in: Umweltwissenschaften und Schadstoff-Forschung. Zeitschrift für Umweltchemie und Ökotoxikologie, 4(2)/1992, S. 107-109

BRAUN F., Rechenschaftslegung zur Umweltbelastung und zum Umweltschutz von Industrieunternehmen. Grundriss für Manager, Berater und Wirtschaftswissenschaftler, 1974

BRAUNSCHWEIG A., Die Ökologische Buchhaltung als Instrument der städtischen Umweltpolitik, 1988

BROKATZKY W., Umweltmanagement in der Migros: Von konkreten Vorgaben und Zielen zu Resultaten, in: Dyllick T. (Hrsg.), Ökologische Lernprozesse in Unternehmungen, 1991, S. 71-93

BRUCK C.G. VOM/CMELKA D./WOLF F.V., Verpackung aus der Sicht des Herstellers, in: Verpackungs-Rundschau, 5/1977, S. 37-43

BUND für Umwelt und Naturschutz Deutschland und Brot für die Welt, Evangelischer Entwicklungsdienst (Hrsg.), Zukunftsfähiges Deutschland in einer globalisierten Welt. Ein Anstoß zur gesellschaftlichen Debatte. Eine Studie des Wuppertal Instituts für Klima, Umwelt, Energie, 2008.

BURSCHEL C./LOSEN D./WIENDL A., Betriebswirtschaftslehre der Nachhaltigen Unternehmung, 2004

BUS (Hrsg.), Ökobilanz von Packstoffen. Bundesamt für Umweltschutz Schweiz, Schriftenreihe Umweltschutz Nr. 24, 1984

CLAUSEN J., Ökologische Kennzahlen für Unternehmen, in: IÖW/VÖW-Informationsdienst, 2/1992, S. 10

COENENBERG A.G./WEISE E./ECKRICH K. (Hrsg.), Ökologie-Management als strategischer Wettbewerbsfaktor, 1991

CORSTEN H./GÖTZELMANN F., Ökologische Aspekte des betrieblichen Leistungsprozesses (I und II), in: WISU, 6/1989, S. 350-355 und WISU, 7/1989, S. 409-414

DER SPIEGEL, Kampf um den Untergrund, Heft 26/2009, S. 74

DATEV, Zukunft gestalten. Gemeinsam. Nachhaltige Entwicklung durch Werte für Kunden und Mitarbeiter, in: forum. Nachhaltig Wirtschaften. Unternehmen im Gesundheitscheck, 2009, S. 82 f.

DEUTSCHE BANK, Umweltschutz. Fakten, Prognosen, Strategien, Mittelstandsbroschüre 11, 1988

DIERKES M., Gesellschaftsbezogene Berichterstattung. Was lehren uns die Experimente der letzten 10 Jahre? In: ZfB, 12/1984, S. 1210-1235

DIERKES M., Was ist und wozu betreibt man Technologiefolgen-Abschätzung? In: Bullinger H.-J. (Hrsg.), Handbuch des Informationsmanagements im Unternehmen. Technik-Organisation-Recht-Perspektiven, Band II, 1991, S. 1496-1518

DIERKES M./HOFF A., Sozialbilanzen und gesellschaftsbezogene Rechnungslegung in der Bundesrepublik Deutschland – Eine Analyse der bisherigen Experimente, in: Hoffmann-Nowotny H.-J. (Hrsg.), Sozialbilanzierung, 1981, S. 9-67

DYCKHOFF H./SOUREN R., Nachhaltige Unternehmensführung, Grundzüge industriellen Umweltmanagements, 2008

DYLLICK T., Ökologisch bewusste Unternehmensführung: der Beitrag der Managementlehre, 1989

EG-KOMMISSION, Die Kommission schlägt ein freiwilliges Öko-Audit-System für Unternehmen auf Gemeinschaftsebene vor, Information vom 19. Dezember 1991, S. 1-5

EICHHORN P., Gesellschaftsbezogene Unternehmensrechnung, 1974

EICHHORN P., Gesellschaftsbezogene Unternehmensrechnung. Ein neuer Ansatz, in: Pieroth E. (Hrsg.), Sozialbilanzen in der Bundesrepublik Deutschland. Ansätze-Entwicklungen-Beispicle, 1978, S. 74-84

EICHHORN P., Gesellschaftsbezogene Unternehmensrechnung und betriebswirtschaftliche Sozialindikatoren, in: Zfbf-Sonderheft, 5/1976, S. 159-169

EICHHORN P., Umweltschutz aus der Sicht der Unternehmenspolitik, in: Zfbf, 1972, S. 633-649

EISELE W., Technik des betrieblichen Rechnungswesens. Buchführung-Kostenrechnung-Sonderbilanzen, 4. Aufl., 1990

ENDRES A., Die Pigou-.Steuer, in: WiSt, 8/1986 S. 407-408

ENDRES A., Umwelt- und Ressourcenökonomie, 1985

ESCHKE K.-R., Ökobilanz – der Schritt in die richtige Richtung? in: Neue Verpackung, 2/1992, S. 52-53

EWERS H.-J., Technik- und problemadäquate Steuerungs- und Anreizstrukturen, in: Albach H./Schade D./Sinn H. (Hrsg.), Technikfolgenforschung und Technikfolgenabschätzung. Tagung des Bundesministers für Forschung und Technologie 22. bis 24. Oktober 1990, S. 345-362

FASSBENDER-WYNANDS E./SEURING S.A., Grundlagen des Umweltcontrolling - Aufgaben, Instrumente, Organisation, in: Baumast A./ Pape J. (Hrsg.), Betriebliches Umweltmanagement. Theoretische Grundlagen. Praxisbeispiele, 2. Auflage, 2003, S. 135-149

FISCHBACH S., Instrumente zur ökologisch orientierten Unternehmenssteuerung, in: Freidank C.-C./Mayer E. (Hrsg.), Controllingkonzepte. Neue Strategien und Werkzeuge für die Unternehmenspraxis, 5. Aufl., 2001

FISCHER H., Environmental Cost Management, in: Fischer H./Wucherer C./Wagner B./Burschel C. (Hrsg.), Umweltkostenmanagement. Kosten senken durch praxiserprobtes Umweltcontrolling, 1997, S. 1-27

FISCHER-WINKELMANN W.F., Gesellschaftsorientierte Unternehmensrechnung, 1980

FICHTER K./LOEW T./STROBEL M., Flußkostenmanagement, in: Umweltwirtschaftsforum, Heft 1, 2000, S. 72-76

FLECKENSTEIN K., Die Haftung für Umwelteinwirkungen und ihre Reform, in: Wagner G.R. (Hrsg.), Unternehmung und ökologische Umwelt, 1990, S. 220-228

FLEISCHMANN E./PAUDTKE H., Rechnungswesen: Kosten des Umweltschutzes, in: Vogl J./Heigl A./Schäfer K. (Hrsg.), Handbuch des Umweltschutzes, Teil III, 1988, S. 1-23

FOLLMANN R., Ökologie und Ökonomie. Verantwortung und Herausforderung für die Unternehmensführung, in: Zfo, 2/1989, S. 107-111

FÖRDERKREIS UMWELT FUTURE E.V. (Hrsg.), Von der Öko-Bilanz zum Öko-Controlling. Chancen umweltorientierter Unternehmenspolitik, future-forum 1988, 1989

FRANKE M., Umweltauswirkungen durch Verpackungen – Systemvergleich, 1983

FREIMANN J., Instrumente sozial-ökologischer Folgenabschätzung im Betrieb, 1989

FREIMANN J., Ökologie und Betriebswirtschaft, in: Zfbf, 5/1987, S. 380-390

FREIMANN J., Plädoyer für die Normierung von betrieblichen Öko-Bilanzen, in: Freimann J. (Hrsg.), Ökologische Herausforderung der Betriebswirtschaftslehre, 1990. S. 177-195

FRESE E./KLOOCK J., Internes Rechnungswesen und Organisation aus der Sicht des Umweltschutzes, in: BFuP, 1/1989, S. 1-29

FRONEK R./UECKER P., Umweltrechnungslegung-Jahresabschluß-Social Accounting, in: Vogl J./Heigl A./Schäfer K., Handbuch des Umweltschutzes, Bd 8, 30. Erg. Lfg. 7/1987, S. 1-29

GÄRTNER H.J., Indikatoren in der gesellschaftsbezogenen Unternehmensberichterstattung, in: Hoffmann-Novotny H.-J. (Hrsg.), Sozialbilanzierung, 1981, S. 69-86

GASSNER E./WINKELBRANDT A., UVP. Umweltverträglichkeitsprüfung in der Praxis. Methodischer Leitfaden, 1990

GEHRING G., Input-Output-Analyse, in: Albers W., u.a. (Hrsg.), Handwörterbuch der Wirtschaftswissenschaften, 4. Band, 1978, S. 215-233

GMINDER C.U./BIEKERT T./DYLLICK T./HOCKERTS K., Nachhaltigkeitsstrategien umsetzen mit einer Sustainability Balanced Scorecard, in: Schaltegger S./Dyllick T. (Hrsg.), Nachhaltig managen mit der Balanced Scorecard, 2002, S. 95-147

GOEBELS T., Umwelt-Auditing, in: Baumast A./ Pape J. (Hrsg.), Betriebliches Umweltmanagement. Theoretische Grundlagen. Praxisbeispiele, 2. Auflage, 2003, S. 101-108

GRIEßHAMMER R., Produktlinienanalyse. Eine Übersicht, in: Grießhammer R. (Hrsg.), Produktlinienanalyse und Ökobilanzen, Öko-Institut, 1991, S. 4-5

GRIEßHAMMER R./FENDLER R./LÜTGE E:/SCHMINCKE E., Produktlinienanalyse von Waschmitteln, in: Grießhammer, R. (Hrsg.), Produktlinienanalyse und Ökobilanzen, Öko-Institut, 1991, S. 12-14

GRIEßHAMMER R./SCHMINCKE E., Produktbewertung und Produktlinienanalyse, in: Grießhammer R. (Hrsg.), Produktlinienanalyse und Ökobilanzen, Öko-Institut, 1991, S. 8-11

GRIMME L.H./KORTENKAMP A., Einführung, in: Kortenkamp A./Grahl B./Grimme L.H. (Hrsg.), Die Grenzenlosigkeit der Grenzwerte. Zur Problematik eines politischen Instruments im Umweltschutz – Ergebnisse eines Symposiums des Öko-Instituts und der Stiftung Mittlere Technologie, 1988, S. 9-13

GÜNTHER K., Die Ökobilanz – Aus der Sicht der Praxis, in: Von der Öko-Bilanz zum Öko-Controlling. Chancen umweltorientierter Unternehmenspolitik, future-forum 1988, S. 49-61

GÜNTHER K., Öko-Bilanzen als Grundlage eines Umwelt-Auditings, in: Steger U. (Hrsg.), Umwelt-Auditing. Ein neues Instrument der Risikovorsorge, 1991, S. 59-80

GÜNTHER E./MEIER K., Umwelt, in: Das Good Company Ranking, Corporate Social Responsibility Wettbewerb der 90 größten Konzerne Europas, www.kirchhoff.de, Juni 2009

HAASIS H.-D., Umweltbezogene Kosten- und Investitionsrechnung, Kostenschätzung für Umweltschutzmaßnahmen, in: Umwelt und Energie, Handbuch für die betriebliche Praxis, Band 2, 6/1991, S. 12/1-12/36

HAASIS H.-D./HACKENBERG D./HILLENBRAND R., Betriebliche Umweltinformationssysteme, in: Information Management, 4/1989, S. 46-53

HABER P., Öko-Wettkampf der Lebensmittelverpackungen, in: Neue Verpackung, 4/1991, S. 70-77

HALLAY H., Aufbau eines betrieblichen Umwelt-Controllings, Kontaktstudium Management der Universität Augsburg, 1992

HALLAY H., Die Ökobilanz. Ein betriebliches Informationssystem, Schriftenreihe des IÖW 27/89, 1990

HAMM U./PUTZ H.-J./GÖTTSCHING L., Erkenntnisse aus einer Ökobilanz: Tragetaschen aus Papier und Kunststoff, in: Das Papier, 10a/1990, S. V164-V172

HAMPICKE U., Was darf und was kann monetarisiert werden, in: IÖW (Hrsg.), Möglichkeiten und Grenzen der Monetarisierung von Natur und Umwelt, Schriftenreihe des IÖW 20/88, 1989, S. 19-41

HARTLIK J., Bewertungsverfahren im Rahmen der Umweltverträglichkeitsuntersuchung, in: UVP-Förderverein/KFA Jülich (Hrsg.), UVP in der Praxis. Verarbeitung von Umweltdaten und Bewertung der Umweltverträglichkeit, 1990, S. 96-105

HAUSER, Controlling im Wandel der Zeit, in: cm, 3/2001, S. 215-225

HEIGL A., Ertragssteuerliche Anreize für Investitionen in den Umweltschutz, in: BFuP, 1/89, S. 66-81

HEIGL A., Konzepte betrieblicher Umweltrechnungslegung, in: DB, 48/1974, S. 2265-2270

HEINEN E./PICOT A., Können in betriebswirtschaftlichen Kostenauffassungen soziale Kosten berücksichtigt werden? in: BFuP, 1974, S. 345-366

HEINZ B., Haben Sie schon ein betriebliches Umwelt-Informationssystem? In: Sietz/Michahelles R. (Hrsg.), Umwelt-Checklisten für Manager. Schneller Überblick und Rat für Unternehmer und Führungskräfte in Fragen des Umweltschutzes, 1989, S. 12-16

HELD M., Einführung: Übersicht und Kriterien für die ökologische Bilanzierung, in: Held M. (Hrsg.), Ökologisch Rechnen im Betrieb. Umweltbilanzierung als Grundlage umwelt- freundlichen Wirtschaftens im Dienstleistungsbetrieb, Tutzinger Materialie Nr. 33/1986, S. 5-12

HENKEL (Hrsg.), Nachhaltigkeitsbericht 2006

HERMANN H., Produkt- und Prozeßplanung nach ökologischen Kriterien, in: VDI-Z, 15/16/1977, S. 767-773

HERTZ D.B., Checkliste für umweltfreundliche Produkte, in: Absatzwirtschaft, 5/1973, S. 42-44

HEYMANN H.-H./SEIWERT L.J., Sozialbilanzen, in: Harvard-Manager, 1/1985, S. 58-69

HOFMEISTER S., Stoff- und Energiebilanzen. Zur Eignung des physischen Bilanzprinzips als Konzeption der Umweltplanung, 1989

HOFMEISTER S./SCHULTZ S., Industrie: Methodische Aspekte der Stoff- und Energiebi- lanz am Beispiel eines Chemiewerkes, in: Held M. (Hrsg.), Ökologisch Rechnen im Betrieb. Umweltbilanzierung als Grundlage umweltfreundlichen Wirtschaftens im Dienstleistungsbe- trieb, Tutzinger Materialien Nr. 33/1986, S. 72-79

HOLLEY W. Methode für Lebenswegbilanzen von Verpackungssystemen, in: Verpackungs- Rundschau, 12/1992, S. 83-96

HOLZE B., Umweltkostenrechnung, in: Baumast A./ Pape J. (Hrsg.), Betriebliches Um- weltmanagement. Theoretische Grundlagen. Praxisbeispiele, 2. Auflage, 2003, S. 203-217

HOPFENBECK W., Allgemeine Betriebswirtschaftslehre und Managementlehre – Das Un- ternehmen im Spannungsfeld zwischen ökonomischen, sozialen und ökologischen Interes- sen, 4. Aufl., 1991

HÜBLER K.-H., Bewertungsverfahren zwischen Qualitätsanspruch, Angebot und Anwend- barkeit, in: Hübler K.-H./Otto-Zimmermann K. (Hrsg.), Bewertung der Umweltverträglich- keit. Bewertungsmaßstäbe und Bewertungsverfahren für die Umweltverträglichkeitsprüfung, 1989, S. 124-142

HÜBNER H./JAHNES S., Perspektiven und Lösungsansätze für ein ökologie-orientiertes Wirtschaften (II), in: WISU, 8-9/1992, S. 653-657

HUMMEL S./MÄNNEL W., Kostenrechnung, Bd 1, 4. Aufl., 1986

IMMLER H., Die Notwendigkeit von Stoff- und Energiebilanzen im Betrieb, in: Das Argu- ment, 93/1975, S. 822-834

INSTITUT FÜR ÖKOLOGISCHE WIRTSCHAFTSFORSCHUNG (IÖW); Forschungspro- jekt: Umwelt-Controlling. Aktive Nutzung von Umweltbilanzen für Unternehmen im Rah- men einer präventiven Umweltpolitik, 1992

INSTITUT FÜR PAPIERFABRIKATION, Gutachten über Vergleich der Umweltverträglichkeit von Papier- und Polyethylentragetaschen und-säcken, 1987

JETTER U., Anleitung zum Erstellen von Material- und Energiebilanzen im Produktionsbetrieb, 1977

JOCHEM E., Technikfolgenabschätzung und-bewertung als Instrument und Prozess: Ungenutzte Potentiale zur Bewertung technischer Neuerungen, in: Krupp H. (Hrsg.), Technikpolitik angesichts der Umweltkatastrophe, 1990, S. 233-242

KANNING H., Bedeutung des Nachhaltigkeitsleitbildes für das betriebliche Management, in: Baumast A./ Pape J. (Hrsg.), Betriebliches Umweltmanagement. Theoretische Grundlagen. Praxisbeispiele, 2. Auflage, 2003, S. 15-28

KANNING H., Bedeutung des Nachhaltigkeitsleitbildes für das betriebliche Management, in: BAUMAST./PAPE J. (Hrsg.), Betriebliches Umweltmanagement. Nachhaltiges Wirtschaften in Unternehmen, 3. Auflage, 2008, S. 17-31

KAPP W.K., Soziale Kosten der Marktwirtschaft. Das klassische Werk der Umwelt-Ökonomie, 1988

KELLER L./WYSS F., Handlungsorientierte Ökobilanz im Unternehmen am Beispiel Swissair, Ökoscience (Hrsg.), Vortrag an der GDI-Fachtagung „Ökobilanz – Grenzen und Möglichkeiten" vom 2./3. April 1992

KLAUS J., Erweiterung der Volkswirtschaftlichen Gesamtrechnung aus umweltökonomischer Sicht, in: WISU, 1/1992, S. 56-62

KLOOCK J., Umwelt-Kostenrechnung, in: Scheer A.W. (Hrsg.), Rechnungswesen und EDV. 11. Saarbrücker Arbeitstagung 1990. Wandel der Kalkulationsobjekte, S. 129-156

KLÜPPEL H.-J., Umweltmanagement für kleine und mittlere Unternehmen. Die ISO-14000-Normen und ihre Umsetzung, 2006

KNAUER P., Umweltqualitätszielkonzepte und Umweltinformationssysteme als Instrumente der Umweltpolitik, in: UVP-Förderverein/KFA Jülich (Hrsg.), UVP in der Praxis. Verarbeitung von Umweltdaten und Bewertung der Umweltverträglichkeit, 1990, S. 145-155

KORNWACHS K./NIEMEIER J., Technikbewertung und Technikpotentialabschätzung bei kleineren und mittleren Unternehmen, in: Bullinger H.-J. (Hrsg.), Handbuch des Informationsmanagements im Unternehmen. Technik-Organisation-Recht-Perspektiven Band II, 1991, S. 1524-1566

KORTENKAMP A./GRIMME L.H., Resumee, in: Kortenkamp A./Grahl B./Grimme L.H. (Hrsg.), Die Grenzenlosigkeit der Grenzwerte. Zur Problematik eines politischen Instruments im Umweltschutz – Ergebnisse eines Symposiums des Öko-Instituts und der Stiftung Mittlere Technologie, 1988, S. 161-272

KRAMER M., Kann man Nachhaltigkeit messen?, in: Zabel H.-U. (Hrsg.), Betriebliches Umweltmanagement – nachhaltig und interdisziplinär, 2002, S. 285-303

KREEB M., Umweltkostenmanagement, in: Schulz, Lexikon Nachhaltiges Wirtschaften, 2001, S. 465-477

KRYSTEK U./BEHRENDT J., Früherkennung ökologisch orientierter Chancen und Bedrohungen (Teil 2), in: Forschungsinformationsdienst Ökologisch orientierte Betriebswirtschaftslehre, 9/1992, S. 10-13

KRYSTEK U./MÜLLER-STEWENS G., Frühaufklärung für Unternehmen. Identifikation und Handhabung zukünftiger Chancen und Bedrohungen, 1993

KRÖHER M.O.R., Das Gute im Kapitalismus, in: Managementmagazin, Heft 5/2009, S. 92-95

KÜHLING W., Grenz- und Richtwerte als Bewertungsmaßstäbe für die Umweltverträglichkeitsprüfung, in: Hübler K.-H./ Otto-Zimmermann K. (Hrsg.), Bewertung der Umweltverträglichkeit. Bewertungsmaßstäbe und Bewertungsverfahren für die Umweltverträglichkeitsprüfung, 1989, S. 31-44

KUHLMANN A., Umweltverträglichkeitsprüfung als Instrument des präventiven Umweltschutzes – Möglichkeiten und Grenzen, in: Wagner G.R. (Hrsg.), Unternehmung und ökologische Umwelt, 1990, S. 173-182

KUNERT AG (Hrsg.), Ökobericht 1992

LEIPERT C., Bruttosozialprodukt, defensive Ausgaben und Nettowohlfahrtsmessung. Zur Ermittlung eines von Wachstumskosten bereinigten Konsumindikators, in: ZfU, 3/1984, S. 229-250

LEITSCHUH H. In der Krise hilft nur Nachhaltig Wirtschaften. CSR ist oft nur „Nachhaltigkeit light", in: forum, Nachhaltig Wirtschaften. Unternehmen im Gesundheitscheck, 2009, S. 67-69

MÄNNEL W., Rechnungswesen, in. Albers W., u.a. (Hrsg.), Handwörterbuch der Wirtschaftswissenschaften, 1978, S. 456-478

MAHAMMADZADEH M., Sustainability Balanced Scorecard, in: Baumast A./Pape J. (Hrsg.), Betriebliches Umweltmanagement. Nachhaltiges Wirtschaften in Unternehmen, 3. Auflage, 2008, S. 177-190

MAYER E., Controlling als Denk und Steuerungssystem. Sonderdruck aus „Der Controlling-Berater", 1990, S. 1-96

MEADOWS D.H./MEADOWS D.L./RANDERS J., Die neuen Grenzen des Wachstums. Die Lage der Menschheit: Bedrohung und Zukunftschancen, 1992

MEERKAMP VAN EMBDEN, Grundlagen einer umweltverträglichen Stoffwirtschaft – Ökologische Bewertungskriterien. Enquete-Kommission „Chemiepolitik" in: Umweltwissenschaften und Schadstoff-Forschung, Zeitschrift für Umweltchemie und Ökotoxikologie, 4/1992, S. 86-89

MEFFERT H., Öko-Marketing, in: Organisationsform Wirtschaftskongress (Hrsg.), Umweltmanagement im Spannungsfeld zwischen Ökologie und Ökonomie, 1991, S. 299-312

MEFFERT H., Strategisches Ökologie-Management, in: Coenenberg A.G./Weise E./Eckrich K. (Hrsg.), Ökologie-Management als strategischer Wettbewerbsfaktor, 1991, S. 7-32

MEFFERT H./BRUHN M./SCHUBERT F./WALTHER T., Marketing und Ökologie – Chancen und Risiken umweltorientierter Absatzstrategien der Unternehmungen, in: Die Betriebswirtschaft, 2/1986, S. 140-159

MEFFERT H./KIRCHGEORG M., Marktorientiertes Umweltmanagement. Grundlagen und Fallstudien, 1992

MOSTHAF H., Aufgabe und Struktur einer Ökobilanz, in: WiSt, 4/1991, S. 191-193

MÜLLER A., Controlling-Konzepte. Kompetenz zur Bewältigung komplexer Problemstellungen, 2002

MÜLLER A., Controlling von Intangible Assets, in: ZfCM, 6/2004, S. 396-402

MÜLLER A., Frühaufklärungssysteme im Rahmen des Marketing-Controlling, in: Pepels W. (Hrsg.), Marketing-Controlling-Organisation. Grundgestaltung marktorientierter Unternehmenssteuerung, 2003, S. 17-43

MÜLLER A., Gemeinkosten-Management. Vorteile der Prozeßkostenrechnung, 1992

MÜLLER A., Gemeinkosten-Management. Vorteile der Prozeßkostenrechnung, 2. Auflage, 1998

MÜLLER A., Grundzüge eines ganzheitlichen Controlling, 2. Aufl., 2008

MÜLLER A., Instrumente für ein umweltorientiertes Rechnungswesen im Betrieb, in: Praxis des Rechnungswesens, 4/1993, S. 7/1-7/31

MÜLLER A., Ökologiecontrolling (Ökocontrolling), in: Häberle, S. G. (Hrsg.), Das neue Lexikon der Betriebswirtschaftslehre, 2008, S. 925-927

MÜLLER A., Strategisches Management mit der Balanced Scorecard, 2. Aufl., 2005

MÜLLER A., Systematische Gewinnung von Frühindikatoren für Frühaufklärungssysteme, in: Krp, 4/2001, S. 212-222

MÜLLER A., Zielgruppenorientiertes Controlling, in: Müller A./Uecker P./Zehbold C. (Hrsg.), Controlling für Wirtschaftsingenieure, Ingenieure und Betriebswirte, 2. Auflage, 2006, S. 298-317

MÜLLER M./KOPLIN J. Unternehmen und nachhaltige Entwicklung, in: Baumast A./ Pape J. (Hrsg.), Betriebliches Umweltmanagement. Theoretische Grundlagen. Praxisbeispiele, 2. Auflage, 2003, S. 29-41

MÜLLER M./KUPP M./BÜLTMANN A., Standardisierungs- und Zertifizierungsansätze vor dem Hintergrund einer nachhaltigen Entwicklung, in: Baumast A./ Pape J. (Hrsg.), Betriebliches Umweltmanagement. Theoretische Grundlagen. Praxisbeispiele, 2. Auflage, 2003, S. 42-56

MÜLLER M., Stand und Perspektiven normierter Umweltmanagementsysteme, in: Zabel H.-U., Betriebliches Umweltmanagement – nachhaltig und interdisziplinär, 2002, S. 211-226

MÜLLER-WENK R., Die ökologische Buchhaltung. Ein Informations- und Steuerungsinstrument für umweltkonforme Unternehmenspolitik, 1978

MÜLLER-WENK R., „Ökologische Buchhaltung" – Eine Einführung, in: Simonis U.E. (Hrsg.), Ökonomie und Ökologie. Auswege aus einem Konflikt, 4. Aufl., 1986, S. 13-30

MÜLLER-WITT H., Betriebliche Umwelt-Informationssysteme, in: Organisationsforum Wirtschaftskongress (Hrsg.), Umweltmanagement im Spannungsfeld zwischen Ökologie und Ökonomie, 1991, S. 191-219

MÜLLER-WITT H., Betriebliche Umwelt-Informationssysteme als Ertragsquelle, in: Von Umweltschädlichkeit zur -verträglichkeit, 1. Umweltforum der österreichischen Akademie für Führungskräfte, 1991, S. 233-247

MÜLLER-WITT H., Konzept einer Produktfolgenabschätzung, in: Hildebrandt E./Pfriem R./Scholz A./Spitzley H. (Hrsg.), Strategien alternativer Produktion, 1984, S. 64-72

MÜLLER-WITT H., Produktfolgenabschätzung als kollektiver Lernprozeß, in: Öko-Institut/Projektgruppe Ökologische Wirtschaft (Hrsg.), Arbeiten im Einklang mit der Natur, 1985, S. 287-307

NÜSSGENS K.H., Umweltschutz als eine Führungsaufgabe im Unternehmen, in: Seidel E./Strebel H. (Hrsg.), Umwelt und Ökonomie. Reader zur ökologieorientierten Betriebswirtschaftslehre, 1991, S. 194-208

ÖKO-INSTITUT/PROJEKTGRUPPE ÖKOLOGISCHE WIRTSCHAFT (Hrsg.), Produktlinienanalyse: Bedürfnisse, Produkte und ihre Folgen, 1987

OTTO K.-S./NOLTING U./BÄSSLER C., Evolutionsmanagement. Von der Natur lernen; Unternehmen entwickeln und langfristig steuern, 2007

O.V., Grünes Licht für harte Rechner, in: Management Wissen, 5/1987, S. 33-34

O.V., ICC-Positionspapier zu Umweltschutz-Audits, in: Steger U. (Hrsg.), Umwelt-Auditing. Ein neues Instrument der Risikovorsorge, 1991, S. 183-199

O.V., Pilotprojekt für Flieger, in: Management Wissen, 12/1991, S. 50

PETERS H.-J., Rechtliche Wertmaßstäbe des Bewertens in der gesetzlichen UVP und ihre Berücksichtigung in der Entscheidung, in: UVP-Förderverein/KFA Jülich (Hrsg.), UVP in der Praxis. Verarbeitung von Umweltdaten und Bewertung der Umweltverträglichkeit, 1990, S. 90-105

PFRIEM R., Ansatzpunkte für ein ökologisches Rechnungswesen im Unternehmen, in: Förderkreis Umwelt future (Hrsg.), Umweltschutz. Gewinn für die Zukunft, future-forum 1987, S. 61-71

PFRIEM R., Die Ökobilanz – Ein betriebliches Informationsinstrument, in: Von der Öko-Bilanz zum Öko-Controlling. Chancen umweltorientierter Unternehmenspolitik, future-forum 1988, S. 35-47

PFRIEM R., Ökobilanz für Unternehmen, in: Pfriem R. (Hrsg.), Ökologische Unternehmenspolitik, 1986, S. 210-226

PFRIEM R., Öko-Controlling und Organisationsentwicklung im Unternehmen, in: IÖW-Informationsdienst, 2/1991, S. 1 und S. 13-14

PFRIEM R., Ökologische Unternehmensführung, in: Schriftenreihe des IÖW 13/88, 2. Auflage, 1991

PIANOWSKI M., Nachhaltigkeitsberichterstattung, in: Baumast A./ Pape J. (Hrsg.), Betriebliches Umweltmanagement. Theoretische Grundlagen. Praxisbeispiele, 2. Auflage, 2003, S. 109-123

PICK E./FAßBENDER-WYNANDS E./SEURING S.A., Die Methodik der Ökobilanzierung, in: Baumast A./ Pape J. (Hrsg.), Betriebliches Umweltmanagement. Theoretische Grundlagen. Praxisbeispiele, 2. Auflage, 2003, S. 162-173

PICOT A., Betriebswirtschaftliche Umweltbeziehungen und Umweltinformationen. Grundlage einer erweiterten Erfolgsanalyse für Unternehmungen, 1977

PICOT A., Einige Fragen der Bestimmung von außermarktlichen externen Konsequenzen der Unternehmertätigkeit als Grundlage einer Sozialbilanz, in: Pieroth E. (Hrsg.), Sozialbilanzen in der Bundesrepublik Deutschland. Ansätze-Entwicklungen-Beispiele, 1978, S. 45-73

PRIEWE J., Umsatz im Einklang mit der Umwelt, in: Management Wissen, 5/1987, S. 17-32

RAFFEE H./WIEDMANN K.-P., Die Selbstzerstörung unserer Welt durch unternehmerische Marktpolitik, in: Marketing ZFP, H. 4/1985, S. 229-240

RAUTENSTRAUCH C., Betriebliche Umweltinformationssysteme (BUIS) für ein effizientes Umweltmanagement, in: Zabel H.-U., Betriebliches Umweltmanagement – nachhaltig und interdisziplinär, 2002, S. 311-327

REINERMANN H., Kosten/Nutzen-Analyse, in: Kosiol E. u.a. (Hrsg.), Handwörterbuch des Rechnungswesens, 2. Aufl., 1981, S. 1051-1061

RIDDER H.-G., Grundprobleme einer ethisch-normativen Betriebswirtschaftslehre. Ein Vergleich alter und neuer Ansätze am Beispiel der ökologischen Betriebswirtschaftslehre, in. Pfriem R. (Hrsg.), Ökologische Unternehmenspolitik, 1986, S. 52-80

RIEBEL P., Die Kuppelproduktion. Betriebs- und Marktprobleme, 1955

RIEBEL P., Einzelerlös-, Einzelkosten- und Deckungsbeitragsrechnung als Kern einer ganzheitlichen Führungsrechnung, in: Männel W. (Hrsg.), Handbuch Kostenrechnung, 1992, S. 247-299

RIEBEL P., Kostenrechnung, Neue Produkte aus Abfällen, in: Seidel E./Strebel H. (Hrsg.), Umwelt und Ökonomie. Reader zur ökologieorientierten Betriebswirtschaftslehre, 1991, S. 371-384

RIESER I., Frühwarnsysteme aufbauen und bereithalten, in: Management Zeitschrift, Heft 6, 1989, S. 37-41

RÖMER G., Umweltschutz und Controlling, in: Controllermagazin, 1/90, S. 3-10

ROSENSTIEL VON L., Auswirkungen eines neuen Umweltbewußtseins auf die Mitarbeitermotivation – Thesen und Daten, in: Organisationsforum Wirtschaftskongress (Hrsg.), Umweltmanagement im Spannungsfeld zwischen Ökologie und Ökonomie, 1991, S. 321-326

RÜCKLE D., Investitionskalküle für Umweltschutzinvestitionen, in: BFuP, 1/1989, S. 51-65

RUFER D./HUBER H., Von der rein wirtschaftlichen zur umfassenden Nachhaltigkeit im Unternehmen, in: Wüthrich H.A./Winter W.B./Philipp A. (Hrsg.), Grenzen ökonomischen Denkens. Auf den Spuren einer dominanten Logik, 2001, S. 179-199

RUMP H.H., Bewertung und Einschätzung von betrieblichen Umweltdaten, in: Von der Öko-Bilanz zum Öko-Controlling. Chancen umweltorientierter Unternehmenspolitik, future-forum 1988, S. 69-75

RUMP H.H., Problematik von Grenzwerten, in: Förderkreis Umwelt future (Hrsg.), Umweltschutz. Gewinn für die Zukunft, future-forum 1987, S. 53-56

RYLL A./SCHÄFER D., Bausteine für eine monetäre Umweltberichterstattung, in: ZfU, 2/1986, S. 105-135

SACHSE C., Technikfolgenabschätzung. Organisation der Verantwortung, in: Management Wissen, 4/1988, S. 57-65

SALZWEDEL J., Umweltrecht und Umweltstandards, in: Organisationsforum Wirtschaftskongress (Hrsg.), Umweltmanagement im Spannungsfeld zwischen Ökologie und Ökonomie, 1991, S. 39-61

SASS M., Inhaltliches und methodisches Konzept zur UVS, in: UVP in der Praxis. Verarbeitung von Umweltdaten und Bewertung der Umweltverträglichkeit, 1990, S. 113-122

SCHALTEGGER S./DYLLICK T. (Hrsg.), Nachhaltig managen mit der Balanced Scorecard. Konzept und Fallstudien, 2009

SCHALTEGGER S./STURM A., Methodik der ökologischen Rechnungslegung in Unternehmen. Forschungsbeitrag und Anleitung für den Praxisgebrauch, in: WWZ-Studien Nr. 33, 1992

SCHALTEGGER S./STURM A., Öko-Effizienz durch Öko-Controlling, 1995

SCHLIEPER U., Externe Effekte, in: Albers W. u.a. (Hrsg.), Handwörterbuch der Wirtschaftswissenschaften, Band 2, 1980, S. 524-530

SCHMIDHEINY S., Kurswechsel. Globale unternehmerische Perspektiven für Entwicklung und Umwelt, 1992

SCHMIDT I./CZYMMEK F., Bewertung der Ökoeffizienz von Produkten und Verfahren, in: Baumast A./ Pape J. (Hrsg.), Betriebliches Umweltmanagement. Nachhaltiges Wirtschaften in Unternehmen, 3. Auflage, 2008, S. 133-146

SCHNEIDER A./SCHMID R., Investitionsrechnerische Beurteilung von Umweltschutzinvestitionen, in: Vogl J./Heigl A./Schäfer K. (Hrsg.), Handbuch des Umweltschutzes, Band 8, 8/1991, S. 1-23

SCHÖNFELD H.-M., Grundlagen des Rechnungswesens, 2. Aufl., 1969

SCHORB A., Ökoprofile von Verpackungen. Methodik und Fallbeispiele, in: Grießhammer (Hrsg.), Produktlinienanalyse und Ökobilanzen, Öko-Institut, Werkstattreihe 1991, S. 15-19

SCHREDELSEKER K./VOGELPOTH N., Erste Erfahrungen mit der französischen Sozialbilanz, in: Zfbf, 3/1981, S. 252-257

SCHREINER M., Auswirkungen einer umweltorientierten Unternehmensführung auf die Kosten- und Leistungsrechnung, in: Männel W. (Hrsg.), Handbuch Kostenrechnung, 1992, S. 941-952

SCHREINER M., Ökologische Herausforderungen an die Kosten- und Leistungsrechnung, in: Freimann J. (Hrsg.), Ökologische Herausforderungen der Betriebswirtschaftslehre, 1990, S. 197-214

SCHREINER M., Umweltmanagement in 22 Lektionen. Ein ökonomischer Weg in eine ökologische Wirtschaft, 1988

SCHULZ E./SCHULZ W., Umweltcontrolling für die betriebliche Praxis – Mehr Sicherheit, mehr Erfolg, mehr Gewinn – (Teil 1: Werkzeuge und Organisation), in: Umwelt und Energie. Handbuch für die betriebliche Praxis, Band 2, 10/1991, S. 12/579-12/637

SCHULZ W., Kosten der Umweltverschmutzung – keine Rechenaufgabe für Unternehmen? in: Umwelt und Energie. Handbuch für die betriebliche Praxis, Band 2, 6/1992, S. 12/175-12/220

SCHULZ W., Ökocontrolling, in: Organisationsforum Wirtschaftskongress (Hrsg.), Umweltmanagement im Spannungsfeld zwischen Ökologie und Ökonomie, 1991, S. 221 und 242

SCHULZ W., Sozialkostenmessung im Umweltbereich – Theoretische und methodische Überlegungen, in: IÖW (Hrsg.), Möglichkeiten und Grenzen der Monetarisierung von Natur und Umwelt, Schriftenreihe des IÖW 20/88, 1989, S. 43-63

SEIDEL E., Ökologisches Controlling. Zur Konzeption einer ökologisch verpflichteten Führung von und in Unternehmen, in: Wunderer R. (Hrsg.), Betriebswirtschaftslehre als Management- und Führungslehre, 2. Aufl. 1988, S. 307-322

SEIDEL E./MENN H., Ökologisch orientierte Betriebswirtschaft, 1988

SELGRAD V./KÜRZL H., Umwelt-Info-Systeme. Von der Anforderungen zur Realisierung, in: Von Umweltschädlichkeit zur -verträglichkeit, 1. Umweltforum der österreichischen Akademie für Führungskräfte, 1991, S. 233-247

SERVATIUS H.-G./PFEIFFER S., Ganzheitliche und Evolutionäre Technologiebewertung, in: VDI-Technologiezentrum (Hrsg.), Technologieaufklärung: Identifikation und Bewertung von Ansätzen zukünftiger Technologien, 1992, S. 71-92

SIEBEN G., Rechnungswesen bei mehrfacher Zielsetzung: Möglichkeiten der Berücksichtigung gesellschaftsbezogener Ziele durch die Betriebswirtschaftslehre, in: Zfbf, 1974, S. 694-702

SIEMENS AG (Hrsg.), Umweltschutz – Versuch einer Systemdarstellung, 1986

SIETZ M., Methoden des Umwelt-Auditing, in: Steger U. (Hrsg.), Umwelt-Auditing. Ein neues Instrument der Risikovorsorge, 1991, S. 45-51

SIMMLEIT N. Nutzen Sie Verträglichkeitsprüfungen als neues Instrument der betrieblichen Umweltvorsorge? in: Sietz M./Michahelles R. (Hrsg.), Umwelt-Checklisten für Manager, 1989, S. 38-57

SIMONIS U.E., Lebensqualität, Schlagwort oder Gesellschaftliches Ziel, in: Zeitschrift für Ganzheitsforschung, 2/1981, S. 91-101

SIMONIS U.E., Ökologische Orientierung der Ökonomie, in: Jänicke M./Simonis U.E./Weigmann E. (Hrsg.), Wissen für die Umwelt, 1985, S. 215-236

SIMONIS U.E., Ökonomie und Ökologie: Auswege aus einem Konflikt, 6. Aufl., 1991

STAHLMANN V., Entfaltung von Umweltaktivitäten durch eine Integrierte Materialwirtschaft, in: Organisationsforum Wirtschaftskongress (Hrsg.), Umweltmanagement im Spannungsfeld zwischen Ökologie und Ökonomie, 1991, S. 253-284

STAHLMANN V., Ökocontrolling, in: Müller A./Uecker P./Zehbold C. (Hrsg.), Controlling für Wirtschaftsingenieure, Ingenieure und Betriebswirte, 2. Aufl., 2006, S. 363-384

STAHLMANN V., Ökologisierung der Unternehmenspolitik durch eine umweltorientierte Materialwirtschaft, in: Vogl J./Heigl A./Schäfer K. (Hrsg.), Handbuch des Umweltschutzes, Band 8, 12/1989, S. 1-24

STAHLMANN V., Umweltorientierte Materialwirtschaft. Das Optimierungskonzept für Ressourcen, Recycling, Rendite, 1988

STERN N., Der Global Deal. Wie wir den Klimawandel begegnen und ein neues Zeitalter von Wachstum und Wohlstand schaffen, 2009

STRASSER H., Regionalisierte Umweltstandards und ihre Anwendung bei Umweltverträglichkeitsprüfungen, in: UVP-Förderverein/KFA Jülich (Hrsg.), UVP in der Praxis. Verarbeitung von Umweltdaten und Bewertung der Umweltverträglichkeit, 1990, S. 133-138

STATISTISCHES BUNDESAMT (Hrsg.), Ausgewählte Ergebnisse zur Umweltökonomischen Gesamtrechnung 1975 bis 1990, Heft 18 der Schriftenreihe „Ausgewählte Arbeitsunterlagen zur Bundesstatistik", 1991

STEGER U., Integrierter Umweltschutz als Gegenstand eines Umweltmanagements, in: Kreikebaum H. (Hrsg.), Integrierter Umweltschutz. Eine Herausforderung an das Innovationsmanagement, 2. Aufl., 1991, S. 33-43

STEGER U., Strategische Unternehmensführung und Umweltschutz, in: Organisationsforum Wirtschaftskongress (Hrsg.), Umweltmanagement im Spannungsfeld zwischen Ökologie und Ökonomie, 1991, S. 115-131

STEGER U., Umweltmanagement. Erfahrungen und Instrumente einer umweltorientierten Unternehmensstrategie, 1988

STREBEL H., Material- und Energiebilanzen, in: UWF, 11/1992, S. 9-15

STREBEL H., Umwelt und Betriebswirtschaft. Die natürliche Umwelt als Gegenstand der Unternehmenspolitik, 1980

STREBEL H./HILDEBRANDT T., Produktlebenszyklus und Rückstandszyklen. Konzept eines erweiterten Lebenszyklusmodells, in: Zfo, 2/1989, S. 101-106

STROBEL M./WAGNER B., Strukturierung und Entwicklung der betrieblichen Stoff- und Energieflüsse, in: Fischer H./ Wucherer C./Wagner B./Burschel C. (Hrsg.), Umweltkostenmanagement. Kosten senken durch praxiserprobtes Umweltcontrolling, 1997, S. 28-57

TEICHERT V./BAUMGARTNER T., Die Produktlinienanalyse: Konzept und Ansätze zur politischen Implementation, in: WISU, 5/1990, S. 282-284

TERHART K., Betriebswirtschaftliche Fragen des Umweltschutzes, in: WiSt, 8/1986, S. 401-405

TIMMERMANN M., Ökologische Berichterstattung, in: Binswanger H.-C./Bonus H./Timmermann M. (Hrsg.), Wirtschaft und Umwelt. Möglichkeiten einer ökologieverträglichen Wirtschaftspolitik, 1981, S. 212-233

TÖPFER A., Umwelt- und Benutzerfreundlichkeit von Produkten als strategische Unternehmensziele, in: Marketing ZFP, 4/1985, S. 241-251

TÜRCK R., Das ökologische Produkt. Ansatzpunkte seiner Beschreibung und Erfassung, in: Kreikebaum H. (Hrsg.), Integrierter Umweltschutz. Eine Herausforderung an das Innovationsmanagement, 2. Aufl., 1991, S. 57-72

ULRICH H., Unternehmenspolitik, 1978

UMWELTBUNDESAMT (Hrsg.), Ökobilanz von Plastik- und Papiertragetaschen, 1989

UMWELTERKLRÄRUNG 2008, Peguform GmbH, Werk Neustadt

UMWELTPROGRAMM der Bundesregierung, 1971

VESTER F., Wenn ich als Biologe Controller wäre, in: Controlling-Berater, 2/1984, S. 3/73-3/114

WAGNER B., Umweltbewußte Unternehmensführung. Konzeption, Realisierung, Erfolgspotentiale, Kontaktstudium Management der Universität Augsburg, 1992

WAGNER G.R., Kosten der Umwelterhaltung in ihrer Bedeutung für die Unternehmenspolitik, in: Männel W. (Hrsg.), Handbuch Kostenrechnung, 1992, S. 917-927

WAGNER G.R./JANZEN H., Ökologisches Controlling. Mehr als ein Schlagwort? in: CONTROLLING, 3/1991, S. 120-129

WEBER H.K., Betriebswirtschaftliches Rechnungswesen, Band 1: Bilanz und Erfolgsrechnung, 3. Aufl., 1988

WEISE E., Umweltschutz und unternehmerische Verantwortung, in: Coenenberg A.G./Weise E./Eckrich K. (Hrsg.), Ökologie-Management als strategischer Wettbewerbsfaktor, 1991, S. 1-6

WEIZSÄCKER VON E.U., Die Preise sollen die ökologische Wahrheit sagen, in: Organisationsforum Wirtschaftskongress (Hrsg.), Umweltmanagement im Spannungsfeld zwischen Ökologie und Ökonomie, 1991, S. 63-72

WICKE L., Die ökologischen Milliarden. Das kostet die zerstörte Umwelt – so können wir sie retten, 1986

WICKE L./HAASIS H.-D./SCHAFHAUSEN F./SCHULZ W., Betriebliche Umweltökonomie. Eine praxisorientierte Einführung, 1992

WINTER G., Das umweltbewußte Unternehmen. Ein Handbuch der Betriebsökologie mit 22 Checklisten für die Praxis, 1992

WOLF K./RUNZHEIMER B., Risikomanagement und KonTraG, Konzeption und Implementierung, 2001

WOTTE J., Bewertung von technologischen Verfahren, in: Umweltwissenschaften und Schadstoff-Forschung. Zeitschrift für Umweltchemie und Ökotoxikologie, 4/1992, S. 98-101

WUCHERER C./KREEB M./RAUBERGER R., Kostensenkung und Umweltentlastung in der KUNERT AG, in: Fischer H Fischer H./ Wucherer C./Wagner B./Burschel C. (Hrsg.), Umweltkostenmanagement. Kosten senken durch praxiserprobtes Umweltcontrolling, 1997, S. 59-127

WYSOCKI VON K., Meß- und Bewertungsprobleme in der sozialen Rechnungslegung, in: Zfbf-Sonderheft, 5/1976, S. 171-180

WYSOCKI VON K., Sozialbilanzen. Inhalt und Formen gesellschaftsbezogener Berichterstattung, 1981

ZANGENMEISTER C., Nutzwertanalyse in der Systemtechnik. Eine Methodik zur multidimensionalen Bewertung und Auswahl von Projektalternativen, 4. Auflage, 1976

ZIMMERMANN H., Technikfolgenabschätzung – Ergänzung des Stabilitätsgesetzes und der Volkswirtschaftlichen Gesamtrechnung? In: Albach H./Schade D./Sinn H. (Hrsg.), Technikfolgenforschung und Technikfolgenabschätzung. Tagung des Bundesministers für Forschung und Technologie 22. bis 24. Oktober 1990, S. 363-381

Internetquellen:

www.kirchhoff.de

www.basf.com

Stichwortverzeichnis

www.ingramcontent.com/pod-product-compliance
Lightning Source LLC
Chambersburg PA
CBHW061344210326
41598CB00035B/5873